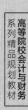
高等院校会计与财务系列精品规划教材

Corporate Tax: Theory and Practice
企业税务理论与实务

编著　张晓农

机械工业出版社
China Machine Press

图书在版编目（CIP）数据

企业税务理论与实务 / 张晓农编著 . —北京：机械工业出版社，2019.10
（高等院校会计与财务系列精品规划教材）
ISBN 978-7-111-63681-6

I. 企… II. 张… III. 企业管理 – 税收管理 – 中国 – 高等学校 – 教材 IV. F812.423

中国版本图书馆 CIP 数据核字（2019）第 193319 号

本书从我国企业作为纳税人的角度阐述税收理论和税收制度，注重理论与实践相结合，力图让读者知其然（税收制度）又知其所以然（税收理论），并具有一定的可操作性。本书反映了我国进入新常态以来税收改革的最新内容，介绍并探讨了我国税制改革的趋势，为企业开展税收筹划奠定了知识和制度方面的基础。

本书适合会计学、财务管理等专业本科生、研究生和 MBA/MPAcc 等学生使用，也可作为企业管理人员的培训教材和参考用书。

出版发行：机械工业出版社（北京市西城区百万庄大街 22 号　邮政编码：100037）
责任编辑：李晓敏　　　　　　　　　　　　　责任校对：殷　虹
印　　刷：北京诚信伟业印刷有限公司　　　　版　　次：2019 年 10 月第 1 版第 1 次印刷
开　　本：185mm×260mm　1/16　　　　　　印　　张：19.75
书　　号：ISBN 978-7-111-63681-6　　　　　定　　价：49.00 元

客服电话：（010）88361066　88379833　68326294　　　投稿热线：（010）88379007
华章网站：www.hzbook.com　　　　　　　　　　　　　读者信箱：hzjg@hzbook.com

版权所有·侵权必究
封底无防伪标均为盗版
本书法律顾问：北京大成律师事务所　韩光 / 邹晓东

前 言

税的年代

刚刚过去的10年可以说是一个税的年代。其间,世界各国税收风起云涌,我国税改大刀阔斧,诸多税收变故对政治、经济与社会的影响难以估量。

简要回顾一下这10年目不暇接又触目惊心的税新闻:

- 2008年国际金融海啸爆发,各国纷纷减税以刺激经济复苏,我国决定从2009年起全面实施增值税由生产型转为消费型,减轻企业负担约1 200亿元。
- 2012年,我国启动营业税改征增值税的改革,于2016年5月完成,预计减轻企业税负9 000亿元,但也有一些企业感觉税负加重了。
- 2016年,福耀玻璃公司在美国投资建厂,董事长曹德旺说中国综合税负比美国高35%,引发中国税负大讨论。
- 2016年11月,财政专家李炜光教授讲到,我国过重的税率可以称为"死亡税率",得到众多民营企业家和学者的普遍呼应,但也有些学者撰文说我国税负并不重。
- 2017年4月,美国总统特朗普推出30年来最大规模减税方案,公司所得税税率由35%降至21%,个人所得税降低了税率、提高了扣除标准,预计减税达1.4万亿美元。
- 美国大规模减税引发各国纷纷减税。2017年,英国决定将公司所得税税率由20%减到17%,同时免除外国企业红利税;法国总统马克龙宣布减税200亿欧元;日本政府将法人税税率降到25%;澳大利亚减轻中小企业税负,与英美保持一致。
- 2018年4月,我国宣布将增值税税率分别从17%和11%降为16%和10%,并修改个人所得税法,提高免征额、扩大抵扣范围,以降低税收负担。
- 2018年,我国《政府工作报告》中提到稳妥推进房地产税立法是重点工作之一,争议颇多的对住宅征收的房产税呼之欲出，引发广泛关注。

- 2018年5月29日，美国宣布将对从中国进口的500亿美元商品加征25%的关税，并于7月6日开始对第一批340亿美元的商品实施加征，8月23日对另外160亿美元商品加征。作为反击，中国于6月16日宣布对原产美国的500亿美元进口商品加征25%的关税，也于7月6日开始对340亿美元的美国商品实施加征，8月23日对另外160亿美元商品加征。
- 2019年3月，距2018年宣布降低增值税税率不到一年，中国又将增值税税率分别从16%和10%降至13%和9%，并辅之以大量减费降税，减轻企业负担措施。
- 2019年5月10日，美国宣布对2 000亿美元的中国输美商品加征的关税从10%上调至25%。6月1日，作为反制措施，中国对原产于美国的600亿美元进口商品分别加征25%、20%和10%的关税。
- 2019年6月29日，中美两国元首在大阪的会晤中，同意双方在平等和相互尊重的基础上重启经贸磋商。美国表示不再对中国商品加征新的关税。

上述信息从一定程度上说明我们在经历一个充满税的年代，也进一步证明了本杰明·富兰克林的那句名言："税收和死亡是人生无法避免的两件大事。"但在这个税的年代里，相当数量的国人缺乏系统的税收知识，面对纷纷涌来的税收事件怎样认识、如何面对、采取什么措施，产生了大量的误解甚至做出了错误的选择，既抓不住机会享受改革红利，又可能决策失误出现风险及损失。对于纳税人而言，系统地学习税收理论、税收制度与相应的方法，把税收知识纳入企业经营与个人生活的决策中，在今天显得更加重要与紧迫。

作者在大学里长期从事税收课程教学和研究工作，也负责对企业管理者和税务工作者的培训，所编著的图书被普遍采用并得到肯定。此次应机械工业出版社之邀出版的这本书，不但吸收了我国税法、税制的最新变化，而且进一步完善了理论进展与案例。本书具有以下显著特点：

1. 站在企业纳税人的立场

大多数税收图书是从国家作为征税者的角度编著的，还有一些是作为法律知识阐述的，而本书是从企业纳税人的立场，对税收从经济、企业经营以及对市场的效应等角度进行阐述，以满足大学的商科学生和企业经营管理者的学习需要。

2. 内容全新

从2016年到现在短短的三年多时间里，我国税制经历了营改增、增值税两度降低税率并实施一系列相应减税措施，企业所得税推出诸多加计减计税收优惠，个人所得税向综合分类制度改革以及多个税种完成立法程序等一系列重大变革，主要税种发生了翻天覆地的变化。这些变化导致多数税收图书的内容不能反映税制现状。本书吸纳了截至2019年7月我国税制变化的内容。

3. 全面而精练

本书根据大学商学院的教学规律，对税收理论、税收制度、税制变革、现行税制、国际税务关系以及税务筹划原理做了系统的阐述注重理论与实务相结合，既避免了一些图书理论高深但内容不落地的现象，也解决了只见树木不见森林的问题，使读者能在较短的时间里了解税理、税制与税务的精要。

本书以企业经营管理决策过程为视角，旨在帮助读者运用税收知识增强企业决策的科学性。本书适合会计学、财务管理等专业本科生、研究生，以及 MBA 学生使用，也可以作为企业管理人员的培训教材和参考用书。

本书内容变化多，工作量大，在编著本书的过程中，谢云龙和李尚姝承担法规的更新及例题、练习题编写工作，张一琦参与部分初稿的写作和图表的设计，王全喜老师对大纲及全书的编写提出了许多有价值的建议，在此一并感谢。

近几年我国税制改革力度大，减税降负措施多，再加上时间仓促，给本书的编写与修改带来很大压力，书中肯定会有错漏之处，敬请读者批评指正。联系信箱：xnzhang@ nankai. edu. cn；xnzhangnk@ 126. com。

本书税法内容，我们将最大限度地保持更新，出版后税法的调整涉及本书内容的，我们将动态更新，以满足教学需求。关于动态更新的内容，请扫描以下二维码，谢谢！

张晓农

2019 年 7 月 16 日于南开大学

教学建议

课程的教学目标

1. 系统掌握税收的基本理论。
2. 了解我国的现行税收法律与制度沿革和发展。
3. 掌握我国现行税种结构,熟悉主要税种的计算与缴纳。
4. 了解我国税收对企业经营管理决策及社会经济的影响效应与作用。
5. 了解税收的国际征管和发展趋势,建立国际化的决策视角。

前期需要掌握的知识

会计学、经济学等课程相关知识。

课时分布建议

教学内容	学习要点	课时安排	
		本科	研究生
第一章 国家征税的动因与税收原则	(1) 了解税收的定义和税收的职能 (2) 理解市场经济下国家征税的动因 (3) 了解税收原则的含义 (4) 理解公平原则和效率原则	4	4
第二章 税收制度与税制结构	(1) 了解税收制度的构成要素 (2) 了解我国的税收立法和税法实施 (3) 掌握税收的分类和各类税的特点 (4) 理解税制结构的不同模式和影响	4	4
第三章 我国税收制度的发展历程	(1) 了解改革开放前的税收制度 (2) 了解改革开放中的税收制度 (3) 了解市场经济的税收制度 (4) 理解新常态下的深化税制改革	4	1

(续)

教学内容	学习要点	课时安排 本科	课时安排 研究生
第四章 税收对企业的影响与税负转嫁	（1）理解和掌握税收对企业决策的影响 （2）掌握宏观税收负担和企业（微观）税收负担的概念和衡量指标 （3）明确税负转嫁的形式和影响因素 （4）掌握税负转嫁对企业决策的影响	4	2
第五章 增值税	（1）明确增值税的征税范围和内容 （2）掌握增值税的计税原理和规定 （3）理解增值税纳税人与负税人分离和税负转嫁的特点 （4）了解一般纳税人和小规模纳税人的区别 （5）熟练掌握增值税应纳税额的计算 （6）了解增值税的征收管理	8	4
第六章 消费税	（1）掌握消费税的征税范围和特点 （2）了解消费税的税目和税率 （3）熟练掌握消费税应纳税额的计算 （4）了解消费税的征收管理	4	2
第七章 关税和船舶吨税	（1）理解关税和船舶吨税的概念与征税范围 （2）熟悉关税的种类和税额计算 （3）掌握船舶吨税的税额计算 （4）掌握关税和船舶吨税的征收管理	4	2
第八章 企业所得税	（1）理解企业所得税的征税范围和计税原理 （2）了解居民企业和非居民企业的区别、判断标准 （3）掌握税前扣除项目、资产的税务处理规定和税收优惠的规定 （4）熟悉企业所得税应纳税额的计算 （5）了解包括汇算清缴等企业所得税征收管理规定	8	4
第九章 个人所得税	（1）了解个人所得税分类的知识 （2）理解居民纳税人和非居民纳税人的区别、判断标准 （3）理解综合收入和分类收入、专项扣除和专项附加扣除等概念 （4）掌握个人所得税综合收入和分类收入应纳税额的计算 （5）了解个人所得税特别计税办法和税收优惠的基本规定 （6）了解个人所得税征收管理规定	8	4
第十章 企业的财产税种	（1）理解房产税的概念 （2）掌握房产税的计算和缴纳 （3）理解车船税的概念 （4）掌握车船税的计算和缴纳	2	2
第十一章 企业的资源税种	（1）掌握资源税的概念，以及应纳税额的计算和缴纳 （2）掌握城镇土地使用税的概念，以及应纳税额的计算和缴纳 （3）了解土地增值税和超率累进税率的概念 （4）掌握土地增值税的计算和缴纳 （5）掌握耕地占用税的计算和缴纳	4	2

（续）

教学内容	学习要点	课时安排	
		本科	研究生
第十二章 特定目的税和行为税种	（1）掌握城市维护建设税的计算和缴纳 （2）理解教育费附加和地方教育附加 （3）把握车辆购置税的计算和缴纳 （4）掌握环境保护税的计算和缴纳 （5）把握印花税的计算和缴纳 （6）掌握契税的计算和缴纳 （7）了解烟叶税的计算和缴纳	8	2
第十三章 跨国企业的国际税收	（1）了解国际税收的内涵和研究内容 （2）理解税收管辖权和国际重复征税问题 （3）了解国际避税的常用方法 （4）理解国际反避税和国际税收协定	4	2
第十四章 企业纳税筹划	（1）理解纳税筹划的含义和动因 （2）了解商品与服务税的纳税筹划内容 （3）了解所得税的纳税筹划内容 （4）了解企业综合纳税筹划	4	2

说明：（1）在课时安排上，对于财务管理、会计专业基础课建议按每周4个学时开设，共68或72个学时；企业管理专业本科生和市场营销、人力资源专业本科生可以根据36个学时安排，标注课时的内容建议要讲，其他内容可以选择不讲，或者选择性补充。

（2）案例分析、计算和讨论等教学活动可以在课程中穿插进行。

目　录

前言

教学建议

第一章　国家征税的动因与税收原则 …………… 1

第一节　税收概述 ……………… 2

第二节　市场经济条件下国家征税的动因 …………… 4

第三节　税收原则的形成与发展 …… 7

第四节　现代税收基本原则 ……… 12

重要概念 …………………… 18

思考题 ……………………… 18

第二章　税收制度与税制结构 …… 19

第一节　税收制度的构成要素 …… 19

第二节　税收的立法和税法实施 ………………… 25

第三节　税收的分类 …………… 27

第四节　税制结构 ……………… 31

重要概念 …………………… 35

思考题 ……………………… 35

第三章　我国税收制度的发展历程 ………………… 36

第一节　改革开放前的税收制度 …… 36

第二节　改革开放中的税制改革 …… 37

第三节　建立市场经济的税收制度 ………………… 40

第四节　新常态下的深化税制改革 ………………… 45

重要概念 …………………… 49

思考题 ……………………… 49

第四章　税收对企业的影响与税负转嫁 …………… 50

第一节　税收对企业决策的影响 …… 50

第二节　宏观税收负担 ………… 53

第三节　企业税收负担 ………… 54

第四节　企业的税负转嫁 ……… 57

第五节　企业税负转嫁的主要影响因素和后果分析 …………… 61

重要概念 …………………… 65

思考题 ……………………… 65

第五章　增值税 …… 66

　第一节　增值税概述 …… 66
　第二节　增值税的征税范围 …… 69
　第三节　增值税的纳税人和扣缴义务人 …… 73
　第四节　增值税的税率和征收率 …… 74
　第五节　一般纳税人应纳增值税的计算 …… 77
　第六节　小规模纳税人及简易计税方法计税 …… 92
　第七节　进口商品应纳税额的计算 …… 94
　第八节　出口货物、劳务和应税服务的增值税 …… 95
　第九节　增值税的税收优惠 …… 102
　第十节　增值税的纳税管理 …… 108
　重要概念 …… 110
　思考题 …… 110
　练习题 …… 110

第六章　消费税 …… 112

　第一节　消费税概述 …… 112
　第二节　消费税的征税范围与税率 …… 113
　第三节　应纳税额的计算 …… 116
　第四节　特殊税务处理 …… 119
　第五节　消费税的出口退税 …… 122
　第六节　消费税的纳税管理 …… 123
　重要概念 …… 127
　思考题 …… 127
　练习题 …… 127

第七章　关税和船舶吨税 …… 128

　第一节　关税概述 …… 128
　第二节　关税的征税对象和纳税义务人 …… 131
　第三节　关税的税则及税率 …… 131
　第四节　关税的完税价格 …… 133
　第五节　应纳税额的计算 …… 135
　第六节　关税的减免 …… 136
　第七节　关税的纳税管理 …… 137
　第八节　船舶吨税 …… 138
　重要概念 …… 142
　思考题 …… 142
　练习题 …… 142

第八章　企业所得税 …… 143

　第一节　纳税义务人、征税对象与税率 …… 143
　第二节　应纳税所得额的计算 …… 146
　第三节　资产的税务处理 …… 155
　第四节　应纳税额的计算 …… 160
　第五节　税收优惠 …… 163
　第六节　扣缴义务 …… 170
　第七节　特别纳税调整 …… 170
　第八节　企业所得税的纳税管理 …… 173
　重要概念 …… 175
　思考题 …… 175
　练习题 …… 175

第九章　个人所得税 …… 176

　第一节　个人所得税的分类 …… 176
　第二节　纳税义务人 …… 177

第三节 应税所得项目 …………… 179
第四节 专项附加扣除 …………… 180
第五节 应纳税额的计算 ………… 183
第六节 特别计税办法 …………… 192
第七节 税收优惠 ………………… 195
第八节 优惠政策衔接有关事项 … 196
第九节 征收管理 ………………… 198
重要概念 …………………………… 204
思考题 ……………………………… 204
练习题 ……………………………… 204

第十章 企业的财产税种 ………… 206
第一节 房产税 …………………… 206
第二节 车船税 …………………… 211
重要概念 …………………………… 215
思考题 ……………………………… 215
练习题 ……………………………… 215

第十一章 企业的资源税种 ……… 216
第一节 资源税 …………………… 216
第二节 城镇土地使用税 ………… 224
第三节 土地增值税 ……………… 228
第四节 耕地占用税 ……………… 235
重要概念 …………………………… 238
思考题 ……………………………… 238
练习题 ……………………………… 239

第十二章 特定目的税和行为税种 ………………………… 240
第一节 城市维护建设税 ………… 240
第二节 教育费附加及地方教育附加 …………………… 242

第三节 车辆购置税 ……………… 243
第四节 环境保护税 ……………… 245
第五节 印花税 …………………… 253
第六节 契税 ……………………… 256
第七节 烟叶税 …………………… 260
重要概念 …………………………… 261
思考题 ……………………………… 261
练习题 ……………………………… 261

第十三章 跨国企业的国际税收 ………………………… 263
第一节 国际税收的内涵 ………… 263
第二节 税收管辖权与国际重复征税 …………………… 265
第三节 国际避税与反避税 ……… 272
第四节 国际税收协定 …………… 281
第五节 未来国际税收环境 ……… 286
重要概念 …………………………… 289
思考题 ……………………………… 289

第十四章 企业纳税筹划 …………… 290
第一节 纳税筹划概述 …………… 290
第二节 企业纳税筹划的动因 …………………… 291
第三节 商品与服务税的筹划 …………………… 292
第四节 企业所得税的筹划 ……… 295
第五节 综合筹划 ………………… 298
重要概念 …………………………… 302
思考题 ……………………………… 302

参考文献 …………………………… 303

第一章
国家征税的动因与税收原则

"税收和死亡是人生无法避免的两件大事。"这是本杰明·富兰克林的名言。在世界各国的发展史上，有许多重大的历史事件与税收结下了不解之缘。例如，美国独立与税收有关。18世纪60年代，英国颁布在北美殖民地征收若干新税（印花税等）的法令，使得殖民地和英国的矛盾冲突越来越激烈，终于在1775年打响了北美独立的第一枪。再如，1640年英国国王查理一世为了通过税收筹措军费，不得不召集已被其解散的国会，引发了英国资产阶级革命并导致查理一世的灭亡。还有，1789年的法国资产阶级大革命也是由于国王路易十六强行征税，引起国民尤其是资产阶级不满而爆发的。在中国，最早的税收萌芽形式产生于奴隶社会，公元前2000年的夏朝，就出现了"贡"，即奴隶主庄园必须向国家缴纳贡品。鲁宣公十五年的"初税亩"是中国税收产生的标志。"迎闯王，不纳粮"，也反映了税收是引发中国改朝换代的重要原因。而目前，世界各国几乎都拥有一套税收体系。可见，税收是一个既古老又现代，与人们密切相关的事物。

然而，对于中国人来说，税收又是一个很新的领域。由于在改革开放以前，我国实行高度集中的计划经济体制，在"非税论"的影响下，税收好像没有存在的意义，因而税收制度几乎空白。随着改革开放的深入，1983年开展的利改税，才使税收的概念重新进入人们的经济生活。现行的税收体系于1994年正式建立，目前仍处于逐渐完善之中。因此，对于税收的理论、观念和制度，诸如纳税义务、纳税人的权益、逃税、避税、节税及税收筹划，以及税收的稽征、管理及行政复议与诉讼等，是许多人还不熟悉而又经常遇到的内容，尤其对企业的经营管理者而言更是如此。

导读

税收是个特殊的领域，它是国家利用权力对社会财富的一种分配，属于经济范畴。其特殊性在于：

第一，它与国家有关。国家受人民大众委托来管理社会、服务人民，为了提供公共物品与服务需要钱财，为了取得财政收入需要靠政治权力征税。因而，它与政治关系密切。

第二，税收来自社会大众，包括自然人企业和法人、工农商学兵和公职人员、股东和雇员、老中青甚至孩子。纳税使他们的财富或者利益减少。因而，税收与社会大众利益相关。

第三，税收一般用于国家的财政支出，提供公共物品和公共服务。例如，军队国防、警察治安、环境保护、外交外援、公务人员以及公务活动的开支；再如，城市交通、河道湖泊、绿化排水，还有教育医疗、失业救济、退休养老、公租房等。税收用到哪里？哪方面用多少？这些问题涉及国计民生。因而，税收反映国家政策和人民利益。

第四，社会各阶层贫富程度不同，各地区发展也不平衡，对税收的负担能力肯定不同，对财政支出的需求也不同。如此，税收向谁征？从哪里征？用到哪里去？这涉及公平和效率的问题。

第五，国家为实现职能需要税收来保障，甚至希望税收增长；而作为纳税人的社会公众在履行纳税义务的前提下，希望自己的利益能多一些，税收负担轻一些。这样，避税、节税、税收筹划甚至逃税就出现了，而相应的反逃税、反避税等税收监管也应运而生。

此外，随着国际经济的发展，国际贸易、国际投资与国际经济合作日益频繁，而各国税制不同，不同税制导致的国际税务问题使税收内容更丰富。

还有，中央和地方政府有各自的职责，而每年的税收有限，如何在中央和地方之间分配，又涉及国家体制以及事权和财权的关系。

总之，税收领域很特殊，税收内容很丰富，税收关系很复杂，税收问题也很有趣。税收和每个人都有关，好好学习税收对我们非常有用。

第一节　税收概述

一、税收的定义

对于什么是税收，不同的学者有不同的定义。

列宁认为，所谓税收，就是国家不付任何报酬而向居民取得东西。

日本的税收学者小川乡太郎认为，税收是国家为支付一般经费需要，依据其财政权力而向人民强制征收的财物或货币。日本的《世界大百科事典》继承了小川乡太郎的定义："所谓税收，就是国家（或其他公共团体）以满足其一般经费开支为目的而运用财政权力向人民强制性地征收的金钱或实物。税收既不同于捐款这种仅体现单方面意志表示的奉献收入，也不同于公有财产收入和公共事业收入这种根据提供者与作为接受者的国家及其他公共团体之间按合同而取得的合同收入，它是不必得到纳税者承诺的强制性收入。"

美国的经济学家塞里格曼认为，税收是政府对人民的一种强制征收，以供支付谋取公共利益所需要的费用。但此项征收与是否能给予被强制者以特殊利益，则并无关系。《美国经济学辞典》将税收定义为："税收是居民个人、公共机构和团体被强制向政府转让的货币（在某些条件下也可以采取实物或劳务的形式）。"

英国的《新大英百科全书》对税收定义如下："在现代经济中，税收是国家收入的最重要的来源。税收是强制的和固定的征收，它通常被认为是对政府财政收入的捐献，用以满足政府开支的需要，而并不表明是为了某一特定的目的。税收是无偿的，它不是通过交换来取得的。这一点与政府的其他收入，如出售公共财产或发行国债等收入，大不相同。税收总是为了全体纳税人的福利而征收，每个纳税人在不受任何利益支配的情况下承担了纳税的义务。"

以上是国外学者比较具有代表性的税收定义。我国学者对税收也有着各种不同的定义，有的强调形式，有的强调实质，有的只是用词不同。笔者认为，国内外所有这些表述都有着共同的内容。这些内容主要有：

税收的主体是国家。

税收的实质是国家向社会取得财富。

国家征税的目的是满足公共利益的需要。

国家向社会征税凭借的是政治权力，一般以法律的形式加以实施。

税收的纳税人是居民个人和企业等社会团体。

税收具有无偿性与强制性的特征。

根据这些内容，本书将税收定义为：税收是国家（政府）为了满足公共利益的需要，凭借政治权力，以法律的形式，强制地、无偿地向社会取得财富的方式。

二、国家征税的理论依据

关于国家凭什么征税，百姓和企业为什么纳税，即国家征税的理论依据问题，不同流派的学者们者见仁、智者见智，形成了许多不同的学说。回顾先哲的学说，对我们更深刻地理解税收、提高纳税人的义务和权利意识，是非常重要的。历史上各主要学说及其基本内容如下。

（一）公需说

公需说产生于 17 世纪，这种学说的代表人物主要有资本主义初期的重商学派和德国重商主义的官房学派的学者，如法国的吉恩·波丹、德国的克洛克等。这种学说认为，国家的职能是满足公共需要和增进公共福利，这一职能的实现需要税收来提供物质资源，因此，税收存在的客观依据就在于公共需要或公共福利的存在。克洛克说："租税如不是出于公共福利的公共需要，即不得征税，如果征收，则不得称为正当的征税。所以，征税必须以公共福利的公共需要为理由。"

（二）交换说

交换说产生于 17 世纪，主要代表人物有重商主义者托马斯·霍布斯、古典学派经济学家亚当·斯密以及蒲鲁东等。这种学说认为，国家征税是为了保护人民的利益，人民应向国家纳税以相互交换。霍布斯曾于 1939 年指出："人民为公共事业缴纳税款，无非是为了换取和平而付出的代价。分享这一和平的福利部门，必须以货币或劳动之一的形式，为公共福利做出自己的贡献。"亚当·斯密也曾指出，国家的职能范围越小越好，税收越轻越好，而且国家应以个人所得利益的数量确定纳税标准。

（三）保险说

保险说产生于 18 世纪，主要代表人物是法国的梯埃尔。保险说认为，国家保护了人民生命财产的安全，人民应向国家支付报酬，国家犹如保险公司，人民纳税如同投保人向保险公司交纳保险金一样。梯埃尔指出："人民按其从国家获得的利益的一定比例来支付税收，犹如保险公司的保险金按投保金额的一定比例来确定一样。"

（四）义务说

义务说产生于欧洲国家主义盛行的 19 世纪。这种学说在黑格尔（Hegel）的国家主义思潮影响下，认为国家是人类组织的最高形式，个人依存于国家。国家为实现其职能就应有征税权，人民纳税是应尽的义务，任何人不得例外。如法国的劳吾指出的"租税是根据一般市民的义务，按一定的标准向市民征收的公课"强调的是国家的权力和人民的义务。

（五）牺牲说

牺牲说也产生于 19 世纪，主要代表人物有法国的萨伊、英国的穆勒等经济学家。牺牲说认为，税收是国家的一种强制征收，对于人民来说是一种牺牲。萨伊于 1892 年指出："租税是一种牺牲，其目的在于保存社会与社会组织。"穆勒发展了萨伊的牺牲说，即依据纳税人的能力负税理论，提出均等牺牲观点。英国的财政学家巴斯泰布尔进一步阐述了穆勒的均等牺牲说。他认为：均等牺牲原则不过是均等能力原则的一种表现，均等能力意味着负担牺牲的能力均等；社会的最大福利是使全体纳税人负担最少的牺牲。

（六）掠夺说

掠夺说的主要代表人物是空想社会主义者圣西门。掠夺说认为，税收是国家为实现其职能的公共需要，由国家中占统治地位的阶级凭借国家的政治权力，对其他阶级的一种强制掠夺。

（七）社会政策说

社会政策说产生于 19 世纪末，主要代表人物有德国著名财政学家瓦格纳和美国著名财政学家塞里格曼。这种学说认为，税收应是矫正社会财富与所得分配不公的手段，是实现社会政策目标的有力工具。瓦格纳在给税收下定义时曾指出："从社会政策的意义上来看，赋税是在满足财政需要的同时，或者说不论财政上有无必要，以纠正国民所得的分配和国民财产的分配，调整个人所得和以财产的消费为目的而征收的赋课物。"因此，赋税不能理解为单纯地从国民经济年产物中的扣除，还包括纠正分配不公的积极目的。

（八）经济调节说

经济调节说产生于 20 世纪 30 年代，主要代表人物是凯恩斯学派的经济学家。这种学说认为，国家征税除了为筹集公共需要的财政资金外，更重要的是全面地运用税收政策调节经济运行，调节有效需求，即调整资源配置、实现资源的有效利用、再分配国民收入与财富，以提高社会福利水平，稳定经济发展。

三、税收的职能与作用

（一）取得财政收入

国家作为凌驾于社会之上的政治组织，为了实现管理社会的职能，需要大量的财政支出，而财政收入是财政支出的来源。一般而言，国家取得财政收入主要有三个源泉：第一个是国家资产收益，例如官田收入、国有企业利润；第二个是国家垄断收入；第三个即是税收。在这三个源泉中，鉴于国家作为政治组织性质的原因，国家的资产收益不应构成财政收入的主要部分，尤其在市场经济条件下更是如此；国家专卖形成的垄断收入，受到市场范围的限制，一般数额有限；而税收由于其本身的特点，成为国家取得财政收入的主要来源。

（二）影响经济

国家对社会征税，必然会影响纳税人的利益，进而会影响纳税人的经济行为，从而对社会经济产生影响。一般认为，税收影响经济的作用主要体现在以下几个方面：

（1）税收能作为市场经济的"内在稳定器"。繁荣时期多征税，防止消费和投资过热；萧条时期少征税，鼓励投资和消费，刺激经济发展。

（2）调节产业结构和经济资源的配置，调节地区经济发展，缓解区域经济发展不平衡。

（3）调节收入分配，缩小收入差距。

（4）抑制通货膨胀。

（5）调节国际经济关系，优化投资环境，促进对外开放。

（三）影响社会生活

税收通过对经济利益的调节，可以进一步影响纳税人的社会行为，从而会影响一个国家的社会生活。英国在北美的税收引发了美国的独立战争，促成了美国的独立；法国用个人所得税缩小贫富差距，在一定程度上体现了社会公平。这些从侧面表现出税收对社会生活的影响。

第二节 市场经济条件下国家征税的动因

经过多年的改革，我国现在实行的是社会主义市场经济体制。在市场经济体制下，国家为什么征税？国家征税干什么？从理论上较透彻地弄清楚这些问题，对提高纳税人的纳税意识和转变国家职能是非常重要的。

一、市场经济体制下的市场失灵

市场经济体制是指由市场配置资源的经济体制。古典的自由放任市场经济学派认为，自由企业的经济制度，如允许自由行动，其本身的动力能使资源的使用发挥最大的效率，使国民的福利最大化。但在市场经济的实践中，人们逐步认识到并非如此。现代市场经济理论认为，虽然市场机制能有效地调节供给和需求，使社会资源得到合理配置，从而有效地提供商品和劳务，但存在市场失灵的问题。一个突出的表现就是：公共物品与劳务不能通过市场机制来提供。民间企业提供的物品和劳务在满足社会公共需要方面存在局限性,在一些具有外部效应的领域也存在市场失灵的问题。政府在弥补市场失灵方面应起重要的作用。

二、民间部门和公共部门

市场经济中参加经济活动的主体可分为民间部门和公共部门两类。民间部门是指以非国家所有权为基础的企业、机构和居民,其基本行为准则是利润最大化或效用最大化;公共部门是指以国家所有权为基础的机构或部门,其基本行为准则是社会福利的最大化。从生产的物品性质来看,民间部门主要生产私人物品和一部分准公共物品;公共部门主要生产公共物品,同时也介入一部分准公共物品的生产。在市场经济的运行中,民间部门为追求利润最大化和效用最大化而开展活动,通过市场机制决定某种"效率优先"的资源配置格局和收入分配格局;公共部门则致力于修正"市场缺陷",对市场决定的资源配置格局和分配格局进行调节,以求实现全社会的福利最大化。公共部门在政府弥补市场失灵方面起着重要的作用。

三、公共物品的特性

公共部门主要提供公共物品和劳务。公共物品和劳务是指不能由民间部门通过市场提供的物品和劳务,例如国防、外交、公安、司法、环境保护等。与私人物品和劳务相比,公共物品和劳务具有以下特性:

(1) 效用的不可分割性。公共物品和劳务是向整个社会提供的,由整个社会的人们共同享有其效用,而不能将其分割为若干部分来归属于某些个人、家庭或企业。

(2) 消费的不排他性。任何个人、家庭或企业对公共物品的享用并不影响、妨碍其他个人、家庭或企业同时享用,也不会减少其他个人、家庭或企业享用的数量或降低其享用的质量。

(3) 受益的不可阻止性。即没有办法将任何个人、家庭或企业排除在公共物品和劳务的受益范围之外。不论个人、家庭或企业是否为之支付费用,都能从公共物品和劳务的提供中受益。

公共物品和劳务虽然是人人需要的,但由公共物品和劳务的特性可知,要让每个人自觉自愿地为此付出报酬几乎不可能。毋庸置疑,公共物品和劳务显然只能由公共部门提供。公共部门必须提供这些物品和劳务,但公共物品和劳务不可能像私人物品和劳务那样通过市场交换来弥补成本,所以,国家向全体享受公共物品和劳务的个人、企业或社会团体按一定标准征集收入,即课税,就是完全必要的了。

四、外部效应

外部效应或称外部性,是指在经济生活中,某一经济主体的决策和行为对其他经济主体造成了影响,却没有承受该影响所带来的报酬或惩罚。这种影响分为两类:一类是有益的,称为外部正效应或外部经济。如在市场经济中某高科技企业在研究和开发方面投入巨资,成功地发明了一项生产技术,该技术会被其他高科技企业免费使用,从而带动行业技术升级。而这些"搭便车者"并不会主动给予该高科技企业报酬和补偿。另一类则是有害的影响,称为外部负效应或外部成本。如一个化工厂出于自利,任意排污以致污染了公共河流,可是该化工厂并没有对该市居民进行补偿。

在市场经济中,当出现外部效应时,就会发生市场失灵,即市场对商品的配置缺乏效率。具有正的外部效应的产品会出现市场供给不足。因为,具有正的外部效应的产品,其生产的私人收益低于社会收益,由私人边际收益和边际成本决定的最优私人产量就会低于由社会边际收益和边际成本决定的社会最优产量。与此相反,具有负的外部效应的产品则会出现供给过量。因为厂商只关心自己的私人利益,不考虑给他人和社会带来的损害。具有负的外部效应的产品,其生产的私人成本低于社会成本,从而其私人边际成本和边际收益决定的最优私人产量就高于由社会边际收益和边际成本决定的最优社会产量。由于外部效应的存在，最后的结果会是：对社会有益的产品没人生产，而对社会环境造成污染的产品过量生产，到处充斥着水污染和噪声污染。

外部效应是市场失灵的重要表现，那应该如何解决外部效应问题呢？是否能通过私人市场来解决外部效应问题？经济学家罗纳德·科斯（Ronald Coase）提出了通过私人市场来解决资源配置无效问题的科斯定理（Coase theorem）。根据科斯定理，如果外部效应的私人各方可以无交易成本地就资源配置进行协商，私人市场就将总能解决外部性问题，从而实现资源的有效配置。虽然从科斯定理得出通过私人市场达成协议的解决路径，然而，我们发现，现实世界中私人主体往往并不能解决外部效应引起的问题，利益各方在达成和实施协议时会发生各种摩擦和交易成本，即使在对多方都有利的情况下，协商也总是不能有效地达成一致。

所以，当私人协商无效的时候，外部效应就需要政府来发挥调节作用。英国经济学家阿瑟·庇古（Arthur Pigou）提出通过税收手段来解决外部效应。庇古认为，在社会有正的外部效应时，应该对私人生产者给予补贴，以提高产量；在社会有负的外部效应时，应对生产者征收税收，使其私人成本等于社会成本，以减少产出水平。以他的名字命名的税收称为庇古税（Pigovian tax）。

如图1-1所示，假设一条河流的上游有一个生产化工产品的厂商甲，产品边际收益为 MR，边际私人成本是 MPC。在这条河的下游有一个靠养殖水产品为生的农户乙，由于厂商甲往河里任意排放污水造成农户乙的养殖减产，农户乙的边际损失为 MD，即厂商甲造成负外部效应带来的环境污染成本。如果从整个社会的角度来考虑，边际社会成本 MSC 应该是边际私人成本加上边际环境污染成本，即 $MSC = MPC + MD$。

如果社会没有任何税收，根据经济学原理我们知道，厂商甲会按边际收益 MR 等于边际私人成本 MPC 的均衡点所决定的产量 Q_1 来生产，此时 Q_1 能够实现厂商甲的最佳收益。而从整个社会的最佳利益来考虑，此时边际收益 MR 和边际社会成本 MSC 的均衡点所形成的最优产量应该是

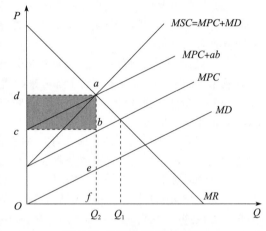

图1-1 外部负效应和庇古税

Q_2，也就是说不征税时，厂商甲的产量 Q_1 大于整个社会的最优产量 Q_2，会给社会带来过多的污染。

假设国家征收庇古税来对社会环境污染进行治理，根据社会最优产量 Q_2 对应的边际环境成本 $ab(ab=ef)$，开征一个固定税额为 ab 的庇古税。征税后厂商甲的边际私人成本线 MPC 会向上平移 ab，此时厂商甲的边际私人成本线和边际收益线的交点确定的最优产量变成了 Q_2，正好就是社会所需的最优产量，因此庇古税解决了环境污染的负外部性问题，图中阴影部分 $abcd$ 的面积就是庇古税的税收收入。

庇古税原理给国家解决外部效应问题提供了思路和借鉴，国家可以通过制定法律和专项管制措施来调节外部效应，从而形成资源的有效配置。对具有外部正效应的产品以税收优惠、财政补贴等方式来给予扶植和鼓励，如我国企业所得税中对科技型中小企业新技术、新工艺和新产品的研究开发费用以实际发生额加计75%在纳税前扣除；对具有外部负效应的产品施以环保税征税、罚款或公共管制（如制定法定的排污标准、法定生产程序等）来进行限制，从而使整个社会经济能够健康、可持续地发展。

五、调节收入分配

市场经济的竞争机制会自发地形成社会成员的收入差别。但是竞争的市场不一定能使资源

分配在社会各成员中得到最大限度的满足，社会弱势群体（残疾人、老人、失业者、遭受各种灾难而生活艰难的人）的收入往往不能满足生存的需要，因此需要国家来调节社会收入分配，而税收是国家调节收入分配的重要手段。一方面，国家运用税收来获得财政收入，以转移支付的方式对社会弱势群体给予补贴和资助；另一方面，国家通过征税可以调节贫富差距和收入在各阶层的分配。

六、国家职能的主要内容

在市场经济中，需要国家提供的公共物品和劳务是多种多样的，因而国家的职能范围也是非常广泛的。实现国家职能是国家征税的基本动因。

（1）提供公共物品和劳务。公共物品和劳务是整个社会的需要，是不可分割且不能由市场来供给的。公共物品有极大的外部经济影响，但又无法向受益者收费。如：国防、外交、消防、公共卫生、防洪等公益事业；地质勘探、农产品改进研究、气象、灯塔、空气和水污染处理等外部效益极广而无法向受益者收费的事业；义务教育（不受父母对教育价值的估价不同的影响）；等等。这些都是公共消费，是社会集体的需求，很难与市场价格相联系。需要指出的是，由国家来提供公共物品和劳务，并不一定要由国家直接来生产经营，国家可以用钱去购买，其生产和管理仍由民间部门负责。

（2）投资或管理具有独占性和基础设施性的项目。一些风险大、投资多、回收期长的基础设施项目，民间部门不愿投资，但社会又需要这些项目。如道路、港口、水库、宇航事业、大河流域的开发整治、大规模造林和基础科学研究等，应由政府投资。而原子能的和平利用等不宜由民间企业来经营的独占性项目，以及因为具有独占性使价格提得很高而供给并不增加的项目，即使不是国有，也要受政府的管理，以免其因为垄断性而导致消费者利益受损。

（3）国民收入的再分配。国家可以运用税收和支出来实现收入再分配。税收可以使富人多交税，穷人少交税或者不交税，实现国民收入的再分配。在支出方面，国家可以对社会上的贫、弱、老、幼、残、灾等弱势群体给予福利支持。

（4）促进充分就业与稳定物价。一是针对经济的走势，逆向调节政府的收入、支出和盈亏水平，以减缓经济的周期性波动；二是与金融政策相配合，调节社会的总需求水平。

（5）管理社会经济活动。为了确保社会经济活动的正常运行，政府制定法律以保护财产所有权和契约的执行，并惩罚欺诈、贪腐、盗窃等行为。政府也对经济活动施行行政管理，如银行监管、证券监管、核电的安全监查、航空的安全管制、对通信和信息事业的管理、环境保护等。同时，政府还对垄断行为施以反垄断管理并对有独占性的企业的利润水平和收费标准予以限制。

七、税收是国家履行职能的财力保证

国家为了履行上述职能，需要足够的财力支持。这就需要税收提供足够的财政收入。国家可以通过多种形式取得所需的财政收入，但税收是最有效的形式。因为它既可免除增发货币所带来的通货膨胀之害，又可避免被举借公债所带来的还本付息拖累，还可保证国家支出有充足、稳定的财力来源。在世界各国，税收已成为国家最重要的财政收入来源。

第三节 税收原则的形成与发展

一、税收原则的意义

税收原则是指在一定的社会政治经济条件下，建立与之相适应的税收法制所遵循的指导思想。具体来说，税收原则就是指导课税对象选择、税制结构布局、税率设计和减免措施等的战

略要求。

税收原则受一定经济理论的制约和影响。例如,在资本主义自由竞争时期,自由经济理论占统治地位,主张国家不干预经济。在这种经济理论指导下的税收原则,主张轻税、便利,不以资本为课税对象。而在1929—1933年的经济危机之后,凯恩斯学派的经济理论兴起,主张国家必须积极干预经济,采取税收措施来刺激消费和投资。在不同的历史时期,由于经济理论的主张各异,因而税收原则也有所不同。税收原则必然受客观经济条件和经济制度的制约。客观经济条件是经济制度赖以生存的基础,经济条件发生变化必然带来经济制度的变革,因而要求建立与其相适应的税收原则。

研究税收原则,对建立税收理论、完善税收制度具有重要的理论与实践意义。

首先,税收原则是税收理论的重要组成部分和核心问题。世界上多数国家的税收理论研究都把对税收原则理论的研究放在首位。因为税收原则体现国家课税的基本思想,体现政府的意志,它制约着其他税收理论的形成。例如,税制建设理论、税收负担理论、税收经济理论、税收政策理论和税收管理等理论的形成,都是以税收原则理论为指导,以税收原则理论为基础。因此,税收原则理论是税收理论体系的重要组成部分和根基。

其次,税收原则是建立科学的税收制度的依据。一国政府在设计税收制度并通过税收取得财政收入时,必须考虑他们所采用的税收制度对社会经济会产生怎样的影响。税收制度的设计和实施是充分发挥税收作用的关键。税收原则是政府在设计税收制度和实施税收制度方面所应遵循的基本原则。因为离开税收原则建立税收制度,就不能体现一定的经济理论和经济政策的要求,就无法体现统治阶级的目的和意图,就不可能建立科学的税收制度。

最后,税收原则是评价税收制度优劣以及考核税务行政管理状况好坏的基本标准。税务机关应依据税收原则的基本要求进行税务行政,正确解决税收征纳中的各种矛盾,协调国家与纳税人之间的利益关系。

二、税收原则的历史回顾

税收是一个历史范畴的概念。古代税收大多是自发地遵循一定的原则建立税制,随着经济的发展和漫长的税收实践,人们逐渐认识并总结出建立税制应遵循的原则,变为自觉的行为。由于历史发展阶段不同,产生的税收原则亦有不同。在诸多的税收原则理论中,既有共同点,又有不同点。

(一)威廉·配第的税收原则

税收原则的最早提出者是英国古典政治经济学创始人威廉·配第(William Petty)。威廉·配第在《赋税论》和《政治算术》两部代表作中,比较深入地研究了税收问题,第一次提出了税收原则理论。

威廉·配第的税收原则是围绕公平负担这一基本观点来论述的。他认为当时的英国税制存在严重的弊端:税制紊乱、复杂,税收负担过重且不公平。由此,威廉·配第提出税收应当贯彻"公平""简便""节省"三个标准。在他看来,所谓"公平",就是税收要对任何人、任何东西"无所偏袒",税负也不能过重;所谓"简便",就是征税手续不能过于烦琐,方法要简明,应尽量给予纳税人便利;所谓"节省",就是征税费用不能过多,应尽量注意节约。

威廉·配第特别强调税收的经济效应,反对重税负。他认为,过分征收赋税,会使一国资本的生产力相应地减少,因而是国家的损失。他主张,在国民经济的循环过程中把握住税收的经济效应,根据税收经济效应的优劣相应地决定税制结构的取舍。

(二)攸士第的税收原则

继威廉·配第之后,德国新官房学派的代表人物约翰·攸士第(John Justi)在其代表作《国家经济论》中就征收赋税提出了六大原则。

(1) 促进自发纳税。即赋税应当自愿缴纳。

(2) 不得增加对产业的压迫，不得侵犯臣民的合理自由。即赋税要不危害人民的生活和工商业的发展，也不要不正当地限制人民的自由。

(3) 平等课税。即赋税的征收要做到公平合理。

(4) 具有明确的法律依据，征收迅速，其间没有不正当之处。即赋税要确实，须对一定的目标征收，采用的征收方式也要确保税收不易被逃避。

(5) 挑选征收费用最低的商品货物征税。即赋税的征收费用不能过度，须和国家的政治原则相适应。

(6) 纳税手续简便，税款分期缴纳，时间安排得当。即赋税应在比较方便的时候，以人民所接受的方式征收。

攸士第有关税收原则的许多思想为后来的亚当·斯密所吸收，成为亚当·斯密著名的"税收四原则"的重要组成部分。

(三) 亚当·斯密的税收原则

英国古典政治经济学家亚当·斯密（Adam Smith）第一次将税收原则提到理论的高度，明确而系统地加以阐述。亚当·斯密所处的时代正是自由资本主义时期。作为新兴资产阶级的代表人物，亚当·斯密极力主张"自由放任和自由竞争"，国家要少干预经济，特别是不能干涉生产自由，要让价值规律这只"看不见的手"自动调节经济的运行。国家的职能应仅限于维护社会秩序和国家安全，充当社会的守夜人。亚当·斯密在其经济学名著《国富论》中提出了税收的四项原则。

(1) 平等原则。即国民应根据自己的纳税能力来承担政府的经费开支，按照其在国家保护下所获得收入的多少来确定缴纳税收的额度。亚当·斯密主张取消一切税收特权，即取消贵族、僧侣的特权，让他们与普通国民一样依法纳税。税收应"中立"，即征税应尽量不使财富分配的原有比例发生变化，尽量不使经济发展受影响。

(2) 确实原则。即课税必须以法律为依据。人民据以纳税的税收法律应当是确实的，纳税的时间、地点、手续、数额等都要事先规定清楚，使纳税人明白。

(3) 便利原则。即税收的征纳手续应尽量从简。在时间上，应在纳税人收入丰裕的时候征收，不使纳税人感到纳税困难；在方法上，应力求简便易行，不让纳税人感到手续繁杂；在地点上，应将征税机构设在交通方便的场所，使纳税人纳税方便；在形式上，应尽量采用货币形式，以免纳税人因运输实物而增加额外负担。

(4) 最少征收费用原则。即在征税过程中，应尽量减少不必要的费用开支，所征税收尽量归入国库，使国库收入与人民缴纳的税收之间的差额最小，即征税费用最少。

亚当·斯密的"税收四原则"不仅成为当时资本主义各国制定税收制度与法律的理论指导，也对后世税收原则理论的发展有重要的影响。

(四) 萨伊的税收原则

让·巴蒂斯特·萨伊是法国庸俗经济学的创始人。他所处的时代是法国资产阶级革命后社会矛盾开始激化的时期。萨伊认为，国家征税就是向私人征收一部分财产，充作公共需要用，课征后不再返还给纳税人。由于政府支出不具有生产性，所以最好的财政预算是尽量少花费，最好的税收是税负最轻的税收。他提出了税收的五项原则：

(1) 税率适度原则。即由于国家征税事实上是剥夺纳税人用于满足个人需要或用于再生产的财富，所以税率越低，税负越轻，对纳税人的剥夺就越少，对再生产的破坏作用也就越小。

(2) 节约征收费用的原则。由于税收征收费用对人民是一种负担，对国家也没有益处，所以应节省征收费用。这样，一方面可以减少纳税人的负担，另一方面也不给国家增加困难。

(3) 各阶层人民负担公平的原则。当每个纳税人承受同样的（相对的）税收负担时，每个人的负担必然是最轻的。如果税负不公平,不但损害个人的利益,而且有损于国家的收入。

(4) 最小限度妨碍生产的原则。所有的税都是有害于再生产的,因为它妨碍生产性资本的积累,最终危害生产的发展。对资本的课税应当是最轻的。

(5) 有利于国民道德提高的原则。税收除具有取得财政收入的作用外,还可作为改善或败坏国民道德、促进勤劳或懒惰以及鼓励节约或奢侈的有力工具。因此国家征税必须着眼于普及有益的社会习惯和增进国民道德。

(五) 瓦格纳的税收原则

德国新历史学派的代表人物阿道夫·瓦格纳(Adolf Wagner)是前人税收原则理论的集大成者。瓦格纳所处的时代是自由资本主义向垄断资本主义转化和形成的阶段。当时资本日益集中,社会财富分配日益悬殊,社会矛盾十分尖锐。瓦格纳认为,不能把税收理解为单纯地从国民经济产物中的扣除部分。除此之外,它还具有纠正分配不公平的积极作用。瓦格纳将税收原则归纳为四个方面九点内容。

1. 财政政策原则

财政政策原则又称为财政收入原则,即税收要以满足国家实现其职能的经费需要为主要目的。其下有两个具体原则。

(1) 收入充分原则,是指在其他非税收入来源不能取得充分的财政收入时,可依靠税收进一步满足国家财政的需要,以避免产生赤字。此外,随着社会经济的发展,国家职能将不断地扩大,从而论证了国家财政支出持续、不断增长的规律。因此要求税收制度能够充分满足国家财政支出不断增长的资金需要。

(2) 收入弹性原则,是指税收要能随着财政需要的变动而相应增减。特别是在财政需要增加或税收以外的其他收入减少时,可以通过增税或自然增收相应地增加财政收入。

实现收入充分和收入弹性的原则,关键在于税制结构的合理设计。由于间接税能够随着人口增加、国力提高以及课税商品的增多而使税收自动增加,故可作为主要税种,但是间接税可能因社会经济情况的变化,使税收暂时下降,因此还应以所得税或财产税作为辅助税种。

2. 国民经济原则

国民经济原则即国家征税不应阻碍国民经济的发展,更不能危及税源。在可能的范围内,还应尽可能有助于资本的形成,从而促进国民经济的发展。其下有两个具体原则。

(1) 慎选税源原则,是指要选择有利于保护税本的税源,以发展国民经济。从发展经济的角度考虑,以国民所得为税源最好,若以资本或财产为税源,则可能伤害税本。不能以所得作为唯一的税源,应适当地选择某些资本或财产作为税源。

(2) 慎选税种原则,是指税种的选择要考虑税收负担的转嫁问题,因为它关系到国民收入的分配和税收负担的公平。

3. 社会正义原则

税收可以影响社会财富的分配进而影响个人相互间的社会地位和阶级间的相互地位。应通过国家征税改善社会财富分配不均、贫富两极分化的情况,缓和阶级矛盾,达到用税收政策实行社会改革的目的。该原则下又分为两个具体原则。

(1) 普遍原则,是指税收负担应普及社会上的每个成员,每个公民都应负有纳税义务,不可因身份或社会地位特殊而例行免税,要做到不偏不倚。

(2) 平等原则,是指应根据纳税能力大小征税,使纳税人的税收负担与其纳税能力相称。为此,瓦格纳主张采用累进税制,对高收入者税率从高,对低收入者税率从低,对贫困者免税,同时对财产和不劳而获所得加重课税,以符合社会政策的要求。

4. 税务行政原则

这一原则体现了对税务行政管理方面的要求,具体包括三个原则。

（1）确实原则，即税收法令必须简明确实，税务机关和税务官员不得任意行事。纳税的时间、地点、方式、数量等须预先规定清楚，使纳税人有所遵循。

（2）便利原则，即纳税手续要简便，纳税时间、地点、方式等要尽量给予纳税人便利。

（3）节省原则，即税收征收管理的费用应力求节省，尽量增加国库的实际收入。除此之外，也应减少纳税人因纳税而直接或间接负担的费用开支。

（六）凯恩斯学派的税收原则

当市场经济国家经历1929—1933年的经济大危机之后，靠市场自发调节自动达到完全均衡的理论宣告破产。在这种条件下，凯恩斯学派的经济理论兴起，并取而代之。凯恩斯认为，经济危机和失业的原因是有效需求不足，完全靠微观的自由竞争是不能解决的。他主张国家必须积极干预经济，采取财政税收措施，刺激消费，刺激投资，提高社会总需求。只有这样，才能达到缓和周期性经济波动和实现充分就业的目的。凯恩斯学派的税收原则强调的主要是税收调节经济的功能，即税收要成为国家调节经济的工具。特别应提到的是，后凯恩斯主义者认为税收应是市场经济的"内在稳定器"，可以实行机动税率的税收制度：繁荣时期多征税，限制消费和投资；萧条时期少征税，刺激消费，鼓励投资。

（七）供给学派的税收原则

20世纪70年代以来，市场经济国家出现了滞胀的现象。凯恩斯主义的需求管理理论受到严峻的挑战。由于凯恩斯主义注重国家干预管理需求而忽视劳动、储蓄、投资生产等供给的因素，从而导致经济增长率的降低。以供给学派为代表的新的经济理论应运而生。他们认为要医治滞胀的经济顽疾，就要重新肯定萨伊定律，重视供给管理政策，减税以刺激经济增长，减少国家对经济的干预，以提高私人经济的效率。

要减少国家对经济的干预，表现在税收上，就是强调税收的中性原则，即征税结果不要影响纳税人在生产、投资、消费等方面的决策行为，否则，就会产生税收的"额外负担"。

1. 拉弗曲线概述

供给学派的代表人物阿瑟·拉弗（Arthur Laffer）的减税思想。阿瑟·拉弗把税率和国家税收的关系用一条曲线来表示，被称为"拉弗曲线"。其阐述的主要原理是：在一定限度内，国家提高税率，税收收入增加，但是超过一定限度后，继续增税反而会带来税收的减少。如图1-2所示，当税率由原点 O（税收收入为零点）沿着曲线不断提高时，税收收入由 OA 提高到 OC，继续提高税率到 T，税收收入能提高到 E 点。在 E 点，达到了最大的税收收入 OF。在图1-2中，TE 线是税收的临界线。如果税率的提高超过一定限度，就会影响人们劳动、投资和储蓄的积极性，人们会放弃工作，减少投资和储蓄，最终导致社会税基减少的幅度大于税率提高的幅度，全社会的税收收入反而减少。如图1-2所示，税率到达 T 后如果一直继续提高税率，税收收入则下降。税收收入会从 OF 降低到 OC、OA，当税率提高到100%处，则税收收入完全降为零。因此，拉弗曲线位于 TE 线以上的部分被称为税收的"禁区"（图1-2中的阴影部分），税率水平应该以 T 为限。但遗憾的是，拉弗曲线由于没有严密的数学推导，不能告诉我们该曲线的最佳税率 T（税收收入极大值点）。在拉弗曲线中任一个税收收入水平都能对应找到高低两个税率水平，如图中的 B 和 G 点，D 和 H 点带来相同的税收收入 OA 和 OC，而 B 点和 D 点对应的税率水平要比 G 点和 H 点对应的税率水平高很多。

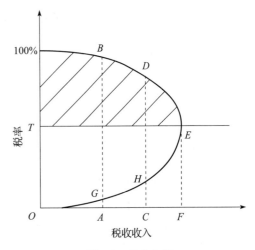

图1-2 拉弗曲线

2. 拉弗曲线的启示

拉弗曲线对现代社会的国家税收政策具有很强的启示和借鉴作用，具体如下：

（1）要遵循税收中性的原则，征税不能破坏经济人的正常决策。若影响了社会劳动供给、投资和储蓄，最后会给社会带来税收的额外负担。

（2）高税率并不一定带来高的税收收入，高税收会挫伤企业和个人的劳动积极性，导致经济的萎缩和停滞。

（3）同样的收入水平可以适用高低两种税率，但体现的税收负担却不一样。低税率能刺激劳动、生产要素和资本投入，从而刺激经济发展，扩大税基，形成良性循环。

（4）当一个国家的税收负担过重时，减税有可能反而使税收恢复中性，带来更多的税收收入。

供给学派经济理论和思想在20世纪80年代对以美国为代表的发达国家产生了很大的影响。时任美国总统罗纳德·里根因此实施了美国历史上最大的减税法案，以大幅减税来推行美国的税制改革。唐纳德·特朗普也吸收了供给学派的观点，以减税来谋求经济增长。

（八）美国哈佛大学教授理查德·阿贝尔·马斯格雷夫提出的税收原则

马斯格雷夫在《财政理论与实践》一书中提出税收的六个原则，是对现代市场经济国家税收原则的概括。

（1）公平原则。税负的分配应是公平的，应使每个人支付他"合理的份额"。

（2）效率原则。应该对税收进行选择，以尽量不影响有效市场上的经济决策，税收的"过度负担"应该降到最低限度。

（3）政策原则。如果税收政策被用于其他目标（如提供投资刺激），这样做时，必须使其对税制公平性的干扰达到最小。

（4）稳定原则。税收结构应有利于财政政策的运用，而这一政策是为了达到稳定与增长的目标。

（5）明确原则。对税收制度应有有效而不是专断的管理，消除行政争议。税收制度应该清楚明晰，为纳税人所理解。

（6）省费原则。和其他目标相适应，管理及征纳费用应该尽可能地减少。

第四节 现代税收基本原则

现代税收原则是指为适应现代社会经济发展和现代国家社会政策需要，税收所应遵循的原则。一般认为，为了适应现代市场经济发展的要求和现代国家社会政策的需要，税收应遵循以下两个基本原则。

一、公平原则

（一）公平原则的重要性

公平，一般来说包括平等、公正、正义的含义。税负是国家加在纳税人身上的一种负担。公平税负是指国家课税对所有的纳税人都应公正，应该使税收负担公平地归着于每个纳税人。公平原则包括两个方面：一是横向公平，指具有相同纳税能力的纳税人应该承担相同的税负；二是纵向公平，指具有不同纳税能力的纳税人应该承担不同的税负，也就是说，对不同等条件的人必须区别对待。税收公平原则的重要性在很大程度上取决于国家和纳税人对公平的自然愿望。

（1）税收的公平性对于维持税收制度的正常运转是必不可少的。要使纳税人依照法律如实申报纳税，必须让其相信税收是公平的，对每个纳税人都是公平征收的。如果人们认为税收不公平，比如人们看到与他们富裕程度相同甚至较他们富裕的人比他们少缴很多税或享受免税待遇，有可能刺激他们逃税或避税。如果人们认为现实税制不完善，存在逃税或避税的现象，纳税人的纳税信心就会下降，甚至会变本加厉地逃税与避税，必然会有碍税收制度的正常运转，减少国家的财政收入。

（2）贯彻税收公平原则是市场经济发展的客观需要。发展市场经济客观上要求每个经济实体作为市场主体的一方，能够公平参与市场竞争、自主开展业务经营，因而要求国家为企业参与市场竞争创造一个公平的外部环境。税收作为市场要素的一个重要方面，必须为企业参与竞争创造一个公平的税收环境。现代经济学认为，公平原则是市场经济赖以发展的条件。公平竞争是市场经济的本质特征，在市场经济中，如果没有公平的条件，竞争就会失去活力。为促进企业竞争，国家的税制改革和建设就应该向着公平、中性、规范、普遍的税收目标迈进，就要在统一税法、公平税负的基础上，使各市场主体在竞争中处于平等地位和拥有平等条件。因此，只有坚持公平这样一个税收原则，才能为市场的所有主体提供尽可能同等的条件，最大限度地避免税收歧视与不公，做到税收负担合理，以利于企业在同一起跑线上开展竞争。同时，还要注意税基的多样性和税收负担的普遍性，以更好地实现公平的原则，促进市场经济的稳定发展与合理增长。

（二）公平税负的评价标准

公平税负就是要使纳税人的税收负担与其纳税能力相称。税收是国家凭借政治权力对纳税人进行的一种强制的、无偿的分配，从某种意义上来说，课税是对现存所有权的一种侵犯。就纳税人而言，纳税无论如何都是其经济上的损失，纳税人的享受与满足程度会因为纳税而降低。所以，纳税能力可以说是纳税人对政府课税的忍耐能力和承受能力，确定纳税人的纳税能力是实现公平税负的关键。

纳税能力大小可以依据纳税人拥有的财富多少来测定。由于财富一般可以用收入、支出和财产来表示，因此，纳税人的收入、支出和财产可以作为评价其纳税能力强弱的标准。

1. 财产标准

财产包括纳税人的动产和不动产，以此作为衡量纳税人的纳税能力的标准，是比较准确的。现在世界各国的房产税、土地税、遗产税和赠与税等，都是以财产作为测度纳税能力强弱的依据。但是，以财产为依据来测度纳税人的纳税能力，也存在一些难以解决的问题：一是财产相等并不等于能产生相同的收益，课以相同的税负未免有失公平；二是即使财产相等，负债者与无负债者的纳税能力也不同，而剔除负债因素的成本极高甚至难以剔除；三是财产形式多种多样，难以准确计算。所以，财产标准不能适用于大多数税种，只适用于一部分财产税。

2. 支出标准

消费支出源于收入，支出多者，一般来说表示其购买能力较强；收入较多者，则表明其纳税能力较强。以纳税人的消费支出多少作为测度其纳税能力的依据，计算比较简单，并能避免对储蓄重复课税。如果以收入为衡量标准，就可能对用于储蓄的那部分收入征税，对储蓄的利息再征税，造成重复征税，从而影响储蓄和投资。

然而人的消费行为受到经济、文化、家庭习惯等多方面因素的影响，消费支出是受到复杂的多因素影响的结果，每个人的消费意愿可以用边际消费倾向来衡量，但随着收入的不断提高，边际消费倾向会有递减的趋势，所以以纳税人的消费支出为标准来追求公平，也有明显的不妥之处。假如甲、乙两个纳税人的家庭费用都为6万元，但甲每年的所得收入是10万元，乙的所得收入为7万元，如果只以他们的消费支出来衡量其纳税能力，显然是不公平的。

此外，消费支出标准也不适用于大多数税种，它只适用于增值税、消费税等一部分商品流转税。增值税等商品流转税通常采用比例税率，购买同一商品，穷人和富人都要缴纳同等数额的税,而随着收入的增加,富人的消费支出会出现边际消费倾向递减的趋势,在可以支配的收入中,穷人的消费支出反而会占更高的比例。由此可见,按消费支出负担税收,穷人实际缴纳了更多的增值税,这也是不公平的。

3. 收入标准

用纳税人的收入来衡量其纳税能力,所得收入多者,表示其纳税能力较强,这比较合理,计算起来也不困难。不过收入标准也有不妥之处:一是所得收入一般以货币收入计算,但是纳税人除获得货币收入外,还可能得到实物收入,如继承遗产、接受赠与等,这些实物收入也能增强其纳税能力,如不课税,就有失公平;二是以收入为标准,可能会造成对储蓄的重复课税,影响储蓄和投资;三是由于纳税人的家庭结构不尽相同,即使所得收入相同,纳税能力也不一定相等。假如甲、乙两人每年的所得收入虽然均为 10 万元,但甲是单身,乙已结婚且要赡养父母及子女,两个人的纳税能力就明显不相等。

总之,确定纳税人的纳税能力是实现公平税负的关键,也是一个十分复杂的问题,没有哪一个衡量标准可以完全适用于各种税种。因此,一个完善的税制,在贯彻公平原则时,需根据各个税种的不同特点,选择适当的标准来衡量纳税人的纳税能力。

(三) 普遍课税的含义

公平原则的另一个方面就是要求普遍课税。普遍课税就是要使税网遍及税收管辖权下的一切有纳税能力的法人和自然人。如果对一些有纳税能力的法人和自然人不征税,而对其他人征税,就无公平可言。普遍课税具体来说包含下述含义:

(1) 在政治上应排除对特权阶级的免税。在封建国家,骑士、僧侣、贵族都享有免税特权,封建国王更无纳税义务。资产阶级革命以后,废除了封建专制制度和封建特权,实行法治,提倡在法律面前人人平等,现在世界上绝大多数国家中免税特权阶级已不存在。

(2) 在经济上应排除对不同经济成分企业的区别对待。因为在市场经济条件下,国有企业和其他经济成分的企业都是整个国民经济的组成部分,它们在同一个市场中,处于彼此竞争的地位。如果税收对不同经济成分的企业给予不同的待遇,就会抑制一部分企业的发展,使它们得不到平等的竞争机会,从而损害整个国民经济的发展。

(3) 应排除对企业和个人不应有的减免税。课税的目的在于取得收入,减免税无论如何都意味着税收的损失。减免税的本意在于照顾某些纳税人的特殊困难,或作为一种政策手段,以贯彻国家的某些社会经济政策。但是,如果使用不当,不仅会造成税收损失,还会破坏税负公平。因此,税收减免权限应适当集中,减免税规定必须准确,解释上不容有质疑的余地,不可以任意曲解和随意执行。

(4) 应使税收管辖权下的一切有纳税能力的法人和自然人都尽到纳税义务。税网不仅要覆盖本国有纳税能力的法人和自然人,而且要覆盖税收管辖权下有纳税能力的外国企业与个人;不仅要对本国纳税人在境内取得的收入课税,而且要对其在境外取得的收入课税,这涉及国际税收问题。

二、效率原则

效率原则是现代市场经济条件下的另一个重要原则。首先,现代市场经济是高效率的经济,以市场机制为基础的资源配置方式,其基本要求是资源配置的最优化和经济效益的最大化;其次,企业在现代市场经济中的竞争是效率竞争,通过追求效益最大化的经济活动实现资源的有效利用,从而促进生产和经济的高效率发展;最后,贯彻税收效率原则,能够适应市场经济高效率这一基本特点的需要,通过税收配合资源的有效配置和生产要素的合理流动,达到提高社会整体经济效率的目的。此外,贯彻效率原则也是现代经济管理的必然要求,现代经济要求运用现代科学技术手段,进行高效率的管理,税务行政作为国家行政管理的重要组成部分,当然也应贯彻高效率管理的原则。

总之，税收效率原则就是要求国家征税要有利于资源的有效配置和经济机制的有效运行，提高税务行政的管理效率。税收效率原则具体可分为税收经济效率原则和税务行政效率原则两个方面。

（一）税收经济效率原则

税收经济效率原则是指税收应有利于资源的有效配置和经济的有效运行。检验税收经济效率原则的标准，是税收的额外负担最小化和额外收益最大化。根据"帕累托效率"的观点，效率的实际含义应理解为：经济活动上的任何措施都应当使"得者的所得多于失者的所失"。效率表现在税收上，即国家税收不应对经济行为产生干扰。税收在将社会资源从纳税人手中转移到国家手中的过程中，势必会对经济产生影响，如果这种影响仅限于征税数额本身，此乃税收的正常负担；如果除这种正常负担外，经济活动因此受到干扰和阻碍，社会利益因此受到削弱，便产生了税收的额外负担；如果除正常负担外，经济活动还因此得到促进，社会利益得到增加，便产生了税收的额外收益。

税收的额外负担是指国家征税导致社会福利的损失大于国家所取得的税收收入的数额，下面可以用生产者剩余和消费者剩余的净损失来说明，如图1-3所示。

在图1-3中，当国家尚未开始征税时，产品的需求曲线为D，供给曲线为S_1，两条曲线相交于b点，形成了均衡产量Q_1和均衡价格P_1。如果现在国家开始对产品征税，产品的供给曲线就会发生变化，由原来的S_1向上平行移动到S_2，新的供给曲线与需求曲线相交于a点，形成新的均衡产量Q_2，同时形成两个价格P_2和P_3，P_2代表消费者支付的价格，而P_3则代表在扣除税收后厂商实际得到的商品价格。这说明，由于国家征税，消费者支付的价格和厂商得到的价格出现差异，这两个价格间的差异被称为税收楔子（tax wedge）。由于国家征税后消费者需要支付更高的价格P_2，消费者剩余的损失为四边形P_2abP_1的面积，国家课税征走的税收收入为矩形P_2acP_1的面积，消费者剩余的净损失为三角形abc的面积。同理，国家征税后使得厂商实际得到的价格变为P_3，生产者剩余的损失为四边形P_1bdP_3的面积，国家课税征收走的税收收入为矩形P_1cdP_3的面积，生产者剩余的净损失为三角形cbd的面积。综上，由于国家征税导致整个社会消费者剩余和生产者剩余的净损失合计为图中阴影部分三角形abd的面积，这就是税收的额外负担。

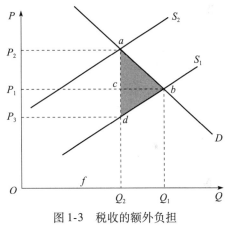

图1-3 税收的额外负担

税收的额外负担从全社会来看，一般划分为两大类。

一是资源配置方面的额外负担。国家征税一方面减少了企业及私人等部门的利益，另一方面使国家得到相应的好处。若因征税而导致私人经济利益的损失大于因征税而增加的社会经济利益，即发生税收在资源配置方面的额外负担。如果资源因征税处于最佳状态，则会产生额外收益。如果资源配置已达到这样一种状态，即任何重新调整都不可能使其他人境况变坏的情况下而使任何一人的境况更好，那么这种资源配置的效率就是最优的。

二是经济机制运行方面的额外负担。若因征税对市场经济的运行产生不良影响，干扰了私人消费和生产的最佳决策，同时相对价格和个人行为方式随之变更，即发生税收在经济机制运行方面的额外负担。无论是哪一个方面的额外负担，都说明经济处于无效率或低效率状态。税收的额外负担越大，意味着给社会带来的消极影响越大。因此，国家征税必须遵循这样一个原则：征税必须使社会承受的额外负担最小，以最小的额外负担换取最大的经济效率。

那么，如何使社会承受的额外负担最小呢？一些经济学家认为，降低税收额外负担的根本途径在于尽可能保持税收对市场机制运行的"中性"。所谓税收中性，包括两个方面的含义：一是国家征税使社会所付出的代价应以征税数额为限，不能让纳税人或社会承受由此招致的其他经济牺牲或额外负担。二是国家征税应当避免对市场机制运行造成不良影响。强调税收中性，只是一种愿望，事实上，没有绝对中性的税收。倡导税收中性，是主张尽可能降低税收对经济的干扰程度，尽量压低因征税而使纳税人或社会承受额外负担的数量。

倡导税收中性原则，并不完全排斥税收的经济调节作用。当市场机制失灵，即单纯依靠市场机制这只"看不见的手"不能保证经济的稳定发展与增长时，可以运用税收手段来调节。例如当经济衰退时，可以采取扩张性税收政策，以扩大社会总需求；当通货膨胀时，可以执行紧缩的税收政策，以减少社会总需求，达到供求平衡，促进经济的稳定发展。特别是为了追求社会效益最大化、增加税收额外收益，重要的途径之一就是重视税收的经济杠杆作用，区别不同情况，适时采用灵活、有效的税收措施，使经济保持在充分就业和物价稳定的水平上。

运用税收调节职能，发挥税收的调节作用，促进经济的稳定发展，这就是税收理论界提出的税收稳定经济原则的基本思想。在经济调整时期，在经济周期性波动的过程中，发挥"伸缩税收"的内在稳定器作用，用税收这只"看得见的手"调节经济，是市场经济的客观要求。目前，西方国家很重视税收对经济的作用，例如2017年美国等多个国家采取降低税率措施来刺激经济和促进企业发展，已经收到一定的成效。

（二）税务行政效率原则

税务行政效率是指能否以最小的税收成本取得最大的税收收入，或者说税收的名义收入（含税收成本）与实际收入（扣除税收成本）的差距是否最小。税务行政效率可用税收成本占税收收入的比重来表示。

税收成本是指在税收征纳过程中所发生的各类费用支出。它有狭义和广义之分。狭义的税收成本亦称税收征收费用，专指税务机关为征税而花费的费用，具体包括：税务人员的工资薪金支出，税务机关办公用具和办公设备支出，税务机关在征税过程中因实施或采取各种方法、措施而发生的费用，税务机关为进行及适应税制改革而付出的费用，等等。广义的税收成本亦称税收奉行费用，其除了税务机关征税而花费的费用外，还包括纳税人在纳税过程中所支出的费用，具体包括：纳税人因办理纳税申报而聘用会计师、税务顾问或职业报税者所花费的费用；单位为个人代缴税款所花费的费用；纳税人花在申报税收方面的时间（机会成本）和交通费用；纳税人为逃税、避税所花费的时间、精力、金钱，以及因逃税、避税未成功而受的惩罚，等等。

税收征收费用相对来说容易计算，可用税收征收费用占全部税收收入的比重作为税务行政效率的衡量指标。税收奉行费用则相对不易计算，特别是纳税人在时间、心力方面的支出，更无法用金钱来计算，因而没有精确的指标加以衡量，有人将其称为税收隐蔽费用。各国对其税收本身效率的考察，基本上是以税收征收费用占全部税收收入的比重为主要依据的。比重越大，说明税务行政效率越高，以较小的税收成本换取了较多的税收收入；比重越小，说明税务行政效率越低，已取得的税收收入是以相当多的税收成本为代价的。

税收征收费用占税收收入的比重这一指标的作用是多方面的。除了考察国家取得税收是否具有效率之外，还可用于考察分析许多有关的理论和实际问题。例如，通过计算每个税种所需花费的征收费用占该税种全部收入的百分比，有利于比较分析哪个税种的效果最佳；通过计算不同时期税收的征收费用占税收收入的百分比，有助于反映税收效率的发展变化状况；通过计算不同国家或不同地区税收征收费用占税收收入的百分比，有助于比较不同国家的税收征收费用及其税收本身的效率情况，等等。

税收奉行费用虽然难以计算，但是仍然是影响税务行政效率的一个因素。政府课税时应当使纳税人付出的奉行费用最小，这就要求税收制度尽量给予纳税人便利，税制不宜过繁，税务条文应使纳税人容易理解并掌握，不使他们在这方面花费更多的时间、精力和代价；税负应当公平合理，减少和避免刺激纳税人逃税的动机；征税的时间、地点和方式应尽量方便纳税人，应当在纳税人收入充裕的时候征税，征税地点应设在交通便利的地方，纳税方式应采用货币形式。这些措施都有利于减少纳税人的奉行费用。

（三）正确处理税收公平原则与税收效率原则的关系

公平与效率历来是一对难解的矛盾。通常的情况是，要么为了提高效率而牺牲一些公平，要么为了增进公平而牺牲一些效率，难以两全其美。对效率的追逐，极可能造成不平等；而一味追求平等，很容易损伤人们追求效率的积极性，从而不利于经济的发展。因此，在设计税制时，我们必须在公平与效率之间做出选择，或是公平优先，兼顾效率；或是效率优先，兼顾公平。是以效率优先，还是以公平优先，不仅是一个排序问题，还是关系到一个国家税收目标的战略选择问题。税收目标选择的侧重点不同，税制设计和税收政策也不同。

如果一个国家以效率作为优先考虑的税收目标，这个国家就会采取轻税政策，给微观经济活动注入活力，同时在选择主体税种时，就可能以中性的消费税作为主体税种。

如果一个国家以公平作为优先考虑的税收目标，这个国家就可能采用较高的税收课征率，将较大部分国民收入集中到国家手中，再通过财政支出，对贫困的社会阶层进行救济，并大力实施社会福利措施，同时在选择主体税种时，就可能以调节能力较强的所得税为主体税种。

以美国为例，在过去很长的一段时间里，总是偏向将公平作为优先考虑的税收目标，在横向公平和纵向公平中又更多地注重纵向公平，对累进税制颇为重视，公司和个人所得税都实行累进税制，力求将税收作为矫正国民收入分配悬殊差距的工具来使用，长此以往，给经济带来了严重的后果，危害了经济效率原则。在美国这样的收入水平较高的国家里，极易造成人们以休闲代替劳动，从而影响储蓄和投资率，使资源配置不能按市场规律的要求进行。因而，1986年的税制改革和2017年的减税政策，大幅度降低了所得税的税率，简并税级，反映出美国以牺牲公平为代价来换取效率提高的意向。实践证明，现代国家在税收公平与效率原则的权衡上，更多地由标榜公平转向突出效率，在所得税税率的选择上，由多级累进税制向平均比例制靠拢。

但是，税收的公平原则与效率原则这对矛盾又是密切相关的，两者是互相促进、互为条件的统一体。首先，效率是公平的前提。如果税收活动扭曲了资源配置的格局，阻碍了国民经济的发展，影响了国民收入的增长和人民生活水平的提高，即便是公平的也毫无意义。因为税收是国家参与社会产品分配的重要手段，没有效率的公平则使税收失去了参与分配的物质基础，参与分配便成了无源之水。所以，真正的公平必须是融合了效率的要求的公平，必须是有效率的公平。其次，公平是效率的必要条件，失去了公平的税收不会是高效率的税收。因为税收不公平必然会挫伤企业和个人的积极性，阻碍生产力的发展，从而使社会生产缺乏动力和活力，自然无效率可言。因此，真正的效率必须体现公平的要求，否则，舍弃公平求效率，会引起社会矛盾、贫富分化，舍弃效率求公平，会导致贫穷落后和平均主义。

小资料

税收正义的盲区

现实中，无论是征税人还是纳税人，总是有意无意地认为税收正义的根本在于"税收由谁负担"以及"由谁负担多少"的问题，即纳税人与纳税人之间的权利与义务的平等问题。该认知的缺陷或危害在于：基于税收正义的税制优化实践，很可能局限于将税负在纳税人之间进行"朝三暮四"式的微调，即"税负"由谁负，从而忽视或无视税收正义的根本及关键问题，甚至误导税制改革方向，从而成为征税者平息纳税人负面情绪的工具和手段。

直言之,"税负"的"谁负"并不是税收正义的全部和根本。完整的税收正义意味着,必须用平等原则有效解决以下三个方面的关系:

1. 征税者和纳税人之间权利与义务的关系。
2. 纳税人与纳税人之间权利与义务的关系。
3. 征税者与征税者之间权利与义务的关系。

唯有此,税收治理的结构才稳定,基础才牢固,才有助于税收治理终极目的——增进每个公民福祉总量的实现,让每个公民过上美好的生活。

资料来源:中国税务学会学术委员姚轩鸽。

重要概念

税收　　　　公共产品　　　外部效应　　　公平原则　　　　效率原则
拉弗曲线　　横向公平　　　纵向公平　　　税收奉行费用

思考题

1. 国家征税的理论根据是什么?
2. 国家和政府有什么联系和区别?
3. 税收的职能有哪些?
4. 市场经济条件下为什么国家还要征税?
5. 国家的职能有哪些?
6. 公平和效率的关系是怎样的?

第二章
税收制度与税制结构

税收制度是指国家以法律或法规形式制定的涉及税收各种要素而构成的体系。一个国家的税收制度一般包括税法、税收法规、实施细则、政策规定和征管办法等。

税收制度是一个国家经济法律制度的重要组成部分,是税务行政行为的依据和标准。税务机构要以税收制度为标准,依法征税;同时,税收制度又是纳税人纳税行为的规范,包括对纳税义务、税额计算和纳税程序等内容的规定;此外,税收制度还涉及各级政府之间税收权益的划分。

在税收制度体系中,还有税制结构问题。税制结构是指不同税种在整个税收体系中的分布状况和比重关系,它表明了主要税种在一国税收框架中的相对地位。一个国家通过主体税种与辅助税种的协调配合、纳税主体与征税对象的合理选择等手段来实现一个所需的税制结构。不同的税制结构,其功能以及作用的发挥会给社会带来不同的影响。

导读

税收制度及其构成要素,以及税制结构的形成条件及其功能作用,是税收理论的重要组成部分,也是税收在一国存在的形式以及运行的依据。本章的内容是制定税收制度、选择税制结构的基本要求,也是作为纳税者理解税收法律、依法纳税、开展节税筹划所需的常识。

问题在于,许多人缺乏这些常识,甚至存在各种误解,在处理税制建设、税务行政,以及征税、纳税等方面的业务时茫然失措。认真学习税收理论知识,掌握正确的税收制度常识,将在更好地理解和处理涉税业务时产生事半功倍的效果。

第一节 税收制度的构成要素

一个国家的税收制度体系由不同的税种构成,每个具体的税收制度都会包括一些共同的基本要素,这些在税收制度中具有共性的构成元素我们称为税制要素。一般地,税制要素包括总则、纳税义务人、征税对象、税率、起征点和免征额、纳税环节、纳税期限、纳税地点、减税和免税规定以及罚则等。其中,纳税义务人、征税对象和税率称为税收制度的三个基本要素。税收三要素回答了向谁征税、对什么征税和征多少税等税收的基本问题,同时也是税收理论分析、政策制定、制度设计的基本工具。

一、总则

税法的总则主要包括立法依据、立法目的、适用原则等。

二、纳税义务人及相关概念

(一) 纳税义务人

纳税义务人简称纳税人,又称为纳税主体。所谓纳税义务人,是指享有法定权利,负有纳税义务,直接缴纳税款的单位和个人。税收制度中纳税人要素主要解决向谁征税的问题。纳税人从性质上可分为自然人纳税人和法人纳税人两类。

1. 自然人纳税人

在法律上,自然人是指基于出生而依法在民事上享有权利、承担义务的人。自然人包括本国公民和居住在所在国的外国公民。

在税收上,自然人纳税人又分为自然人个人和自然人企业。所谓的自然人个人,是指具有生命的生理意义上的自然人。自然人作为纳税人一般具有公民或者居民的身份,也包括被东道国税法认定为具有纳税义务的非居民。自然人企业是指不具备法人资格的企业。在我国现存的企业组织形式中,个人独资企业和合伙企业就属于自然人企业,不具备法人资格。自然人企业不独立纳税,而是由企业的所有者作为自然人纳税。

2. 法人纳税人

法人是指依法设立并能以自己的名义独立参与民事活动,具有民事权利能力和民事行为能力,享有民事权利和承担民事义务的组织。法人包括从事生产经营、以营利为目的的公司,以及行政机关、事业单位、社团等非营利性的组织。法人纳税人必须独立承担纳税义务。

(二) 负税人

负税人是同纳税人既有联系又有区别的一个概念。负税人是指实际或最终承担税收负担的单位和个人。纳税人和负税人有时是一体的,有时也可能分离,这取决于税收能否转嫁。一般而言,如果纳税人能将税收负担转嫁出去,纳税人就与负税人相分离。在没有税收转嫁的情况下,纳税人与负税人是合一的。可以这样认为,纳税人是法律意义上的纳税主体,负税人是经济上的负税主体。

(三) 代扣代缴义务人和代收代缴义务人

代扣代缴义务人和代收代缴义务人是同纳税人有联系的另外两个概念。

代扣代缴义务人是指有义务从持有的纳税人收入中扣除纳税人应纳税款并代为缴纳的单位和个人,例如企业在发放工资时代税务机关扣缴职工的个人所得税,企业即为代扣代缴义务人。

代收代缴义务人是指有义务借助经济往来关系向纳税人收取应纳税款并代为缴纳的单位和个人,例如在委托加工应税消费品的业务中,受托方代税务机关向委托方收取的消费税,受托方就是代收代缴义务人。在税收制度中规定代扣代缴义务人和代收代缴义务人的目的是为了加强税收的源泉控制,防止税款流失,保证税款的及时收缴,并降低征税费用。

三、征税对象及相关概念

(一) 征税对象

征税对象又称纳税客体,是指税收制度中所规定的征税的标的物或对象,它解决对什么征税的问题。征税对象是区别税种的主要标志之一,征税对象的不同使得各具体税种能够区别开来,各税种的名称常常是根据征税对象来加以规定,如所得税、房产税。征税对象主要有货物与劳务的流转额、收益额、财产、资源、行为等。

征税对象是税收制度三个最基本的要素之一,是确定其他税制要素的基础。税制要素中的纳税人就是由征税对象来界定的,一个税种的纳税人是具有该税种的征税对象的单位或个人。例如,房产税的纳税人肯定是拥有房产的人。特定的征税对象限定了特定的纳税人。再如,税收制度中的税率，也是针对征税对象来加以确定的。

（二）税目

税目是征税对象的具体化，指征税对象的具体项目。一个征税对象常常包括内容丰富的许多项目，例如，现行消费税有烟、酒等15个税目。通过对征税对象划分税目，可以确定具体的征税范围，并按不同的项目设计相应的税率，从而实现政府运用税收调节经济以及实现公平税负的目的。

划分税目的方法可分为两类：一是概括法，二是列举法。所谓概括法，是指将征税对象中某些不便——列举的项目，概括为一个税目。概括法适用于不易划分类别的征税对象或是临时出现而不便归类的征税对象。列举法分为正列举法和反列举法。正列举法是对征税对象的项目——加以列举，每个类别或项目就是一个税目，而未列举的则不征税。反列举法是只将不征税的项目列举出来，所有未列举的项目均要征税。列举法适用于易于划分类别的征税对象。在税收实践中，两种方法可能在同一税种同时采用。

（三）计税依据

另一个与征税对象相联系的税制要素是计税依据，亦称作税基。计税依据是用来计算应纳税款的标准或依据。在现代税制中，国家出于政治或经济政策的考虑，并不是对征税对象中所包含的内容全部课税，往往允许纳税人在税前扣除某些项目，计税依据仅为征税对象中的应税部分。例如，计算个人所得税时扣除生计费用。但有些税种的征税对象和计税依据是一致的，如消费税、城镇土地使用税等。征税对象和计税依据的关系可概括为：征税对象反映了征税标的物的质的特征，计税依据反映了征税标的物的量的特征。

计税依据有从价计征和从量计征两种形式。从价计征是以征税对象的价格或价值作为计税依据，如增值税、消费税等。从量计征是以征税对象的自然实物量作为计税依据，自然实物分重量、体积和面积等，如资源税、消费税和城镇土地使用税。

四、税率

税率是指应纳税额与计税依据之间的比率，是计算应纳税款的尺度。其计算公式为：

$$税率 = （应纳税额 / 计税依据） \times 100\%$$

税率直接关系到纳税人负担的轻重和政府税收收入的多少，因此税率是税收制度的核心要素，科学合理地设定税率是完善税制的关键。

（一）税率的种类

税率从形式上可分为比例税率、累进税率和定额税率。这是最基本的税率分类。

1. 比例税率

比例税率是指对同一征税对象，不论其数额大小，均按固定比例征税且税率保持常数不变的税率。比例税率体现了税收的横向公平，具有广泛的适用范围。比例税率具体可分为单一比例税率、差别比例税率、幅度比例税率。

（1）单一比例税率是指同一税种只设置一个比例税率，所有纳税人均按同一税率计算纳税的税率。

（2）差别比例税率是指对同一税种设置两个或两个以上的比例税率，不同纳税人要根据不同情况分别按不同税率计算纳税。差别比例税率可按产品、行业或地区设置。差别比例税率常用在征税对象划分为不同税目的税种中。对同一征税对象的不同税目实行差别比例税率可以调节不同税目的价格水平或者利润水平，使不同税目的产品实现税负公平，建立合理的产品结构；还可以体现国家的产业调节政策，发挥税收的经济调控作用。

（3）幅度比例税率首先由税法统一制定出最高税率和最低税率，再由各地区在该规定幅度内确定本地区的具体适用税率。如我国契税的幅度比例税率为3%~5%，各省、自治区、直辖市人民政府根据本地区实际情况在规定幅度范围确实具体的税率水平。

比例税率在全世界各国的税收制度中应用很广泛，具有便于理解、计算简单、税负透明、易于征纳、符合税收的效率原则等优点。但比例税率具有在实践中不能体现量能负税原则的缺点，对于具有不同纳税能力的纳税人不能实施不同的税负调整，不符合税收公平原则。例如，一般而言，实行单一比例税率的企业所得税制度，大型企业的所得税税负要比中小企业的税负轻。

2. 累进税率

累进税率是指税率随着计税依据的增加而不断提高的税率形式。累进税率对计税依据按数额大小设置若干个逐渐增长的等级税率，计税依据数额越大，适用税率越高，实际税负随着计税依据数额的增大呈现逐级增长的特点。累进税率一般在所得税的征收中使用。

累进级距的设置既可以采取绝对数标准，也可以采取相对数标准。按绝对数来设置级距，累进税率可进一步分为以下两种。

（1）全额累进税率。采用这种税率是把征税对象划分为若干级，对每一级制定不同的税率，征税对象的全部数额都要按达到的最高税率征税。全额累进税率对征税对象的全部数额都按统一的税率来征税，计算比较简单。但是，该种税率的税收负担不合理，在征税对象数额处于级次分界线上下时，会出现增加的税额超过增加的征税对象数额的现象。我国税收制度中没有采纳全额累进税率。

（2）超额累进税率。超额累进税率是把征税对象划分为若干等级部分，每个等级部分制定不同的税率。各个等级部分分别按不同的税率计算税额，然后把各等级的税额相加，即等于全部税额。与全额累进税率相比，超额累进税率计算的应纳税额累进程度比较均匀，税收负担较为合理。但超额累进税率的计算方法比较复杂，尤其是当应纳税额数目较大时，计算步骤较多。为了解决超额累进税率计算复杂的问题，实践中常常采用速算扣除数的办法来简化计算。

类似地，以相对数设置累进级距，按照累进计算方法的不同，可以分为两种累进税率：全率累进税率和超率累进税率。

（1）全率累进税率。全率累进税率可以借鉴全额累进税率的原理加以理解，不同之处是按相对数来设置累进的级距。目前我国税收制度中没有使用全率累进税率。

（2）超率累进税率。超率累进税率是指以征税对象数额的增长比例为依据，按级确定不同的税率，把不同级次的计税数额按各自的税率分别计算，然后把各级次的应纳税额合计为全部应纳税额。例如，我国土地增值税所使用的税率是超率累进税率。

累进税率能够较好地体现税收的公平原则，对收入多的纳税人多征税，对收入少的纳税人少征税，实现量能负税，因此累进税率可以调节收入在社会各阶层的分配状况，缩小贫富差距。在宏观调控政策上，累进税率具有自动稳定经济运行的作用。在实践中累进税率的缺点是理解和计算困难，征管和纳税均比较复杂，不利于经济效率原则和税务行政效率原则的奉行。

3. 定额税率

定额税率是指按征税对象的计量单位直接规定应纳税额的税率。在定额税率中，征税对象的计量单位可能是重量、数量、面积、体积等自然实物量。采用定额税率征税，应纳税额只与征税对象的自然实物量有关。定额税率可分为单一定额税率和差别定额税率。

（1）单一定额税率。它是指一个税种中只设置一个统一的定额税率。

（2）差别定额税率。按这种税率，可以把征税对象按地区或其他标准分为不同类别，针对每一类别分别设置不同的征税数额。我国现行税制中的资源税、城镇土地使用税等采取的就是差别定额税率。

定额税率与征税对象的价格无直接关系，只要有征税对象的数量就可以计算出税额，可以简化计税过程。此外，定额税率可以促进高价格和高附加值的产品的发展，淘汰低廉的产品，调整产品结构。然而，定额税率课税对象价值量越大，实际税负越轻，这就违背了税收公平原则。

(二) 从税收分析角度对税率进行分类

1. 累进税率和累退税率

累进税率是指税率随着计税依据的增加而递增的税率形式，而累退税率是指随着计税依据的增加而递减的税率形式。如美国的社会保障税，2002年雇员承担的税率为6.02%，但税收限额为5 264美元，高于此数的不缴税，实际税率为0。作为政策工具，累进税率和累退税率具有不同的功能。

(1) 从公平角度：累进税率使收入高的纳税人上缴的税收占收入的比率高于收入低的纳税人，使税后个人之间的收入差距比税前缩小；而累退税率则起到相反的作用。

(2) 从效率角度：累退税率对个人增加收入起到激励作用，而累进税率则起到相反的作用。

2. 名义税率和实际税率

名义税率即法定税率，是指由税法规定的税率。实际税率是指纳税人实际缴纳的税额占征税对象的比例，它反映了纳税人的实际纳税负担。名义税率与实际税率有一定的差异，因为税收制度中包括免征额、起征点、税收优惠、税前扣除和超额累进制度等因素，此外还有通货膨胀等因素。两者出现差异主要表现为两种情况：如果税收制度允许税前扣除，那么名义税率就会高于实际税率；而对于累进税制，在经济出现通货膨胀的情况下，名义税率则低于实际税率。

3. 边际税率和平均税率

边际税率是指最后一个单位的税基所适用的税率。平均税率是指全部税额与应税收入之间的比率，又称为平均负担率。在累进税制下，平均税率随边际税率的提高而上升，但平均税率低于边际税率；在累退税制下，平均税率随边际税率的提高而下降，但平均税率高于边际税率。在比例税制下，边际税率等于平均税率。从调节方式来看，边际税率偏重于分析税率的心理影响。纳税人对边际税率印象最深，而很少关心平均税率，平均税率偏重于分析税收负担率。从调节对象来看，边际税率偏重于调节的结构分析，常作为分析税收对供给的影响的工具，而平均税率偏重于调节的总量分析，常作为分析税收对需求的影响的工具。从调节效应来看，边际税率偏重于分析税收的替代效应，分析税收对人们做出决策的影响，而平均税率偏重于分析税收的收入效应，分析税收损失的弥补方式。

(三) 税收的累进性和累退性

从税收经济学角度进行分析，税收的累进性或累退性与和税率的累进性或累退性是完全不同的两组概念。所谓税收的累进性或累退性，通常是以平均税率（全部税额与应税收入之间的比率）为依据来判断，如果平均税率随收入的增加而上升，则该税收表现出累进的特点；如果平均税率随收入的增加而下降，则说明税收是累退的。

税收的累进性或累退性与税率的累进性或累退性不同。对大部分商品来说，由于采用比例税率，税收具有累退性。这是因为商品边际消费倾向递减规律，随着个人收入的增加，消费占其全部收入的比重在下降。面对同样的税率，高收入人群实际承担的平均税率随着收入的增加而递减，税收表现为累退性。这意味着，高收入人群只用较少的收入承担税负，而低收入人群要用较高比例的收入承担税负。富有人群消费商品的增值税的平均税率比贫穷人群要低。

具有累进性的税收制度，纳税人的平均税率随收入的增加而上升，能够调节收入分配，缩小贫富差距，实现社会和谐。

五、起征点和免征额

起征点是税法所规定的对纳税对象开始计算征税的数量界限，征税对象达不到起征点的不征税，一旦达到起征点则将对征税对象全额征税。起征点的规定使征税对象数额达不到起征点的纳税人享受到税收照顾，也有利于降低征收费用。

免征额是指税法所规定的对征税对象中免予征税的数额。免征额不征税，仅就征税对象中超过免征额的部分征税。免征额的规定使每个纳税人都可以按规定扣除等量数额的征税对象，享受一定数量的免税优惠。例如 2019 年，我国个人所得税法规定综合所得收入享受 5 000 元的免征额。

六、纳税环节

纳税环节是指纳税人在从生产到消费的流转过程中应当缴纳税款的环节。纳税环节一般有生产环节、流通环节、分配环节、消费环节、移交环节等。例如，商品和服务税在生产流通环节纳税，所得税在分配环节纳税。正确确定纳税环节对于政府稳妥地取得税收，以及对于纳税人的合理负担非常重要。正确选择纳税环节对商品生产流通的征税尤为重要，因为其纳税环节可以有多种情况，可以是一个环节课税，可以是两个环节课税，也可以是多个环节课税。对两个以上的环节征税的税种要解决重复征税的问题。非商品课税、所得课税、财产课税、行为课税等税种的纳税环节较简单，纳税环节一般根据征税对象的来源设置，在哪个环节取得收入就在哪个环节征税。合理而科学地选择纳税环节是完善税制建设的一项重要内容。

七、纳税期限

纳税期限是税法规定纳税人缴纳税款的时间规定，也是税收的强制性和固定性在征税时间上的表现。纳税期限的规定，要求纳税人在发生纳税义务后及时缴纳税款，超过期限则要缴纳滞纳金。纳税期限对于保证国家稳定、及时取得财政收入具有重要意义。纳税期限的具体规定因税种和纳税人而异，例如，增值税纳税期限较短，企业所得税纳税期限较长。再如，应纳增值税税款数额越大的企业，纳税期限的规定相对越短；而税款数额越小，纳税期越长。

纳税期限可以有以下几种情况。

（1）按日纳税。一般而言，商品和服务税采取按日纳税的形式。

（2）按次纳税。即以应税行为的发生次数缴纳。例如对个人所得税中的非连续性收入或偶然所得、耕地占用税等就是按次征收。

（3）按年计征。例如我国的企业所得税、房产税、土地使用税等税种均采取此类征收方法。

八、纳税地点

纳税地点是指在税法上所规定的申报纳税的地点。在现代市场经济中，纳税人的经营活动比较复杂，经营方式灵活多样，因而会处于不同的地区。为了利于控制税款的源泉，保证国家税收不流失，同时维护纳税人的利益，避免重复纳税，各种税的税法对纳税地点都做出了明确的规定。例如，我国现行税收制度中规定：固定生产经营者向其机构所在地主管税务机关申报纳税；非固定生产经营者或临时经营者向经营地主管税务机关申报纳税；进口货物向报关地海关申报纳税，等等。

九、减税和免税规定

减免规定是指税法制定的对纳税人或征税对象少征部分税款或全部免征税款的特殊规定。按减免税的目的或意图分类，减免税可分为以下几种情况。

（1）政策性减免。这是在纳税人有能力纳税的情况下，为促进其加快经济发展而实行的减免。例如对新创办企业的减免、对环保企业的减免等。

（2）灾难性减免。这是在纳税人的生产经营因自然灾害或重大事故而遭到破坏的情况下，对受灾的纳税人给予的减免。它可以帮助纳税人迅速恢复生产力，保持原有的生产力布局和供求关系。

（3）社会性减免。例如国家对残疾人福利性企业事业组织和城乡残疾人个体劳动者给予的减免。

税收减免可通过缩小税基的方式实现，例如企业所得税中允许用本年度利润抵补以前年度亏损，还可以采取降低税率的方式来实现税负的减免。

十、罚则

罚则亦称为违章处理，是税务机关对纳税人违反税法的行为采取的处罚性措施。罚则体现了税收的强制性特征。对不缴、少缴、迟缴、拒缴、漏缴及骗取国家税款等问题，将给予纳税人补交税款、加收滞纳金、处以罚款直至刑事处分等惩罚措施。

第二节 税收的立法和税法实施

税收的立法是指拥有立法权的机关依据法定程序，遵循法定原则，制定、公布、修改、补充和废止有关税收法律、法规、规章的活动。税收的立法是税法实施的前提，税法实施要坚持法治和公平，做到有法可依、有法必依、执法必严、违法必究。

一、我国的税收立法

（一）税收立法机关

《中华人民共和国宪法》《中华人民共和国立法法》《中华人民共和国全国人民代表大会组织法》《中华人民共和国国务院组织法》以及《中华人民共和国地方各级人民代表大会和各级人民政府组织法》规定，我国的立法体制是：全国人民代表大会及其常务委员会行使国家立法权，制定法律；国务院及其所属各部委有权根据宪法和法律制定行政法规和部门规章；地方各级人民代表大会及其常务委员会在不与宪法、法律、行政法规抵触的前提下，有权制定地方性法规，但需要报全国人民代表大会备案；民族自治地方的人民代表大会有权依照当地民族政治、经济和文化的特点，制定自治条例和单行条例，但需要报全国人民代表大会常务委员会批准后生效，并报全国人民代表大会常务委员会备案。

由于我国不同的税收法律、法规和规章的制定机关不同，所制的法律法规级次不同，法律效力也不同。我国具有不同级次的法律、法规和规章。

（二）我国不同级次的税收法律、法规和税收规章

1. 全国人民代表大会和全国人大常委会制定的税收法律

《中华人民共和国宪法》规定我国税收法律的立法权由全国人大及其常委会行使，其他任何机关都没有制定税收法律的权力。例如，《中华人民共和国企业所得税法》《中华人民共和国个人所得税法》《中华人民共和国税收征收管理法》等都是税收法律。除宪法外，在税法体系中，税收法律具有最高的法律效力，是其他有权机关制定税收法规、规章的法律依据。

2. 全国人大或人大常委会授权立法

授权立法是指全国人民代表大会及其常务委员会根据需要授权国务院制定某些具有法律效力的暂行规定或条例。国务院经授权立法所制定的规定或条例等，具有国家法律的性质和地位，它的法律效力高于行政法规，在立法程序上还需要报全国人大常委会备案。1984年9月1日，全国人大常委会授权国务院改革工商税制和发布有关税收条例。1985年，全国人大授权国务院在经济体制改革和对外开放方面可以制定暂行的规定或条例。授权立法，是在我国当时经济体制改革急需法律保障和支持的社会背景下进行的，但在条件成熟时，税收暂行条例最终应该通过全国人大及其常委会立法，上升到税收法律。

3. 国务院制定的税收行政法规

国务院是我国最高国家权力机关的执行机构，是国家最高的行政机关，拥有行政法规的制

定权，包括税收行政法规。税收行政法规在税收法律的体系中低于税收法律，但高于地方法规、部门规章、地方规章。税收行政法规不得与宪法、税收法律相抵触，否则无效。我国国务院发布的《企业所得税法实施条例》《税收征收管理法实施细则》等都是税收行政法规。

4. 地方人民代表大会及其常委会制定的税收地方性法规

我国在税收立法上坚持"统一税法"原则，在现有税收法律的授权体系下，除了海南省、民族自治地区按照全国人大授权立法规定，在遵循宪法、法律和行政法规的前提下，可以制定相关的地方性税收法规，其他省、市一般无权自定税收地方性法规。

5. 国务院税务主管部门制定的税收部门规章

根据我国宪法的规定，国务院各部、税委会根据法律和国务院的行政法规、决定、命令，在本部门的权限内，发布命令、指示和规章。财政部、国家税务总局和海关总署有权制定我国税收部门规章，包括：对有关税收法律、法规的具体解释，税收征收管理的具体规定、办法等。如财政部颁布的《增值税暂行条例实施细则》等是税收部门规章。

6. 地方政府制定的税收地方规章

在"统一税法"的原则指导下，省、自治区、直辖市以及省、自治区的人民政府所在地的市和国务院批准的较大的市的人民政府，只有在税收法律、法规的严格授权下，才能制定地方税收规章，并且不得与税收法律、法规相抵触。如国务院发布实施的城市维护建设税、房产税等地方性税种暂行条例，规定了省、自治区、直辖市人民政府可根据条例制定实施细则。

（三）税收立法、修订和废止

目前我国税收立法主要包括以下阶段。

1. 提交议案

税收立法或税法的修订、补充和废止，首先需国务院授权税务主管部门（财政部或国家税务总局）负责立法的相关调研和准备，提交税收立法的提议或草案，上报国务院。

2. 审查议案

根据不同层次的税收法律、法规，有不同的审议部门。税收法规由国务院负责审议。税收法律在经国务院审议通过后，向全国人民代表大会常委会相关工作部门提交议案，议案在全面广泛征求意见并进行修改后，提交给全国人民代表大会或其常务委员会审议通过。

3. 通过和发布

不同的税收法律、法规有不同的发布主体。税收行政法规，在国务院审议通过后，以国务院总理名义发布。税收法律，在全国人民代表大会或其常委会召开会议期间，应听取国务院关于制定税收法律的议案说明，经过讨论和投票通过等程序，最后以国家主席名义发布。

二、税法的实施

税法的实施，包括税收的执法和税收的守法两个方面。在税收的执法和奉行过程中，考虑到税法多层次的特点，应该遵循以下原则：层次高的法律优于层次低的法律；同一层次的法律中特别法优于普通法；国际法优于国内法；实体法从旧，程序法从新。

其中，特别法是指对特定主体、事项，或在特定地域、特定时间有效的法律。普通法是指根据税收基本法的原则，对税收基本法规定的事项分别实施的法律，如个人所得税法等。一般而言，特别法优于普通法。税收实体法是针对确实税种的立法，主要具体规定各税种的纳税人、征税对象、税率、征税范围、纳税地点等税制要素。税收实体法直接影响国家与纳税人之间权利义务的分配，是税法的核心部分。税收程序法是指以国家税收活动中所发生的程序关系为调整对象的税法，是规定国家征税权行使程序和纳税人纳税义务履行程序的法律规范的总称。其内容主要包括税收确定程序、税收征收程序、税收检查程序和税务争议的解决程序，如《中华人民共和国税收征收管理法》。

第三节 税收的分类

税收的分类是按照一定的标准对税收体系中的各种税种按其性质和特点进行分类,将具有相近或相似特点的税种归并成一。通过税收分类,可从各税种的收入、税源、税负、税收管制权限等角度对各税种进行分析、研究、比较和评价。通过分类对比不同国家或同一国家在不同时期的税收制度,各种税收在税制结构中的功能作用以及对社会经济运行的影响,可以为建立科学、完善的税收体系提供依据。

一、按征税对象的性质分类

按征税对象的性质对税制进行分类,可将税收分为商品和服务税类(或称为消费税类或者流转税类)、所得税类、财产税类、资源税类和行为税类等。这种分类方式是世界各国普遍采用的一种最基本的分类方式,也是我国常用的一种分类方式。

(一) 商品和服务税类

企业在生产经营活动中,向社会销售商品或提供劳务,由此产生了商品流转和非商品流转,故商品和服务税类也被称为流转税类。它一般是指以商品经济作为经济前提,对生产流通过程中的商品的流转额和非商品的营业额征收的税收。此类税收一般容易被纳税人加入价格中转嫁给消费者,最终由消费者负担,因而也被称为消费税类。例如,我国现行的增值税、消费税和关税等就属于商品与服务税类。

商品和服务税的特点是以商品货币交换为前提,只要纳税人销售或购进货物、提供了劳务,取得了销售收入、营业收入或发生了支付金额,就应依法纳税。商品和服务税属于间接税和中性税,其主要功能是为政府组织收入。在商品经济条件下,由于它是对商品课税,具有税源充裕、征管方便的特点,故能较好地实现组织收入的功能,曾经也因此而成为大多数国家的主体税。在现代市场经济条件下,它作为间接税,税负易于转嫁;作为中性税,对经济的调节功能较弱;要赋予这种以商品为课税对象的税种调节功能,有可能导致价格扭曲,影响公平竞争。

认识商品和服务税对企业的效应,对搞好企业的税务管理有重要的作用。

1. 商品和服务税是企业的必纳税收

一般而言,商品和服务税具有普遍征收的特性。企业为了盈利,就要开展销售货物、提供劳务等各种经营活动,经营活动产生的营业额是企业盈利的来源,企业的营业额即是商品与服务税征收的对象。一般而言,只要有营业额就要纳税。

2. 商品和服务税是中性税收

在市场经济条件下,为了保证市场的效率,一般情况下,政府对商品与服务税实行中性原则,因而应使商品和服务税具有中性特征。商品和服务税的税率较少,有些国家只有一种,多数国家有 2～3 种。商品和服务税在企业间普遍存在,一般不影响企业的决策。

3. 商品和服务税会影响商品的价格

商品和服务税一般以商品的销售额或者劳务的营业额为征税对象,企业或者将税收加入价格中转嫁给消费者,或者在竞争的压力下降低价格,减少自己的收入。即使在中性原则条件下,面对同一税率,高成本企业的收益也会少于低成本的企业,在竞争中处于不利地位。而在政府强调对经济发挥税收的调节作用时,如果对不同的行业或者不同的商品征收不同税率的商品和服务税,则会对市场格局产生影响,商品和服务税就会成为政府调节经济的工具。

4. 商品和服务税容易转嫁,课税隐蔽

商品和服务税根据销售额和营业额征收,虽然企业是纳税人,但企业往往将所纳税额加入商品价格之中,转嫁给消费者。如果税款包含在价格中,就会具有较强的隐蔽性,使消费者在不知不觉中承担了最终税负。税负具有转嫁性，是由商品和服务税作为间接税的性质决定的。但是否能够转嫁出去，取决于该商品或服务的市场供求关系，供给小于需求时容易转嫁，反之则较难。此外，能否转嫁也与企业的成本水平有关，在同样的市场条件下，商品成本低的企业较容易将商品和服务税转嫁出去，而商品成本高的企业则较难将税收转嫁出去。

（二）所得税类

所得税类又称为收益税类，是以纳税人的所得额或收益额为征税对象征收的税。所得税类一般包括企业所得税、个人所得税等。

1. 所得税的特点

所得税类是一个重要的税收种类，在世界各国都是财政收入的主要来源之一，也是国家用以调节宏观经济的重要经济杠杆，它对国家的宏观经济及企业的发展有着十分重要的意义。

（1）普遍征收、税源广泛。所得税的课税对象是企业和个人的各类所得。凡是有所得的自然人、法人和其他社会团体、社会组织，只要获得税法规定的应税所得，就必须缴纳所得税，因而所得税具有普通征收、税源广泛的特点。

（2）税负公平，具有弹性。所得税制度往往采用累进税率来实现，高收入者多纳税，低收入者少纳税或不纳税，体现了量能负税原则，表现出税收的公平性。所得税具有调节社会收入分配、缩小贫富差距、缓和社会矛盾的社会正义作用。对同一纳税人而言，收入提高时税负加大，收入下降时税负减轻，因而税负具有弹性的特点。

（3）税收负担难以转嫁，税负公开、透明。所得税属于直接税，税收负担难以转嫁，是由纳税人自己直接承担，纳税人和负税人合一，税负公开、透明。

（4）对纯所得征收，计征复杂。所得税对企业和个人的纯所得开征税收，即允许税前扣除各类成本、费用，设置了免征额和扣除项目，计税方法较为复杂。同时所得税为了体现税收公平的原则，还要考虑纳税人的各类情况，制度设计内容丰富，理解和掌握都较困难，因而也成为避税、节税等税收筹划的重点。

（5）征管水平要求高。所得税让纳税人直接感受到自身经济利益的损失，在纳税意识淡漠的情况下逃税现象时有发生，税务机关必须加强征收管理。此外，所得税制度复杂，也对税务机关的征管能力和工作人员业务素质有更高的要求。

（6）调节社会经济。所得税是很多国家进行宏观经济调控的重要手段。当经济发展过快时，国家可以用提高所得税负担来降低经济发展的热度，直接或间接地抑制通货膨胀。而当经济发展停滞时，国家可以用减税来刺激经济发展。具有累进率的所得税制度被誉为经济发展的"内在稳定器"。

2. 所得税按征收模式分类

（1）综合所得税制度（也称为一般所得税制度）。综合所得税是指对纳税人各项应税所得先进行汇总，再统一计征所得税的一种制度。

（2）分类所得税制度（也称分项所得税制度）。分类所得税是按照纳税人各种不同性质的所得分别计征的所得税。例如，个人所得税可按工资、薪金所得，劳务所得，利息、股息、红利所得，偶然所得等分别计征。

（3）分类综合所得税制度（也称混合税制度）。分类综合所得税制度是将分类所得税制度与综合所得税制度相结合的一种税制模式。对纳税人的各种应税所得按不同的来源或性质，有的采用分类方式计税，有的采用综合方式计税。分类综合所得税制度是世界各国普遍采用的一种税制模式。

我国目前的税制中属于所得税类的有企业所得税和个人所得税。我国的企业所得税制度，是随着改革开放和经济体制改革的不断推进而逐步建立、完善起来的。我国于2008年实施了企业所得税制的改革，取消了外商投资企业和外国企业所得税，统一了内外资企业所得税。2018

年我国进行了个人所得税制度改革，2019 年开始实行分类所得与综合所得相结合的个人所得税制度。

（三）财产税类

财产税是以纳税人所拥有和支配的财产为征税对象的税收。财产税是世界各国普遍开征的一种税。财产税根据征税对象可分为两类：一是对财产持有的课征，即对一定时期中个人、家庭、企业所拥有或支配的财产数量或价值进行课征，例如房产税、车船税。二是对财产转让的课征，指在财产所有权发生变更时，对转让财产的数量或价值进行的课征，例如遗产税及赠与税。

财产税主要有以下特点。

（1）调节财产所有者的收入，缩小贫富差距。

（2）税负难以转嫁。对财产的课税会直接增加财产所有者的税收负担。

（3）很难对全部财产征收。由于财产的种类繁多，而且一些类型的财产价值难以估算，或容易转移和隐藏，因此很难做到对全部财产征税，只是对部分财产征税。

（4）实行分税制的国家一般把财产税设成地方税，以便于征收和管理。

（四）资源税类

资源税是指对以自然资源为征税对象而征的税。自然资源是指对人类的生活和发展起着重要作用的生产资料和生活资料，而且多数自然资源都具有不可再生性。开征资源税能够促进资源的合理开采利用，提高资源使用效率。对资源税的开征一般具有以下特点。

（1）根据受益原则征收。资源税的纳税人一般是因开发和使用自然资源而受益的单位和个人。

（2）根据公平原则征收。自然资源的分布具有不均衡性，即使同一类自然资源，由于分布不同也会导致品质差异，造成自然资源的开发者和使用者在收益上的差距。资源税采取差别税率可以调节级差收入，实现公平竞争。

（3）根据资源的稀缺性来设立税率和税额，同时配合行政管理措施，可以保护资源，防止乱采滥伐。

（五）行为税类

行为税是指以纳税人的特定行为为征税对象开征的税种。开征行为税，政府在获取财政收入的同时，还可以引导纳税人的行为。行为税一般具有税源较为分散、税种设置灵活的特点。

二、按征收权限分类

按征收权限进行分类，可将税收分为中央税类、地方税类和中央与地方共享税类。按征收权限分类的税收制度也称为分税制，是国家财政、税收管理体制的一项重要内容。

（一）中央税类

它是指以中央政府为征税权主体的税种，税收收入归属中央财政，如我国现行税制中的关税、消费税和车辆购置税等。中央税一般具有税源广泛、征收普遍的特点。

（二）地方税类

它是指以地方各级政府为征税权主体的税收，其税收收入归属地方财政，如城镇土地使用税、契税等。地方税一般具有税源分散的特点。

（三）中央与地方共享税类

它是指由中央政府统一立法，税收收入按照一定比例在中央政府与地方政府之间分配的税种，如我国现行税制中的增值税。中央与地方共享税一般具有税收收入较大、征税将同时有利于中央和地方的特点。

三、按纳税人的税收负担能否转嫁分类

按纳税人的税收负担是否能够转嫁，可将税收分为直接税类和间接税类。

（一）直接税类

凡是税负不能转嫁而由纳税人直接负担的税种，属于直接税类。直接税的纳税人和负税人是同一主体。常见的直接税有所得税和财产税。

（二）间接税类

凡是纳税人能将税收负担转嫁给他人而不必由自己负担的税种，则属于间接税类。间接税的纳税人和负税人不是同一主体，两者是分离的。各种商品和服务税（或称流转税、消费税等）可以将税款附加在商品或服务的价格上，通过交易将税负转嫁到购买者身上，属于间接税类，如增值税和消费税。

在西方经济学界，对于直接税和间接税的划分标准存在以下几类：一是以纳税主体为划分标准，纳税人与负税人一致，税负不发生转嫁的税为直接税；纳税人与负税人不一致，税负发生转嫁的税，则为间接税。二是以立法者的主观预期为划分标准，立法者预期税负不会转嫁的税，是直接税；立法者预期税负会转嫁的税，属于间接税。三是以税收来源为划分标准，从收入方面直接测定其负担能力的税为直接税，直接税是依据财富和收入而课征的税种，如所得税；从支出方面间接测定负担能力的税为间接税，间接税是依据支出而课征的税种，如消费税。

四、按计税依据分类

按计税依据分类，税收可分为从价税和从量税。

（一）从价税类

从价税是指以征税对象的价格或价值为计税标准的税种。从价税与征税对象的价格有直接关系，即商品或劳务价格的变动，直接影响税收收入。例如，增值税属于从价税。

（二）从量税类

从量税是指以征税对象的数量、体积、面积和数量等自然实物量为计税标准的税种。从量税与征税对象的价格没有直接关系，商品或劳务价格的变动不会影响税收收入的变动。例如，城镇土地使用税属于从量税。

五、按税收与价格的关系分类

按税收与价格的关系分类，可将税收分为价内税和价外税。

（一）价内税类

价内税是指税金作为商品价格的组成部分，即税金包含在价格之内的税收称为价内税，例如，我国现行的消费税。

（二）价外税类

价外税是指税金作为商品价格之外的附加部分的税种，例如我国现行的增值税是价外税。从世界范围看，价外税是普遍的。

六、OECD的税种分类

OECD即经济合作与发展组织，是由37个市场经济国家组成的政府间国际经济组织。其对税收的分类在世界上有一定的代表性，具体包括：

(1) 所得、利润和资本利得税类。
(2) 社会保险税类。
(3) 薪金及人员税类。

(4) 财产税类。
(5) 商品和服务税类。
(6) 其他税类。

OECD 组织的国家主要征收以上六类税收。每一类税收中又包括很多具体税种。如商品和服务税包括增值税、消费税、销售税、关税和特殊服务税等。

第四节 税制结构

税制结构是指各税种在整个税收制度中的分布格局，以及各税种间的比重结构关系，表明各类税收在整个税收制度中的相对地位。

税制结构在税收体系建设中居于主导地位，关系到一个国家税收制度的总体结构。税制结构决定税收制度的规模、内容和作用的范围，确定科学合理的税制结构是完善税收制度建设的重要内容。

一、税制结构模式

从征税对象的分类和数量来看，税制结构可以分为单一税制和复合税制两个基本类型。单一税制是指以某一种税收或某一类税收作为整个税收体系的基础所构成的税制结构。复合税制是多种税同时并存的税制结构，它是由主体税和辅助税相配合构成的税收体系。单一税制在各国实践中极少采纳，而世界各国的税制结构大都采用复合税制，因为单一税制不可能达到经济增长、收入分配、经济稳定等多方面的目标。

无论一个国家采取何种税制，都存在主体税种的选择问题。所谓主体税种是指一国税收中所占比重最大的税种。按主体税种设置的不同，世界各国的税制结构主要有三种模式：一是以所得税（或直接税）为主体的税制结构；二是以商品和服务税（或间接税）为主体的税制结构；三是所得税（或直接税）与商品和服务税（或间接税）并重的税制结构。

（一）以所得税为主体的税制结构

以所得税为主体（亦称以直接税为主体）的税制结构，是指在一个国家的税收体系中所得税居于主导地位，比重最大，其他税种均处于辅助地位的税制结构。在世界各国的实践中，绝大多数的发达国家及少数的发展中国家采纳这种税制结构。具体来说，以所得税为主体的税制结构还可以细分为不同的类型。

1. 以个人所得税为主体的税制结构

它是指一国把个人所得税作为主体税种的税制结构。以个人所得税为主体税种的国家一般具有以下特征：经济发达，个人收入水平普遍较高，但收入悬殊较大。个人所得税在这些国家对财政收入的贡献很大，并且调节了社会成员的收入分配状况，缩小了贫富差距。

2. 以企业所得税为主体的税制结构

它是指一个国家把对企业收益课征的企业所得税作为主体税种。

3. 以社会保障税为主体的税制结构

它是指一个国家把对个人和企业共同征收的社会保障税作为主体税种的税制结构。一些社会福利型国家，将社会保障税作为主体税种，从而达到推行社会福利政策的目的。

（二）以商品和服务税为主体税种的税制结构

它是指将商品和服务税（或称间接税）作为一个国家居于主导地位的税种的税制结构，此类税在全部税收收入中所占比重最大，并发挥主导作用。这是绝大多数发展中国家在设置税制结构时的首选，少数的发达国家也采用这种税制结构。它通常有两种类型：以一般商品税为主体的税制结构和以选择性商品税为主体的税制结构。一般商品税是指对全部商品和服务在生产、批发、零售及服务提供等各个环节实行普遍征收的税种，它具有普遍开征、税收中性等特点。选择性商品税是对部分选定商品和服务在生产、批发、零售及服务提供等环节征收的税种，具有个别征收、特殊调节的特点。

（三）所得税与商品和服务税并重的税制结构

这样的税制结构称为双主体的税制结构模式，商品和服务税（间接税）与所得（直接税）在一个国家的税制体系中占有相近的结构比重，对经济发展共同起到主导作用。这种税制结构模式通常是在以商品和服务税为主的税制结构向以所得税为主的税制结构转变过程中形成的，或者是在以所得税为主的税制结构向以增值税为代表的商品和服务税转变过程中形成的。

二、税制结构的发展历程

世界各国税制结构在发展演变的历史过程中经历了从以古代直接税为主体税种的税制结构发展到以间接税为主体税种的税制结构，再从以间接税为主体税种发展到以现代直接税为主体税种的税制结构。有些国家形成了以直接税和间接税并重的税制结构。

（一）以古代直接税为主体税种的税制结构阶段

在自给自足的奴隶社会后期和封建社会，盛行的是以农业经济为主体的自然经济，农业的收益构成了社会税收的主要源泉。自给自足经济的特点，决定了国家税收主要以土地和人口作为征税对象。这种以土地和人口作为主要征税对象，等额征收的税种在税收史上称作古代直接税。在当时形成了以古代直接税为主体税种的税制结构。

（二）以间接税为主体税种的税制结构阶段

随着社会生产力的发展，商品生产和交换的规模日益扩大，因而对以商品流转额为征税对象的间接税逐渐成为税收的主要来源，由此形成了以间接税为主体税种的税制结构。

（三）以现代直接税为主体税种的税制结构

间接税很快表现出其局限性，随着商品交易规模的扩大和交易层次的纵深发展，同一商品的交易次数增加，间接税的重复征税现象愈发严重，对商品经济的发展起到阻碍作用。与此同时，资本主义经济的高速发展，使国民收入有了很大的提高，企业和个人的所得迅速增加，为以所得税为主体税种的税制结构创造了条件。而且，所得税的税负具有弹性，能保持社会经济的稳定，并能体现税收的公平原则，因此在20世纪上半叶逐渐成为经济发达国家的主体税种，形成了以所得税为主体税种的税制结构。

（四）间接税和直接税并重的税制结构

一些国家形成了间接税和所得税并重的税制结构。1954年法国改造间接税，实行了增值税。增值税消除了一般商品课税重复征税的弱点，税基较宽，对社会资源的配置干预较少，体现了税收中性，因此受到了世界上许多国家的欢迎，商品和服务税的地位得到了加强，形成了直接税和间接税并重的税制结构。

三、影响税制结构的因素

在同一时期的不同国家或是在同一国家的不同时期，税制结构可能会有差异。因为一个国家税制结构的形成和发展，会受到该国具体国情和政府特定的政策目标的制约。影响税制结构的因素主要如下：

（一）社会生产力发展水平

生产力发展水平比较高的经济发达国家，人均国民收入水平较高，为所得税的普遍征收创造了条件，容易形成以所得税为主体税种的税制结构。大多数发展中国家生产力发展水平较低，人均收入水平较低，难以将所得税作为主体税种，为了保证财政收入，发展中国家多选择以商品课税为代表的间接税作为主体税种的税制结构。

（二）社会经济制度

社会经济制度对税制结构的影响可从财产制度和经济运行制度两个方面来分析。

1. 财产制度

在财产制度为生产资料私有制的国家，个人拥有生产资料和生活资料，企业也通常为私人所有，因此，税收主要来自个人，以所得税的形式加以征收。在以生产资料公有制为基础的国家，生产资料属于国家或者集体所有，个人很少拥有生产资料，自然就很少拥有资本收入，因而商品和服务税成为主要的税收形式。

2. 经济运行制度

经济运行制度也称经济运行机制。经济运行机制分为计划经济和市场经济。在计划经济条件下，商品价格和工资由国家计划来制定。由于计划价格使不同商品的生产企业利润水平不同，国家运用商品和服务税可以对不同企业的利润悬殊加以调节。在市场经济条件下，商品价格和工资由市场的供求状况来决定，并能有效地反作用于供求，因此商品和服务税对价格的调节意义不大，但由于人们的收入由市场决定，会出现收入悬殊的问题，国家有必要通过所得税对收入进行再调节。因此，计划经济国家倾向商品和服务税，而市场经济国家注重所得税。

（三）税收征管水平

从所得税与商品和服务税的特点来看，所得税的征收管理较复杂，要求国家的税收征管水平较高。而商品和服务税的征纳相对容易，税收的征管成本较低。经济发达国家建立了较为健全的司法体制和先进的税收征管系统，同时以完善的税收稽查制度和行之有效的处罚制度作为保障，为所得税的征收提供了保证。而在发展中国家，会计核算不健全，税收征管水平较低，这些特点决定了发展中国家通常采用征收管理较为容易的商品和服务税。

（四）公民的纳税意识

公民的纳税意识也会影响国家采纳何种税收制度。所得税作为直接税，纳税人难以在征税后进行税负转嫁。发展中国家公民文化素质较低、公民纳税意识淡薄，开征所得税较为困难，常常会遭遇偷税、漏税等。而商品和服务税多可以进行税负转嫁，纳税人可以通过定价或上下游合作企业的转嫁来降低税负，征税的阻力较小。所以，在公民纳税意识较差的发展中国家通常偏重商品和服务税。

四、我国现行税制结构

我国现行税制，按征税对象性质分为五大税类，各类具体内容如下：

（1）商品和服务税类，主要包括增值税、消费税和关税等。
（2）所得税类，主要包括企业所得税和个人所得税等。
（3）资源税类，主要包括资源税、城镇土地使用税、土地增值税、耕地占用税等。
（4）财产税类，主要包括房产税、车船税等。
（5）行为税类，主要包括城市维护建设税、印花税、契税、车辆购置税、船舶吨税、烟叶税和环境保护税等。

我国的税制结构具有以间接税为主体税种，但逐渐向间接税和直接税并重的税制结构发展的特征。例如，1996年，我国间接税占税收总收入的比重为71%，直接税占18%，其他税种占11%，是典型的以间接税为主体税种的税制结构。而到2017年，间接税收入所占的比重降至57%，直接税收入增至29.5%，虽然间接税收入占税收总收入的比重还比较大，但直接税收入所占比重却提升很快，彰显了双主体税制格局的变化趋势。

五、我国税制结构的目标和设想

（一）建立间接税和直接税并重的税制结构

随着国民经济的发展，我国的税制结构也必然要进行相应的调整。税制结构的调整和完善，要考虑我国的生产力发展状况、政府的经济发展政策及国家税收的征管水平等因素。从税制结构的模式来看，我国应选择间接税和直接税并重的双主体税收结构模式。双主体的税收结构模式，可以发挥两类主体税种的综合优势，即商品和服务税的刚性收入以及所得税的弹性收入的优势。在经济调节方面，以增值税为主的商品和服务税以其税收中性适合市场配置资源的机制；所得税可以发挥对社会宏观经济的调节作用。在社会收入的公平分配方面，能够利用所得税累进税率的纵向公平调节作用以及商品和服务税比例税率的补充调节作用。在财政收入方面，商品和服务税的征收面广、税源稳定、收入及时可靠、征管水平要求不高的特点适合我国现有国情。但我国经济发展到一定阶段，随着国民收入不断提高，所得税对税收总收入的贡献会越来越大，尤其是个人所得税将会成为我国富有潜力的税种。因此，商品和服务税和所得税并重的模式是我国税制结构发展较为合理的目标。

（二）优化我国税制结构

我国加入 WTO 后，必须按照 WTO 的要求调整税务政策。在这样的社会经济背景下，我国需加快税制调整的步伐，进一步完善和优化我国税制结构。我国的税收制度建设已在以下几个方面完成了一系列重要变动和调整。

1. 完善商品和服务税体系

（1）完善增值税制度。我国 1994 年的税制改革，奠定了增值税在我国商品和服务税中的主导地位，增值税成为直接影响我国税收收入的第一税种，对保证财政收入和稳定经济的发展起到了重要的作用。但在具体的实践中，增值税也存在需要完善的地方，我国经过 20 多年时间做了以下改进。

第一，实现增值税的"改型"。我国 1994 年实行的增值税是"生产型"增值税。该类型增值税不允许扣除外购固定资产价款中所含税金，因此对高科技企业和其他资本构成高的企业的发展极为不利，而且征税过程中税款抵扣的链条中断，存在重复征税。而"消费型"增值税是世界各国都在普遍采用的增值税形式。它允许外购固定资产价款中的税金一次性抵扣，利于高新技术产业的发展，消除重复征税。因此，我国的增值税从生产型向消费型转变是完善增值税制度的一个重要举措。2009 年，我国在全国实现了增值税的"改型"工作。

第二，"营改增"全面完成。在之前的税收体制下，我国增值税的征税范围只涉及商品流通和极少部分劳务，而对服务业和大部分的劳务征收营业税。随着经济的发展和服务业的兴起，我国于 2013 年 8 月 1 日在全国开展交通运输业和部分现代服务业营业税改征增值税试点，2016 年 5 月 1 日完成"营改增"进程，营业税退出历史舞台，我国实现增值税对全部商品和劳务的征收。

第三，陆续降低税率。原来我国增值税普通税率为 17%，居于各国的中高水平。随着经济进入新常态，我国开始实施供给侧结构性改革，减税降负，以提高经济效益。从 2018 年 5 月 1 日起，我国把增值税普通税率降至 16%；在 2019 年 3 月举行的第十三届全国人民代表大会第二次会议上，李克强总理在《政府工作报告》中，宣布将增值税普通税率降至 13%，低税率降至 9%，还公布了一系列的减税措施。

（2）消费税制度的调整。消费税作为特殊调节意义的税种，自 1994 年税制改革以来，增长很快，2018 年国内消费税收入已达到 10 632 亿元左右，为国家的建设和发展做出了贡献。但是税收实践表明，消费税也存在一些不太适应经济发展的问题。例如，征税品种不太合理，开征的税目较少，税收增量小，而且随着经济的发展和产业结构、消费结构的发展变化，一些产品不断淘汰，新兴产业不断出现，因此，对消费税进行改革是经济发展的需要。我国消费税改革的重点是调整征税品目和税率、加强征管、堵漏增收。通过调整，对一些不利于环境保护的产品和一些高档消费品征收消费税；制定相应措施加强税收征管，完善征税方式，以增强税收对一些消费品的直接调控能力；同时，调整部分产品的税率，并取消某些产品的消费税，以适应经济发展的需要。

我国于 2006 年对消费税的税目和税率进行了一次较大的调整。2014 年 12 月 1 日起取消对汽车轮胎、酒精、车用含铅汽油开征消费税；2015 年 2 月 1 日起对电池、涂料征收消费税，至此，调整后消费税税目增至 15 个。2016 年 12 月 1 日，对超豪华小汽车在零售环节征收消费税。

2. 完善所得税制度

（1）统一企业所得税制度。在我国原有的两套企业所得税制度下，国内企业和外资企业税法不一，不能实现公平竞争和国民待遇，因此，统一内外资企业所得税，调整外资企业的优惠政策，是完善所得税的一项重要内容。2007 年，我国对企业所得税做了重大变革，取消了外商投资企业和外国企业所得税，将两种所得税统一为企业所得税。

（2）完善个人所得税制度。随着我国国民经济的发展及国民收入水平的提高，个人所得税成为最具发展前景的税种，但是由于我国的税收征管水平较低，公民的文化素质和纳税意识都有待提高，这也是个人所得税征收管理的薄弱环节。2018 年全国人大立法修改个人所得税，实现个人所得税转型改革，建立分类与综合相结合的个人所得税制度，提高免征额水平，改善个人所得税的征收管理。

3. 完善辅助税种

在改革和完善主体税种的同时，还要建立一套科学合理的辅助税体系。在商品和服务税及所得税无法征收、调节的范围，充分运用辅助税种对经济的特殊调节功能。例如，完善我国财产税，开征房产税，促进税费改革，开征社会保障税等，使主体税种和辅助税种相辅相成，真正完善和发展双主体的税制结构。

重要概念

税收制度　　　纳税人　　　负税人　　　征税对象　　　税目
计税依据　　　比例税率　　　累进税率　　　超额累进税率　　　边际税率
直接税　　　间接税　　　价内税　　　价外税　　　税制结构

思考题

1. 什么是税收制度？其构成要素有哪些？
2. 按照征税对象税收可以分为哪些种类？
3. 直接税和间接税的区别是什么？
4. 什么是税收转嫁？怎样认识税收转嫁？
5. 如何区分平均税率和边际税率？
6. 如何理解税收的累进性和累退性？
7. 起征点和免征额的区别和联系是什么？
8. 税制结构有几种类型？我国的税制结构是什么？
9. 如何理解一国税制结构的影响因素？

第三章
我国税收制度的发展历程

我国现行的税收制度是于 1994 年随着社会主义市场经济理论的提出而设立的，而后随着对外开放和改革的深入逐步完善。这是一套比较年轻而且正在改革和完善中的税收制度。回顾我国税收制度的建设历程，有助于理解现行税收制度。

导读

在春秋战国时期的鲁国实行的"初税亩"制度，是全世界最早的税收制度之一；而我国现行的税收制度仅有 20 多年，还在改革和建设之中。

中国经历了新民主主义建设、社会主义改造和改革开放等历史阶段，生产资料所有制、企业制度、国家管理体制乃至人们的生活水平和意识形态均发生了重大变化，税收制度也随之发生了颠覆性的变化。其中，在对生产资料所有制的改造完成后，受"社会主义非税论"的影响，我国税收制度通过多次简化趋于取消；实行改革开放政策后，外资进入中国，倒逼我国设立了对外资征收的税种；国有企业实行放权让利的改革，实施了"利改税"，随后搞活经济发展民营企业，动摇了计划经济的基础，用税收等经济手段管理经济的认识使税种开始增加；到 1992 年邓小平南方谈话后，明确中国要实行社会主义市场经济，与此相适应，经过梳理和改革原有税种，1994 年初步建立了现行税收制度。

1994 年的税收制度存在许多需要修补的空间，同时，20 多年的发展与变革对税收制度也提出了改革和完善的要求。从 2001 年我国加入 WTO 以后，我国的税收制度历经了中外企业所得税合并、取消农业税、营改增和个人所得税改革等一系列改革与完善。特别重要的是，我国的税收制度建设开始遵循税收法定的原则，逐步走向法治的道路，已经有多项税收条例上升为正式法律，还有一些税种列入了全国人民代表大会的立法规划。

第一节 改革开放前的税收制度

从 1949 年至 1979 年，我国的税收制度基本上经历了新中国成立初期的税制初建和计划经济下的税收制度简化两个阶段。

一、新中国成立初期的税制建设

中华人民共和国建立之前，国民党政府原有一套税收制度，共产党根据地也有一套不太完整的税收制度。随着解放战争的进展，在陆续解放的地区还存有国民党政府的旧税收制度。

1949年中华人民共和国建立以后，中央人民政府研究统一全国税政，于1950年制定并施行了《中国税政实施要则》，标志着中华人民共和国税收制度的建立。

根据《中国税政实施要则》，当时共有14种税，包括货物税、工商业税、盐税、薪给报酬所得税、存款利息所得税、印花税、交易税、屠宰税、房产税、地产税、特种消费行为税、使用牌照税、遗产税和关税。此外，地方政府还征收农业税和牧业税。

到了1952年，由于国内经济状况的发展变化，原来的税制出现了一些不适应。为了适应新的形势，全国税务会议提出了税制修正案，对税制做了一些调整，并于1953年施行。调整的主要内容是把房产税和地产税合并为城市房地产税，增加了契税和船舶吨税，试行商品流通税，统一开征农业税。而薪给报酬所得税和遗产税没有开征。

在这个阶段是新中国成立的初期，税收制度也是处于初步建立阶段。为了适应当时的政治经济状况，税收为提供财政收入、调控经济发展起到了一定的作用。但是，由于处于建设初期，税收制度还不够完善。

二、计划经济下的税制简化

1956年，在我国完成没收外国资本和官僚资本以及对民族资本公私合营以后，生产资料公有制基本形成，公有经济成分已经占到整个国民经济的93%。在这种情况下，由于认为税收是生产资料私有制条件下的分配制度，在公有制条件下没有必要存在了，加之受苏联模式的影响，"社会主义非税论"盛行，我国新建立的还不完善的税收制度开始简化，实际是被削弱了。

1958年，第一次大规模的简化税制方案出台了。一是将工商税类的四种税合并为工商统一税；二是将企业所得税和上交利润实行"税利合一"，统一改为上缴利润，取消了企业所得税。简化后，我国主要税种只有工商统一税、工商所得税和盐税，以及城市房地产税、车船使用牌照税、文化娱乐税、屠宰税和牲畜交易税。这次简化削弱了税收制度。

到了1973年，本来高度集中的计划经济体制下我国又进行了一次更大规模的税制简化。这次简化主要把工商统一税及其附加与城市房地产税、车船使用牌照税、盐税和屠宰税等五种税合并为工商税。这些合并的税种，每种税的征税对象、计税依据不同，本来是无法合并的，可是简化方案硬将其合并为一种税，实际上是对这些税种的放弃。

经过1973年的税制简化，我国的主要税种实际上只剩工商税和工商所得税，对国有企业只对营业额征收工商税；对集体所有制企业征收工商税和工商所得税；其余如城市房地产税、车船使用牌照税、集市交易税和屠宰税大多是对个人征收。此外，对农村只征收农（牧）业税，其余税种名存实亡。可以说，经过1973年的税制简化，我国的税制已被削弱得不成体系。只是考虑到还存在集体所有制，而且税收在筹集财政收入具有比较及时的优点，才留下了一席之地。

第二节 改革开放中的税制改革

1978年党中央召开了具有伟大历史意义的十一届三中全会，会议提出了对外开放、对内搞活的经济工作指导方针，并提出对经济体制进行全面改革。十一届三中全会以后，全党工作的着重点开始转移到社会主义现代化经济建设上来，以经济建设为中心。在新的形势下，我国经济领域发生了前所未有的深刻变化。

一、改革开放迫切需要建立新税制

改革开放给我国的经济带来了深刻的变化，这些变化对当时的税收制度提出了迫切的改革要求。

（一）对外开放，引进外资

为落实对外开放的政策，我国采取了一系列措施，开始建立中外合资经营、合作经营、外商独资经营的外商投资企业，建立经济特区和沿海经济开放区等。如何对外商及其外商投资企业征税，作为外商十分关心的投资环境问题，立即摆在了我国政府面前。第一个促使我国建立新税制的动因实际是外商投资。

（二）国有企业改革使企业向独立经营实体的方向发展

为搞活国有企业，我国采取了一系列改革措施扩大企业自主权。如何处理国家和国有企业之间的分配关系，使企业逐步成为相对独立的自主经营、自负盈亏的经济实体，成为改革中的热点问题，利改税是其一。

（三）我国经济向多种经济成分和多种经营方式发展，形成了以公有制经济为主体的多种经济成分并存的局面

在所有制结构方面，公有制企业一统天下的状况开始改变，恢复和发展了大量的城乡个体经济和私营企业。所有制结构的变化需要建设一套相适应的税收制度。

（四）个人收入增加，收入差距加大

在打破平均主义、改变"干好干坏一个样"的观念的变革中，人们的收入差距逐渐拉大；在城乡居民生活水平普遍提高的前提下，一部分人已率先富裕起来。

（五）国家对经济的管理由直接行政管理逐渐地向以经济手段管理转化

十一届三中全会以后，国家对经济的宏观管理、控制、调节的观念和做法发生了深刻变化，提出应按经济规律办事，重视价值规律的作用，把运用经济杠杆管理经济提到了重要位置。税收被作为重要的经济杠杆，如何发挥其作用引起广泛的重视。

面对经济领域的深刻变化，我国原有的税收制度非常不适应经济发展的客观要求。尽快改革旧的税收制度，建立新的税收制度，当时已成为最紧迫的任务之一。

二、税收制度的初步改革

从1980年开始，为适应改革开放的需要，我国逐步对原有税制进行了一系列的改革。由于当时缺乏改革目标的整体设计，改革是在"摸着石头过河"的状态下进行的，虽然这些改革对当时的体制冲击很大，但还只是初步的探索性的改革。改革的主要内容可归纳为以下几个方面：

（一）率先建立涉外税收制度

为了适应外商投资企业对投资环境的需要，1980年9月，全国人民代表大会公布了《中华人民共和国中外合资经营企业所得税法》和《中华人民共和国个人所得税法》，1981年12月又公布了《中华人民共和国外国企业所得税法》，初步建立起了涉外税收制度，启动了我国新税收制度的建设。随着涉外税收制度的建立，我国还陆续同有关国家签订了关于避免双重征税的协定，以维护外国投资者的利益，促进外商投资。

同时，对涉外企业营业额的征税暂时沿用1958年颁布的《中华人民共和国工商统一税条例（草案）》；对其使用的房屋和车船，则采用1951年政务院制定的《中华人民共和国城市房地产税暂行条例》和《中华人民共和国车船使用牌照税暂行条例》的规定征税。

（二）对国营企业实行利改税

为了改变国家与国营企业⊖之间"统收统支，统负盈亏"的财务体制，自1978年起，在国家与国营企业的分配关系上采取了一系列改革措施，其中最主要的是实行利润留成制度。但实践证明，利润留成制度存在种种弊端。为了克服这些弊端，国营企业上交利润改为上缴所得税，

⊖ 当时对全民所有制企业的称谓，即现在的国有企业。

从而把国家与国营企业的分配关系用税收形式固定下来，这就是国营企业的利改税。

1. 第一步利改税

1983年4月，国务院批转了《财政部关于国营企业利改税试行办法》，决定利改税分两步进行：第一步利改税对有盈利的国营大中型企业（包括金融保险组织），均按55%的税率征收所得税，税后的利润，除按国家核定的留利水平留给企业外，其余部分再根据情况，分别采取递增包干上交、固定比例上交、定额包干上交和缴纳调节税等办法上交国家，这只是从形式上的改变，还没有实质的变革；而对有盈利的国营小型企业，按集体所有制企业适用的8级超额累进税率缴纳企业所得税，税后利润归企业自行支配，自负盈亏。

2. 第二步利改税

第一步利改税对国营企业开征所得税，在理论上和形式上是一个重大突破。但是，由于第一步利改税基本是形式上的改革，从国家和企业间的具体分配上，还没有实质的变化，这就决定了第一步利改税只是过渡。于是，1984年10月1日在全国范围内进行了第二步利改税。第二步利改税是与工商税制的全面改革相结合进行的，包括以下基本内容：

（1）将原来实行的工商税拆分为产品税、增值税、营业税、盐税等四个税种。同时，把产品税的税目划细，并相应调整税率，以发挥调节作用。

（2）对某些资源开征资源税，以调节由于自然资源和开发条件的差异而形成的级差收入，同时有利于有效地管理和利用国家资源。

（3）恢复和开征房产税、土地使用税、车船使用牌照税和城市维护建设税四个地方性税种，既能解决城市维护建设的资金来源，又有利于促进合理节约使用土地和房产。

（4）对国营大中型企业按55%的比例税率征收企业所得税，税后利润超过合理留利水平的还要征收利润调节税（税率是根据企业的留利水平倒算确定，每户一率）；国营小型企业按新的8级超额累进税率缴纳企业所得税，并适当放宽小型企业的划分标准，使更多的企业适用8级超额累进税率缴纳企业所得税。

3. 对利改税的评价

利改税确立了以企业所得税形式处理国家与国营企业的分配关系，使国家与国营企业的分配关系步入规范化的法制轨道。这在国家与国有企业的分配关系上，是一个重大突破，为今后的税制改革奠定了基础。在利改税的同时，对工商税制进行了全面改革，从而使我国税制逐步形成多种税、多环节、多层次的复合税制，初步建立起了一套新的税收制度。

但是，由于当时缺乏改革目标的整体设计，改革是在"摸着石头过河"的状态下进行的，利改税后形成的税收制度在理论上和一些具体做法上还存在许多问题。一是利改税企图用单一的税收形式完全取代企业的利润分配形式，在理论上混淆了国家作为社会管理者征税和作为国营企业所有者参与利润分配这两种不同性质的分配关系；二是建立国营企业所得税制度后，又陆续建立了集体企业所得税、城乡个体工商业户所得税和私营企业所得税等制度，这种按所有制分别制定不同所得税的制度，导致不同所有制企业的税负不平衡，影响了公平竞争，不符合市场经济的基本要求。

（三）为发挥税收宏观调控作用设立了一些税种

为了适应当时计划经济为主、市场调节为辅的经济体制，面对发展中出现的各种新情况，发挥税收的经济杠杆作用，加强宏观调节，自1982年起我国还陆续新开征和恢复了一些税种。

（1）1982年，为促进石油资源合理利用，对用于锅炉以及工业窑炉燃烧用的原油、重油，开征了烧油特别税。同年恢复了牲畜交易税。

（2）1983年，面对建筑材料短缺的情况，为了保证国家重点项目的建设，对利用预算外资金、地方机动财力、自筹资金、银行贷款以及其他自筹资金安排的基本建设投资和更新改造项目中的建筑工程投资，开征了建筑税。

（3）1984年，为了控制社会居民消费资金增长过快，国务院决定对国营企业征收奖金税。1985年，对实行工资总额随经济效益挂钩浮动的国营企业，开征了工资调节税；对集体企业和事业单位也开征了奖金税。

（4）1985年，将1958年的工商所得税改名为集体企业所得税。

（5）1985年，开征了城市维护建设税，为城市建设与维护提供资金。

（6）1986年，对城乡个体工商业户开征所得税。

（7）1986年，决定恢复征收车船使用税和房产税。对涉外企业、单位及外籍人员仍按原车船使用牌照税和城市房地产税的规定征税。

（8）1987年，为保护农用耕地资源，开征耕地占用税。

（9）1988年，开征了筵席税、个人收入调节税（相当于对国内居民征收的个人所得税）和私营企业所得税，并恢复征收城镇土地使用税和重新开征印花税。

（10）1991年，为适应对外开放政策的需要，将中外合资经营企业所得税和外国企业所得税合并为"外商投资企业和外国企业所得税"。

（11）1991年，将建筑税改为固定资产投资方向调节税。

（12）为适应对外开放的需要，1985年对关税制度进行了全面改革。

（13）为适应农村经济改革发生的重大变化，对农业税做了相应改革。1983年起对农林特产收入征收农业税，1985年起将农业税由征收实物为主改为以折征代金为主。

这一时期我国的税收制度变化很大，在保证财政收入和调节经济方面，比过去发挥了更积极的作用，但也存在诸多不足，一是缺乏完整性，为了发挥税收的作用，基本采取了"打补丁"式的改革与修订；二是系统性差，税制显得烦琐、复杂，不规范。造成这种状况的原因很多，但最根本的是当时我国经济体制改革的总体目标不明确，导致税制改革缺乏规划与设计。

第三节　建立市场经济的税收制度

1992年，在邓小平南方谈话后，党的十四大确立了建立社会主义市场经济体制的目标，这一目标的确立是对我国经济理论的重大突破。根据这一目标，1993年我国对税制进行了系统的改革，并于1994年开始实施。这次改革力度大、内容深刻、涉及面广，基本上重建了一套全新的税收制度。

一、市场经济对税收制度的要求

市场经济要求具有一个统一的、开放的、公平竞争的、有序的、按照经济规律运行的市场。与这种市场相适应，必须建立起一个统一、公平、高效、规范的税收制度。市场经济的规则和特点对税制提出了以下要求：

（1）市场经济的统一性要求税收制度的统一性。市场经济需要建立全国统一的大市场并与国际市场接轨。统一的市场要求建立统一的税制，因为税制不统一会对经济要素产生不良的作用，妨碍经济要素的自由流动。

（2）市场经济的开放性要求建立与国际市场经济接轨的税制。市场经济本身具有开放性，它把国内经济与国际经济联系在一起，建立起统一的国际市场经济。与此相适应，税收制度也要与国际惯例接轨。

（3）市场经济的竞争性要求建立公平的税收环境。从一定意义上讲，市场经济的本质是竞争经济，通过竞争实现资源的最佳配置。而竞争需要有平等的竞争环境，税收是重要的环境因素之一。公平是市场经济对税收制度的基本要求。

（4）市场经济的有序性要求建立简明、高效、规范的税收制度。从另一角度讲，市场经济是法制经济，是在一定的法律规范的保护和约束下按照一定的规则运行的经济制度。要保证市场经济的有序运行，必须健全税收制度，要让每一个纳税人都能明白自己在纳税方面的权利和义务，并使税务机关依法征税。

二、建立市场经济新税制的指导思想和原则

1993 年的税制改革是在我国确立了市场经济体制总目标的前提下进行的，因此，税制改革的指导思想就是要建立符合社会主义市场经济要求的税制体系。按照这个指导思想，税制改革遵循了以下几个原则：

（1）税收制度应与市场经济体制相适应。在市场经济条件下，税收制度除了保证财政收入以外，应提供一个让企业平等竞争的外部环境。这要求在税收制度的设计中，贯彻公平的原则，注意税收中性的选择。

（2）新的税收制度应注意与国际接轨。在市场经济条件下，经济活动具有很强的国际性。新的税收制度参考国际惯例，与国际接轨，是非常重要的原则。

（3）新的税收制度应与财政体制改革相适应。为了处理好中央和地方的财政关系，学习国外经验，我国要实行分税制。据此，税收制度的设计要在税种、税率等方面做充分的考虑。

（4）新税制要有利于发挥税收调节个人收入相差悬殊的作用，促进经济协调发展，逐步实现共同富裕。

（5）应简化和规范税制，优化税制结构。取消与市场经济不相适应的税种，开征一些确有必要的税种，实现税制的系统性。在税制建设的具体内容上，要参照国际惯例，尽量采用较规范的方式，维护税制的严肃性。

三、1993 年税收制度改革的基本内容

（一）商品和服务税方面的改革

商品和服务税制改革的内容是建立以增值税为主体，并实行增值税与消费税、营业税相配套的税制格局，即在生产环节、商品批发和零售环节全面实行增值税，加工和修理、修配也实行增值税；在征收增值税的基础上选择部分消费品开征消费税；对不实行增值税的劳务、转让无形资产和销售不动产征收营业税；取消对外商投资企业征收的工商统一税，对内外资企业实行统一的商品和服务税制度。

（二）所得税制度方面的改革

所得税制度的改革包括企业所得税的改革和个人所得税的改革两部分。

1. 企业所得税的改革

改革的目标是统一企业所得税制度，公平税负，促进竞争。企业所得税的改革分两步走，第一步是统一内资企业所得税，第二步是建立内外资企业统一的所得税制度。1993 年税制改革将原国营企业所得税、集体企业所得税和私营企业所得税等三种税合并为一种企业所得税；取消国营企业利润调节税、国家能源交通重点建设基金和国家预算调节基金。将来再选择适当的时机统一内外资企业所得税，建立全国统一的企业所得税制度。

2. 个人所得税的改革

将原来的个人所得税、个人收入调节税和城乡个体工商业户所得税合并为统一的个人所得税。

（三）其他税种的改革

（1）完善资源税。恢复并扩大征税范围，将盐税并入资源税，使资源税成为对矿产资源普遍征收的税种。

（2）增设土地增值税、证券交易税和遗产与赠予税。在这三个新税种中，只有土地增值税

于 1994 年公布实施，证券交易税、遗产与赠予税尚未开征。

（3）取消集市交易税、牲畜交易税、国营企业奖金税、集体企业奖金税、行政事业单位奖金税、国营企业工资调节税和烧油特别税。

（4）将屠宰税和筵席税保留税种，下放管理权限给地方政府。

（5）拟将原来涉外企业和外籍人员缴纳的城市房地产税、车船使用牌照税与国内企业和人员缴纳的房产税、城镇土地使用税、车船使用税合并，建立新的内外统一的房产税、城乡土地使用税和车船税。但 1994 年尚未公布新条例，仍执行原税制。

（6）将农业税中的原农林特产税部分与原产品税中对农林牧水产品征税的部分，合并为农业特产税。该税仍属于农业税的组成部分。

根据上述改革方案，我国新的税收制度由 24 种税组成：增值税、消费税、营业税、企业所得税、外商投资企业与外国企业所得税、个人所得税、资源税、土地增值税、印花税、城乡维护建设税、土地使用税、房产税、车船税、车船使用牌照税、固定资产投资方向调节税、耕地占用税、契税、证券交易税、遗产与赠予税、屠宰税、筵席税、农业税、牧业税和关税。

在 1994 年实施新税制时，上述 24 个税种中，证券交易税和遗产与赠予税未予开征，几个地方税的改革也未到位，屠宰税、筵席税属于完全下放给地方政府的税种。1999 年停止征收固定资产投资方向调节税。

1993 年 12 月，全国人民代表大会、国务院和财政部分别发布了《中华人民共和国增值税暂行条例》等一系列税收法律和法规，从 1994 年起实施。

四、加入 WTO 后的税制调整

自 1993 年税制改革以来，随着改革开放的深入，我国国民经济迅速增长，人民生活水平得到很大提高，国内外经济形势发生了翻天覆地的变化。经过长期不懈的努力，我国于 2001 年 12 月加入了世界贸易组织（WTO），对外开放程度进一步提高，经济发展的机会与面临的竞争都在增加。高速发展的社会经济使 1994 年的税制出现许多不适应的问题。第一，税收负担总体过重，多年来税收增长总是远远高于 GDP 的增长，而居民收入占 GDP 的比重在降低，导致需求不足；第二，生产型增值税存在重复征税缺陷；第三，利用外资进入新阶段，但中外企业税制不同，对外资企业存在超国民待遇；第四，在 1994 年时我国税收征收率只有 50%，随着征管水平提高，税收征收率大幅度提高，意味着纳税人的实际税负在增加；第五，分类个人所得税制度不合理，等等。

从 1998 年税收增长首次超过 GDP 增长速度后，人们就开始质疑"税收超常增长是否加重企业负担"，许多专家学者就此展开研究。2003 年 3 月"两会"期间，全国工商联以团体提案的形式，提出了"改革我国现行税制的建议案"。2003 年 10 月，党的十六届三中全会通过《中共中央关于完善社会主义市场经济体制若干问题的决定》，提出要按照"简税制、宽税基、低税率、严征管"的原则，稳步推进税收改革，拉开了我国税制调整的序幕。

（一）全面取消农业税

2004 年，在黑龙江、吉林两省进行免征农业税试点，另外 11 个粮食主产省（区）农业税税率降低 3 个百分点，其余省（区）农业税税率总体上降低 1 个百分点，取消除烟叶外的农业特产税。2005 年，全国有 28 个省（区）免征了农业税。2006 年，我国废止了《中华人民共和国农业税条例》，在全国范围内全面取消农业税。

（二）增值税转型

增值税的转型是指将我国实行的生产型增值税向消费型增值税转变，允许企业抵扣当年新购进固定资产所含的 17% 进项税额。当今世界，除印度尼西亚以外，各国普遍采用消费型增值税，而我国在 1994 年之所以采用生产型增值税，一是基于财政的压力，二是为了抑制当时投资过热的行为。随着经济的发展，尤其是我国加入 WTO 带来的变化，增值税的转型变得十分必要。

由于增值税当时占我国整个税收收入的比重达 40% 之多，为了避免给国家财政带来过大冲击，2004 年首先在东北老工业基地的八个行业试行消费型增值税，经过 3 年的试点，取得了成功。国家税务总局决定从 2007 年 7 月 1 日开始，将试点范围扩大到中部六省的 26 个老工业城市。2008 年，在发生国际金融危机各国纷纷减税的背景下，国务院决定全面实施增值税转型改革，修订了《中华人民共和国增值税暂行条例》，从 2009 年 1 月 1 日起开始实施。

（三）统一企业所得税

依照国民待遇原则，2007 年全国人民代表大会通过企业所得税的立法。该法案使外商投资企业和外国企业与国内企业一起统一了企业所得税制度，从 2008 年起实施。此次修订的企业所得税完善了企业所得税优惠政策，除保留特定区域（如我国西部地区）优惠政策外，逐步取消其他地区性优惠政策，为不同地区和各类企业创造公平的竞争环境。同时，根据国家产业政策导向，对高新技术产业、新兴产业实行税收优惠，推动产业的优化和升级。

（四）调整消费税

我国消费税采用特别消费税制度，对列举的商品与行为征税，具有较强的调节作用。随着经济的发展，国家政策及居民消费结构等方面发生了很多变化，1994 年所制定的消费税已不适应发展的需要，我国在 2006 年对消费税做了结构性调整：

（1）新增加了高尔夫球及球具、高档手表、游艇、木制一次性筷子、实木地板、成品油等税目，并将原来的汽油、柴油两个税目和新增加的石脑油、溶剂油、润滑油、燃料油、航空煤油等油品作为成品油的子目。

（2）取消了"护肤护发品"税目，并将原属于护肤护发品征税范围的高档护肤类化妆品列入化妆品税目。

（3）对原有税目的税率进行有高有低的调整，例如，白酒、小汽车、摩托车、汽车轮胎等税目。

经过调整后，消费税的税目由原来的 11 个增至 14 个。为了促进节能环保，经国务院批准，自 2015 年 2 月 1 日起对电池、涂料征收消费税，自此消费税的税目增至 15 个。

（五）调整个人所得税的费用扣除标准

2005 年 10 月 27 日，全国人大常委会通过《关于修改〈中华人民共和国个人所得税法〉的决定》，将工薪所得费用扣除标准由每月 800 元提高至每月 1 600 元，从 2006 年 1 月 1 日开始施行。2007 年 12 月 29 日全国人大常委会通过了《关于修改〈中华人民共和国个人所得税法〉的决定》，将工薪所得费用减除标准由每月 1 600 元提高到每月 2 000 元，自 2008 年 3 月 1 日起施行，同时又改革和完善了相关制度：一是在现行自行申报范围基础上适当扩大了自行申报面，建立扣缴义务人全员全额扣缴申报制度，为税务部门加强对高收入者征收管理提供了法律依据；二是重新明确对基本养老保险费、基本医疗保险费、失业保险费和住房公积金免征个人所得税；三是比照工薪所得费用扣除标准，在全国范围内将个体工商户业主、个人独资企业和合伙企业投资者本人的费用扣除标准统一确定为 24 000 元/年。2011 年 6 月 30 日，全国人民代表大会常务委员决定，自 2011 年 9 月 1 日起将工薪所得费用减除标准由每月 2 000 元提高到 3 500 元，并将工薪所得原适用的 9 级超额累进税率改为 7 级超额累进税率，最低适用税率为 3%。另外，提高了个体工商户生产、经营所得和承包承租经营所得个人所得税税级的划分标准，还将个体工商户业主、个人独资企业和合伙企业投资者本人的费用扣除标准统一确定为 42 000 元/年（3 500 元/月）。2018 年 8 月 31 日，《关于修改〈中华人民共和国个人所得税法〉的决定》通过，起征点为 5 000 元/月。

（六）完善车船税

2006年12月29日，国务院公布《中华人民共和国车船税暂行条例》，自2007年1月1日起施行。此条例是将外商投资企业适用的《中华人民共和国车船使用牌照税暂行条例》和内资企业适用的《中华人民共和国车船使用税暂行条例》合并统一形成的，简化了税制，实现了中外企业及个人平等纳税，调整了税目，提高了税额标准（如载客汽车的最高税额标准从每辆每年320元提高到660元，船舶的最高税额标准从每吨每年5元提高到6元），清理了减免税项目，加大了征管力度。2011年2月25日，全国人大常务委员会通过了《中华人民共和国车船税法》，该次车船税改革，以全国人大立法的形式推出，对乘用车等年基准税额按排气量分档进行了调整，对高排放量的乘用车较大地提高了应纳税额。如：乘用车的最高税额标准（排气量4.0升以上）每辆每年提高到5400元。同时，增加了游艇等新税目。

（七）颁布实施烟叶税条例

为贯彻落实"在全国范围内全面取消农业特产税，烟叶农业特产税适时并入工商税种"的中央决策精神，促进烟叶产区可持续发展，充分考虑地方财政利益，财政部会同有关部门认真研究替代烟叶农业特产税的办法。2006年4月28日，国务院颁布了《中华人民共和国烟叶税暂行条例》。为贯彻落实新烟叶税条例，财政部、国家税务总局在对河南、湖南、云南和贵州等烟叶主产省调研的基础上，发布了《关于烟叶税若干具体问题的规定》，对烟叶税条例中的具体问题进行了明确和解释。

（八）其他税收改革

1. 城镇土地使用税

2006年12月31日，国务院公布《关于修改〈中华人民共和国城镇土地使用税暂行条例〉的决定》和修改以后的《中华人民共和国城镇土地使用税暂行条例》。此次修改，一是扩大了纳税人的范围，开始对外商投资企业、外国企业和外国人征税；二是大幅度地提高了税额标准，每平方米的最高税额从每年10元提高到30元。

2. 耕地占用税

2007年12月1日，国务院公布修改的《中华人民共和国耕地占用税暂行条例》，此次修改扩大了纳税人的范围，开始对外商投资企业、外国企业和外国人征税，并大幅度地提高了税额标准，每平方米土地的最高税额标准从10元提高到50元，还有加征的规定。2008年2月26日，财政部、国家税务总局公布《中华人民共和国耕地占用税暂行条例实施细则》，即日起实施。

3. 资源税

资源税的改革主要是调整了煤炭、原油、天然气等能源产品的税额标准。例如，自2007年2月1日起，将焦煤的税额标准确定为每吨8元。自2005年7月1日起，将原油的税额标准从每吨8元至24元不等提高到每吨14元至30元不等，将天然气的税额标准从每千立方米2元至13元不等提高到每千立方米7元至15元不等。2011年9月30日，国务院公布《中华人民共和国资源税暂行条例》，2011年10月28日，财政部公布《中华人民共和国资源税暂行条例实施细则》，从2011年11月1日正式施行。在该次资源税的改革中对原油和天然气的征税方法和税率做了改变，从原来的从量定额征收改为从价定率征收，例如：原油从过去的每吨14~30元，改为按销售额的5%~10%征收。天然气也从原来的定额征收改为按销售额的5%~10%征收。同时增加了稀土矿的征收，为每吨0.4~60元。此次资源税改革较大地提高了原油和天然气的税负，改变了过去较长时间原油和天然气高涨的市场价格与轻微的资源税负的失衡状况。

4. 印花税

2006年11月27日，财政部、国家税务总局规定：对纳税人以电子形式签订的各类应税凭证按照规定征收印花税，对土地使用权出让合同和土地使用权转让合同按照产权转移书据征收印花税，对商品房销售合同按照产权转移书据征收印花税。自 2005 年 1 月 24 日起，证券（股票）交易印花税的税率从 2‰ 降低到 1‰；自 2007 年 5 月 30 日起，证券（股票）交易印花税的税率从 1‰ 提高到 3‰；自 2008 年 4 月 24 日起，证券（股票）交易印花税的税率从 3‰ 降低到 1‰；自 2008 年 9 月 19 日起，证券（股票）交易印花税的纳税人从出让方和受让方双方改为出让方单方。

第四节　新常态下的深化税制改革

2008 年的国际金融危机给我国经济带来很大影响，经过三年的波动，我国 GDP 告别过去 30 多年平均 10% 左右的增速，从 2012 年开始回落，进入 7% 以下的中速发展时期，即我国经济发展进入了新常态。2014 年 6 月，中央政治局审议通过的《深化财税体制改革总体方案》，明确提出要深化税制改革，完善税收制度。

一、深化税制改革的必要性

我国现行税制是以 1994 年税制为基础的。我国经济和社会经过 20 多年的高速发展，使现行税制出现诸多不适应的问题。

（1）税制结构不合理，直接税在税收中的比例过低，不利于政府有效实施逆周期的宏观调控。

（2）营业税和增值税并行，营业税存在的重复征税问题不利于现代服务业的发展，不能促进产业结构升级。

（3）消费税没有把一些高耗能、高污染的消费品纳入征收范围，尚未充分发挥调节消费和促进能源节约等方面的作用。

（4）个人所得税设计不完善，分类所得税制度未考虑家庭负担因素，难以发挥调节收入分配的作用，无法体现公平原则。

（5）财产税的制度不健全，在房地产的开发、交易和保有等环节税费繁杂，重复、交叉和缺失等现象同时存在。

（6）缺乏较完整的地方税收体系，无法满足地方政府的财政需要，使一些地方政府的收费项目繁多，不但容易引发不和谐问题，也难以实现地方政府的职能。

此外，我国经济的新常态以及推行的供给侧结构性改革，都需要相应的减税等财税政策支持，也对税制改革提出了需求。

二、深化税制改革所遵循的原则

中央于 2014 年提出深化税制改革，恰逢我国政治、经济和社会发生重大变化时期。我国在政治方面要实现国家治理现代化；经济方面要发挥市场对资源配置的决定性作用；社会方面要实行法治，维护公平正义；生态方面要加强环境保护，实现绿色发展。新一轮的税制改革必须符合时代的需要，遵循以下原则。

（一）税收法定原则

我国是一个社会主义法治国家，实行依法治国。相对于我国历史上出现的人治现象，依法治国是我国治国方式的重大历史进步。税法中规定的税种、纳税人、税率以及纳税程序等都是税收法定的具体体现。

深化税制改革所形成的新税制，应是新的国家治理体系的组成部分，具体体现为：税法需经全国人民代表大会立法；国务院及国家税务总局依税法征管税收；法院负责依法审理税收案件；企业和个人要依法履行纳税义务和行使权利。

（二）公平原则

公平原则是世界各国在各个时期都被普遍接受的原则。根据我国当前新一轮税制改革情况，此原则主要体现在以下三个方面：一是面对国有企业、民营企业和外资企业等不同所有制的企业，在税种、税率和税收优惠等方面均应平等对待；二是要在个人所得税和居民房产税的设计上，有利于调节收入水平，缩小贫富差距；三是要正确理解公平，对个人和家庭按负担能力征税。

（三）效率原则

我国税收的效率是存在较大改善空间的，也是此次税改需要关注的问题。从税收的经济效率而言，一方面要注意税收制度对纳税人尽量少产生额外负担，尤其在经济运行机制方面；另一方面，要使政府具有可以利用税收调节宏观经济的能力，以便在宏观经济出现周期性波动时稳定经济。从税收的行政效率而言，要进行税收管理体制改革，税务机关既要提高征税效率，又要降低征税成本，还要采用网络等先进技术手段，简化纳税程序，使纳税人降低纳税成本。

（四）中性原则

中性本来是效率原则的一个内在要求，是指不能因税收影响纳税人的正常决策。在此次税改中单独列示出来成为一个独立的原则，意在强调税收中性。过去由于我国政府权力过于集中，比较容易接受凯恩斯"国家干预经济"的理论，对政治与经济及政企关系存在一些错误的认识，过多地强调税收的经济杠杆作用，给经济发展带来一定的影响。

随着我国市场化建设的发展，市场效率逐渐提高，由市场配置资源的功能在增强，这使税收中性原则的推行成为可能。所以，此次税改强调了中性原则。

（五）税负平稳原则

为了使此次税改不要过度冲击财政收入，使税改能够顺利进行，提出了税负平稳原则。

这也是根据历次税改的经验提出的原则要求。此处所讲的税负平稳，主要是指整体税负水平而言，并不是要求每一具体税种、税率都保持平稳。在这次税改中，税负平稳原则会具体表现为结构性减税和结构性增税相结合的改革方案。

三、深化税制改革已经实现的内容

（一）营业税改征增值税

在 1993 年的税制改革方案中，对商品销售和部分工业性劳务开征增值税，而对交通运输业、建筑安装业、邮电通信业、服务业等行业征收营业税。增值税和营业税并行在一套税收制度里，存在两大基本问题：第一，导致商品销售的增值税和服务行业的营业税之间难以做税款抵扣，使税款抵扣链条中断，不但给税收征管带来漏洞，也使纳税人产生一定程度的重复征税；第二，营业税本身存在的重复征税问题增加了纳税人的税收负担，不利于缴纳营业税的企业的发展，在一定程度上影响现代服务业的成长。

因此，为保证增值税税款抵扣链条的连续性，促进增值税的规范化管理，避免重复征税，有必要取消营业税而用增值税取而代之。

2011 年年底，国务院决定首先以上海为试点，在交通运输业和部分现代服务业率先开展营业税改征增值税的改革。2012 年试点范围扩大至北京、天津、江苏、浙江、安徽、福建、湖北、广东、厦门、深圳 10 个省市。2013 年将试点在全国范围内推开，试点的范围包括陆路运输服务、水路运输服务、航空运输服务、管道运输服务、研发和技术服务、信息技术服务、文化创意服务、物流辅助服务、有形动产租赁服务、签证咨询服务、广播影视服务。

2016 年 5 月 1 日，我国完成了营改增进程，营业税退出历史舞台，实现增值税对全部商品和劳务的征收。在整个过程中，营改增是作为对纳税人的减税措施来推行的。

（二）改革个人所得税

2018 年 8 月，全国人民代表大会常务委员会通过了修改个人所得税的决定，从 2019 年起实施新的个人所得税。个人所得税改革的主要内容有：

（1）改分类课征制为分类与综合相结合的课征制。将个人经常发生的工资薪金、劳务报酬、稿酬和特许权使用费等4项主要所得项目纳入综合征税范围，先以源泉预扣的办法按月或分次分项预缴，在纳税年度终了时，按年汇总计算，多退少补。

（2）提高基本减除费用标准，即免征额为每人每月5 000元。

（3）完善费用扣除模式。除了基本减除费用外，还增设了子女教育、继续教育、大病医疗、住房贷款利息或者住房租金、赡养老人等专项附加扣除。

（4）调整了税率结构。

（5）完善税收征管，推进部门共治共管和联合惩戒。

（三）将排污费改为环境保护税

为了保护环境，我国于1979年开始试点排污费征收。2003年国务院公布了《排污费征收使用管理条例》，对大气污染、水污染、固体废物、噪声四类污染情况开征排污费。征收排污费对促使减少污染物排放和保护环境起到了一定的作用，但作为行政性收费制度存在执行刚性不足和地方政府干预等问题。针对这种情况，国家决定将排污费改为征收环境保护税，强化环境保护制度。同时，这也是税收法定原则的体现。

2016年12月25日，全国人民代表大会常务委员会通过了《中华人民共和国环境保护税法》，自2018年1月1日起实施，将国务院的行政条例上升为法律，完成了对排污费改征环境保护税的改革。

（四）船舶吨税条例上升为法律

船舶吨税是国际通行的对外国船舶进出本国港口时按船舶净吨位征收的一种税。我国早在1952年就发布了《中华人民共和国海关船舶吨税暂行办法》，在此基础上，2011年12月国务院制定《中华人民共和国船舶吨税暂行条例》。根据税收法定的原则，需要将国务院的暂行条例上升为法律。全国人民代表大会常务委员会于2017年12月通过了《中华人民共和国船舶吨税法》，自2018年7月1日起施行。

（五）烟叶税条例上升为法律

烟叶税是对收购烟叶的单位按收购金额征收的一种税，从1958年以来，曾经以农业税、产品税、农林特产农业税等税种对烟叶征税。随着我国取消农业税，2006年4月，国务院发布并施行《中华人民共和国烟叶税暂行条例》。根据税收法定原则，2017年12月全国人民代表大会常务委员会通过了《中华人民共和国烟叶税法》，烟叶税暂行条例上升为法律。

（六）车辆购置税条例上升为法律

现行车辆购置税是对原来由公路管理部门征收的车辆购置附加费实行"费改税"而形成的一种税。1985年，为了给公路建设筹集专用资金，国务院决定征收车辆购置附加费。2001年，我国实施"费改税"，将公路管理部门征收的车辆购置附加费改为由税务机关征收的车辆购置税，颁布了《中华人民共和国车辆购置税暂行条例》。2018年12月，全国人民代表大会常务委员会通过《中华人民共和国车辆购置税法》，从2019年7月1日施行。

（七）耕地占用税条例上升为法律

为了保护农用耕地，国务院于1987年制定了《耕地占用税暂行条例》。2018年12月，全国人大常委会通过《中华人民共和国耕地占用税法》，从2019年9月1日起实施。

四、深化税制改革的展望

我国开展的深化税制改革正在进行之中，根据中共中央《深化财税体制改革总体方案》的精神，展望未来，深化税改的内容有以下三部分：

(一) 对部分税种修订和改革

为了适应政治、经济和社会的发展需要,今后我国将对一些税种进行修订、改革甚至废除。

1. 完善消费税制度

我国的消费税属于特别消费税种,只是对列举的消费品和消费行为征收,因而具有较强的调节功能。我国可能会从以下几个方面改革消费税:

(1) 扩大征税范围,把高污染、高耗能、奢侈消费品,甚至把一些高档消费行为纳入征税范围。

(2) 完善计征方法,尽量把消费税的计征从生产环节改为零售环节,为消费地的地方政府增加收入。

(3) 调整部分消费品的税率,提高某些消费品的税率,同时降低一些消费品的税率甚至免税。

(4) 探讨是否由价内税改为价外税。

(5) 根据税收法定的原则,在内容比较成熟的时候,通过立法程序把条例上升为法律。

2. 改革资源税

2016年5月10日,财政部和国家税务总局发布《关于全面推进资源税改革的通知》,宣布全面推进资源税改革。资源税改革要整顿资源收费乱象,实施清费立税,建立规范公平、促进节约、保护生态的资源税制度。资源税改革的内容包括:

(1) 扩大征税范围。首先,决定将水资源税纳入资源税的征收范围,先在河北省试点,把原来对水资源收费改为征税,对地表水和地下水实行从量定额计征。然后逐步扩大试点地区,条件成熟后在全国推开。其次,今后将对森林、草场、滩涂等资源逐步纳入征税范围。

(2) 改从量计征为从价计征。原来资源税采用从量计征的方式,但随着经济的发展,从量计征使资源税与市场价格脱节,不反映资源的供需关系,暴露出难以适应发展需要的问题。自2010年起,先后对原油、天然气、煤炭、稀土、钨和钼实行了从价计征的改革,取得了较好的效果。今后将全面推开从价计征方式。

(3) 在资源税内容比较成熟的时候,通过立法程序把行政条例上升为法律。

(二) 一些税收暂行条例经立法成为法律

我国现行税收制度是随着改革开放的进程建立起来的。为了满足改革开放的需求,尽快开征一些税种、改革一些税种并初步建立起一套税收制度,全国人民代表大会于1985年4月授权国务院制定税收暂行条例。全国人大给国务院的授权适应了改革开放初期税制建设的需要,形成了现在的税收制度。但是,此授权有30多年了,社会环境已经发生很大变化,税收制度的法制建设迟迟落后于发展的需要。目前,我国开征的18个税种中只有5个税种通过立法程序成为法律,其余税种均以国务院暂行条例的方式施行。

随着依法治国的推进,根据税收法定原则,通过立法程序把现行的税收暂行条例上升为法律,成为深化税制改革的重要内容。

(三) 研究制定房地产税法

1986年9月,国务院颁布《中华人民共和国房产税暂行条例》,恢复了已经停征多年的房产税。当时城市居民的住房大多为公有住房,私人所有的房屋很少,所以房产税对"个人拥有的非营业用房产"免税。

随着居民收入水平的提高和房地产业的发展,居民纷纷购买商品房,私人拥有的房屋越来越多。2005年以来,出现了房地产业发展过热、房价增长过快的现象,国务院采取了一系列对房地产市场的宏观调控措施,但收效不太明显。在这个背景下,有些人提出了用税收调控房地产市场的建议,包括对居民保有的住宅房地产开征房产税。

2010年,国务院同意逐步推进房产税改革。2011年,上海和重庆开始了房产税改革的试点。人们对居民住宅开征房地产税的问题十分关注，学术界和有关部门展开了激烈的探讨，出现了各种不同的意见和方案。与此同时，随着土地资源逐渐减少，地方政府由出让土地使用权形成的"土地财政"颓势日显，使开征房地产税不仅是考虑宏观调控的初衷，也成为政府对财政的迫切需要。加快房地产税改革的要求也出现在中央近几年的重要文件之中，房地产税法及其方案的推出可能只是时间问题。

房地产税是世界各国普遍开征的财产税，在我国开征却遇到诸多困难，主要是因为我国的土地制度与其他国家不同，土地所有权属于国家，房产的业主只拥有 70 年的土地使用权。这样会产生两个基本问题：一是人们在购买房产时已经一次性向政府支付了 70 年的土地出让金，再征收房产税是否属于重复征收；二是房产税一般是按征税时的评估价计算征收，是考虑到业主获得了房屋的增值收益，但我国 70 年的土地使用权制度，在 70 年到期时实际上使政府最终获得了房屋的增值收益，而业主却要为此增值缴纳 70 年的税金。此外，还存在不同地区经济发展水平差距大，如何确定免税面积、税额和税率，如何确认计税价值，以及如何处理与房地产相关的其他土地税种的关系等问题。所以，一方面，有关方面积极组织起草方案；另一方面，上海与重庆虽然已经试点达 8 年之久，但仍然难以拿出扩大试点的方案。

在十三届全国人民代表大会常务委员会立法规划里，房地产税被纳入了"条件比较成熟、在任期内拟提请审议"的法律草案中，意味着在 2023 年之前，我国房地产税法可能进入立法程序。

重要概念

税收制度　　税收法定　　税利合一　　利改税　　费改税　　营改增

思考题

1. 新中国建立以来税收制度发生的重大变化说明了什么？
2. 为什么实行营业税改征增值税的改革？
3. 怎样分析我国对居民住宅开征房地产税存在的问题？如何解决？
4. 如何理解税收法定原则？应该包括哪些内容？

第四章
税收对企业的影响与税负转嫁

税收是国家参与国民财富分配而向纳税人的征收,企业作为纳税人,会因为纳税导致企业利益的减少,形成企业的税收负担,对其行为产生一定的影响。企业为了减轻税收负担,有可能将其所纳税收转嫁出去。而在税收制度的设计上,也存在间接税的正常转嫁功能。

导读

国家征税会影响到纳税人的切身利益。作为纳税人的企业,在履行不能推卸的纳税义务的同时,自觉不自觉地会维护自身的利益,使一些行为发生变化。这就是税收对企业的影响。

作为对税收影响的反应,企业会进行一些活动,例如避税、节税甚至逃税。其中,不熟悉税收的企业可能出现简单、粗暴甚至是错误的行为,效果不佳;而谙熟税收的企业则会针对税收不同的影响采取相应的对策,尽可能地减轻税收负担,税收转嫁即是常用的方式之一。

税收转嫁一方面是纳税人减轻税收负担的做法,另一方面也是税收制度的一种正常机制。例如作为间接税的增值税,在税收制度设计时就采用了税收转嫁机制,纳税义务人是企业,但税额作为价格的附加转移给消费者承担。

第一节 税收对企业决策的影响

企业作为社会的重要成员,是我国纳税人的主体部分,与整个国家税收有着不可分割的关系。企业无论是生产还是经营,是对外投资还是融资,是并购还是分立,是增资还是分配等,无一不受税收的影响。自1993年税制改革之后,税收就成为企业生存、运营与成长的不可忽视的重要环境之一。就某种意义而言,税收是企业无法回避的费用,在企业的决策中,是一个重要的变量。所以,从企业角度出发,企业的各种决策、生产经营和管理等活动,都应充分考虑税收的因素,正确认识税收对企业的影响,以采取相应的决策。

一、税收对企业组织形式的影响

对不同的组织形态,税收制度的安排会有差异。例如,在所得税方面,对个人独资与合伙企业等自然人企业的征税和对公司的征税是不同的,前者作为自然人仅缴纳个人所得税,而公司则缴纳企业所得税,个人投资者在收到分红后还要缴纳个人所得税。再如,在子公司与分公司两种形式中,子公司由于其独立法人的地位,被要求独立缴纳企业所得税,而分公司与总公司的所得则合并纳税,税负是不同的。因而在设计企业组织形式时,需要考虑税收制度的影响。

二、税收对企业选址的影响

（一）对选择注册地的影响

税收管辖权是各国的主权之一，各国有权制定本国的税收制度，所以，不同国家的税收制度是不相同的。即使在同一个国家内，由于分税制的税收制度或者出于某些政策的考虑，各地区的税收也会有所不同。这样，就出现了一些避税地和低税区。在实行注册地标准或者根据总机构原则征收所得税的情况下，企业在选择注册地时，必然会考虑税收对注册地的影响。在我国为了合理配置社会资源、鼓励某些地区的经济发展，对某些地区实行了一些税收优惠政策，这些都应该是企业选择注册地时应该考虑的问题。

（二）对选择生产经营地的影响

一般来说，企业选择生产经营地址会牵涉级差地租问题。若级差地租在税收中不能得到充分考虑和对待，那么势必形成企业间因级差地租而产生的获利机会及竞争的不平等。因此，企业在决策中，经营地址选择应是企业对级差收入及相应利润予以重视的一个重要方面。

一个新企业在选择经营地时应考虑税收因素，进行税种分析，如土地使用税、资源税、城市维护建设税、房产税等税种。当然，除税收以外还应考虑距市场的远近、交通的便利等诸多条件，从而选出最佳地址。

三、税收对企业融资决策的影响

企业的融资方式分为债务性融资、股权性融资和混合性融资。债务性融资包括发行债券和向银行贷款，由于债务性融资的利息一般在所得税前列支，可获得较低的融资成本和利息抵税的税蔽效应。股权性融资的股票的红利是由企业从所得税后的净利润中支付，会相应增加企业的税负。个人所得的股息和红利也要缴纳个人所得税。证券市场所需缴纳的证券交易税、印花税也间接影响企业的融资成本。这样，税收就会对企业的融资方式产生一定的影响。不同的融资方式会影响企业的资本结构和经营风险，企业应该权衡利弊，选择既能确保企业获得最大投资收益又能实现最大限度节税的方案。

租赁作为企业融资的一种特殊方式，也是企业面对税收应该考虑的问题。租赁按性质和形式的不同分为经营性租赁和融资性租赁。税法规定，经营性租赁资产的租赁费用可以据实一次性税前扣除，而融资性租赁资产的租赁费用则计入资产价值，以折旧形式分期扣除。不同的租赁方式对企业税负和效益的影响是不同的。

四、税收对企业投资的影响

在市场经济条件下，企业投资是为了获取更大的经济效益或更好的发展前景。企业投资是在市场环境中进行的，因而离不开市场机制的诱导和约束。税收作为重要的经济杠杆，体现了国家的经济政策和行业引导。比如我国目前对高科技和节能方面的投资实行优惠税率，而对影响环境的行业或产品则课以重税。

市场对投资行为的诱导和约束主要是通过供求关系的变化和价格变动实现的。一般来说，在健全的市场体系和竞争性市场机制下，企业根据市场供求关系变化和价格机制的作用，能够自主地做出投资决策。而税收会对企业的投资通过给投资报酬率一个附加值来施加影响。如果税收对不同投资者选择统一的税收政策制度，那么税收只影响投资者的投资水平，而不影响投资方向，投资方向的选择由市场决定。如果税收对不同的投资项目在税基、税率、税收优惠方面区别对待，那么不但影响投资报酬率和投资盈利水平，也影响投资报酬率和投资能力的结构，从而影响投资者投资方向的选择。因此，投资的资本成本明显提高。我国的企业所得税、消费税以及固定资产投资方向调节税（已停征）等税种，无疑给企业的投资带来一定的影响。

此外，税收也对企业承担投资风险的能力有一定的影响。企业的投资可能取得收益，也可能发生亏损。因此，投资是有风险的，并且投资收益也与风险密切联系。对投资报酬征税，降低了原先的风险报酬率，可能会挫伤风险投资者的积极性。但是国家一般会规定一些税后抵扣项目来鼓励风险投资和高科技投资，例如对从事软件开发销售的高科技企业，就其实际税负较高的部分实行即征即退的政策。

五、税收对商品定价决策的影响

商品和服务税是以商品销售额和非商品销售额为对象征收的，往往作为价格的附加转嫁给消费者。毫无疑问，不同水平的税负影响商品的价格和市场竞争力，进而影响到企业对产品的定价决策。对既缴纳增值税又缴纳消费税的商品，企业在定价时，不能仅仅考虑增值税的因素。

即使经营同种商品，税收也可能对企业定价产生影响。例如，增值税将纳税人划分为一般纳税人和小规模纳税人。假如它们经营的商品相同，售价也相同，由于小规模纳税人的企业不得抵扣进项税额，而一般纳税人的企业可以扣除进项税额，它们的税负肯定是有差别的。这样，若想取得同样的收益水平，在定价决策时就要受到税收的影响。

六、税收对企业销售决策的影响

税收对企业销售决策有着一定的影响。例如，由于小规模纳税人不能直接方便地向客户提供增值税专用发票，给客户带来不便，客户可能转向一般纳税人购买。所以，小规模纳税人可能会考虑对销售策略、销售方式等做出相应的调整。

具体到单个企业来说，企业销售产品可能会有商品折扣、销售折让、还本销售、现金折扣等促销方式，这些在税法中都有不同的规定。例如，企业赊销中的现金折扣被看作是企业的融资费用，不能作为销售收入的减项处理，不能少交增值税。

七、税收对企业投入要素选择的影响

企业生产经营需要投入的生产要素包括劳动力、劳动对象和劳动手段。企业为劳动要素需支付一定的税收，如许多国家开征的工资税或社会保障税。社会保障税一般包括社会救助、社会保险和社会福利三部分。它发展的基础是福利经济学、福利国家理论以及新古典综合学派的市场失灵理论。随着我国市场经济的发展和社会保障体系的建立，目前我国实行的社保基金制度有可能改革为社会保障税制度。

社会保障税会对企业用工或者使用机器的决策产生影响。如果政府降低社会保障税负担，则会促使企业采用劳动密集型的技术，即减少机器设备投资，增加职工人数；反之，如果政府提高社会保障税，企业则倾向于增加机器设备投资而少雇工人。

同理，如果对固定资产征税，就会影响到企业对资产投资的选择。例如生产型增值税，不准对购入固定资产的进项税予以抵扣，由企业承担了固定资产购入价的一定比例的增值税，就会影响企业对固定资产的投资；而消费型增值税，对购入的固定资产一次性全部扣除进项税额，相当于给予企业一定的税收优惠，就会刺激企业对固定资产的投资，引导企业向长期行为发展。

八、税收对企业生产规模或产量的影响

政府对企业的产品征收增值税或消费税，如果不考虑税负转嫁因素，税款不论是由企业负担还是由消费者负担，也不论是采用从量计税还是从价计税，税收都会在商品价格中打进一个楔子，其结果是同一商品出现两种不同价格，即：消费者支付的含税价格与企业实际得到的不含税价格。

企业实际得到的不含税价格的高低，直接决定着企业的收益水平，企业对某种商品是否生产以及生产多少的决策，是以生产该商品实际得到的不含税价格为依据的，而不是以消费者支付的含税价格为依据。因此，由于税收减少了企业的收益，可能会影响企业的产量，甚至会使企业做出不生产的决策。

企业规模影响税收。我国增值税纳税人分为一般纳税人和小规模纳税人，从而实行11%的税率和3%的征收率。在企业所得税方面，对普通企业和微利小企业实行不同的税率。这导致同一行业不同企业的税负不同。但是也正是由于税收的这些影响，企业在建立之初就要仔细考虑企业规模的设置。

九、税收对企业产品结构的影响

税收对企业生产规模的影响往往会同时反映到对产品结构的影响上。在市场经济条件下，生产要素在行业之间、地区之间、企业之间和产品之间是自由流动的，如果税收负担分布不平均，将会造成企业减少纳税商品或重税商品的生产量，而增加无税或轻税商品的生产量，即以无税或轻税商品来替代纳税或重税商品。从资源的角度来看，这也是税收对资源配置的影响。

另外，如果税收制度中规定使用定额税率来计算企业应纳税额，由于定额税率与征税对象的价格无直接关系，定额税率课税对象价值量越高，实际税负越轻，因此，税收制度使用定额税率可以鼓励企业生产高价格和高附加值的产品，淘汰低廉产品，调整产品结构。

十、税收对会计核算的影响

核算企业经营的财务成果是会计工作的重要内容。由于税收是企业的一种费用，因此税收毫无疑问对企业的会计核算有着重大影响。

税收影响企业的净利润。由于净利润是企业交纳所得税后最终属于企业的利润，因此，所得税对净利润影响较大。在企业利润水平一定的情况下，提高所得税税率将减少企业的净利润；反之，则增加净利润。除了所得税税率外，税基对企业的净利润也有很大影响。如果税前扣除比较多，税基较小，则有利于增加企业的净利润；反之，如果税前扣除比较少，将减少净利润。

税收对企业采用的折旧方法也会产生影响。企业的固定资产有多种折旧方法，如果税收不论企业采用的折旧方法如何，只按一种折旧方法将折旧在税前扣除，税收对企业采用的折旧方法就不会产生影响。但是，如果允许用不同折旧方法计提的折旧额在税前扣除，加速折旧的方法会使企业推迟纳税，有利于企业增加投资，则税收对企业采用的折旧方法就会产生影响，促使企业采用加速折旧方法。同样道理，税收对企业会计核算中的计提减值准备、存货的流动计价等方法也会产生类似的影响。

第二节　宏观税收负担

一、税收负担的概念

税收负担简称税负，是指纳税人因缴税而承担的税收负荷，实质是国家征税给纳税人带来的经济利益损失。税收负担按税收与国民经济的影响一般可以分为宏观税收负担和微观税收负担。

宏观税收负担是一定时期（一般是一年）内国家税收收入在整个国民经济中所占的比重，反映全社会的税收负担水平。

二、宏观税收负担水平的衡量

宏观税收负担率是从一个国家经济总量考察税收负担水平的指标。研究一个国家经济总量的统计指标常有国内生产总值（GDP）、国民生产总值（GNP），与此相对应的衡量宏观税收负担率的指标分别有国内生产总值税收负担率和国民生产总值税收负担率。

（一）国内生产总值税收负担率

国内生产总值税收负担率（T/GDP）是指一定时期内一国税收收入总额（T）占该时期国内生产总值（GDP）的比重。

$$国内生产总值税收负担率 = \frac{税收收入总额}{国内生产总值} \times 100\%$$

国内生产总值是指一定时期（年/季），一个国家或地区所生产的全部最终商品和提供的服务的价值总和，是最常用的衡量国家或地区经济状况的核心指标。国内生产总值税收负担率反映了一个国家或地区的纳税人在一定时期在该国生产商品和提供服务所承担的税收负担的状况。

（二）国民生产总值税收负担率

国民生产总值税收负担率（T/GNP）是指一定时期内一国税收收入总额（T）占该时期国民生产总值（GNP）的比重。

$$国民生产总值税收负担率 = \frac{税收收入总额}{国民生产总值} \times 100\%$$

国民生产总值是指一个国家或地区所有国民一定时期（通常一年）新生产的商品和提供服务的总体价值。由于国民生产总值指标不包括外国公民在本国境内生产的商品和提供的服务，只反映本国公民的经济创造，因此国民生产总值税收负担率衡量了一个国家的国民一定时期承担税收负担的水平，提供了该国公民的税收负担的相关信息。

上述两个指标都是研究分析一个国家宏观税负水平的综合性指标，该指标越大，说明该国总体的税收负担越重。

宏观税负指标可用来比较国与国之间的宏观税负水平差异。由于 GDP 指标是遵循属地原则进行统计计算，即在 GDP 指标统计时，凡属在一国内生产的最终商品和提供的服务，无论是本国公民还是外国公民创造，都计入国内生产总值。这一特点使得国内生产总值税收负担率成为最佳宏观税收负担指标。在全球化时代的开放经济中，各国为避免双重征税，都行使收入来源国的优先地域税收管辖权，一国国内生产总值和税收形成最终对应关系。因此，国内生产总值税收负担率指标能更准确地反映各国真实的宏观税收负担水平，也成为国际经济组织进行国家间宏观税收负担率比较的常用指标。

需要注意的是，目前世界上很多国家开征社会保障税，而我国目前尚没有开征这个税种，因此在比较中外不同国家的宏观税收负担时，一定要区分所比较的税收收入中是否包含社会保障税，要把不同国家的税收收入调整至同一统计口径，才能进行宏观税收负担率的国际比较。

第三节 企业税收负担

企业税收负担属于微观税收负担，是指对企业个体而言在一定时期内实纳税额与某类相应的可支配收入的比率，它反映国民经济运行中作为纳税人的企业的税收负担情况。企业微观税收负担是整个税收负担的基础，也是国家制定税收政策时要考虑的最基本的因素之一。

税收是国家参与国民收入分配的重要途径之一，纳税是企业的义务，但如果税收超出了企业的承受能力，税收负担过重就会阻碍企业的生存和发展，进而危及整个社会经济生活。如果税负过低，国家的财政收入就会减少，将会降低政府的行政效率和社会管理水平。税收负担是税收政策的核心，了解和分析企业的税收负担有助于政府制定切实可行的税收制度，确定合理的税率水平和计税依据，保证国家和企业双方的利益，确保税收调控作用的正常发挥。因此，国家在制定税收制度与政策时，必须考虑税收负担水平的合理性，既要考虑满足政府的财政需要,又要考虑企业的负担能力。

一、影响企业税收负担的主要因素

(一) 税收制度

税收制度确定了税收分配关系的具体形式,它由各种税收法律法规构成,构成要素主要包括税种、税目、税率、纳税人、征收管理办法以及税务机构等。税收负担作为税收分配的核心,无论是税负水平与税负结构的确定,还是税负的调整,都是通过税收制度以法律形式具体加以规范的。税收制度对企业税负水平的制约作用主要体现以下几方面:

1. 税种结构

税种设置决定着税收参与分配的广度和深度,从而决定着企业的微观税收负担水平。一般情况下,一个企业往往要同时缴纳多种税,而各个税种在税制体系和税种结构中的地位和作用是不一样的。因此,税种结构的变化即税种的增加或减少,以及商品和服务税类与所得税类各自内部税种之间的课税对象的调整,都会引起企业微观税负水平的变化。我国近几次税制改革,大都是在总体税负不变的条件下进行的,但规范和调整税种也会引起企业税负变化,有些企业的税负与改革前大体持平,有些企业的税负有所下降,而有些企业的税负则有所增加。

2. 税率设计

税率水平高低在一定程度上决定着企业的税负水平,在计税依据等因素不变的情况下,税率同企业的税负是正比例关系,即税率越高,税负越重;反之,则越轻。同时,不同形式的税率对企业税收负担水平的影响不尽相同。在实行比例税率的情况下,如果不考虑其他因素,税率就等于实际税负;在实行超额累进税率的情况下,实际税负水平低于名义税率。

3. 计税依据

在税率一定的条件下,计税依据直接决定税负的轻重,并导致名义税率与实际税率的背离。例如,增值税是中性色彩较浓的税种,我国增值税的计税依据是增值额。但由于我国 2009 年之前采用的是生产型增值税,购进固定资产的进项税额不准抵扣,事实上加大了增值税的计税依据,从而使那些资本有机构成比较高的企业的税负大大超过劳动密集型企业的,实际税负水平高于名义税负水平。从 2009 年我国改为采用消费型增值税,计税依据减小,降低了企业税负。

4. 税收优惠与加成征收

税收优惠的具体形式包括减税、免税、起征点、免征额、税额扣除、出口退税等。由于享受各种税收优惠措施的企业在一定时期内可以依法少交、免交税款或获得退还税款等,因此,纳税人的实际税负低于名义税负。加成征收与税收优惠恰好相反,它实际上是对税率的延伸,属于加重税收负担的措施,企业按同一税率计纳税款后,还要再缴纳一部分加征税款。因此,企业缴纳税款要比依照同一税率计算缴纳的税款多一些,税负相对也要重一些。

(二) 宏观税负水平

一国的宏观税负水平是由一国的经济发展水平、政治制度和经济制度综合决定的。宏观税负是指在一定时期内一国税收收入总额与国内生产总值之间的比例关系。宏观税负与企业微观税负是整体与局部的关系。宏观税负是企业微观税负的抽象与概括,企业微观税负是宏观税负的分解与具体化。在一定的税制体系下,宏观税负水平的升降必然对整个企业微观税负水平产生重要影响。具体而言,在生产力水平、税基和税制结构等因素不变的条件下,提高或降低宏观税负水平必然会提高或降低企业等所有纳税人的微观税负水平。如果企业的税收负担比例相同,则宏观税负水平的提高或降低将导致企业的微观税负按同一比例提高或降低;若企业的税收负担比例不同(如有的行业税负重而有的行业税负轻),则宏观税负水平的提高或降低将导致企业的微观税负按不同比例提高或降低。

总之,宏观税负水平的变动,必然要引起企业微观税负水平的变动,但是由于宏观税负水平并不是每一个企业微观税负水平的简单加总,因此,宏观税负水平的提高或降低并不必然导致每一个企业的微观税负都按同一方向和同一比例变化。企业除了税收负担之外,还有很多非税收负担。例如,随着我国改革开放的深入发展,我国的宏观税收负担持续下降,但是企业方面并没有感觉到税负降低,这就是因为非税收负担的存在。由此可见,宏观税负水平是影响企业税负水平的重要因素,但不是唯一因素。

(三) 企业的组织形态与经济性质

企业的组织形态是多样的,有个人独资企业、合伙企业、有限责任公司和股份有限公司等。不同形态的企业所适用的税种是有差异的,例如,我国的个人独资企业和合伙企业属于自然人企业,适用个人所得税的五级超额累进税率而不适用企业所得税;有限责任公司和股份有限公司则适用企业所得税。毫无疑问,这些企业间的税负水平是有差异的。

此外,我国过去不同性质的企业适用不同的所得税,如国有企业适用国有企业所得税,集体企业适用集体企业所得税等。1993年我国进行税制改革,使情况有所改变,但一般国内企业与外商投资企业、乡镇企业等不同经济性质的企业相比,税收负担水平仍然不同。2008年实施的新的企业所得税制度,才基本解决了这个问题。

(四) 税负转嫁

税负转嫁使纳税人与负税人产生背离,一些纳税人的税收负担转由负税人承担。在现行税收制度下,一个企业要同时缴纳几种税,有些税种能转嫁,有些税种则不能转嫁,在能够转嫁的税种中还存在能转嫁多少的问题。同时,每个企业往往既是税收负担的转嫁者,又是税收负担的被转嫁者。税收的转嫁程度会影响企业的实际税收负担。

(五) 征管效率与征管水平

税收制度和税负转嫁决定了企业可以被征收的税收负担,但只有通过税务部门的征管行为,才会把企业潜在的税收负担变成现实。因此,税务部门的征管效率和征管水平会影响企业的实际税收负担。当税务部门采用更先进的征管手段、更科学的稽查指标、更有效的计算机大数据比对和管理系统后,大大减少了企业税款流失率。这意味着在同等名义税率下,税务部门征到了更多的税款,企业实际税收负担水平提高。

二、对企业税收负担水平的衡量

企业税负是一国的微观税收负担。对企业税负水平的评价,是为了具体反映出各类纳税人的税负状况,从而为国家制定税收制度提供依据。衡量和评价企业税负水平的具体指标有企业综合税收负担率、企业商品和服务税负担率以及企业所得税负担率。

(一) 企业综合税收负担率

企业综合税收负担率是指在一定时期内企业实际缴纳的各种税收总额占同期企业收入总额的比例。但是这种方法,没有考虑到企业可能会转嫁出去的商品和服务税税额,所以会比企业实际的税负率要高。其公式为:

$$企业综合税收负担率 = (企业缴纳的税收总额/同期企业收入总额) \times 100\%$$

1. 企业缴纳的税收总额

这是指企业在一定时期内按照税收法律制度实际缴纳的商品和服务税、所得税、资源税和其他各税之和。我国实行的是多税种、多环节的复合税制体系,企业生产经营活动的内容也是复杂多样的,因此,一个企业往往要同时缴纳多种税收。在评价某一企业综合税收负担率时,应将企业在一定时期内按税制缴纳的各种税收加总起来,然后再与同期的收入总额进行比较。

2. 企业收入总额

它是指企业在一定时期内通过经营活动取得的各项收入的总和。这一指标的意义在于:它表明了税收参与企业收入分配并占有和支配收入的规模与程度;能反映企业对国家的贡献程度;

可以来比较不同企业的总体税收负担水平；可以通过具体分析各税占企业上交的财政收入的不同比例，为进一步完善国家税收制度和税收政策提供重要依据。

企业综合税收负担率是衡量企业税收负担水平的基本指标，在此基础上，还可以派生出企业所得税负担率、企业商品和服务税负担率等指标。

(二) 企业商品和服务税负担率

企业商品和服务税负担率是指企业在一定时期内缴纳的各种商品和服务税税额占同期企业销售收入额（或营业收入额）的比率。其公式为：

企业商品和服务税负担率 =（一定时期内企业缴纳的商品和服务税税额/同期销售收入额）×100%

企业商品和服务税负担率是分析商品和服务税负担的重要标志。虽然商品和服务税具有转嫁的特性，企业可能通过各种方式将所纳税款的全部或部分转嫁给他人负担，但是商品和服务税作为价格的附加，必然给企业的销售带来影响。因此，评价企业的商品和服务税负担，对评价企业的税负水平仍然有重要意义。

(三) 企业所得税负担率

企业所得税负担率是指企业在一定时期缴纳的所得税税额占该企业同期利润总额的比例。其公式为：

企业所得税负担率 =（一定时期内企业缴纳的所得税税额/同期利润总额）×100%

由于所得税是对企业所得的征税，税负的轻重决定企业净利润（税后利润）的多寡，而所得税属于直接税，一般不能转嫁。所以，企业所得税负担率就成为衡量企业税收负担状况，合理处理企业与税收关系的一个最为直接、最为重要的指标。一般来说，在其他因素不变的情况下，企业所得税负担率越低，企业税收负担越轻；反之，税收负担就越重。

企业的税收负担水平体现了企业和国家之间的分配关系。企业税负过轻，表明国民收入分配向企业倾斜，国家集中的财力份额少，不利于国家及其机构的正常运转，也不利于国家对经济的宏观调控。企业税负过重，表明国家财力过分集中，会影响企业自我积累、自我改造和自我发展的能力，也会减少投资者的收益，影响投资者的投资积极性。因此，使企业税收负担保持在一个合理的界限内是非常重要的。

随着我国整体经济发展水平的提高，企业经营效益提高，人民收入增长，使税收来源大大增加。同时，由于加强了税收征管，综合税收征收率约从30%提高到50%。这样，我国的税收收入近20年来增长很快，尤其从1997年起，我国税收收入的年增长率远远高于GDP的增长率，反映出企业税收负担加重的问题。

2004年启动的我国新一轮税改，是在我国加入WTO后启动的，关税税负下降；2007年的企业所得税两法合一改革，是为了使内资企业和外资企业税负统一而改革了税率，从而每年内资企业的税负约减少了1 300亿元，外资企业增加税负400亿元，总体减轻企业税收负担900亿元；尤其是2008年增值税的改革，恰逢世界金融危机，各国纷纷采取减税等积极的财政政策，致使我国的新一轮税制改革一改过去维持原税负不变的一贯原则，实行结构性减税政策，在全国实施生产型增值税转型为消费型增值税的改革，约每年减轻税收负担1 200亿元。2016年5月1日起，"营改增"全部完成，2017年全年"营改增"共减税9 186亿元。可见，企业税负过重的问题已经在我国引起重视，政府开始实施帮助企业减轻税负的政策。

第四节 企业的税负转嫁

税负转嫁（tax shifting）是指纳税人将其所交纳的税额通过各种途径全部或部分地转由他人负担的过程。也就是说，最初交纳税款的法定纳税人不一定是该项税收的最后负担者，只要某种税收的纳税人和负税人非同一人，便发生了税负转嫁。商品经济条件下厂商受各自物质利益最大化的驱动，是发生税负转嫁的内在动因；就税收制度而言，税负转嫁体现了政府的间接经济调控，是市场经济条件下税收制度中的一种机制，体现了政府的宏观管理意志；同时，也是提高征税效率、降低征税成本的一种制度。

税收归宿（tax incidence）是指税收负担的最终负担者和归宿，是税负转嫁的最后结果。税收负担经过多环节的各种转嫁，最后总要落到负税人身上。而税收归宿受到多种因素的影响，不同税种在不同的经济条件下，会出现不同的税收转嫁方式、转嫁过程和转嫁结果。一旦最终税收归宿确定，税收转嫁过程就结束了。企业在研究税收时，需要分析税收转嫁的影响，弄清税收负担的最终归宿，从而科学地进行企业生产经营决策。

一、税负转嫁理论

对税负转嫁的研究始于自由资本主义时期。17世纪英国经济学家霍布斯就研究过消费税的税收负担转嫁，18世纪重农学派开始把税负转嫁作为专门的税收理论问题进行研究。经过几个世纪，税负转嫁理论形成了许多不同的观点和学派，大致可分为税负绝对转嫁论和税负相对转嫁论。

（一）税负绝对转嫁论

税负绝对转嫁论认为一切税收都可以转嫁，或认为只有某些税种可以转嫁，其他税种无论什么场合都不能转嫁。

重农学派是税负绝对转嫁论的代表。重农学派认为，除了对土地的课税外，所有的税收都可以转嫁。重农学派代表人物魁奈（Quesnay）主张实施单一土地税。

随着经济理论的发展，经济学古典学派的代表人物亚当·斯密（Adam Smith）、大卫·李嘉图（David Ricardo）和西斯蒙第（Sismondi）等发展了税负绝对转嫁论，他们认为所有的税收来源于纯所得，但只有某些税可以转嫁，其他的税不能转嫁。经济学家们研究的"纯所得"包括地租、利润和工资。

税负绝对转嫁论的第三个学派提出均等分布说。代表人物为英国的曼斯菲尔德（Mansfield）和意大利的韦里（Verri），他们认为税收负担都可以转嫁，而且会分散转嫁给各方。

（二）税负相对转嫁论

这种理论认为税负是否能转嫁及转嫁程度怎样，要因税种、课税商品性质、供求关系以及其他条件的不同而异，有时可以转嫁，甚至完全转嫁出去，有时则不能转嫁，或只能部分转嫁，也就是认为税负的转嫁是相对的，而不是绝对的。法国经济学家萨伊（Say）最早提出税负相对转嫁论观点，认为税负能否转嫁受到价格和供求弹性的影响。德国经济学家拉乌（Rau）提出地租、利润和工资等"纯所得"的税负转嫁取决于供求关系的变化状况。

美国经济学家赛里格曼（Seligman）对税负转嫁理论进行系统化分析，提出较为系统的理论分析体系：

（1）课税对象在竞争条件下，比在垄断条件下更容易实现税负转嫁。

（2）对生产要素课税越普遍的税收，生产者承担税负的可能性就越大。

（3）资本越难流动，税负转嫁就越困难。

（4）商品的供给弹性越大，税负前转给消费者的可能性越大；商品的需求弹性越大，税负后转给供应商的可能性越大。

（5）税负越轻，税负越不易发生转嫁。

（6）税率的累进性越高，税负转嫁程度越大。

（7）商品是最终产品，税负由消费者承担；如果是中间产品，则会发生多次税负转嫁。

（8）生产成本递减时，若是自由竞争，则消费者税收负担增加；若是垄断，则生产者税收负担增加。

税负相对转嫁论在当代税收学界广为流行并占据统治地位。

税负转嫁不会引起国家税收总量的减少，但会引起交换双方利益关系的变化；税负转嫁也不违背市场竞争的公平原则，而是市场竞争的必然结果；税负转嫁不违背国家的税收政策和法律，有利于调节供求关系、贯彻国家的宏观经济政策。税负转嫁也给经济带来一定的影响。研究税负转嫁，弄清它对生产者和消费者产生的不同的经济影响，对政府和企业都有比较重要的意义。

二、市场经济中税负转嫁的形式

在市场经济条件下，按照经济交易过程中税负转嫁的不同途径，可以归纳为以下三种基本类型：

（一）税负前转

税负前转也称顺转或向前转嫁，即企业在进行商品和劳务形式的经济交易时，将其所缴纳的税款附加于商品和劳务的价格中，通过提价的办法向前转嫁给购买者或消费者负担的转嫁类型，这是税负转嫁的基本类型。现实生活中，前转往往不是一次完成的，两次以上的前转称为辗转前转。税负前转过程如图4-1所示。

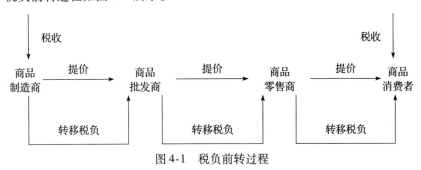

图4-1　税负前转过程

当商品的价格高于价值时，税负就发生前转。从图4-1中可以看出来，税收前转的真正负担者是最终的消费者。在我国的增值税、消费税等商品和服务税中，增值税作为唯一的价外税，由最终的消费者承担税负，消费税作为价内税，也是由最终的消费者承担，可见商品和服务税通过生产、流通环节，将税负转嫁给了最终的消费者。

（二）税负后转

税负后转亦称逆转或向后转嫁，是指企业通过压低商品和劳务的购进价格，将其所缴纳的税款向后转嫁给供应商负担的方法。税负后转主要分为两种情况：一种是生产者通过低于价值的价格购买商品，把税负转嫁给供应商；另一种是生产者通过压低工资使之低于劳动力的价格，把税负转嫁给劳动力的供应者。后转与前转一样，有时会发生多次，这主要取决于课税对象进入流通过程的次数，后转两次以上称为辗转后转。税负后转过程如图4-2所示。

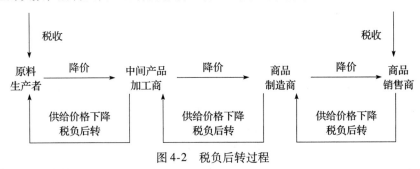

图4-2　税负后转过程

在商品经济尤其是在社会大分工日益细分的条件下，厂商多采取压低生产要素购进价格的办法来转嫁其所缴纳的税款，将负担的税收转移给供应商。

（三）税负混转

税负混转也称散转和混合转嫁。这是将前转与后转结合并用的税负转嫁方式。当国家向企业征税后，该企业既可采用前转方式将一部分税款转嫁给前端的客户，也可采用后转方式将另一部分税款转嫁给供应商。税负混转过程如图 4-3 所示。

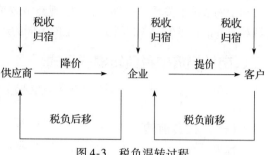

图 4-3　税负混转过程

（四）税收资本化

税收资本化（capitalization of taxation），也称资本还原，即市场购买者将所购买的物品，如土地、房屋等未来需要缴纳的税款，从购买价格中预先扣除，即压低购买价格，从而将税收负担转嫁给卖家。涉及税收资本化的应税物品一般指土地、房屋等在长期能够带来稳定收益的资本品。

税收资本化最为典型的例子是对土地征税。例如，有一块土地各年能获得的收益为 A_i，各年金融市场利息折现率为 R_i，如果目前政府对土地的收益不征税，那么购买者愿意按各年土地收益现金流的现值总和来支付这块土地的价格，即：

$$P = A_0 + \frac{A_1}{(1+R_1)^1} + \frac{A_2}{(1+R_2)^2} + \cdots + \frac{A_n}{(1+R_n)^n} = \sum_{i=1}^{n} \frac{A_i}{(1+R_i)^i}$$

假设政府要对土地收益征收税收 T_i，那么未来土地各年的收益现金流将下降为 $(A_i - T_i)$，由于各年土地收益下降，购买者所愿意支付的市场价格会降低为 P^*，即：

$$P^* = (A_0 - T_0) + \frac{(A_1 - T_1)}{(1+R_1)^1} + \frac{(A_2 - T_2)}{(1+R_2)^2} + \cdots + \frac{(A_n - T_n)}{(1+R_n)^n} = \sum_{i=1}^{n} \frac{A_i - T_i}{(1+R_i)^i}$$

政府对土地收益征税，导致征税后的土地市场价格比征税前下降，该价格下降的价值部分正好等于该土地未来各年应纳税额现金流的折现值，即：

$$P - P^* = T_0 + \frac{T_1}{(1+R_1)} + \frac{T_2}{(1+R_2)^2} + \cdots + \frac{T_n}{(1+R_n)^n} = \sum_{i=1}^{n} \frac{T_i}{(1+R_i)^i}$$

税收资本化与一般意义上的税负转嫁的不同之处是，一般意义上的税负转嫁转移的是每次的税负，而税收资本化则是将未来要缴纳的税款作一次性扣除。税收资本化是税负后转的一种特殊形式。

三、税负转嫁的判断标准

判断税负转嫁与否，一般从税负转嫁的归宿来分析，从纳税人与负税人是否一致来判断。若纳税人与负税人为同一人，则没有发生税负转嫁；如果纳税人与负税人非同一人，则发生了税负转嫁。然而，这一判断在现实中存在很大的缺陷，难以把握。同一批商品可能有成千上万个买家，不可能逐个核实这成千上万个买家到底负担了多少转嫁而来的税收。

在西方国家的税收理论中，是通过考察税后利润水平的变化来判断是否发生了税负转嫁的，即纳税人税后是否保持原有利润水平以及保持原有利润水平采取什么方法作为标准。如果税后利润水平比税前原有利润水平下降了，则说明发生了税负转嫁；若税后利润水平不低于原有利润水平则没有发生税负转嫁。税负转嫁源于纳税人追逐利润的动机。纳税人转嫁税负的目的就是保住原有利润。税收与税后利润在量上具有相互消长的关系。税负转嫁与否的最终结果必然要反映在纳税人的利润水平的变化上。因此，将税后利润水平的变化与否作为衡量和判断税负转嫁与否的一个标志是可行的。但它不是唯一标志。因为纳税人利润水平的变化，不是唯一地取决于税负，还受其他一系列因素的影响。例如，成本的升降必定引起利润率的变化，要用税收利润水平变化与否作为唯一标准,就必须假定纳税人只在财政年度一次纳税,而这一假设显然不符合客观现实。

由于税负转嫁是在商品交易过程中,纳税人通过提高或降低商品价格实现的,税收转嫁必定要反映为价格的升降变化。因此,税后价格的升降变化可作为判断和衡量税负转嫁与否的第二标志,也应该是最重要的一个标志。凡税后价格提高(前转的情形)或价格降低(后转的情形),则必定发生了税负转嫁,如果税后价格不变,则没有发生税负转嫁。

第五节 企业税负转嫁的主要影响因素和后果分析

一、企业税负转嫁的主要影响因素

在现实经济生活中,企业所面临的税收转嫁要受到一系列客观经济条件和要素的制约。经济学家使用经济学的局部均衡分析方法和一般均衡方法对税负转嫁进行深入研究,揭示了影响企业税负转嫁的主要因素有商品的供求弹性、商品性质、征税范围、计税方法、税种和市场结构等。

(一) 商品的供求弹性与税负转嫁

对商品开征流转税时,商品的供求弹性包括商品的需求弹性和商品的供给弹性。商品的供求弹性是决定商品税收负担在企业和消费者间转嫁的关键因素。

1. 商品的需求弹性

商品的需求弹性就是需求的价格弹性,即商品的需求量(购买量)对市场价格升降的反应程度,通常用需求价格弹性系数(E_d)表示,公式为:

$$需求价格弹性系数 = 需求量变动的百分比 / 价格变动的百分比$$

$$E_d = \frac{\Delta Q_d / Q_d}{\Delta P / P} = \frac{\Delta Q_d}{\Delta P} \times \frac{P}{Q_d}$$

$E_d > 1$,表示需求弹性充足,需求量变化会大于价格变化,消费者对价格变化敏感,价格上涨1%,需求量下降超过1%;而价格下降1%,需求量提高会超过1%。

$E_d < 1$,表示需求弹性不足,意味着消费者对价格变化不敏感。

$E_d = 0$,表示需求完全无弹性,即无论价格如何变化,消费者的需求量都不变。

假设其他条件不变,则存在以下一般规律:

(1) 商品的需求弹性越大,那么消费者的需求量对价格变化越敏感。消费者会改变消费选择,转而购买其他无税或低税替代品,企业通过提高卖价把税负向前转嫁给消费者越困难,企业税负转嫁的程度就越小。

(2) 商品的需求弹性越趋于完全无弹性,说明商品为必需品,少有替代品,消费者对价格变动越不敏感,企业越容易通过提高售价把税负转嫁给消费者。

2. 商品的供给弹性

商品的供给弹性即供给的价格弹性,是指商品的供给量(生产量)对市场价格升降的反应程度,通常用供给的价格弹性系数(E_s)表示,公式为:

$$供给的价格弹性系数 = 供给量变动的百分比 / 价格变动的百分比$$

$$E_s = \frac{\Delta Q_s / Q_s}{\Delta P / P} = \frac{\Delta Q_s}{\Delta P} \times \frac{P}{Q_s}$$

$E_s > 1$,表示供给弹性充足,供给量变化会大于价格变化,产商对价格变化敏感,价格上涨1%,供给量立刻下降超过1%;而价格下降1%,供给量提高会超过1%。

$E_s < 1$,表示供给弹性不足,意味着厂商对价格变化不敏感,供给量不会对价格的升降做出迅速反应。

$E_s = 0$,表示供给完全无弹性,即无论价格如何变化,厂商的供给量都不变。

假设其他条件不变,则存在以下一般规律:

(1) 商品供给弹性越大,企业税收负担转嫁越容易。当政府征税时,供给弹性充足会有以下表现:首先,厂商的产品结构易于调整,迅速停止生产征税商品,转而生产其他非税或低税商品。一般地,劳动密集型行业商品结构易于调整,资本密集型行业商品结构不易调整。其次,厂商的产品质量好或具有特质,征税后厂商立刻提价,提高价格后的产品消费者仍然愿意购买。最后,征税商品的原材料供给弹性小,征税商品的厂商可以通过压低原材料的价格,把税负向后转嫁给原材料生产商。总之,当商品供给弹性大时,商品生产者可以向前和向后转嫁,把企业税负转嫁出去。

(2) 商品的供给弹性越小,厂商的供给量越难以调整,商品的价格不能随着政府征税而相应提高,税收负担越难转嫁。

3. 需求弹性和供给弹性决定税负转嫁程度

在现实情况下需求和供给完全没有弹性几乎是不可能存在的,绝大多数情况下商品的需求和供给弹性都是介于 0 和 1 之间,所以完全税负转嫁或者完全不能转嫁也是不存在的。而且实际情况下,税负前转和后转同时进行。

我们来分析一个商品的需求弹性和供给弹性如何影响税收负担在商品生产企业和消费者中转移和分担。

如图 4-4 所示,需求曲线 D 和供给曲线 S 在政府征税前交于 E_0 点,形成了均衡价格 P_0 和均衡销量 Q_0。假设政府开始对生产商品的企业每单位商品征收 T 的税收,则企业供给曲线上移,变为 S_1,与需求曲线形成新的均衡点 E_1,均衡价格提高到 P_1,均衡销量减少为 Q_1。消费者支付的价格从 P_0 提高到 P_1,商品生产企业得到的价格扣除税收后从 P_0 降到 P_2。这个过程说明,当存在供给弹性和需求弹性时,企业会通过提高商品售价而将其所缴纳税负的一部分 P_0P_1 转嫁给消费者,企业自己承担余下税负部分 P_0P_2。最后,消费者承担的税收负担为矩形 $P_1P_0YE_1$ 的面积,企业承担的税收负担为矩形面积 P_0P_2XY 的面积。

企业最终能转嫁多大部分税收负担给消费者,实际取决于商品需求弹性和供给弹性的大小比较。如图 4-4 所表现的是供给弹性大于需求弹性的情况,此时,供给曲线较平坦,需求曲线较陡峭,最后形成的消费者承担的税负(矩形 $P_1P_0YE_1$ 的面积)大于企业承担的税负(矩形 P_0P_2XY 的面积)。

这说明当商品的供给弹性大于需求弹性时,一旦政府征税,企业在税负转嫁中处于有利地位,税收负担将更多地向前转嫁到消费者,企业承担的税收负担较轻。

同样的分析如图 4-5 所示,当需求弹性大于供给弹性时,需求曲线较平坦,供给曲线较陡峭,最后形成的消费者承担的税负(矩形 $P_1P_0YE_1$ 的面积)小于企业承担的税负(矩形 P_0P_2XY 的面积)。

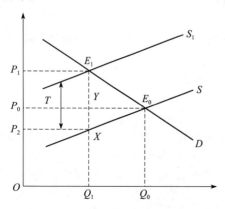

图 4-4 供给弹性大于需求弹性

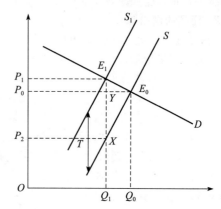

图 4-5 需求弹性大于供给弹性

这说明如果商品需求弹性大于供给弹性，一旦政府征税，消费者在税负转嫁中处于有利地位，企业难以通过加价把税负转移给消费者，税负将更多地向后转嫁到企业，企业将承担更多的税收负担。

接下来，我们进一步分析企业和消费者各自承担的税收份额部分和供求弹性的关系，具体如下：

$$\frac{企业承担的税收}{消费者承担的税收} = \frac{P_0P_2}{P_0P_1} = \frac{Q_0Q_1}{P_0P_1} \times \frac{OP_0}{OQ_0} \times \frac{P_0P_2}{Q_0Q_1} \times \frac{OQ_0}{OP_0}$$

$$= \frac{\frac{Q_0Q_1}{OQ_0} \times \frac{OP_0}{P_0P_1}}{\frac{Q_0Q_1}{OQ_0} \times \frac{OP_0}{P_0P_2}} = \frac{\frac{Q_0Q_1}{P_0P_1} \div \frac{OQ_0}{OP_0}}{\frac{Q_0Q_1}{P_0P_2} \div \frac{OQ_0}{OP_0}} = \frac{\frac{Q_0Q_1}{OQ_0} \div \frac{P_0P_1}{OP_0}}{\frac{Q_0Q_1}{OQ_0} \div \frac{P_0P_2}{OP_0}} = \frac{E_d}{E_s}$$

因为企业承担的税负比例+消费者承担的税负比例=1，代入上述式子，可以推出：

$$企业承担的税收 = \frac{E_d}{E_s + E_d} \times T$$

$$消费者承担的税收 = \frac{E_s}{E_s + E_d} \times T$$

（二）商品性质与税负转嫁

企业生产的商品种类千差万别，对生产用品的课税，税负转嫁次数多，转嫁速度快；而对生活用品的课税，税负转嫁次数少，转嫁速度慢。此外，课税商品的性质会带来不同的税收负担转嫁的方向和水平。

（1）生活必需品。如果课税商品属于生活必需品、不易替代产品、专用品或耐用产品，由于这些产品的需求弹性比较小，消费者在税负转嫁中会处于不利地位，税收负担会更多地向前转嫁，由消费者承担。

（2）奢侈品。如果课税商品属于奢侈品、易替代产品、通用产品或非耐用产品，这些产品的需求弹性会比较大，企业在税负转嫁过程中处于不利地位，税收负担会更多地向后转嫁，由企业来承担。

（3）资本密集型产品。如果课税商品属于资本密集型产品或生产周期较长的产品，由于调整这些产品的生产规模困难，企业在税负转嫁过程中处于不利地位，税收负担会更多地向后转移，由企业来承担。

（4）劳动密集型产品。如果课税商品属于劳动密集型产品或生产周期较短的产品，由于可以较容易地调整这些产品的生产规模，企业在税负转嫁过程中处于有利地位，税收负担会更多地向前转移，由消费者来承担。

（三）征税范围与税负转嫁

（1）征税范围狭窄。政府规定的商品征税范围越狭窄，越容易对商品消费者产生替代效应，商品的需求弹性越大。征税会促使消费者改变消费习惯，减少课税商品消费量，或改为消费其他非税和低税商品，在此情形下，企业要想提高商品的价格非常困难，税负转嫁很难实现，税负只能向后转嫁，落在企业身上。

（2）征税范围宽广。政府规定的商品征税范围越宽广，越不容易对商品消费者产生替代效应，商品的需求也就越缺乏弹性。因为征税商品范围很大，消费者难以找到不征税或低税的商品，消费习惯和选择难以改变，所以企业要想提高商品的价格比较容易，税收负担可以向前转嫁，落在消费者身上。

（四）计税方法与税负转嫁

税收按计税方法不同，可以将税收分为从价税类和从量税类。

（1）从价税类。按从价计税，应纳税额按照价格或销售额来计算，税款表现为与价格和价值的比例关系，不会干扰消费者购买商品的意愿和选择，企业税负转嫁给消费者较容易，转嫁比例较大。

（2）从量税类。按从量计税，商品的税款与商品价格无关，不受价格影响。一旦征税后提高商品价格，消费者会有不适的感觉，从而降低征税商品的购买意愿和消费数量，因此，企业把税负转嫁给消费者会很困难，转嫁比例较小。

（五）税种与税负转嫁

一般来说，税负转嫁的基本方法是通过商品交易，通过征收税款影响商品的定价，从而将税负对他人进行转嫁，因此商品交易是实现税负转嫁的重要条件。

商品和服务税类的征税和商品交易紧密联系，一般可以通过抬高售价或者压低进价把税负向前转嫁或者向后转嫁，税收负担转嫁容易实现；而所得税税类一般是在社会的最终分配环节征税，和商品交易无关，很难通过影响商品定价进行税负转嫁。

（六）市场结构与税负转嫁

市场结构可以分成四种类型：完全竞争、垄断竞争、寡头竞争和完全垄断。不同的市场类型，税负转嫁难易程度和结果也不同。

在完全竞争的情况下，各家企业都没有能力控制市场价格，价格由市场竞争形成，政府征税后，短时间行业内难以及时提高价格来转嫁税负。但从长期看，企业行业力量最终会把税负转嫁给消费者。在垄断竞争条件下，强势企业可能通过税负前转或后转转嫁税负，但是弱势企业也难以转嫁税负。由于没有形成完全的垄断市场，仍存在竞争，企业税负只是部分转嫁给消费者。在寡头竞争条件下，几家大型企业控制某个行业的大多数商品的供应，能够对市场价格和产量产生重大影响，一旦政府征税，各寡头企业可以结成定价团体，它们可以及时把税负转嫁给最终的消费者。在完全垄断条件下，市场仅由一家企业完全控制，这家企业自己定价，一旦政府征税，它会相应调整售价，及时转嫁税负，保持自己的超额垄断利润。

二、税负转嫁的影响效应

（一）有利于减轻企业税收负担

税收对于企业来说，是一种成本。企业利用税负转嫁机制，将所承担的税收全部和部分转嫁出去，减轻了本企业税负，从而增加了收益。从社会角度看，税收转嫁会推动价格上涨。因此，可以说税收是成本推动型通货膨胀的一个因素。如果政府要从成本方面控制通货膨胀，就必须尽可能减少企业的税收负担。

（二）会限制某些商品的消费

税负转嫁改变了交易双方的利益分配关系，提高了商品价格，补偿了纳税人支付的税款，同时也增加了购买者的支出。由于税负转嫁具有这种利益调节的功能，国家就可以通过税收限制某些商品的消费，实现政府宏观调控的政策目标。

（三）可以调节供求关系

税负转嫁通过它自己的途径和方式，自发地使市场供求达到均衡。税负转嫁会引起市场供求关系的变化。由于税负转嫁提高了商品价格，必然减少市场需求，这种影响表现在两个方面：一是在短期内，由于供给量既定，需求减少必然抑制销售，降低市场供求总量，造成商品积压，企业利润减少。二是在长期中，企业为适应征税后市场需求的变化，必然减少高税负产品的生产，扩大低税负产品的生产，即进行所谓的税收筹划，从而导致商品供给结构的变化，简单地说，税负转嫁既能影响供求总量，又能影响供求结构。这种影响还会因为税负水平的地区差异，导致地区间供求关系的变化。企业应该及时洞悉这些变化，调整产品数量和产品结构。

重要概念

宏观税收负担　　微观税收负担　　税负转嫁　　税收归宿

思考题

1. 税收对企业决策会有哪些影响？
2. 影响企业税收负担的主要因素有哪些？
3. 市场经济中税负转嫁的形式有哪些？
4. 企业税负转嫁的主要影响因素有哪些？
5. 如何理解商品的供给弹性与税负转嫁的关系？
6. 如何理解税负转嫁的影响效应？

第五章 增值税

我国从 1994 年实施增值税,当时只是对销售货物和加工劳务以及进口货物征收,而对服务和销售无形资产、不动产仍然征收营业税,增值税和营业税并行。到 2016 年 5 月 1 日,我国实行将营业税改征增值税(简称"营改增")的试点,不再征收营业税,增值税成为我国最主要、最大的税种。

导读

增值税是中国第一大税种,作为间接税其涉及每个单位和每个人,渗透进每个企业的经营和每个消费者的生活中。从 1982 年中国引进增值税至今,其经历了一系列的改革与完善,尤其是从 2012 年至 2016 年 5 月的营改增(营业税改征增值税)以及 2018 年和 2019 年两次大幅度降低税率,使原仅适用于部分行业的增值税现在几乎覆盖了全部行业的各种商品和服务的经营,对经济、社会和人民生活的影响是深远的。营改增涉及范围大、程度深、时间短、任务重,许多内容尚在调整适应之中,所以,相应法规条文仍需梳理完善。本章在写作中,深刻感受到资料中体现的营改增逐步推进的剧烈变化过程,以及过程中反映出的制度、政策、办法和措施的交错甚至不完善。囿于资料和实施时间的限制,本章不得不摘录相关权威文件和一些资料的原文。即使如此,本书也不敢保证表述没有疏漏之处,仍需今后进一步完善。

第一节 增值税概述

一、增值税的由来

增值税实际上是一种克服了传统消费税(或者称为营业税、销售税、工商税等)重复征税弊病的流转税。过去,各国普遍征收传统的消费税,对各种商品在每次销售时按销售额计算征税。这样,对同一种商品每销售一次就征一次税,存在重复征税;而构成此商品的原材料、零部件曾经也交过税,即使此商品只销售一次实际上也存在重复征税。重复征税的实质是征税时把已经交过的税额作为计税基数再计征一次税,即税上加税,不但加重了税负,也不符合税收法定原则。随着科技水平和社会化大生产的发展,产品越来越复杂,分工越来越细,专业化分工协作越来越深入,越来越广泛,商品交易流转环节越来越多。伴之而来的是传统消费税存在的重复征税问题越来越严重,严重影响以专业化协作为特征的社会化大生产的发展,成为经济发展的障碍。传统消费税面临着或者改革或者被抛弃的局面。

1917 年,耶鲁大学教授托马斯·S. 亚当斯(T. Adams)在其著作《营业税》中提出对营业毛利征税的想法，其营业毛利就是商品销售额减去进货额的差额，即增值额，实际上提出了增值税的设想。真正提出增值税的是德国企业家西蒙斯（C. F. V. Siemens），他于1921年在《改进的周转税》一文正式提出增值税的名称并描绘了增值税的内容。美国经济顾问曾在1950年向日本提议实行"增值销售税（value-added sale tax）"，但未能得以实施。法国是把增值税列入税收制度中加以实施的第一个国家。从1948年至1954年，法国经过一系列的探索与改革，改革了当时的营业税，创立了增值税，即采取按销售额计算的税额减去购进的原材料、零部件等已经交过的税额的方式，避免了重复征税。由于增值税解决了流转税重复征税的问题，深受各国欢迎。20世纪60~70年代，欧洲经济共同体国家普遍实行了增值税。现在，已有170多个国家和地区实行增值税。

我国从1984年引进增值税，经过多年的试点探索与修订，在1994年实施的税制改革方案中，颁布了《中华人民共和国增值税暂行条例》（以下简称《增值税暂行条例》），替代了过去的产品税和在部分行业试行的增值税。但当时只是对销售货物和加工劳务以及进口货物征收增值税，对服务行业和销售无形资产、不动产仍然征收营业税，出现20多年内增值税和营业税并行的状态。后来经过一系列的改革，到2016年5月1日，我国全面推广将营业税改征增值税，至此，营业税在我国退出历史舞台，增值税成为最主要的税种。2017年增值税收入占全部税收收入的39%。营改增前，根据财政体制规定，增值税的75%作为中央财政收入，25%作为地方财政收入，进口环节的增值税由海关征收，全部作为中央财政收入。营改增以后，国务院制定了增值税收入中央和地方各占50%的过渡分配方案。

二、增值税的定义及其性质

如何认识增值税，怎样定义增值税，影响着能否正确运用和对待增值税。有些人把增值税视为是对收益的征收，认为其可以调节纳税人的收入水平；有些人把其视为只是一种消费税或者营业税，有利于财政收入的征收但不具调控功能；也有些人把它看作是一种新的税收种类，兼有所得税和消费税两类税收的功能。根据对增值税的具体分析，我们可以从两个角度定义增值税：从增值税的起源和征收目的而言，增值税是对商品的销售额和服务的营业额计算征收，扣除各项购入已纳的税额从而避免了重复征税的一种消费税。

从商品价值构成角度分析，增值税是对商品和劳务在流转过程中产生的增值额征收的一种流转税。

增值税的以上两种定义只是强调的角度不同，都反映了其本身的性质，具体如下：

（1）增值税是一种消费税（亦可以称其为流转税、营业税、销售税或者商品与劳务税等），对销售商品和提供服务产生的营业额普遍征收。

（2）增值税是避免了重复征税的消费税。增值税在计算征收时，是按销售商品取得的销售额和提供劳务实现的营业额计算的税额（简称销项税额），扣除购进商品和提供劳务已交的税额（简称进项税额）后，将其差额作为应交税额征收，从而避免了重复征税。这与从商品价值构成角度分析，只对商品和劳务在流转过程中产生的增值额征收来避免重复征税是一回事。

（3）增值税属于间接税。在税收制度设计上，虽然企业是增值税的纳税义务人，但实际上企业在销售商品或者提供服务时将税额作为价格的附加（我国是将税额加入销售价格中）向消费者收取，把税收负担转嫁给消费者，税收最终是由消费者负担的。消费者是增值税的实际负税人。

三、增值税的特点及其效应

增值税作为一种避免了重复征税的流转税，具有其本身的特点，其发生的效应也与其他税种有所不同。

（一）增值税的特点

1. 避免了重复征税

传统的流转税是对流转额（即销售额）全值征税，存在重复征税的弊病。而增值税在征收时采取"销项税额－进项税额"的做法，实质上只是对商品的"销售价－进货价"的差额——增值额计算征税，可以避免对商品进货时已纳税额的重复征收。

2. 在商品流通的全环节征税

流转税的征税环节一般有两种情况：一种是对商品流通中的每一次交易都征税，即全环节征税；另一种是在某些特定的环节征税。增值税采取了"全环节征税，环环抵扣"的设计，即对每一次交易的增值额征税。这使增值税既维护了计税链条完整，又保证了税不重征。

3. 在销售时逐次抵扣计算税款

增值税实行税款抵扣制度，在商品每次销售时计算征税，要抵扣上一次交易已纳的税额。也就是说，销售方作为纳税人，首先按销售价格计算增值税税额并附加在价格上，从买方收取税款；然后将收取的税款与进货时已交给供应商的税款相抵，其余额即为应交纳的税款；最后将应纳税款再交给税务机关。在整个商品流通中，每次交易都如法炮制，税款逐次抵扣，税负逐次转移，直至把商品卖给最后的消费者，该商品的全部税负最终转嫁给消费者承担。

（二）增值税的效应

增值税广泛征收，环环抵扣，实行单一税率为主的税率结构，具有明显的中性特征。其对企业组织、生产经营、社会消费、进出口贸易以及财政收入等具有以下效应。

（1）增值税在每个交易环节采取环环抵扣的办法征税，实质是只对生产经营中产生的增值部分计算征税，使专业化协作生产和全能生产两种方式的税收负担相同，避免了重复征税，不妨碍专业化分工协作发展，适应了社会专业化大生产的需要。

（2）由于增值税环环抵扣避免了重复征税，所以消除了对商品交易层次的影响，即对同一商品的同一销售额，不论交易次数的多寡，所缴纳的税额都是一样的。这样，商品完全可以按照市场的需要而流通，不受增值税的影响。

（3）增值税可以避免对出口商品和劳务的重复征税，有利于进出口贸易的发展。增值税作为一种间接税，税负由最终消费者承担，即出口商品和劳务的增值税是由进口国的消费者最终承担。进口国一般都会对进口商品和劳务征税，如果出口国不对出口退税，势必造成对出口商品和劳务的重复征税，加重进口国消费者的税负，影响出口商品和劳务的销售。尽管传统消费税也可以采取出口退税措施，但由于是多环节全值征税，出口商品所含税金难以计算退清。增值税在实行"销项税额减进项税额"时采取零税率计算退税，可以将出口商品已经缴纳的税款扣除彻底，使出口商品以不含税价格进入国际市场，不仅避免了重复征税，还提高了出口商品和劳务的国际竞争力。

（4）增值税实行单一比例税率为主的多环节普遍征收，中性特征较为明显，因而一般不具有宏观经济的调控功能。由于增值税对同一数量的商品或劳务最终征收同等数额的税收，不能体现量能负担的公平原则，实际上使低收入人群承担了较多的税额而高收入人群承担的税额较少，难以发挥调节贫富差距的作用。

（5）有些国家为了消除增值税有欠公平的问题，为了照顾低收入人群以及为了促进某些方面的发展，在制定增值税具体制度时，对某些商品和劳务以及某些领域和地区实行零税率，使增值税在一定范围内也能发挥一些调节作用。例如，澳大利亚、新西兰、加拿大、比利时、丹麦、芬兰、冰岛、爱尔兰、葡萄牙、挪威、瑞典、瑞士、英国、以色列、墨西哥和韩国等国，不同程度地对国内的某些商品和劳务设置了零税率，适用零税率的范围一般包括：一是食品、自来水、书籍，以及药品、医疗及医院护理等基本生活必需品与劳务；二是公共交通、邮政服务和公共电视等被视为公共事业的服务；三是慈善、文化和体育等被视为具有社会性的活动；

四是能促进就业的理发、清洁打扫等劳动密集型劳务；五是提供给边境、岛屿等地区的商品和劳务。

（6）由于固定资产和无形资产的价值一般比较高，进项税额比较大，如果增值税具体制度允许对其进项税额在当期一次性扣除，就会导致当期应交税额大幅减少，把一定数量的应交增值税向后推迟缴纳。这相当于给购进固定资产和无形资产的纳税人以税收优惠，会促进其设备更新和对无形资产的投资，有利于企业技术进步。

（7）增值税采取普遍征收、环环抵扣的方式，有利于保证财政收入。第一，普遍征收使增值税的征税范围涵盖生产、流通、服务、消费等各个环节，税基宽广；第二，增值税作为一种克服了重复征税的消费税，无论社会专业化分工如何变化，不管商品生产流通环节怎样调整，都会随着国民经济的增长和人民生活水平的提高而增加；第三，增值税采取环环抵扣的征税方法，使购销单位之间因抵扣而形成相互制约的链条，有利于税务机关的稽查，有效防止逃税。

> **小资料**
>
> **增值税的抵扣链条**
>
> 增值税是以商品（含应税劳务）在流转过程中产生的增值额作为计税依据而征收的一种流转税。在流转过程中，上一环节的进项税，在符合规定的前提下便成为下一环节的销项税，这样环环抵扣便形成了增值税的抵扣链条。完善增值税的抵扣链条，有利于税收中性，有利于促进市场在资源配置中起决定性作用。
>
> 自2016年5月1日全面实施营改增改革以来，金融业、房地产业、建筑业、生活服务业等四大行业减税效果明显，有效消除了重复征税，推动了产业转型、结构优化。2017年，营改增持续全面深化，鉴于各行业的实际情况，目前抵扣机制在各行业中仍存在问题，打通增值税抵扣链条将是深化结构性减税政策的"重头戏"。
>
> 进一步打通增值税抵扣链条，可以从以下方向出发：
>
> 1. 建议建筑业由劳务密集型向技术密集型转变。通过劳务成本向机器设备成本的转化，从收入中扣除更多的成本，从而降低企业税负。
>
> 2. 建议房地产业充分用好政策性抵扣空间。正确处理与上下游企业的关系，选择增值税一般规模纳税人，建立稳定合作，尽可能取得可抵扣的增值税专用发票，减轻企业负担。
>
> 3. 建议减并多档增值税税率。OECD报告指出，最理想的增值税制是宽泛税基和单一税率，从国际经验来看，增值税制较为完善的国家大都是单一税率或者两档税率模式，合并并适当降低增值税税率，以降低征收难度，使其更符合各行业发展需要。
>
> 4. 建议根据行业性质科学划分纳税人类型。对工业生产、商业批发以及为生产服务的企业，应从严掌握，尽可能化为一般纳税人；对于商业企业、零售企业和为生活服务的企业可灵活掌握，也就是说，小规模纳税人应局限在商品零售领域，小工厂和批发企业则应该尽量并入一般纳税人范围，使其正规化。针对小规模纳税人相关企业进行税收扶持，建议进一步降低小规模纳税人的增值税征收率。

第二节 增值税的征税范围

我国在2016年5月完成了将营业税改征增值税的改革，形成了现行的增值税。由于营改增是经过多次在不同行业和不同地区逐步试点完成的，其征税范围也是逐步扩大到现行范围，因此，其范围的分类及其表述还明显留有这个过程的痕迹，甚至还不够系统和规范，需要在今后逐渐修改完善。总体而言，在现行增值税制度中，除了极少数服务外，征税范围几乎涵盖了所有的商品与服务交易，但还存在一些具体差别。下面对一般征税范围和特殊规定分别阐述。

一、一般征税范围

（一）销售商品

在《增值税暂行条例》中，把"商品"表述为"货物"，实际是同一概念的两种表述词语，没有本质区别。在当今市场经济社会条件下，人们在文字和语言中使用"商品"的概率趋多，故本书采用"商品"来表述"货物"。增值税征收范围中的销售商品，除了具备有形动产特征的普通商品，也包括电力、热力和气体等。

（二）进口商品及出口商品

1. 进口商品

从我国关境之外进口商品应缴纳增值税。关境是指对外贸易方面实行关税和贸易管理制度的地区，和国境有所不同。由于我国设有自由贸易区经济特区、保税区以及保税仓库等区域，因此关境小于国境。

2. 出口商品

为避免重复征税，增强商品的竞争力，各国普遍对出口商品不征流转税。在传统流转税制度下，一般对出口商品采取退税措施，所以，形成了出口退税的概念。但在增值税机制下，为了实现出口商品退税的目的，对出口商品采取了零税率的设计，可以达到更彻底的出口商品无税状态。这样，在出口商品办理税务手续时，做法上仍采取了"销项税额——进项税额"的计税方式，只不过按零税率计税导致的结果是应纳税额为负数，实为应退税额，实现了出口退税的目的。因此，出于对增值税原理和计税方式的考虑，虽然设置零税率的目的是退税，但操作上是由依率计税来实现的，本书把出口商品列入征税范围之内。

（三）提供加工、修理修配服务

加工是指纳税人受托加工物品的服务，即委托方提供物品，纳税人按照委托方的要求提供加工服务并收取加工费的活动；修理修配是指纳税人受托对损伤和丧失功能的物品进行修复，使其恢复原状和功能的服务。在《增值税暂行条例》中称为"劳务"，是在营改增之前为了区别于不缴纳增值税而缴纳营业税的一般服务业，把与生产制造关系密切的"提供加工、修理和修配劳务"单独列为增值税的征收范围。实质上劳务就是服务，今后修改税法可以将其并入服务之中。

（四）提供服务

提供服务包括提供交通运输服务、邮政服务、电信服务、建筑服务、金融服务、现代服务以及生活服务。

1. 交通运输服务

交通运输服务包括陆路运输服务、水路运输服务、航空航天运输服务、管道运输服务以及无运输工具承运业务服务。无运输工具承运业务是指经营者以承运人身份与托运人签订运输服务合同，收取运费并承担承运人责任，然后委托实际承运人完成运输服务的经营活动。

2. 邮政服务

邮政服务是指中国邮政集团公司及其所属邮政企业提供邮件寄递、邮政汇兑和机要通信等邮政基本服务的业务活动，包括邮政普遍服务、邮政特殊服务和其他邮政服务。

3. 电信服务

电信服务是指利用有线、无线的电磁系统或者光电系统等各种通信网络资源，提供语音通话服务，传送、发射、接收或者应用图像、短信等电子数据和信息的业务活动，包括基础电信服务、增值电信服务和卫星电视信号落地转接服务。

4. 建筑服务

建筑服务是指各类建筑物、构建物及其附属设施的建造、修缮、装饰，线路、管道、设备、设施等的安装以及其他工程作业的业务活动,包括工程服务、安装服务、修缮服务、装饰服务和其他建筑服务。

5. 金融服务

金融服务是指经营金融保险的业务活动,包括贷款服务、直接收费金融服务、保险服务和金融商品转让。

6. 现代服务

现代服务是指提供技术性、知识性的服务活动,包括研发和技术服务、信息技术服务、文化创意服务、物流辅助服务、租赁服务、鉴证咨询服务、广播影视服务、商务辅助服务和其他现代服务。

7. 生活服务

生活服务是指为日常生活需求提供的各类服务活动,包括文化体育服务、教育医疗服务、旅游娱乐服务、餐饮住宿服务、居民日常服务和其他生活服务。

(五) 销售无形资产

销售无形资产是指转让无形资产所有权或者使用权的业务活动,包括转让专利权、非专利技术、商标权、著作权、自然资源使用权和其他权益性无形资产。

《增值税暂行条例》中规定,自然资源使用权包括土地使用权、海域使用权、探矿权、采矿权、取水权和其他自然资源使用权;其他权益性资产包括基础设施资产经营权、公共事业特许权、配额、特许经营权、连锁经营权、经销权、分销权、代理权、会员权、域名、名称权、肖像权、冠名权、转会费和网络游戏虚拟道具等。《增值税暂行条例》中规定的无形资产中还包括商誉,但对商誉的定义、内容以及能否征税、怎样征税,还存在不同的理解。

(六) 销售不动产

销售不动产是指转让不动产所有权的活动。不动产,一般是指不能移动或者移动后会引起性质、形状改变的财产,包括建筑物、构筑物等。但随着建筑物移位技术的采用,不动产的内容已经发生变化,其定义今后可能会被修改。

总体而言,现行增值税的征税范围包括上述六个方面的内容。现行增值税征收范围是从1994年我国开始实行增值税,直至2016年完成营改增的22年里不断试点、改革和补充而逐步形成的,尤其是在2012年至2016年5月,将原来缴纳营业税的征收范围全部逐步改为了增值税的征收范围。由于在较短时间里逐步将如此多的内容添加进增值税的征税范围,因此其内容的分类留有很明显的修改痕迹,很难在短时间内将其表述完善,尚需今后进一步加以梳理,使其更加规范、系统且文字流畅。

在现行条件下为了解决在实施中的一些问题,《中华人民共和国增值税暂行条例实施细则》以及《国务院关于做好全面推开营改增试点工作的通知》中对某些特殊项目或行为是否属于增值税的征税范围,还做了一些具体规定和解释,需要在实行中加以注意。

二、征税范围的特殊规定

(一) 属于征税范围的特殊项目

(1) 罚没物品的变价处理收入和拍卖收入上缴财政的,不予征税;由经营单位再销售的应缴纳增值税。

(2) 航空运输企业已售票但未提供航空运输服务取得的逾期票证收入,按照航空运输服务征收增值税。

(3) 药品生产企业销售自产创新药的应税销售额,是指向购买方收取的全部价款和价外费用,应缴纳增值税;其提供给患者后续免费使用的相同创新药,不属于增值税视同销售范围,不予征税。

(4) 境外单位或者个人向境内单位或个人提供完全在境内发生的服务（例如勘探服务），或者提供未完全在境外发生的服务（例如咨询服务），应缴纳增值税。

(5) 境外单位或者个人向境内单位或个人销售完全在境内使用的无形资产（例如连锁经营权），或者销售未完全在境外使用的无形资产（例如境内外同时使用的专利权），应缴纳增值税。

(6) 货物期货（包括商品期货和贵金属期货），在实物交割环节纳税。

（二）属于征税范围的特殊行为

1. 视同发生应税销售或视同发生应税行为

(1) 将货物交付他人代销。

(2) 销售代销货物。

(3) 设有两个以上机构并实行统一核算的纳税人，将商品从一个机构移送至本县（市）以外的其他机构用于销售。

(4) 将自产、委托加工或购买的商品作为投资，提供给其他单位或个体工商户。

(5) 将自产、委托加工或购买的商品分配给股东或投资者。

(6) 将自产、委托加工的货物用于集体福利或个人消费。

(7) 将自产、委托加工或购买的商品无偿赠送他人。

(8) 单位或个体工商户向其他单位或个人无偿销售应税服务、无偿转让无形资产或者不动产，但用于公益事业或者以社会公众为对象的除外。

(9) 财政部和国家税务总局规定的其他情形。

在上述视同应税销售行为中，有些内容实质上相当于发生了销售，而有些内容并不是真正的销售行为，之所以将其视为应税销售行为，一方面是为了维护增值税抵扣链条的完整，另一方面也是避免逃税行为的一项措施。

2. 混合销售

既涉及商品销售又涉及应税服务的一项经营行为，是混合销售。从事商品生产、批发或者零售为主的单位和个体工商户的混合销售，视为销售商品，应当按销售商品缴纳增值税；其他单位和个人的混合销售，按提供应税服务缴纳增值税。

三、不征收增值税的项目

(1) 纳税人取得的中央财政补贴，不属于增值税应税收入，不缴纳增值税。

(2) 融资性售后回租业务中，承租方出售资产的行为不属于增值税的征税范围，不缴纳增值税。

(3) 药品生产企业销售自产创新药的应税销售额，是指向购买方收取的全部价款和价外费用；其提供给患者后续免费使用的相同创新药，不属于增值税视同销售范围，不缴纳增值税。

(4) 根据国家指令无偿提供的铁路运输服务、航空运输服务属于公益事业服务，不缴纳增值税。

(5) 行政单位收取的政府性基金或者行政事业性收费。

(6) 存款利息不缴纳增值税。

(7) 被保险人获得的保险赔付不缴纳增值税。

(8) 单位或者个体工商户给公益事业或者以社会公众为对象无偿提供的销售服务、转让无形资产或者不动产。

(9) 房地产主管部门或者其指定机构、公积金管理中心、开发企业以及物业管理单位代收的住宅专项维修资金，不缴纳增值税。

(10) 罚没物品的变价处理收入和拍卖收入上缴财政的，不缴纳增值税；由经营单位再销售的应缴纳增值税。

（11）纳税人在企业重组中，通过合并、分立、出售、置换等方式将资产以及相关的债权、债务一并转让的，不缴纳增值税。

（12）支付机构销售多用途卡和企业销售仅用于本企业、本集团或者同一品牌特许经营体系内的单用途商业预付卡取得的资金，以及持卡人充值所预收的资金，不缴纳增值税。但因此收取的手续费、结算费、服务费和管理费等收入，应缴纳增值税。

（13）金融商品持有期间（含到期）取得的非保本的收益，不属于利息或利息性质的收入，不缴纳增值税。

（14）购入基金、信托、理财产品等各类资产管理产品持有至到期的收益，不缴纳增值税；持有未到期转让，其收益按照金融商品转让的缴纳增值税。

（15）纳税人销售境外的不动产和自然资源使用权，不缴纳增值税。

（16）纳税人向境内单位或个人提供工程、矿产资源、会展地点在境外的建筑、勘探、监理等服务，以及为出境的信函、包裹提供的邮政、收派等服务，均不缴纳增值税。

（17）财政部和国家税务总局规定的其他情形。

第三节　增值税的纳税人和扣缴义务人

在 2016 年营改增完成以后，增值税的征收范围涵盖了所有的销售商品和提供服务的行业，随之几乎全国所有的企业和许多单位、个体工商户以及个人成为增值税的纳税人，纳税人的数量惊人，其中规模小、营业额少的纳税人占大多数，对其征税的成本很高。同时，增值税实行发票抵扣制度，此制度要求纳税人具备健全的会计核算与管理能力，而我国实行社会主义市场经济的时间较短，很多中小微企业还不具备所需的会计核算和管理水平。因此，为了适应这些征税环境，我国的增值税制度借鉴国外的经验，将增值税纳税人分为一般纳税人和小规模纳税人，分别适用不同的征税方法和管理措施。注意：增值税的纳税人不等于负税人。

一、纳税义务人

总体而言，增值税的纳税人是在我国境内销售货物或者加工、修理修配劳务，销售服务、无形资产、不动产以及进口货物的单位和个人。其中单位是指企业和行政单位、事业单位、军事单位、社会团体及其他单位；个人是指个体工商户和其他个人。

为了简化增值税的征收管理，我国将增值税的纳税人按其经营规模及会计核算是否健全划分为小规模纳税人和一般纳税人。

（一）小规模纳税人

《增值税暂行条例》将一些经营规模较小，并且会计核算不健全，不能按一般规定报送增值税资料的纳税人划为小规模纳税人。

小规模纳税人计算和缴纳增值税采取简易的方法，既不采用增值税的税率而采用征收率计算税额，也不采取发票抵扣方法。

多年来增值税小规模纳税人的认定标准几经修改，从 2018 年 5 月 1 日起，全国不分行业统一了增值税小规模纳税人标准，将小规模纳税人的年销售额标准由 50 万元和 80 万元上调至 500 万元，并在一定期限内允许已登记为一般纳税人的企业转登记为小规模纳税人，让更多纳税人享受按较低征收率计税的优惠。如此，现行增值税小规模纳税人具体认定标准如下：年应税销售额 500 万元及以下。

如果小规模纳税人会计核算健全，有能力提供销项税额、进项税额等增值税资料，可以申请作为一般纳税人登记，按照一般纳税人计税纳税。

（二）一般纳税人

增值税的一般纳税人是指年应税销售额 500 万元以上，即超过小规模纳税人标准的企业和非企业单位。一般纳税人须向税务机关办理认定手续，以取得法定资格。

会计核算健全的小规模纳税人可以申请成为一般纳税人。纳税人被认定为一般纳税人后，一般不得转为小规模纳税人。

一般纳税人可使用增值税专用发票按规定抵扣进项税额。但符合一般纳税人条件却不申请办理一般纳税人认定手续的纳税人，则不得抵扣进项税额，也不得使用增值税专用发票。

下列纳税人不属于一般纳税人：

（1）非企业性单位。
（2）不经常发生增值税应税行为的企业。
（3）自然人个人。

二、扣缴义务人

我国境外的单位或者个人在境内销售劳务，在境内未设有经营机构的，以其境内代理人为扣缴义务人；在境内没有代理人的，以购买方为扣缴义务人。

根据税收征管法，扣缴义务人应扣未扣、应收而不收税款的，由税务机关向纳税人追缴税款的同时，可以对扣缴义务人处应扣未扣、应收未收税款 50% 以上 3 倍以下的罚款。

第四节　增值税的税率和征收率

在我国增值税制度中，计税比率分为税率和征收率两种方式。税率适用于一般纳税人；征收率适用于小规模纳税人以及一般纳税人适用简易计税方法计税的项目，采用征收率计税时，不得抵扣进项税额。现行税率和征收率是经过两次较大的降低税率改革后于 2019 年 4 月 1 日实施的。

小资料

下调增值税税率

深化增值税改革，将制造业等行业现行 16% 的税率降至 13%，将交通运输业、建筑业等行业现行 10% 的税率降至 9%，确保主要行业税负明显降低；保持 6% 一档的税率不变，但通过采取对生产、生活性服务业增加税收抵扣等配套措施，确保所有行业税负只减不增，继续向推进税率三档并两档、税制简化方向迈进。

——摘自李克强总理在 2019 年 3 月 5 日第十三届全国人民代表大会第二次会议上所做的《政府工作报告》

一、税率 ⊖

考虑到增值税是由消费者负担的，增值税在税率设计时，除了普通税率还对普通民众的生活必需品设置了低税率；同时，由于低税率会刺激消费，进而间接地起到鼓励生产的作用，也对一些需要鼓励发展的行业设置了低税率；此外，对出口商品设置了零税率。如此，现行增值税在基本税率 13% 的基础上，还设置了 9% 和 6% 两档低税率以及零税率。

⊖ 在本书定稿之时，恰逢第十三届全国人民代表大会第二次会议的召开，李克强总理在《政府工作报告》中提出了下调增值税税率。本书按此报告修改了税率，具体内容今后很可能有调整。

（一）基本税率13%

一般纳税人销售商品、进口商品，提供加工、修理修配劳务，提供有形动产租赁服务，除低税率适用范围和销售个别旧货适用征收率外，一律按基本税率计算纳税。基本税率为13%。

（二）低税率9%

一般纳税人销售或者进口下列商品、提供下列应税服务以及发生下列应税行为，按低税率9%计算纳税：

（1）粮食等农产品、食用植物油、食用盐、鲜奶。

（2）自来水、暖气、冷气、热水、煤气、石油液化气、天然气、沼气、二甲醚、居民用煤炭制品。

（3）图书、报纸、杂志、音像制品、电子出版物。

（4）饲料、化肥、农药、农机、农膜、养鸡养猪设备、密集型烤房设备、蔬菜清洗机等。

（5）提供交通运输、邮政、基础电信、建筑、不动产租赁服务，销售不动产和转让土地使用权。

（6）国务院规定的其他商品和服务。

（三）低税率6%

一般纳税人提供或销售发生下列应税行为，按低税率6%计算纳税：

（1）现代服务。

（2）增值电信服务。

（3）金融服务。

（4）生活服务。

（5）销售无形资产（转让土地使用权除外）。

（6）国务院规定的其他项目。

（四）零税率0%

纳税人出口商品和服务以及无形资产，按0%的税率计算纳税。国务院另有规定的除外。适用范围如下：

（1）出口商品。

（2）出口服务。

（3）无形资产。

（4）国务院规定的其他项目。

二、征收率

增值税征收率是指对特定的商品或特定的纳税人发生应税行为在某一生产流通环节应纳税额与销售额的比率。征收率适用于小规模纳税人和一般纳税人发生适用简易计税方法计税的应税行为。采用征收率计税时，不得抵扣进项税额。现行增值税设计了3%和5%两档征收率。

（一）征收率3%

（1）小规模纳税人适用3%的征收率。

（2）一般纳税人发生按规定适用或者可以选择适用简易计税方法计税的特定应税行为（适用5%征收率的除外），包括：

1）县级及县级以下小型水力发电单位生产的自产电力。

2）自产建筑用和生产建筑材料所用的砂、土、石料。

3）以自己采掘的砂、土、石料或其他矿物连续生产的砖、瓦、石灰（不含黏土实心砖、瓦）。

4）自己用微生物、微生物代谢产物、动物毒素、人或动物的血液或组织制成的生物制品。

5）自产的自来水。

6）自来水公司销售自来水。
7）自产的商品混凝土（仅限于以水泥为原料生产的水泥混凝土）。
8）单采血浆站销售非临床用人体血液。
9）寄售商店代销寄售物品（包括居民个人寄售的物品在内）。
10）典当业销售死当物品。
11）药品经营企业销售生物制品。
12）公共交通运输服务（包括轮客渡、公交客运、地铁、城市轻轨、出租车、长途客运、班车）。
13）经认定的动漫企业为开发动漫产品提供的有关动漫服务。
14）电影放映服务、仓储服务、装卸搬运服务、收派服务和文化体育服务。
15）资产管理产品管理人运营资管产品过程中发生的增值税应税行为，暂适用简易计税方法的，按照3%的征收率缴纳增值税。
16）提供物业管理服务的纳税人，向服务方收取的自来水费，以扣除其对外支付的自来水费后的余额为销售额，按照简易计税方法依3%的征收率计算缴纳增值税。
17）以清包工方式提供的建筑服务。
18）提供非学历教育服务、教育辅助服务。
19）销售电梯的同时提供安装服务，其安装服务可以按照甲供工程选择适用简易计税方法计税。
20）非企业性单位中的一般纳税人提供的研发和技术服务、信息技术服务、鉴证咨询服务，以及销售技术、著作权等无形资产，可以选择简易计税方法按照3%的征收率计算缴纳增值税。
21）自2018年5月1日起，增值税一般纳税人生产销售和批发、零售抗癌药品，可选择按照简易办法依照3%的征收率计算缴纳增值税。
22）在营改增试点前签订的尚未执行完毕的有形动产租赁合同。
（3）财政部和国家税务总局的其他规定。

（二）征收率5%

（1）小规模纳税人销售自建或者取得的不动产。
（2）一般纳税人选择简易计税方法计税的不动产销售。
（3）房地产开发企业中的小规模纳税人，销售自行开发的房地产项目。
（4）其他个人销售其取得（不含自建）的不动产（不含购买的住房），出租其取得的不动产（不含住房）。
（5）个人出租住房，应按照5%的征收率减按1.5%计算应纳税额。
（6）一般纳税人提供人力资源外包服务，选择简易计税方法的。
（7）一般纳税人2016年4月30日前签订的不动产融资租赁合同，或以2016年4月30日前取得的不动产提供的融资租赁服务，选择适用简易计税方法的。
（8）一般纳税人选择简易计税方法的不动产经营租赁。
（9）小规模纳税人出租其取得的不动产（不含个人出租住房）。
（10）其他个人出租其取得的不动产（不含住房）。
（11）一般纳税人和小规模纳税人提供劳务派遣服务选择差额纳税的。
（12）一般纳税人收取试点前开工的一级公路、二级公路、桥、闸通行费，选择适用简易计税方法的。
（13）纳税人转让2016年4月30日前取得的土地使用权，选择简易计税方法的。

（三）征收率的特殊政策

根据《增值税暂行条例》的有关规定，适用3%征收率的某些一般纳税人可以减按2%计征增值税。

（1）一般纳税人销售自己使用过的属于《增值税暂行条例》第十条规定不得抵扣且未抵扣进项税额的固定资产，按照简易办法依照3%征收率减按2%征收增值税，可以放弃减税，按照简易办法依照3%征收率缴纳增值税，并可开具增值税专用发票。

（2）纳税人销售旧货，按照简易办法依照3%征收率减按2%征收增值税。

（3）小规模纳税人销售自己使用过的固定资产，减按2%征收增值税。

（4）国务院和国家税务总局规定的其他项目。

三、兼营行为的税率选择

无论兼营不同的税率、不同的征收率还是兼营税率与征收率的应税销售行为，均依从高择率的原则计算纳税，具体如下：

（1）兼有不同税率的销售货物、提供应税劳务、发生应税行为，从高适用税率。

（2）兼有不同征收率的销售货物、提供应税劳务、发生应税行为，从高适用征收率。

（3）兼有不同税率和征收率的销售货物、提供应税劳务、发生应税行为，从高适用税率。

第五节 一般纳税人应纳增值税的计算

增值税的计税方法包括一般计税方法、简易计税方法和扣缴计税方法。一般纳税人适用一般计税方法；小规模纳税人适用简易计税方法；此外，一般纳税人的某些应税行为可以选择简易计税方法计税。本节介绍一般纳税人采用一般计税方法如何计算应纳增值税额，简易计税方法的内容请参阅第六节。

一、一般计税方法：扣税法

增值税应纳税额的计算方法有直接计算法和间接计算法两种。直接计算法是先计算出增值额，再根据增值额和税率计算应纳税额的方法。从增值税的原理分析，增值税是对商品销售额中的增值额征税，直接计算法与原理相一致，但理论上的增值额在具体税收实务中难以计算。所以，世界上实行增值税的国家一般不采用直接计算法，基本上采用间接计算法——扣税法来计算应纳税额。我国的增值税也采用扣税法。

扣税法是从当期的销项税额中扣除购进商品和服务已交纳的税额，从而计算出应纳增值税税额的方法。具体而言是利用增值税专用发票作为计算工具计算应交税额。

增值税应纳税额的计算公式为：

$$应纳税额 = 销项税额 - 进项税额$$

公式中的销项税额和进项税额都是特定的概念，有着特定的含义和特定的内容。

二、销项税额

销项税额是指纳税人销售商品、提供应税服务或者发生应税行为，按照销售额或营业额和规定的税率计算并向购买方收取的增值税税额。销项税额的计算公式为：

$$销项税额 = 销售额 \times 适用税率$$

其中：
$$销售额 = 不含税价格 \times 销售数量$$

$$不含税价格 = 含税价格 \div (1 + 增值税税率)$$

销项税额是由纳税人在销售价格之外向购买方收取的税额。在此特别需要指出的是，增值税是价外税，计算增值税的销售价格是不含增值税的价格，简称不含税价，即价格中不包括向购买方收取的增值税税额。在我国，市场上标注的价格一般是含税价格，计算增值税时需要将含税价格换算为不含税价格。

在没有抵扣纳税人的进项税额前，纳税人所收取的销项税额还不是其应纳增值税税额。

销售额是计算销项税额的依据，所以销售额的确定很重要。在一般销售方式和特殊销售方式以及其他情况下的销售额的确定有所不同。

（一）一般销售方式下的销售额

销售额或营业额是纳税人销售商品、提供服务或发生应税行为而向购买方收取的全部价款和价外费用。价款指不含税价款；价外费用包括价外向购买方收取的手续费、补贴、基金、集资费、返还利润、奖励费、违约金、包装物租金、储备费、优质费、运输装卸费、代收款项、代垫款项及其他各种性质的价外收费，但下列项目不包括在内：

（1）受托加工应征消费税的消费品所代收代缴的消费税。

（2）同时符合以下条件代为收取的政府性基金或者行政事业性收费：

1）由国务院或者财政部批准设立的政府性基金，由国务院或者省级人民政府及其财政、价格主管部门批准设立的行政事业性收费。

2）收取时开具省级以上财政部门印制的财政票据。

3）所收款项全额上缴财政。

（3）受托加工应征消费税的商品代收代缴的消费税。

（4）以委托方名义开具发票代委托方收取的款项。

（5）销售货物的同时代办保险等而向购买方收取的保险费，以及向购买方收取的代购买方缴纳的车辆购置税、车辆牌照费。

凡随同销售货物或提供应税劳务向购买方收取的价外费用，无论其会计制度如何核算，均应并入销售额计算应纳税额。此外，由于消费税属于价内税，凡征收消费税的货物在计征增值税时，其销售额应包括消费税税金。

应当注意，根据国家税务总局的规定：对增值税一般纳税人向购买方收取的价外费用和逾期包装物押金，应视为包含增值税的收入，在征收时换算成不含税收入再并入销售额。

增值税的计税销售额以人民币计算。纳税人以外汇结算销售额的，其销售额应当按外汇的市场价格折合成人民币计算。

（二）特殊销售方式下的销售额

企业在销售活动中往往采取多种销售方式。在不同销售方式及其他情况下销售额会有所不同。

（1）现金折扣。现金折扣是指纳税人在赊销商品后，为了鼓励购货方尽早偿还货款而允诺在一定时期内给购货方一定的现金折扣。此折扣是发生在销售之后，目的是回款，属于理财行为。此折扣额不得从销售额中减除。

（2）销售折让。销售折让是指纳税人在完成销售以后，由于商品质量问题而在价格上给予购货人的减让。这是商品质量引发商品价值减低而出现的销售额减少，在计算销售额时应予以减除。

（3）采取以旧换新方式销售。以旧换新是指纳税人在销售自己的商品时，有偿收购旧商品的行为。纳税人采取以旧换新方式销售商品，应按新商品的同期销售价格确定销售额，不得扣减旧商品的收购价格。考虑到金银首饰以旧换新业务的特殊情况，对金银首饰以旧换新业务，可以按纳税人实际收取的不含增值税的全部价款征收增值税。

例 5-1 某商场为增值税一般纳税人，6月其黄金首饰部采取以旧换新方式向消费者销售金戒指 16 枚，每枚新戒指的零售价格为 2 000 元，每枚旧戒指作价 600 元，从消费者处收取新旧差价款每枚 1 400 元。该商场家电部销售空调，含税零售价为每台 2 400 元，当月销售 30 台，其中 10 台采用了以旧换新销售方式，收回的 10 台空调每台作价支付 200 元。该商场上述业务应缴纳多少增值税？

答案与解析 由于商场零售价均为含税销售额，故需要做价税分离计算。

考虑到金银首饰以旧换新业务的特殊情况，对金银首饰以旧换新业务，可以按销售方实际收取的不含增值税的全部价款征收增值税，则：

黄金首饰增值税销项税额 = 16 × 1 400 ÷ (1 + 13%) × 13% = 2 576.99(元)

而空调的应税销售额中不得扣减旧货物的收购价格，则：

空调增值税销项税额 = 30 × 2 400 ÷ (1 + 13%) × 13% = 8 283.19(元)

上述业务的增值税销项税额 = 2 576.99 + 8 283.19 = 10 860.18(元)

(4) 采取还本销售方式销售。还本销售是指纳税人在销售货物后，到一定期限由销售方一次或分次退还给购货方全部或部分价款。这种方式实际上是一种筹集资金的方式，是以货物换取资金的使用价值，到期还本不付息的方法。纳税人采取还本销售方式销售货物，其销售额就是货物的销售价格，不得从销售额中减除还本支出。

(5) 采取以物易物方式销售。纳税人采取以物易物方式销售货物，双方都应做购销处理，以各自发出的货物核算销售额并计算销项税额，以各自收到的货物按规定核算购货额并计算进项税额。在以物易物活动中，应分别开具合法的票据，如收到的货物不能取得相应的增值税专用发票或其他合法票据，不能抵扣进项税额。

(6) 包装物押金。纳税人为销售货物而出租出借包装物收到的押金，单独记账核算并且时间在一年以内的，不并入销售额征税。但对逾期（指时间超过一年或合同约定的时间）未收回包装物不再退还的押金，应按所包装货物的适用税率计算销项税额。对销售除啤酒、黄酒外的其他酒类产品而收取的包装物押金，无论是否返还以及会计上如何核算，均应计入当期销售额征税。

(7) 直销的税务处理。直销企业先将货物销售给直销员，直销员再将货物销售给消费者的，直销企业的销售额为其向直销员收取的全部价款和价外费用。直销员将货物销售给消费者时，应按照现行规定缴纳增值税。直销企业通过直销员向消费者销售货物，直接向消费者收取货款，直销企业的销售额为其向消费者收取的全部价款和价外费用。

(8) 贷款服务的销售额。贷款服务，以提供贷款服务取得的全部利息及利息性质的收入为销售额。银行提供贷款服务按期计收利息的，结息日当日计收的全部利息收入，均应计入结息日所属期的销售额，按照现行规定计算缴纳增值税。

(9) 直接收费金融服务的销售额。直接收费金融服务，以提供直接收费金融服务收取的手续费、佣金、酬金、管理费、服务费、经手费、开户费、过户费、结算费、转托管费等各类费用为销售额。

(10) 纳税人销售货物、应税劳务或者应税行为的价格明显偏低并无正当理由的，或者视同销售货物行为而无销售额者，按下列顺序确定销售额：

1) 按纳税人最近时期同类货物或者应税行为的平均价格确定；
2) 按其他纳税人最近时期同类货物或者应税行为的平均价格确定；
3) 按组成计税价格确定。

如果对该货物不同时征收消费税，则计算组成计税价格的公式为：

组成计税价格 = 成本 × (1 + 成本利润率)

如果对该货物还同时征收消费税，则其组成计税价格中应加计消费税，计算公式为：

$$组成计税价格 = 成本 \times (1 + 成本利润率) + 消费税税额$$

在以上两个公式中，成本是指销售自产货物的实际成本或销售外购货物的实际采购成本；成本利润率由国家税务总局规定，但对从价定率征收销售税的货物而言，成本利润率则为消费税有关法规确定的成本利润率。

例5-2 单选题：依据增值税的有关规定，可以下列销售净额作为销售额计算增值税的是（　　）。
A. 采用以旧换新方式销售电视机，扣除旧货价值后的销售净额
B. 在同一发票上的金额栏分别注明折扣额和销售额的折扣销售，扣除折扣额后的销售净额
C. 采用以物易物方式销售货物的，减除换入货物价值后的销售净额
D. 采用还本销售方式销售货物的，减除还本支出后的销售净额

答案与解析　B。纳税人采取折扣方式销售货物，在同一张发票上的金额栏分别注明折扣额和销售额的折扣销售，可以按扣除折扣后的销售额计算增值税。采用以旧换新方式销售电视机按新货同期销售额计算增值税。采用以物易物方式及还本销售方式销售电视机均按货物销售额计算增值税，不能扣除换入货物价值和还本支出。

（三）按差额确定销售额

对下列无法通过抵扣机制避免重复征税的情况，采用差额征税的办法确定销售额。

（1）金融商品转让的销售额。金融商品转让的销售额，以卖出价扣除买入价后的余额为销售额。

金融商品的买入价，可以选择按照加权平均法或者移动加权平均法进行核算，选择后36个月内不得变更。

金融商品转让，不得开具增值税专用发票。

（2）经纪代理服务的销售额。经纪代理服务，以取得的全部价款和价外费用，扣除向委托方收取并代为支付的政府性基金或者行政事业性收费后的余额为销售额。向委托方收取的政府性基金或者行政事业性收费，不得开具增值税专用发票。

（3）融资租赁和融资性售后回租业务的销售额。

1）经人民银行、银监会或者商务部批准从事融资租赁业务的试点纳税人（包括经上述部门备案从事融资租赁业务的试点纳税人），提供融资租赁服务，以取得的全部价款和价外费用扣除支付的借款利息（包括外汇借款和人民币借款利息）、发行债券利息和车辆购置税后的余额为销售额。

2）经人民银行、银监会或者商务部批准从事融资租赁业务的试点纳税人，提供融资型售后回租服务，以取得的全部价款和价外费用（不含本金），扣除对外支付的借款利息（包括外汇借款和人民币借款利息）、发行债券利息后的余额作为销售额。

（4）航空运输企业的销售额，不包括代收的机场建设费和代售其他航空运输企业客票而代收转付的价款。

（5）试点纳税人中的一般纳税人提供客运场站服务，以其取得的全部价款和价外费用扣除支付给承运方运费后的余额为销售额。

（6）试点纳税人提供旅游服务，可以选择以取得的全部价款和价外费用，扣除向旅游服务购买方收取并支付给其他单位或者个人的住宿费、餐饮费、交通费、签证费、门票费和支付给其他接团旅游企业的旅游费用后的余额为销售额。

选择上述办法计算销售额的试点纳税人，向旅游服务购买方收取并支付的上述费用，不得开具增值税专用发票，可以开具普通发票。

（7）试点纳税人提供建筑服务适用简易计税方法的，以取得的全部价款和价外费用扣除支

付的分包款后的余额为销售额。

（8）房地产开发企业中的一般纳税人销售其开发的房地产项目（选择简易计税方法的房地产老项目除外），以取得的全部价款和价外费用，扣除受让土地时向政府部门支付的土地价款后的余额为销售额。"向政府部门支付的土地价款"，包括土地受让人向政府部门支付的征地和拆迁补偿费用、土地前期开发费用和土地出让收益等。

房地产老项目，是指《建筑工程施工许可证》注明的合同开工日期在2016年4月30日前的房地产项目。

房地产开发企业（包括多个房地产开发企业组成的联合体）受让土地向政府部门支付土地价款后，设立项目公司对该受让土地进行开发，同时符合一定条件的，可由项目公司按规定扣除房地产开发企业向政府部门支付的土地价款。

（9）纳税人转让不动产缴纳增值税差额扣除的有关规定。

1）纳税人转让不动产，按照有关规定差额缴纳增值税的，如由于丢失等原因无法提供取得不动产时的发票，可向税务机关提供其他能证明契税计税金额的完税凭证等资料，进行差额扣除。

2）纳税人以契税计税金额进行差额扣除的，按照下列公式计算增值税应纳税额：

① 2016年4月30日及以前缴纳契税的：

$$增值税应纳税额 = \left[\begin{array}{c}全部交易价格\\(含增值税)\end{array} - \begin{array}{c}契税计税金额\\(不含增值税)\end{array}\right] \div (1+5\%) \times 5\%$$

② 2016年5月1日及以后缴纳契税的：

$$增值税应纳税额 = \left[\begin{array}{c}全部交易价格\\(含增值税)\end{array} \div (1+5\%) - \begin{array}{c}契税计税金额\\(含营业税)\end{array}\right] \times 5\%$$

3）纳税人同时保留取得不动产时的发票和其他能证明契税计税金额的完税凭证等资料的，应当凭发票进行差额扣除。

（四）含税销售额换算为不含税销售额

增值税是价外税，要求纳税人在填写凭证进行账务处理时，应分别记录不含税的销售额、销项税额和进项税额。但是，在我国市场上，由于采用把商品价格与增值税合并标价的方法，这样就会形成含税销售额。在计算应纳税额时，需要将含税销售额换算为不含税销售额。

将含税销售额换算为不含税销售额的计算公式为：

$$不含税销售额 = 含税销售额 \div (1+税率或征收率)$$

例5-3 某商场为增值税一般纳税人，适用税率13%，当月销售彩电200台，每台零售价为3 000元，则该批彩电的不含税销售额是多少？

答案与解析

每台彩电不含税单价 = 含税销售额 ÷ (1 + 税率或征收率) = 3 000 ÷ (1 + 13%) = 2 654.87(元)

不含税销售额 = 2 654.87 × 200 = 530 974(元)

三、进项税额

进项税额是与销项税额相对应的一个概念，是指纳税人购进商品、得到服务、受让无形资产或者不动产时，所支付或者负担的增值税税额。在商品或者劳务交易时，销售方收取的销项税额，就是购买方支付的进项税额。增值税计算方法的核心就是纳税人用收取的销项税额减除其支付的进项税额，计算出应缴纳的增值税额。需要注意的是，并非纳税人支付的所有进项税额都可以从销项税额中抵扣。当纳税人购进的商品、接受的应税劳务或应税行为不是用于增值税应税项目时，其支付的进项税额就不能从销项税额中抵扣。

（一）准予抵扣的进项税额

按规定，准予从销项税额中抵扣的进项税额，限于下列增值税扣税凭证上注明的增值税税额和按规定的扣除率计算的进项税额。

1. 一般情况下凭发票抵扣的进项税额

（1）从销售方取得的增值税专用发票上注明的增值税额。

（2）从海关取得的海关进口增值税专用缴款书上注明的增值额。

（3）从境外单位或者个人购进服务、无形资产或者不动产，为税务机关或者扣缴义务人取得的解缴税款的完税凭证上注明的增值税额。

2. 纳税人购进农产品的进项税额

纳税人购进农产品的进项税额是指购进农产品除取得增值税专用发票或者海关进口增值税专用缴款书外，按照农产品收购发票或者销售发票上注明的农产品的买价和9%的扣除率计算的进项税额。其中，纳税人购进用于生产销售或委托加工13%税率的农产品，按照10%的扣除率计算进项税额。进项税额的计算公式为：

$$准予抵扣的进项税额 = 买价 \times 扣除率$$

例5-4 某食品厂为增值税一般纳税人，6月份从农民手中购进玉米用于加工点心，收购发票上注明买价6万元，支付运费，取得增值税专用发票，注明金额0.8万元。则其该月以上业务可抵扣的增值税进项税额为多少？

答案与解析 2018年5月1日后，农产品扣除率调整为9%，但针对纳税人购进用于生产销售或委托受托加工13%税率货物的，计算抵扣增值税进项税率为10%，则：

$$可抵扣的进项税额 = 6 \times 10\% + 0.8 \times 9\% = 0.672(万元)$$

3. 农产品增值税进项税额核定扣除试点办法

鉴于计算抵扣进项税额容易产生舞弊和高征低扣的现象，自2012年7月起，在部分行业开展增值税进项税额核定扣除试点。

（1）试点范围。该试点以购进农产品为原料生产销售液体乳及乳制品、酒及酒精、植物油（以下简称货物）的增值税为一般纳税人，纳入农产品增值税进项税额核定扣除试点范围，其购进农产品无论是否用于生产上述产品，增值税进项税额均按照《农产品增值税进项税额核定扣除试点实施办法》的规定抵扣。

（2）进项税额核定办法现介绍如下。

1）纳税人以购进农产品为原料生产货物的，进项税额可按照以下方法核定。

①投入产出法：该方法主要参照国家标准、行业标准（包括行业公认标准和行业平均耗用值）确定销售单位数量货物耗用外购农产品的数量（以下称农产品单耗数量）。

当期允许抵扣农产品增值税进项税额依据农产品单耗数量、当期销售货物数量、农产品平均购买单价（含税，下同）和农产品增值税进项税额扣除率（以下简称扣除率）计算。公式如下：

$$\frac{当期允许抵扣农产品}{增值税进项税额} = \frac{当期农产品}{耗用数量} \times \frac{农产品平均}{购买单价} \times 扣除率 \div (1 + 扣除率)$$

$$\frac{当期农产品}{耗用数量} = \frac{当期销售货物数量(不含采购除农产品}{以外的半成品生产的货物数量)} \times \frac{农产品}{单耗数量}$$

对以单一农产品原料生产多种货物或者多种农产品原料生产多种货物的，在核算当期农产品耗用数量和平均购买单价时，应依据合理的办法归集和分配。

平均购买单价是指购买农产品期末平均买价，不包括买价之外单独支付的运费和入库前的整理费用。期末平均买价计算公式为：

$$\frac{期末平}{均买价} = \left(\frac{期初库存}{农产品数量} \times \frac{期末平}{均买价} + \frac{当期购进}{农产品数量} \times 当期买价\right) \div \left(\frac{期初库存}{农产品数量} + \frac{当期购进}{农产品数量}\right)$$

②成本法：依据试点纳税人年度会计核算资料，计算确定耗用农产品的外购金额占生产成

本的比例（以下称农产品耗用率）。当期允许抵扣农产品增值税进项税额依据当期主营业务成本、农产品耗用率以及扣除率计算。公式为：

$$\text{当期允许抵扣农产品增值税进项税额} = \text{当期主营业务成本} \times \text{农产品耗用率} \times \text{扣除率} \div (1+\text{扣除率})$$

$$\text{农产品耗用率} = \text{上年投入生产的农产品外购金额} \div \text{上年生产成本}$$

农产品外购金额（含税）不包括不构成货物实体的农产品（包括包装物、辅助材料、燃料、低值易耗品等）和在购进农产品之外单独支付的运费、入库前的整理费用。

对以单一农产品原料生产多种货物或者多种农产品原料生产多种货物的，在核算当期主营业务成本以及核定农产品耗用率时，试点纳税人应依据合理的方法进行归集和分配。

农产品耗用率由试点纳税人向主管税务机关申请核定。

年度终了，主管税务机关应根据试点纳税人本年实际对当年已抵扣的农产品增值税进项税额进行纳税调整，重新核定当年的农产品耗用率，并作为下一年度的农产品耗用率。

③参照法：新办的试点纳税人或者试点纳税人新增产品的，试点纳税人可参照所属行业或者生产结构相近的其他试点纳税人确定农产品单耗数量或者农产品耗用率。次年，试点纳税人向主管税务机关申请核定当期的农产品单耗数量或者农产品耗用率，并据此计算确定当年允许抵扣的农产品增值税进项税额，同时对上一年增值税进项税额进行调整。核定的进项税额超过实际抵扣增值税进项税额的，其差额部分可以结转下期继续抵扣；核定的进项税额低于实际抵扣增值税进项税额的，其差额部分应按现行增值税的有关规定对进项税额做转出处理。

2）购进农产品直接销售的，进项税额按照以下方法核定扣除：

$$\text{当期允许抵扣农产品增值税进项税额} = \text{当期销售农产品数量} \div (1-\text{损耗率}) \times \text{农产品平均购买单价} \times \text{扣除率} \div (1+\text{扣除率})$$

$$\text{损耗率} = \text{损耗数量} \div \text{购进数量} \times 100\%$$

3）购进农产品用于生产经营且不构成货物实体的（包括包装物、辅助材料、燃料、低值易耗品等），进项税额按照以下方法核定扣除：

$$\text{当期允许抵扣农产品增值税进项税额} = \text{当期耗用农产品数量} \times \text{农产品平均购买单价} \times \text{扣除率} \div (1+\text{扣除率})$$

农产品单耗数量、农产品耗用率和损耗率统称为农产品增值税进项税额扣除标准（以下称扣除标准）。

（3）销售货物，应合并计算当期允许抵扣进项税额。

（4）购进农产品取得的农产品增值税专用发票和海关进口增值税专用缴款书，按照注明的金额及增值税额一并记入成本科目；自行开具的农产品收购发票和取得的农产品销售发票，按照注明的买价直接计入成本。

（5）本办法规定的扣除率为销售商品的适用税率。

（6）试点纳税人应自执行本办法之日起，将期初库存农产品以及库存半成品、产成品耗用的农产品增值税进项税额做转出处理。

（7）试点纳税人应当按照上述第2）条的规定准确计算当期允许抵扣农产品增值税进项税额，并从相关科目转入"应交税费——应交增值税（进项税额）"科目。未能准确计算的，由主管税务机关核定。

（8）试点纳税人购进的农产品价格明显偏低或偏高，且不具有合理商业目的的，由主管税务机关核定。

（9）试点纳税人在计算农产品增值税进项税额时，应按照下列顺序确定使用的扣除标准。

1）财政部和国家税务总局不定期公布的全国统一扣除标准（见表5-1）。

表 5-1　全国统一的部分液体乳及乳制品扣除标准表

产品类型 扣除标准	原乳单耗数量（吨）
超高温灭菌牛乳（每吨）	1.068
超高温灭菌牛乳（蛋白质含量≥3.3%）（每吨）	1.124
巴氏杀菌牛乳（每吨）	1.055
巴氏杀菌牛乳（蛋白质含量≥3.3%）（每吨）	1.196
超高温杀菌羊乳（每吨）	1.023
巴氏杀菌羊乳（每吨）	1.062

2）省级税务机关商同级财政机关根据本地区实际情况，据经财政部和国家税务总局备案后公布的适用于本地区的扣除标准。

3）省级税务机关依据试点纳税人申请，按照《农产品增值税进项税额核定扣除试点实施办法》第十三条规定的核定程序审定的仅适用于该试点纳税人的扣除标准。

试点纳税人在申报期间，除向主管税务机关报送《增值税一般纳税人纳税申报办法》规定的纳税申报资料外，还应报送《农产品核定扣除增值税进项税额计算表》。

4. 不动产进项税额分期抵扣方法

原在 2016 年实行营改增时规定的不动产进项税额分 2 年按比例分期抵扣的方法被财政部、税务总局和海关总署 2019 年《关于深化增值税改革有关政策的公告》宣布停止执行。从 2019 年 4 月 1 日起，纳税人取得不动产或不动产在建工程的进项税额的抵扣不用再分为 2 年，可在 1 年内抵扣。

5. 进项税额抵扣的其他情况

（1）增值税一般纳税人在资产重组过程中，将全部资产、负债和劳动力一并转让给其他增值税一般纳税人，并按程序办理注销税务登记的，其在办理注销登记前尚未抵扣的进项税额可结转至新纳税人处继续抵扣。

（2）自 2018 年 1 月 1 日起，纳税人租入固定资产、不动产，既用于一般计税方法计税项目，又用于简易计税方法计税项目、免征增值税项目、集体福利或者个人消费的，其进项税额准予从销项税额中全额抵扣。

（3）原增值税一般纳税人自用的应征消费税的摩托车、汽车、游艇，其进项税额准予从销项税额中抵扣。

（4）原增值税一般纳税人从境外单位或者个人处购进服务、无形资产或者不动产，按照规定应当扣缴增值税的，准予从销项税额中抵扣的进项税额为自税务机关或者扣缴义务人取得的解缴税款的完税凭证上注明的增值税额。

纳税人凭完税凭证抵扣进项税额的，应当具备书面合同、付款证明和境外单位的对账单或者发票。资料不全的，其进项税额不得从销项税额中抵扣。

（5）按照"营改增通知"规定不得抵扣且未抵扣进项税额的固定资产、无形资产、不动产，发生用途改变，用于允许抵扣进项税额的应税项目，可在用途改变的次月按照下列公式计算可以抵扣的进项税额：

$$可以抵扣的进项税额 = 固定资产、无形资产、不动产净值 \div (1 + 适用税率) \times 税率$$

上述可以抵扣的进项税额应取得合法有效的增值税扣税凭证。

（二）不得从销项税额中抵扣的进项税额

按《增值税暂行条例》及其他相关政策规定，下列项目的进项税额不得从销项税额中抵扣：

（1）用于简易计税方法计税项目、免征增值税项目、集体福利或者个人消费的购进货物、加工修理修配劳务、服务、无形资产和不动产。

（2）非正常损失的购进货物及相关的加工修理修配劳务和交通运输服务。所称非正常损失，是指因管理不善造成被盗、丢失、霉烂变质的损失。

（3）非正常损失的在产品、产成品所耗用的购进货物、加工修理修配劳务和交通运输服务。

（4）非正常损失的不动产，以及该不动产所耗用的购进货物、设计服务和建筑服务。

（5）非正常损失的不动产在建工程所耗用的购进货物、设计服务和建筑服务。纳税人新建、改建、扩建、修缮、装饰不动产，均属于不动产在建工程。

（6）购进的贷款服务、餐饮服务、居民日常服务和娱乐服务。

（7）纳税人接受贷款服务向贷款方支付的与该笔贷款直接相关的投融资顾问费、手续费、咨询费等费用，其进项税额不得从销项税额中抵扣。

（8）适用一般计税方法的纳税人，兼营简易计税方法计税项目、免征增值税项目而无法划分不得抵扣的进项税额，按照下列公式计算不得抵扣的进项税额：

$$\text{不得抵扣的进项税额} = \text{当期无法划分的全部进项税额} \times (\text{当期简易计税方法项目销售额} + \text{免征增值税项目销售额}) \div \text{当期全部销售额}$$

税务机关可以按照上述公式依据年度数据对不得抵扣的进项税额进行清算。

（9）一般纳税人已抵扣进项税额的固定资产、无形资产和不动产，不得从销项税额中抵扣进项税额的，按照下列公式计算不得抵扣的进项税额：

$$\text{不得抵扣的进项税额} = \text{固定资产、无形资产或者不动产净值} \times \text{适用税率}$$

（10）有下列情形之一者，应当按照销售额和增值税税率计算应纳税额，不得抵扣进项税额，也不得使用增值税专用发票：

1）一般纳税人会计核算不健全，或者不能够提供准确税务资料的。

2）应当办理一般纳税人资格登记而未办理的。

（11）财政部和国家税务总局规定的其他情形。

（三）加计抵减政策

为鼓励生产、生活服务业发展，考虑到其在进项抵扣方面的特点，自2019年4月1日至2021年12月31日，对生产、生活性服务业纳税人实行加计抵减政策，允许按照当期可抵扣进项税额加计10%，抵减应纳税额。

（1）所谓生产、生活性服务业纳税人，是指提供邮政服务、电信服务、现代服务、生活服务（以下称四项服务）取得的销售额占全部销售额的比重超过50%的纳税人。

（2）纳税人应按照当期可抵扣进项税额的10%计提当期加计抵减额。按照现行规定不得从销项税额中抵扣的进项税额，不得计提加计抵减额；已计提加计抵减额的进项税额，按规定作进项税额转出的，应在进项税额转出当期，相应调减加计抵减额。

（3）加计抵减额计算公式如下：

$$\text{当期计提加计抵减额} = \text{当期可抵扣进项税额} \times 10\%$$

（4）纳税人出口货物劳务、发生跨境应税行为不适用加计抵减政策，其对应的进项税额不得计提加计抵减额。

（四）国内旅客运输服务进项税抵扣政策

（1）2019年4月1日起，纳税人购进国内旅客运输服务，其进项税额允许从销项税额中抵扣。

（2）纳税人未取得增值税专用发票的，暂按照以下规定确定进项税额：

1）取得增值税电子普通发票的，为发票上注明的税额；

2）取得注明旅客身份信息的航空运输电子客票行程单的，为按照下列公式计算进项税额：

$$\text{航空旅客运输进项税额} = (\text{票价} + \text{燃油附加费}) \div (1 + 9\%) \times 9\%$$

3）取得注明旅客身份信息的铁路车票的，为按照下列公式计算的进项税额：

$$铁路旅客运输进项税额 = 票面金额 \div (1 + 9\%) \times 9\%$$

4）取得注明旅客身份信息的公路、水路等其他客票的，按照下列公式计算进项税额：

$$公路、水路等其他旅客运输进项税额 = 票面金额 \div (1 + 3\%) \times 3\%$$

四、应纳税额的计算

一般纳税人计算缴纳增值税，是按照规定的纳税期限，把纳税期内发生的应税销售收入额汇总起来，按汇总的应税销售额乘以适用税率计算出销项税额，再减去允许抵扣的进项税额，最终计算出应纳增值税税额。计算公式为：

$$应纳税额 = 当期销项税额 - 允许抵扣的进项税额$$

（注：允许抵扣的进项税额 = 当期进项税额 + 上期结转的进项税额）

（一）计算应纳税额的时间限定

1. 计算销项税额的时间限定

为保证计算应纳税额的合理性与准确性，纳税人必须严格把握当期进项税额从当期销项税额中抵扣这个要点。"当期"具体是指税务机关依照税法规定对纳税人确定的纳税期限；只有在纳税期限内实际发生的销项税额、进项税额（包括上期结转的进项税额），才是法定的当期销项税额或当期进项税额。

2. 增值税专用发票进项税额抵扣的时间限定

一般纳税人取得的增值税专用发票和机动车销售统一发票，应自开具之日起360日内认证或登录增值税发票选择确认平台进行确认，并在规定的纳税申报期内，向主管国税机关申报抵扣进项税额。

需要注意的是，为优化纳税服务，方便纳税人办税，取消了纳税信用A级、B级和C级一部分纳税人的认证要求。

3. 海关进口增值税专用缴款书进项税额抵扣的时间限定

自2013年7月1日起，增值税一般纳税人进口货物取得的属于增值税扣税范围的海关进口增值税专用缴款书，需经税务机关稽核比对相符后，其增值税额方能作为进项税额在销项税额中抵扣。

增值税一般纳税人取得的2017年7月1日及以后开具的海关进口增值税专用缴款书，应自开具之日起360日内向主管国税机关报送《海关完税凭证抵扣清单》，申请稽核比对。

4. 未按期申报抵扣增值税扣税凭证抵扣的处理办法

增值税一般纳税人取得的增值税专用发票以及海关进口增值税专用缴款书，未在规定期限内到税务机关办理认证（按规定不用认证的纳税人除外）或者申报抵扣的，不得作为合法的增值税扣税凭证，不得计算进项税额抵扣。

增值税一般纳税人，取得的增值税扣税凭证稽核比对结果相符但未按规定期限申报抵扣，属于发生真实交易且符合规定的客观原因的，经主管税务机关审核，允许纳税人继续申报抵扣其进项税额。增值税一般纳税人除客观原因以外的其他原因造成增值税扣税凭证未按期申报抵扣的，仍按照现行增值税扣税凭证申报抵扣有关规定执行。

客观原因包括如下类型：

（1）因自然灾害、社会突发事件等不可抗力原因造成增值税扣税凭证未按期申报抵扣；

（2）有关司法、行政机关在办理业务或者检查中，扣押、封存纳税人账簿资料，导致纳税人未能按期办理申报手续；

（3）税务机关信息系统、网络故障，导致纳税人未能及时取得认证结果通知书或稽核结果通知书，未能及时办理申报抵扣；

（4）由于企业办税人员伤亡、突发危重疾病或者擅自离职，未能办理交接手续，导致未能按期申报抵扣；

（5）国家税务总局规定的其他情形。

（二）当期进项税额结转下期抵扣

计算应纳税额出现当期销项税额小于当期进项税额不足抵扣的情况时，根据税法规定，当期进项税额不抵扣的部分可以结转下期继续抵扣。

（三）试行增值税期末留抵税额退税制度

（1）2018年5月1日起，装备制造等先进制造业、研发等现代服务业符合条件的企业和电网企业在一定期间内未抵扣完的进项税予以一次性退还。

（2）自2019年4月1日起，符合以下条件的纳税人，可以向主管税务机关申请退还增量留抵税额，所谓增量留抵税额，是指与2019年3月底相比新增加的期末留抵税额。

1）自2019年4月税款所属期起，连续六个月（按季纳税的，连续两个季度）增量留抵税额均大于零，且第六个月增量留抵税额不低于50万元；

2）纳税信用等级为A级或者B级；

3）申请退税前36个月未发生骗取留抵退税、出口退税或虚开增值税专用发票情形的；

4）申请退税前36个月未因偷税被税务机关处罚两次及以上的；

5）自2019年4月1日起未享受即征即退、先征后返（退）政策的。

（3）纳税人当期允许退还的增量留抵税额，按照以下公式计算：

$$允许退还的增量留抵税额 = 增量留抵税额 \times 进项构成比例 \times 60\%$$

公式中的进项构成比例，是指2019年4月至申请退税前一税款所属期内已抵扣的增值税专用发票（含税控机动车销售统一发票）、海关进口增值税专用缴款书、解缴税款完税凭证注明的增值税额占同期全部已抵扣进项税额的比重。

（4）纳税人应在增值税纳税申报期内，向主管税务机关申请退还留抵税额。

（5）纳税人出口货物劳务、发生跨境应税行为，适用免抵退税办法的，办理免抵退税后，仍符合本公告规定条件的，可以申请退还留抵税额；适用免退税办法的，相关进项税额不得用于退还留抵税额。

（四）扣减发生期进项税额的规定

已抵扣进项税额的购进货物、应税劳务或应税行为如果事后改变用途，发生下列行为：用于非应税项目、用于免税项目、用于集体福利或者个人消费、购进货物发生非正常损失、在产品或产成品发生非正常损失的，应将该进项货物、应税劳务或应税行为的进项税额从当期发生的进项税额中扣减，无法确定该进项税额的，按当期实际成本计算应扣减的进项税额。

（五）销售折让、中止或者退回涉及销项税额和进项税额的税务处理

纳税人适用一般计税方法计税的，因销售折让、中止或者退回而退还给购买方的增值额，应当从当期的销项税额中扣减；因销售折让、中止或者退回而收回的增值税额，应当从当期的进项税额中扣减。

（六）向供货方取得返还收入的税务处理

自2004年7月1日起，对商业企业向供货方收取的各种返还收入，均应按照平销返利的有关规定冲减当期增值税进项税额。应冲减进项税额的计算公式调整为：

$$当期应冲减进项税额 = 当期返还收入 \div (1 + 所购货物适用税率) \times 所购货物适用税率$$

商业企业向供货方收取的各种返还收入，一律不得开具增值税专用发票。

（七）一般纳税人注销时进项税额的处理

一般纳税人注销或取消辅导期一般纳税人资格，转为小规模纳税人时，其存货不做进项税额转出处理，其留抵税额也不予以退税。

（八）金融机构开展个人实物黄金交易业务

（1）对于金融机构从事的实物黄金交易业务，实行金融机构各省级分行和直属一级分行所属地市级分行、支行按照规定的预征率预缴增值税，由省级分行和直属一级分行统一清算缴纳。

（2）金融机构所属分行、支行、分理处、储蓄所等销售实物黄金时，应当向购买方开具国家税务总局统一监制的普通发票，不得开具银行自制的金融专业发票，普通发票领购事宜由各分行、支行办理。

（3）金融机构从事经其行业主管部门允许的贵金属交易业务，可比照销售个人实物黄金，实行统一清算缴纳的办法；已认定为增值税一般纳税人的金融机构，可根据《增值税专用发票使用规定》及相关规定领购、使用增值税专用发票。

（九）纳税人转让不动产

纳税人转让其取得的不动产，包括以直接购买、接受捐赠、接受投资入股、自建以及抵债等各种形式取得的不动产，适用《增值税一般纳税人纳税申报办法》。

房地产开发企业销售自行开发的房地产项目不适用该办法。

一般纳税人转让其取得的不动产，按照以下规定缴纳增值税：

（1）一般纳税人转让其2016年4月30日前取得（不含自建）的不动产，可以选择适用简易计税方法计税，已取得的全部价款和价外费用扣除不动产购置原价或者取得不动产时的作价后的余额为销售额，按照5%的征收率计算应纳税额。纳税人应按照上述计税方法向不动产所在地主管地税机关预缴税款，向机构所在地主管国税机关申报纳税。

（2）一般纳税人转让其2016年4月30日前自建的不动产，可以选择适用简易计税方法纳税，以取得的全部价款和价外费用为销售额，按照5%的征收率计算应纳税额。纳税人应按照上述计税方法向不动产所在地主管地税机关预缴税款，向机构所在地主管国税机关申报纳税。

（3）一般纳税人转让其2016年4月30日前取得（不含自建）的不动产，选择适用一般计税方法计税的，以取得的全部价款和价外费用为销售额计算应纳税额。纳税人应以取得的全部价款和价外费用扣除不动产购置原价或者取得不动产时的作价后的余额，按照5%的预征率向不动产所在地主管地税机关预缴税款，向机构所在地主管国税机关申报纳税。

（4）一般纳税人转让其2016年4月30日前自建的不动产，选择适用一般计税方法计税的，以取得的全部价款和价外费用为销售额计算应纳税额。纳税人应以取得的全部价款和价外费用，按照5%的预征率向不动产所在地主管地税机关预缴税款，向机构所在地主管国税机关申报纳税。

（5）一般纳税人转让其2016年5月1日后取得（不按自建）的不动产，适用一般计税方法，以取得的全部价款和价外费用为销售额计算应纳税额。纳税人应以取得的全部价款和价外费用扣除不动产购置原价或者取得不动产时的作价后的余额，按照5%的预征率向不动产所在地主管地税机关预缴税款，向机构所在地主管国税机关申报纳税。

（6）一般纳税人转让其2016年5月1日后自建的不动产，适用一般计税方法，以取得的全部价款和价外费用为销售额计算应纳税额。纳税人应以取得的全部价款和价外费用，按照5%的预征率向不动产所在地主管地税机关预缴税款，向机构所在地主管国税机关申报纳税。

（十）纳税人跨县（市、区）提供建筑服务

纳税人跨县（市、区）提供建筑服务，应按照规定的纳税义务发生时间和计税方法，向建筑服务发生地主管国税机关预缴税款，向机构所在地主管国税机关申报纳税。

（1）纳税人跨县（市、区）提供建筑服务，按照以下规定预缴税款：

1）一般纳税人跨县（市、区）提供建筑服务，适用一般计税方法计税的，以取得的全部价款和价外费用扣除支付的分包款后的余额，按照2%的预征率计算应预缴税款。

2）一般纳税人跨县（市、区）提供建筑服务，选择适用简易计税方法计税的，以取得的全部价款和价外费用扣除支付的分包款后的余额，按照3%的征收率计算应预缴税款。

（2）纳税人跨县（市、区）提供建筑服务，按照以下公式计算应预缴税款：
1）适用一般计税方法计税的：
$$应预缴税款 = （全部价款和价外费用 - 支付的分包款）÷ (1 + 9\%) × 2\%$$
2）适用简易计税方法计税的：
$$应预缴税款 = （全部价款和价外费用 - 支付的分包款）÷ (1 + 3\%) × 3\%$$
纳税人取得的全部价款和价外费用扣除支付的分包款后的余额为负数的，可结转下次预缴税款时继续扣除。

纳税人应按照工程项目分别计算应预缴税款，分别预缴。

（十一）纳税人提供不动产经营租赁服务

纳税人以经营租赁方式出租其取得的不动产（以下简称出租不动产），适用《增值税一般纳税人纳税申报办法》。

取得的不动产，包括以直接购买、接受捐赠、接受投资入股、自建以及抵债等各种形式取得的不动产。

纳税人提供道路通行服务不适用该办法。

1. 一般纳税人出租不动产缴纳增值税的规定

（1）一般纳税人出租其2016年4月30日前取得的不动产，可以选择适用简易计税方法，按照5%的征收率计算应纳税额。

不动产所在地与机构所在地不在同一县（市、区）的，纳税人应按照上述计税方法向不动产所在地主管国税机关预缴税款，向机构所在地主管国税机关申报纳税。

不动产所在地与机构所在地在同一县（市、区）的，纳税人向机构所在地主管国税机关申报纳税。

（2）一般纳税人出租其2016年5月1日后取得的不动产，适用一般计税方法计税。

不动产所在地与机构所在地不在同一县（市、区）的，纳税人应按3%的预征率向不动产所在地主管国税机关预缴税款，向机构所在地主管国税机关申报纳税。

不动产所在地与机构所在地在同一县（市、区）的，纳税人向机构所在地主管国税机关申报纳税。

一般纳税人出租其2016年4月30日前取得的不动产适用一般计税方法的，按照上述规定执行。

2. 预缴税款的计算

（1）纳税人出租不动产适用一般计税方法计税的，按照以下公式计算应预缴税款：
$$应预缴税款 = 含税销售额 ÷ (1 + 9\%) × 3\%$$

（2）纳税人出租不动产适用简易计税方法计税的，除个人出租住房外，按照以下公式计算应预缴税款：
$$应预缴税款 = 含税销售额 ÷ (1 + 5\%) × 5\%$$

3. 征收管理

（1）单位和个体工商户出租不动产，按照《增值税一般纳税人纳税申报办法》规定向不动产所在地主管国税机关预缴税款时，应填写《增值税预缴税款表》。

（2）单位和个体工商户出租不动产，向不动产所在地主管国税机关预缴的增值税款，可以在当期增值税应纳税额中抵减，抵减不完的，结转下期继续抵减。

纳税人以预缴税款抵减应纳税额，应以完税凭证作为合法有效凭证。

（3）纳税人出租不动产，按照《增值税一般纳税人纳税申报办法》规定应向不动产所在地主管国税机关预缴税款而自应当预缴之月起超过6个月没有预缴税款的，由机构所在地主管国税机关按照《中华人民共和国税收征收管理法》及相关规定进行处理。

（十二）房地产开发企业不动产经营租赁服务

房地产开发企业中的一般纳税人，出租自行开发的房地产老项目，可以选择适用简易计税方法，按照5%的征收率计算应纳税额。纳税人出租自行开发的房地产老项目与其机构所在地不在同一县（市）的，应按照上述计税方法在不动产所在地预缴税款后，向机构所在地主管税务机关进行纳税申报。

房地产开发企业中的一般纳税人，出租其2016年5月1日后自行开发的与机构所在地不在同一县（市）的房地产项目，应按照3%的预征率在不动产所在地预缴税款后，向机构所在地主管税务机关进行纳税申报。

（十三）房地产开发企业销售自行开发的房地产项目

房地产开发企业销售自行开发的房地产项目，适用《增值税一般纳税人纳税申报办法》。

1. 自行开发

自行开发是指在依法取得土地使用权的土地上进行基础设施和房屋建设。房地产开发企业以接盘等形式购入未完工的房地产项目继续开发后，以自己的名义立项销售的，属于销售自行开发的房地产项目。

2. 销售额的确定

房地产开发企业中的一般纳税人（以下简称一般纳税人）销售自行开发的房地产项目，适用一般计税方法计税，按照取得的全部价款和价外费用，扣除当期销售房地产项目对应的土地价款后的余额计算销售额。销售额的计算公式如下：

$$销售额 = （全部价款和价外费用 - 当期允许扣除的土地价款） \div (1 + 9\%)$$

当期允许扣除的土地价款按照以下公式计算：

$$当期允许扣除的土地价款 = \frac{当期销售房地产项目建筑面积}{房地产项目可供销售建筑面积} \times 支付的土地价款$$

当期销售房地产项目建筑面积，是指当期进行纳税申报的增值税销售额对应的建筑面积。

支付的土地价款，是指向政府、土地管理部门或受政府委托收取土地价款的单位直接支付的土地价款。

在计算销售额时从全部价款和价外费用中扣除土地价款，应当取得省级以上（含省级）财政部门监（印）制的财政票据。

一般纳税人应建立台账登记土地价款的扣除情况，扣除的土地价款不得超过纳税人实际支付的土地价款。

房地产开发企业的一般纳税人销售自行开发的房地产老项目，可以选择适用简易计税方法按照5%的征收率计税。一经选择简易计税方法计税的，36个月内不得变更为一般计税方法计税。

房地产开发企业的一般纳税人销售自行开发的房地产老项目适用简易计税方法计税的，以取得的全部价款和价外费用为销售额，不得扣除对应的土地价款。

3. 预缴税款

房地产开发企业的一般纳税人采取预收款方式销售自行开发的房地产项目，应在收到预收款后按照3%的预征率预缴增值税。

应预缴税款按照以下公式计算：

$$应预缴税款 = 预收款 \div (1 + 适用税率或征收率) \times 3\%$$

适用一般计税方法计税的，按照9%的适用税率计算；适用简易计税方法计税的，按照5%的征收率计算。

房地产开发企业的一般纳税人应在取得预收款的次月纳税申报期间向主管国税机关预缴税款。

4. 进项税额

房地产开发企业的一般纳税人销售自行开发的房地产项目，兼有一般计税方法计税、简易计税方法计税、免征增值税的房地产项目而无法划分不得抵扣的进项税额的，应以《建筑工程施工许可证》注明的"建筑规模"为依据进行划分，计算公式为：

$$\text{不得抵扣的进项税额} = \text{当期无法划分的全部进项税额} \times \left(\frac{\text{简易计税、免税房地产项目建设规模}}{\text{房地产项目总建设规模}}\right)$$

5. 纳税申报

房地产开发企业的一般纳税人销售自行开发的房地产项目适用一般计税方法计税的，应按规定的纳税义务发生时间，以当期销售额和9%的适用税率计算当期应纳税额，抵减已预缴税款后，向主管国税机关申报纳税。未抵减完的预缴税款可以结转下期继续抵减。

房地产开发企业的一般纳税人销售自行开发的房地产项目适用简易计税方法计税的，应按规定的纳税义务发生时间，以当期销售额和5%的征收率计算当期应纳税额，抵减已预缴税款后，向主管国税机关申报纳税。未抵减完的预缴税款可以结转下期继续抵减。

6. 发票开具

房地产开发企业的一般纳税人销售自行开发的房地产项目，自行开具增值税发票。

房地产开发企业的一般纳税人销售自行开发的房地产项目，自2016年4月30日前收取并已向主管地税机关申报缴纳营业税的预收款，未开具营业税发票的，可以开具增值税普通发票，不得开具增值税专用发票。

房地产开发企业的一般纳税人向其他个人销售自行开发的房地产项目，不得开具增值税专用发票。

例5-5 环亚公司（增值税一般纳税人）2019年6月将生产出来的一批灯具销售给批发商埃森商业公司，取得销售收入100 000元；当月环亚公司购进原材料的进货发票上注明的增值税税额为8 000元。计算环亚公司6月份的应纳增值税税额。

答案与解析

$$\text{应纳增值税税额} = 100\,000 \times 13\% - 8\,000 = 13\,000 - 8\,000 = 5\,000(\text{元})$$

例5-6 埃森商业公司（增值税一般纳税人）6月份从环亚公司购进一批灯具，价款为100 000元，进货发票上注明增值税税额为17 000元；当月的销售收入为70 000元。计算埃森商业公司6月份的应纳增值税税额。

答案与解析

$$\text{应纳增值税税额} = 70\,000 \times 13\% - 17\,000 = 9\,100 - 17\,000 = -7\,900(\text{元})$$

在该例中，埃森商业公司当月的销售税额小于进项税额，计算出的应纳增值税税额为-7 900元。一般而言，如果当期的销项税额小于进项税额，其不足部分结转下期继续抵扣。所以埃森商业公司当月不缴增值税，7 900元未抵扣的进项税额转到以后月份继续抵扣。

例5-7 A省甲市的某建筑企业是增值税一般纳税人，2019年7月在B省乙市取得含税建筑收入500万元，选择一般计税方法计算纳税。计算该企业在建筑服务发生地乙市的预缴税款。

答案与解析 一般纳税人跨县（市、区）提供建筑服务，适用一般计税方法计税的，以取得的全部价款和价外费用扣除支付的分包款后的余额，按照2%的预征率计算应预缴税款，则：

$$\text{该企业应在乙市预缴税款} = 500 \div (1 + 9\%) \times 2\% = 9.17(\text{万元})$$

例5-8 宇森电视机制造公司2019年8月发生下列业务：

(1) 购入一批原材料，取得增值税专用发票，注明税款2 000元；

（2）销售A型号电视机2 000台，发票注明每台不含税价格为1 000元；
（3）支付电费，取得增值税专用发票，价款10 000元，税款1 300元；
（4）支付水费，取得增值税专用发票，价款3 000元，税款270元；
（5）销售自用的旧设备一台，该机器于2011年购入，原价56 000元，售价14 000元；
（6）销售生产下脚料一批，收取现金3 000元。
假设购进货物的发票都已经认证，计算：
（1）当期进项税额；
（2）当期销项税额
（3）当期应纳增值税。

答案与解析

（1）当期进项税额 = 2 000 + 1 300 + 270 = 3 570（元）
（2）当期销项税额主要涉及以下三部分：

$$当期销售电视机销项税额 = 2\,000 \times 1\,000 \times 13\% = 260\,000(元)$$

按规定，一般纳税人销售自己使用过的属于《增值税暂行条例》第十条规定不得抵扣且未抵扣进项税额的固定资产，按照简易办法依照3%的征收率减按2%征收增值税，则：

$$当期销售自用旧设备销项税额 = 14\,000 \div (1 + 3\%) \times 2\% = 271.84(元)$$
$$销售下脚料销项税额 = 3\,000 \div (1 + 13\%) \times 13\% = 345.13(元)$$
$$当期销项税额 = 260\,000 + 271.84 + 345.13 = 260\,616.97(元)$$

（3）当期应纳税额 = 当期销项税额 - 当期进项税额 = 260 616.97 - 3 570 = 257 046.97（元）

五、简易征税方法应纳税额的计算

增值税一般纳税人可选择简易征税方法的情况已在本章第四节列明，这里介绍其应纳税额的计算。

（一）应纳税额的计算公式

纳税人销售货物或者应税劳务或者发生应税行为适用简易计税方法的，按照销售额和征收率计算应纳税额，不得抵扣进项税额。应纳税额的计算公式为：

$$应纳税额 = 销售额 \times 征收率$$

（二）含税销售额的换算

按简易计税方法计税的销售额不包括其应纳的增值税税额，纳税人采用销售额和应纳增值税税额合并定价方法的，按照下列公式计算销售额：

$$销售额 = 含税销售额 \div (1 + 征收率)$$

六、兼营行为的税率选择

纳税人销售货物、提供应税劳务、发生应税行为适用不同税率或者征收率的，应当分别核算适用不同税率或者征收率的销售额，未分别核算销售额的，按照以下方法适用税率或者征收率：
（1）兼有不同税率的销售货物、提供应税劳务、发生应税行为，从高适用税率。
（2）兼有不同征收率的销售货物、提供应税劳务、发生应税行为，从高适用征收率。
（3）兼有不同税率和征收率的销售货物、提供应税劳务、发生应税行为，从高适用税率。

第六节 小规模纳税人及简易计税方法计税

为了降低征税成本，适应广大中小微企业纳税管理水平，小规模纳税人不采取发票抵扣方法计算纳税，而是采取按照"销售额×征收率"的计税方法，即按简易计税方法计算纳税。同时，对一般纳税人发生的某些应税行为或项目，也可以按规定选择简易计税方法计算纳税，具体内容请参阅本章第四节。

一、应纳税额的计算公式

简易计税方法按照销售额和征收率计算应纳税额，不抵扣进项税额。应纳税额的计算公式为：

$$应纳税额 = 销售额 \times 征收率$$

（注：销售额为不含增值税销售额）

二、含税销售额转换为不含税销售额

由于小规模纳税人在销售商品或者应税服务时，只能开具普通发票，而普通发票只能显示包含增值税的销售额。由于增值税是价外税，在计算应纳税额时必须将含税销售额换算为不含税的销售额。不含税销售额的换算公式为：

$$不含税销售额 = 含税销售额 \div (1 + 征收率)$$

三、小规模纳税人及个人不动产的计税

（1）小规模纳税人出租不动产，按照以下规定缴纳增值税。

1）单位和个体工商户出租不动产（不含个体工商户出租住房），按照5%的征收率计算应纳税额。个体工商户出租住房，按照5%的征收率减按1.5%计算应纳税额。其中个体工商户出租住房，按照以下公式计算应预缴税款：

$$应预缴税款 = 含税销售额 \div (1 + 5\%) \times 1.5\%$$

不动产所在地与机构所在地不在同一县（市、区）的，纳税人应按照上述计税方法向不动产所在地主管国税机关预缴税款，向机构所在地主管国税机关申报纳税。

不动产所在地与机构所在地在同一县（市、区）的，纳税人向机构所在地主管国税机关申报纳税。

2）其他个人出租不动产（不含住房），按照5%的征收率计算应纳税额，向不动产所在地主管地税机关申报纳税。其他个人出租住房，按照5%的征收率减按1.5%计算应纳税额，向不动产所在地主管地税机关申报纳税。其他个人出租不动产，分情况按照以下公式计算应纳税款。

①出租住房：

$$应纳税款 = 含税销售额 \div (1 + 5\%) \times 1.5\%$$

②出租非住房：

$$应纳税款 = 含税销售额 \div (1 + 5\%) \times 5\%$$

（2）小规模纳税人转让其取得的不动产，除个人转让其购买的住房外，按照以下规定缴纳增值税。

1）小规模纳税人转让其取得（不含自建）的不动产，以取得的全部价款和价外费用扣除不动产购置原价或者取得不动产时的作价后的余额为销售额，按照5%的征收率计算应纳税额。

2）小规模纳税人转让其自建的不动产，以取得的全部价款和价外费用为销售额，按照5%的征收率计算应纳税额。

除其他个人之外的小规模纳税人，应按照本条规定的计税方法向不动产所在地主管地税机关预缴税款，向机构所在地主管国税机关申报纳税；其他个人按照本条规定的计税方法向不动产所在地主管地税机关申报纳税。

（3）个人转让其购买的住房，按照以下规定缴纳增值税：

1）个人转让其购买的住房，按照有关规定全额缴纳增值税的，以取得的全部价款和价外费

用为销售额，按照5%的征收率计算应纳税额。

2) 个人转让其购买的住房，按照有关规定差额缴纳增值税的，以取得的全部价款和价外费用扣除购买住房价款后的余额为销售额，按照5%的征收率计算应纳税额。

个体工商户应按照本条规定的计税方法向住房所在地主管地税机关预缴税款，向机构所在地主管国税机关申报纳税；其他个人应按照本条规定的计税方法向住房所在地主管地税机关申报纳税。

(4) 其他个人以外的纳税人转让其取得的不动产，区分以下情形计算应向不动产所在地主管税务机关预缴的税款：

1) 以转让不动产取得的全部价款和价外费用作为预缴税款计算依据的，计算公式为：

$$应预缴税款 = 全部价款和价外费用 \div (1+5\%) \times 5\%$$

2) 以转让不动产取得的全部价款和价外费用扣除不动产购置原价或者取得不动产时的作价后的余额作为预缴税款计算依据的，计算公式为：

$$应预缴税款 = \left(\begin{array}{l}全部价款和\\价外费用\end{array} - \begin{array}{l}不动产购置原价或者\\取得不动产时的作价\end{array}\right) \div (1+5\%) \times 5\%$$

(5) 其他个人转让其取得的不动产，按照上述第（4）条规定的计算方法计算应纳税额并向不动产所在地主管地税机关申报纳税。

例 5-9 某从事咨询服务的增值税小规模纳税人，2019年8月取得咨询服务收入24.72万元（含增值税，下同）；当月转让一辆自用过3年的小汽车，转让收入为10.3万元；当月签订合同出租一间办公室，预收一年租金10.5万元；当月该纳税人外购一批水果用于交易应酬，取得的增值税专用发票上注明金额为3 000元。已知该小规模纳税人销售使用过的固定资产未放弃减税，计算该纳税人当月应纳增值税额。

答案与解析 小规模纳税人的不同业务适用不同的征收率。

就此题而言，咨询服务收入适用3%的征收率，则：

$$销售收入应纳增值税 = 24.72 \div (1+3\%) \times 3\% = 0.72(万元)$$

转让自用过的汽车，属于销售自己使用过的固定资产，减按2%的征收率征收增值税，则：

$$转让汽车应纳增值税 = 10.3 \div (1+3\%) \times 2\% = 0.2(万元)$$

出租办公室的收入，属于出租（经营租赁）其取得的不动产，适用5%的征收率，则：

$$出租办公室应纳增值税 = 10.5 \div (1+5\%) \times 5\% = 0.5(万元)$$

$$该纳税人当月应纳增值税额 = 0.72 + 0.2 + 0.5 = 1.42(万元)$$

第七节 进口商品应纳税额的计算

1. 进口环节增值税征税范围

(1) 根据《增值税暂行条例》的规定，申报进入中华人民共和国海关境内的货物，均应缴纳增值税。确定一项货物是否属于进口，必须首先看其是否有报关进口手续。

(2) 从其他国家或地区进口《跨境电子商务零售进口商品清单》范围内的以下商品适用于跨境电子商务零售进口增值税税收政策：

1) 所有通过与海关联网的电子商务交易平台交易，能够实现交易、支付、物流电子信息"三单"比对的跨境电子商务零售进口商品；

2) 未通过与海关联网的电子商务交易平台交易，但快递、邮政企业能够统一提供交易、支付、物流等电子信息，并承诺承担相应法律责任进境的跨境电子商务零售进口商品。

不属于跨境电子商务零售进口的个人物品以及无法提供交易、支付、物流等电子信息的跨境电子商务零售进口商品，按现行规定执行。

2. 进口环节增值税的纳税人

进口货物的收货人（承受人）或办理报关手续的单位和个人，为进口货物增值税的纳税义务人，包括了国内一切从事进口业务的企业事业单位、机关团体和个人。

跨境电子商务零售进口商品按照货物征收关税和进口环节增值税、消费税的，购买跨境电子商务零售进口商品的个人作为纳税义务人。电子商务企业、电子商务交易平台企业或物流企业可作为代收代缴义务人。

3. 进口环节增值税的适用税率

进口环节增值税的适用税率与境内商品交易税率相同。进口货物的增值税税率为13%和9%，即便是小规模纳税人，进口计税时也适用13%和9%的税率，不适用征收率。

但是对跨境电子商务零售进口商品的单次交易限值为人民币2 000元，个人年度交易限值为人民币20 000元以内进口的跨境电子商务零售进口商品，关税税率暂设为0%。

4. 进口环节增值税应纳税额计算

进口货物的应纳税额，不管纳税人是一般纳税人还是小规模纳税人，均按进口货物的组成计税价格和规定的税率计算，并且不能抵扣任何进项税额。进口货物的组成计税价格为进口货物所支付的全部金额（但不包括支付的增值税），其具体内容依进口货物是否同时缴纳消费税而定。

如果进口货物同时缴纳消费税，其组成计税价格的计算公式为：

$$组成计税价格 = 关税完税价格 + 关税 + 消费税税额$$

如果进口货物不同时缴纳消费税，其组成计税价格的计算公式为：

$$组成计税价格 = 关税完税价格 + 关税$$

确定进口货物的计税组成价格后，按下式计算进口货物的应纳税额：

$$应纳税额 = 组成计税价格 \times 适用税率$$

例5-10 2018年7月，某汽车生产企业进口小汽车成套配件一批，境外成交价格为93万美元，运抵中国境内输入地点起卸前的运输费为6万美元，保险费1万美元。小汽车成套配件进口关税税率为6%，人民币汇率中间价为1美元兑换人民币6.7元。计算该汽车生产企业进口小汽车成套配件应纳增值税额。

答案与解析

关税完税价格 = 93 + 6 + 1 = 100(万美元)

组成计税价格 = 关税完税价格 + 关税 + 消费税(若有) = 100 + 100 × 6% = 106(万美元)

进口环节应纳税额 = 组成计税价格 × 税率

= 106 × 13% = 13.78(万美元) × 6.7 = 92.326(元)

第八节 出口货物、劳务和应税服务的增值税

为了提高出口货物在国际市场上的竞争能力，鼓励商品出口，我国现行增值税制度规定，对出口货物、劳务和跨境应税行为实行退税或零税率。

增值税的出口退税不同于出口免税。出口免税是指对纳税人在出口环节的纳税义务予以免除，但并不像出口退税那样退还以前环节已经承担的增值税，因此免税的出口货物可能仍含有国内已经征收的流转税或劳务税。

一、出口货物、服务退（免）增值税基本政策

目前，我国的出口货物、劳务和跨境应税行为的增值税退、免政策分为以下三种形式。

1. 出口免税并退税

出口免税是指对货物、劳务和跨境应税行为在出口销售环节免征增值税，这是把货物、劳务和跨境应税行为出口环节与出口前的销售环节都同样视为一个征税环节；出口退税是指对货物、劳务和跨境应税行为在出口前实际承担的税收负担，按规定的退税率计算后予以退还。

2. 出口免税不退税

出口免税与上述第（一）项含义相同。出口不退税是指适用这个政策的出口货物、劳务和跨境应税行为因在前一道生产、销售环节或进口环节是免税的，因此，出口时该货物、劳务和跨境应税行为的价格中本身就不含税，也无须退税。

3. 出口不免税也不退税

出口不免税是指对国家限制或禁止出口的某些货物、劳务和跨境应税行为的出口环节视同内销环节，照常征税；出口不退税是指对这些货物、劳务和跨境应税行为出口不退还出口前其所负担的税款。

二、适用增值税退（免）税的范围

对下列出口货物、劳务和跨境应税行为，免征和退还增值税：
（1）出口企业出口货物。
（2）出口企业或其他单位视同出口的货物，如：
1）对外援助、对外承包、对外投资的出口货物。
2）进入保税区、保税港、出口加工区等特殊区域并销售给区域内的货物。
3）免税品销售商销售的货物。
4）生产企业向海上石油天然气开采企业销售自产的工程结构物。
5）政策规定的其他内容。
（3）出口企业对外提供加工修理修配劳务，是指对进境复出口货物或从事国际运输的运输工具进行的加工修理修配。
（4）融资租赁货物出口退税。根据规定，对融资租赁出口货物试行退税政策。对融资租赁企业、金融租赁公司及其设立的项目子公司，以融资租赁方式租赁给境外承租人且租赁期限在5年（含）以上，并向海关报关后实际离境的货物，试行增值税、消费税出口退税政策。

三、适用增值税免税政策的范围

（1）出口企业或其他单位出口规定的货物，具体是指：
1）增值税小规模纳税人出口的货物。
2）避孕药品和用具，古旧图书。
3）软件产品。根据《关于延续动漫产业增值税政策的通知》，动漫软件出口免征增值税。
4）含黄金、铂金成分的货物，钻石及其饰品。
5）国家计划内出口的卷烟。
6）非出口企业委托出口的货物。
7）非列明生产企业出口的非视同自产货物。
8）农业生产者自产农产品。
9）油、花生果仁、黑大豆等财政部和国家税务总局规定的出口免税的货物。
10）外贸企业取得普通发票、废旧物资收购凭证、农产品收购发票、政府非税收入票据的货物。
11）来料加工复出口的货物。
12）特殊区域内的企业出口的特殊区域内的货物。

13）以人民币现金作为结算方式的边境地区出口企业从所在省（自治区）的边境口岸出口到接壤国家的一般贸易和边境小额贸易出口货物。

14）以旅游购物贸易方式报关出口的货物。

（2）出口企业或其他单位视同出口的下列货物和劳务：

1）国家批准设立的免税店销售的免税货物。

2）特殊区域内的企业为境外的单位或个人提供加工修理修配劳务。

3）同一特殊区域、不同特殊区域内的企业之间销售特殊区域内的货物。

（3）出口企业或其他单位未按规定申报或未补交增值税退（免）税凭证的出口货物和劳务。

（4）境内的单位和个人销售的下列服务和无形资产免征增值税，但财政部和国家税务总局规定适用增值税零税率的除外。

1）工程项目在境外的建筑服务。

2）工程项目在境外的工程监理服务。

3）工程、矿产资源在境外的工程勘察勘探服务。

4）会议展览地点在境外的会议展览服务。

5）存储地点在境外的仓储服务。

6）标的物在境外使用的有形动产租赁服务。

7）在境外提供的广播影视节目（作品）的播映服务。

8）在境外提供的文化体育服务、教育医疗服务、旅游服务。

9）为出口货物提供的邮政服务、收派服务、保险服务。为出口货物提供的保险服务，包括出口货物保险和出口信用保险。

10）向境外单位提供的完全在境外消费的下列服务和无形资产：

①向境外单位销售的完全在境外消费的知识产权服务。

②向境外单位销售的完全在境外消费的物流辅助服务（仓储服务、收派服务除外）。

③向境外单位销售的完全在境外消费的鉴证咨询服务。

④向境外单位销售的完全在境外消费的专业技术服务。

⑤向境外单位销售的完全在境外消费的商务辅助服务。

⑥向境外单位销售的广告投放地在境外的广告服务。

⑦向境外单位销售的完全在境外消费的无形资产（技术除外）。

⑧为境外单位之间的货币资金融通及其他金融业务提供的直接收费金融服务，且该服务与境内的货物、无形资产和不动产无关。

11）按照国家有关规定应取得相关资质的国际运输服务项目，纳税人未取得相关资质的，适用增值税免税政策。

12）境内单位和个人以无运输工具承运方式提供的国际运输服务，无运输工具承运业务的经营者适用增值税免税政策。

13）境内的单位和个人提供适用增值税零税率的服务或者无形资产，属于适用简易计税方法的，实行免征增值税办法。

14）财政部和国家税务总局规定的其他服务。

（5）市场经营户自营或委托市场采购贸易经营者以市场采购贸易方式出口的货物免征增值税。

四、增值税出口退税率

（1）除另有特殊规定的退税率外，出口货物、服务和无形资产的退税率为其适用税率。

（2）退税率的特殊规定：

1）外贸企业购进按简易办法征税的出口货物、从小规模纳税人处购进的出口货物，其退税率分别为简易办法实际执行的征收率、小规模纳税人征收率。上述出口货物取得增值税专用发票的，退税率按照增值税专用发票上的税率和出口货物退税率孰低的原则确定。

2）出口企业委托加工修理修配货物，其加工修理修配费用的退税率，为出口货物的退税率。

3）中标机电产品、出口企业向海关报关进入特殊区域销售给特殊区域内生产企业生产耗用的列明原材料、输入特殊区域的水电气，其退税率为适用税率。如果国家调整列明原材料的退税率，则列明原材料应当自调整之日起按调整后的退税率执行。

4）适用不同退税率的货物、劳务及跨境应税行为，应分开报关、核算并申报退（免）税，未分开报关、核算或划分不清的，从低适用退税率。

五、增值税退（免）税的计税依据

出口货物、劳务的增值税退（免）税的计税依据，按出口货物、劳务的出口发票（外销发票）、其他普通发票或购进出口货物、劳务的增值税专用发票、海关进口增值税专用缴款书确定。

跨境应税行为的计税依据具体规定如下：

（1）生产企业出口货物、劳务（进料加工复出口货物除外）增值税退（免）税的计税依据，为出口货物、劳务的实际离岸价（FOB）。实际离岸价应以出口发票上的离岸价为准，但如果出口发票不能反映实际离岸价，主管税务机关有权予以核定。

（2）对进料加工出口货物，企业应以出口货物人民币离岸价扣除出口货物耗用的保税进料件金额的余额为增值税退（免）税的计税依据。

（3）生产企业国内购进无进项税额且不计提进项税额的免税原材料加工后出口的货物的计税依据，按出口货物的离岸价（FOB）扣除出口货物所含的国内购进免税原材料的金额后确定。

（4）外贸企业出口货物（委托加工修理修配货物除外）增值税退（免）税的计税依据，为购进出口货物的增值税专用发票注明的金额或海关进口增值税专用缴款书注明的完税价格。

（5）外贸企业出口委托加工修理修配货物增值税退（免）税的计税依据，为加工修理修配费用增值税专用发票注明的金额。外贸企业应将加工修理修配使用的原材料（进料加工海关保税进口料件除外）作价销售给受托加工修理修配的生产企业，受托加工修理修配的生产企业应将原材料成本并入加工修理修配费用开具发票。

（6）出口进项税额未计算抵扣的已使用过的设备增值税退（免）税的计税依据，按下列公式确定：

$$\text{退（免）税计税依据} = \frac{\text{增值税专用发票注明的金额或海关}}{\text{增值税专用缴款书注明的完税价格}} \times \frac{\text{已使用过的设备}}{\text{固定资产净值}} \div \frac{\text{已使用过的}}{\text{设备原值}}$$

已使用过的设备固定资产净值 = 已使用过的设备原值 − 已使用过的设备已提累计折旧

"已使用过的设备"，是指出口企业根据财务会计制度已经计提折旧的固定资产。

（7）免税品经营企业销售的货物增值税退（免）税的计税依据，为购进货物的增值税专用发票注明的金额或海关进口增值税专用缴款书注明的完税价格。

（8）中标机电产品增值税退（免）税的计税依据，若是生产企业，则为销售机电产品的普通发票注明的金额，若是外贸企业，则为购进货物的增值税专用发票注明的金额或海关进口增值税专用缴款书注明的完税价格。

（9）输入特殊区域的水电气增值税退（免）税的计税依据，为作为购买方的特殊区域内生产企业购进水（包括蒸汽）、电力、燃气的增值税专用发票注明的金额。

（10）跨境应税行为的退（免）税计税依据按下列规定执行：

1）实行"免、抵、退"税办法的退（免）税计税依据：

①以铁路运输方式载运旅客的，为按照铁路合作组织清算规则清算后的实际运输收入。

②以铁路运输方式载运货物的，为按照铁路运输进款清算办法，对"发站"或"到站"名

称包含"境"字货票上注明的运输费用以及直接相关的国际联运杂费清算后的实际运输收入。

③以航空运输方式载运货物或旅客的,如果国际运输或港、澳、台地区运输各航段由多个承运人承运,为中国航空结算有限责任公司清算后的实际收入;如果国际运输或港、澳、台地区运输各航段由一个承运人承运,为提供航空运输服务取得的收入。

④其他实行"免、抵、退"税办法的增值税零税率应税行为,为提供增值税零税率应税行为取得的收入。

2)实行免退税办法的退(免)税计税依据为购进应税服务的增值税专用发票或解缴税款的中华人民共和国税收缴款凭证上注明的金额。

实行退(免)税办法的服务和无形资产,主管税务机关认定出口价格偏高的,有权按照核定的出口价格计算退(免)税,核定的出口价格低于外贸企业购进价格的,低于部分对应的进项税额不予退税,转入成本。

例 5-11　单选题:生产企业进料加工复出口货物,其增值税的退(免)税计税依据是(　　)。
A. 按出口货物的离岸价(FOB)扣除出口货物所耗用的海关保税进口料件后的金额后确定
B. 出口货物的到岸价
C. 出口货物的实际离岸价(FOB)
D. 按出口货物的离岸价(FOB)扣除出口货物所购进的海关保税进口料件的金额后确定

答案与解析　A。对进料加工出口货物,企业应以出口货物人民币离岸价扣除出口货物耗用的保税进口料件金额的余额为增值税退(免)税的计税依据。

六、增值税"免、抵、退"税和"免、退"税的计算

(1)生产企业出口货物、劳务、服务和无形资产"免、抵、退"税的计算如下。

1)当期应纳税额的计算公式为:

当期应纳税额 = 当期销项税额 −(当期进项税额 − 当期不得免征和抵扣税额)

当期不得免征和抵扣税额 = 当期出口货物离岸价 × 外汇人民币折合率 ×(出口货物适用税率 − 出口货物退税率)− 当期不得免征和抵扣税额抵减额

当期不得免征和抵扣税额抵减额 = 当期免税购进原材料价格 ×(出口货物适用税率 − 出口货物退税率)

2)当期"免、抵、退"税额的计算公式为:

当期"免、抵、退"税额 = 当期出口货物离岸价 × 外汇人民币折合率 × 出口货物退税率 − 当期"免、抵、退"税额抵减额

当期"免、抵、退"税额抵减额 = 当期免税购进原材料价格 × 出口货物退税率

3)当期应退税额和免抵税额的计算分以下两种情况。

①当期期末留抵税额≤当期"免、抵、退"税额,则:

当期应退税额 = 当期期末留抵税额

当期免抵税额 = 当期"免、抵、退"税额 − 当期应退税额

②当期期末留抵税额 > 当期"免、抵、退"税额,则:

当期应退税额 = 当期"免、抵、退"税额

当期免抵税额 = 0

当期期末留抵税额为当期增值税纳税申报表中"期末留抵税额"。

4)当期免税购进原材料价格包括当期国内购进的无进项税额且不计提进项税额的免税原材料的价格和当期进料加工保税进口料件的价格,其中当期进料加工保税进口料件的价格为进料加工出口货物耗用的保税进口料件金额,计算公式为:

$$\begin{aligned}\text{进料加工出口货物耗用}\\\text{的保税进口料件金额}\end{aligned} = \begin{aligned}\text{进料加工出口}\\\text{货物人民币离岸价}\end{aligned} \times \begin{aligned}\text{进料加工}\\\text{计划分配率}\end{aligned}$$

$$\text{计划分配率} = (\text{计划进口总值} \div \text{计划出口总值}) \times 100\%$$

计算不得免征和抵扣税额时，应按当期全部出口货物的销售额扣除当期全部进料加工出口货物耗用的保税进口料件金额后的余额乘以征、退税率之差计算。

进料加工出口货物收齐有关凭证申报"免、抵、退"税时，以收齐凭证的进料加工出口货物人民币离岸价扣除其耗用的保税进口料件金额后的余额计算"免、抵、退"税额。

例 5-12 某自营出口的生产企业为增值税一般纳税人，出口货物的征税率为 13%，退税率为 11%。2018 年 7 月出口货物取得销售额折合人民币 300 万元，计算该企业当期"免、抵、退"税不得免征和抵扣税额。

答案与解析

$$\begin{aligned}\text{"免、抵、退"税不得免征和抵扣税额} &= \text{FOB} \times (\text{征税率} - \text{退税率}) \\&= 300 \times (13\% - 11\%) = 6(\text{万元})\end{aligned}$$

例 5-13 2019 年 5 月某生产企业（增值税一般纳税人）进口货物，海关审定的关税完税价格为 500 万元人民币，关税税率为 10%，海关代征了进口环节的增值税，取得海关进口增值税专用缴款书。从国内市场购进原材料支付的价款为 800 万元，取得的增值税专用发票上注明的增值税为 128 万元。外销货物的出口离岸价为 1 000 万元人民币；内销货物的不含税销售额为 1 200 万元。该企业出口货物适用"免、抵、退"税的税收政策，上期留抵税额为 30 万元。

要求：计算当期应缴纳或应退的增值税税额及免抵税额。（假定上述货物内销时均适用 13% 的增值税税率，出口退税率为 10%）

答案与解析

(1) 计算当期可抵扣的进项税额：

$$\text{进口环节海关代征增值税} = 500 \times (1 + 10\%) \times 13\% = 71.5(\text{万元})$$
$$\text{国内采购环节的进项税额} = 128 \text{ 万元}。$$
$$\text{出口货物当期不得免征和抵扣税额} = 1\,000 \times (13\% - 11\%) = 20(\text{万元})$$
$$\text{上期留抵税额} = 30 \text{ 万元}$$
$$\text{当期允许抵扣的进项税额合计} = 71.5 + 128 - 20 + 30 = 209.5(\text{万元})$$

(2) 计算当期销项税额：

出口货物免税。

$$\text{内销货物销项税额} = 1\,200 \times 13\% = 156(\text{万元})$$

(3) 当期应纳税额 $= 156 - 209.5 = -53.5$（万元）

(4) 计算出口货物免抵退税的限额：

$$\text{当期退税限额} = 1\,000 \times 11\% = 110(\text{万元})$$

由于期末留抵税额 53.5 万元 < 当期退税限额 110 万元

$$\text{当期退税额} = 110 - 53.5 = 56.5(\text{万元})$$

例 5-14 2019 年 6 月某生产企业（增值税一般纳税人）进口货物，海关审定的关税完税价格为 500 万元，关税税率为 10%，海关代征了进口环节的增值税，取得海关进口增值税专用缴款书。进料加工复出口业务保税进口料件一批，到岸价格为 400 万元，海关暂免征税予以放行，从国内市场购进原材料支付的价款为 1 400 万元，取得的增值税专用发票上注明的增值税为 224 万元。进料加工复出口货物的出口离岸价为 1 000 万元人民币。内销货物的销售额为 1 200 万元（不含税）。该企业出口货物适用"免、抵、退"税的税收政策，上期留抵税额为 50 万元。

要求：计算当期应缴纳或应退的增值税税额、免抵税额及实际留到下期抵扣的税额。（该企业进料加工计划分配率为23%；假定上述货物内销时均适用13%的增值税税率，出口退税率为11%）

答案与解析
（1）计算当期可抵扣的进项税额：

$$进口环节海关代征增值税 = 500 \times (1 + 11\%) \times 13\% = 72.15(万元)$$

$$国内采购环节的进项税额 = 224 万元$$

进料加工保税进口料件由于没有缴纳过增值税，计算不得免征和抵扣税额时不能与纳过税的情况一样对待，需要计算不得免征和抵扣税额抵减额。进料加工出口货物耗用的保税进口料件金额 = 1 000 × 23% = 230（万元）

$$出口货物当期不得免征和抵扣税额 = (1\,000 - 230) \times (13\% - 11\%) = 15.4(万元)$$

$$上期留抵税额 = 50 万元$$

$$当期允许抵扣的进项税额合计 = 72.15 + 224 - 15.4 + 50 = 330.75(万元)$$

（2）计算当期销项税额：
出口货物免税

$$内销货物销项税额 = 1\,200 \times 13\% = 156(万元)$$

（3）当期应纳税额 = 156 - 330.75 = -174.75（万元）。

（4）计算出口货物免抵退税的限额。
由于进料加工保税进口料件享受了免税的优惠，计算出口货物"免、抵、退"税的限额时要扣减进料加工出口货物耗用的保税进口料件金额。

$$当期"免、抵、退"税额 = (1\,000 - 230) \times 11\% = 84.7(万元)$$

由于期末留抵税额174.75万元 > 当期免抵退税额84.7万元
当期应退税额 = 84.7万元
当期免抵税额 = 0
当期留抵税额 = 174.75 - 84.7 = 90.05(万元)

（2）外贸企业出口货物、劳务和应税行为增值税"免、退、税"的计算如下。
1）外贸企业出口委托加工修理修配货物以外的货物：

$$增值税应退税额 = 增值税退(免)税计税依据 \times 出口货物退税率$$

2）外贸企业出口委托加工修理修配货物：

$$出口委托加工修理修配货物的增值税应退税额 = 委托加工修理修配的增值税退(免)税计税依据 \times 出口货物退税率$$

（3）外贸企业兼营的零税率应税行为增值税退（免）税的计算公式为：

$$外贸企业兼营的零税率应税行为应退税额 = 外贸企业兼营的零税率应税行为退(免)税计税依据 \times 零税率应税行为增值税退税率$$

例5-15 某进口公司2018年7月从甲厂收购1 500件小工具出口，出口FOB价为每件45美元，进货增值税专用发票注明不含税价格为每件200元，退税率11%，美元与人民币比价为1:6.8，计算应退税额。

答案与解析 外贸企业出口委托加工修理修配货物以外的货物，适用如下公式：

$$应退税额 = 增值税退(免)税计税依据 \times 出口货物退税率$$
$$= 200 \times 1\,500 \times 11\% = 33\,000(元)$$

（4）融资租赁出口货物退税的计算。融资租赁出租方将融资租赁出口货物租赁给境外承租方、将融资租赁海洋工程结构物租赁给海上石油天然气开采企业，向融资租赁出租方退还其购进租赁货物所含增值税。其计算公式如下：

$$\text{增值税应退税额} = \text{购进融资租赁货物的增值税专用发票注明的金额或海关（进口增值税）专用缴款书注明的完税价格} \times \text{融资租赁货物使用的增值税退税率}$$

融资租赁出口货物适用的增值税退税率，按照统一的出口货物适用退税率执行。从增值税一般纳税人购进的按简易办法征税的融资租赁货物和从小规模纳税人购进的融资租赁货物，其适用的增值税退税率，按照购进货物适用的征收率和退税率孰低的原则确定。

（5）退税率低于适用税率的，相应计算出的差额部分的税款计入出口货物劳务成本。

（6）出口企业既有适用增值税"免、抵、退"项目，也有增值税即征即退、先征后退项目的，增值税即征即退和先征后退项目不参与出口项目"免、抵、退"税计算。出口企业应分别核算增值税"免、抵、退"项目和增值税即征即退、先征后退项目，并分别申请享受增值税即征即退、先征后退和"免、抵、退"税政策。

用于增值税即征即退或者先征后退项目的进项税额无法划分的，按照下列公式计算：

$$\text{无法划分进项税额中用于增值税即征即退或者先征后退项目的部分} = \text{当月无法划分的全部进项税额} \times \text{当月增值税即征即退或者先征后退项目销售额} \div \text{当月全部销售额、营业额合计}$$

（7）实行"免、抵、退"税办法的零税率应税行为提供者如同时有货物、劳务（劳务指对外加工修理修配劳务，下同）出口且未分别计算的，可一并计算"免、抵、退"税额。税务机关在审批时，按照出口货物、劳务、零税率应税行为"免、抵、退"税额比例划分出口货物劳务、零税率应税行为的退税额和免抵税额。

> **小知识**
>
> **"免税"与"零税率"**
>
> 零税率是指商品在出口时整体税负为零，不但出口环节不必纳税，而且还可以退还以前环节已纳的税款。免税则是指按照税法规定不征收销项税额，同时相应的进项税额不可抵扣。

第九节　增值税的税收优惠

一、《增值税暂行条例》规定的免税项目

（1）农业生产者销售的自产农产品。

农业生产者，包括从事农业生产的单位和个人。农业产品是指种植业、养殖业、林业、牧业、水产业生产的各类植物、动物的初级产品。对上述单位和个人销售的外购农产品以及单位和个人外购农产品生产、加工后销售的仍然属于规定范围的农业产品，不予免税，应当按照规定的税率征收增值税。

（2）避孕药品和用具。

（3）古旧图书，指向社会收购的古书和旧书。

（4）直接用于科学研究、科学试验和教学的进口仪器、设备。

（5）外国政府、国际组织无偿援助的进口物资和设备。

（6）由残疾人的组织直接进口供残疾人专用的物品。

（7）销售的自己使用过的物品，是指其他个人自己使用过的物品。

二、营改增规定的税收优惠政策

(一) 免征增值税的项目

(1) 托儿所、幼儿园提供的保育和教育服务。
(2) 养老机构提供的养老服务。
(3) 残疾人福利机构提供的养老服务。
(4) 婚姻介绍服务。
(5) 殡葬服务。
(6) 残疾人员本人为社会提供的服务。
(7) 医疗机构提供的医疗服务。
(8) 从事学历教育的学校提供的教育服务。
(9) 学生勤工俭学提供的服务。
(10) 农业机耕、排灌、病虫害防治、植物保护、农牧保险以及相关技术培训业务，家禽、牲畜、水生动物的配种和疾病防治。
(11) 纪念馆、博物馆、文化馆、文物保护单位管理机构、美术馆、展览馆、书画馆、图书馆在自己的场所提供文化体育服务取得的第一道门票收入。
(12) 寺院、宫观、清真寺和教堂举办文化、宗教活动的门票收入。
(13) 行政单位之外的其他单位收取的符合《营业税改征增值税试点实施办法》第十条规定条件的政府性基金和行政事业性收费。
(14) 个人转让著作权。
(15) 个人销售自建自用住房。
(16) 2018 年 12 月 31 日前，公共租赁住房经营管理单位出租公共租赁住房。
(17) 台湾航运公司、航空公司从事海峡两岸海上直航、空中直航业务在大陆取得的运输收入。
(18) 纳税人提供的直接或间接国际货物运输代理服务。
(19) 以下利息收入：
1) 2016 年 12 月 31 日前，金融机构农户小额贷款。
2) 国家助学贷款。
3) 国债、地方政府债。
4) 人民银行对金融机构的贷款。
5) 住房公积金管理中心用住房公积金在指定的委托银行发放的个人住房贷款。
6) 外汇管理部门在从事国家外汇储备经营过程中，委托金融机构发放的外汇贷款。
7) 统借统还业务中，企业集团或企业集团中的核心企业以及集团所属财务公司按不高于支付给金融机构的借款利率水平或者支付的债券票面利率水平，向企业集团或者集团内下属单位收取的利息。
(20) 被撤销金融机构以货物、不动产、无形资产、有价证券、票据等财产清偿债务。
(21) 保险公司开办的一年期以上人身保险产品取得的保费收入。
(22) 再保险服务。
(23) 下列金融商品转让收入：
1) 合格境外投资者（QFIT）委托境内公司在我国从事证券买卖业务。
2) 香港市场投资者（包括单位和个人）通过沪港通买卖上海证券交易所上市 A 股。
3) 对香港市场投资者（包括单位和个人）通过基金互认买卖内地基金份额。
4) 证券投资基金（封闭式证券投资基金、开放式证券投资基金）管理人运用基金买卖股票、债券。

5）个人从事金融商品转让业务。

(24) 下列金融同业往来利息收入：

1）金融机构与人民银行所发生的资金往来业务。

2）银行联行往来业务。

3）金融机构间的资金往来业务。

4）金融机构之间开展的转贴现业务。

5）同业存款。

6）同业借款。

7）同业代付。

8）买断式买入返售金融商品。

9）持有金融债券。

10）同业存单。

(25) 符合条件的担保机构从事中小企业信用担保或者再担保业务取得的收入（不含信用评级、咨询、培训等收入）3年内免征增值税。

(26) 国家商品储备管理单位及其直属企业承担商品储备任务，从中央或者地方财政取得的利息补贴收入和价差补贴收入。

(27) 纳税人提供技术转让、技术开发和与之相关的技术咨询、技术服务。

(28) 符合条件的合同能源管理服务。

(29) 政府举办的从事学历教育的高等、中等和初等学校（不含下属单位），举办进修培训班取得的全部归该学校所有的收入。

(30) 政府举办的职业学校设立的主要为在校学生提供实习场所并由学校出资自办、由学校负责经营管理、经营收入归学校所有的企业，从事《销售服务、无形资产或者不动产注释》中"现代服务"（不含融资租赁服务、广告服务和其他现代服务）、"生活服务"（不含文化体育服务、其他生活服务和桑拿、氧吧）业务活动取得的收入。

(31) 家政服务企业由员工制家政服务员提供家政服务取得的收入。

(32) 福利彩票、体育彩票的发行收入。

(33) 军队空余房产租赁收入。

(34) 为了配合国家住房制度改革，企业、行政事业单位按房改成本价、标准价出售住房取得的收入。

(35) 将土地使用权转让给农业生产者用于农业生产。

(36) 涉及家庭财产分割的个人无偿转让不动产、土地使用权。

(37) 土地所有者出让土地使用权和土地使用者将土地使用权归还给土地所有者。

(38) 县级以上地方人民政府或自然资源行政主管部门出让、转让或收回自然资源使用权（不含土地使用权）。

(39) 随军家属就业。

(40) 军队转业干部就业。

(41) 各党派、共青团、工会、妇联、中科协、青联、台联、侨联收取党费、团费、会费，以及政府间国际组织收取会费，属于非经营活动，不征收增值税。

(42) 青藏铁路公司提供的铁路运输服务免征增值税。

(43) 中国邮政集团公司及其所属邮政企业提供的邮政普遍服务和邮政特殊服务，免征增值税。

(44) 中国邮政集团公司及其所属邮政企业为金融机构代办金融保险业务取得的代理收入。

(45) 中国信达资产管理股份有限公司、中国华融资产管理股份有限公司、中国长城资产管理公司和中国东方资产管理公司及各自经批准分设于各地的分支机构，在收购、承接和处置剩余政策性剥离不良资产和改制银行剥离不良资产过程中的部分业务,免征增值税。

(46) 全国社会保障基金理事会、全国社会保障基金投资管理人运用全国社会保障基金买卖证券投资基金、股票、债券取得的金融商品转让收入,免征增值税。

(47) 对下列国际航运保险业务免征增值税:

1) 注册在上海、天津的保险企业从事国际航运保险业务。
2) 注册在深圳市的保险企业向注册在前海深港现代服务业合作区的企业提供国际航运保险业务。
3) 注册在平潭的保险企业向注册在平潭的企业提供国际航运保险业务。

(48) 自2017年1月1日至2019年12月31日,对新疆国际大巴扎物业服务有限公司和新疆国际大巴扎文化旅游产业有限公司从事与新疆国际大巴扎项目有关的营改增应税行为取得的收入,免征增值税。

(49) 2017年1月1日至2019年12月31日,对广播电视运营服务企业收取的有线数字电视基本收视维护费和农村有线电视基本收视费,免征增值税。

(二) 增值税即征即退

(1) 增值税一般纳税人销售其自行开发生产的软件产品,按税率征收增值税后,其增值税实际税负超过3%的部分实行即征即退政策。

增值税一般纳税人将进口软件产品进行本地化改造后对外销售,其销售的软件产品可享受上述规定的增值税即征即退政策。

(2) 一般纳税人提供管道运输服务,对其增值税实际税负超过3%的部分实行增值税即征即退政策。

(3) 经人民银行、银监会或者商务部批准从事融资租赁业务的试点纳税人中的一般纳税人,提供有形动产融资租赁服务和有形动产融资性售后回租服务,对其增值税实际税负超过3%的部分实行增值税即征即退政策。

本规定所称增值税实际税负,是指纳税人当期提供应税服务实际缴纳的增值税额占纳税人当期提供应税服务取得的全部价款和价外费用的比例。

(4) 安置残疾人的单位和个体工商户享受安置残疾人增值税即征即退优惠政策,公式如下:

本期应退增值税额 = 本期所含月份每月应退增值税额之和

月应退增值税额 = 纳税人本月安置残疾人员人数 × 本月月最低工资标准的4倍

(5) 自2018年5月1日至2020年12月31日,对动漫企业增值税一般纳税人销售其自主开发生产的动漫软件,按照税率征收增值税后,对其增值税实际税负超过3%的部分,实行即征即退政策。

(三) 扣减增值税规定

1. 退役士兵创业就业

(1) 对自主就业退役士兵从事个体经营的,在3年内按每户每年8 000元为限额依次扣减其当年实际应缴纳的增值税、城市维护建设税、教育费附加、地方教育附加和个人所得税。限额标准最高可上浮20%,各省、自治区、直辖市人民政府可根据本地区实际情况在此幅度内确定具体限额标准,并报财政部和国家税务总局备案。

(2) 对商贸企业、服务型企业、劳动就业服务企业中的加工型企业和街道社区具有加工性质的小型企业实体,在新增加的岗位中,当年新招用自主就业退役士兵,与其签订1年以上期限劳动合同并依法缴纳社会保险费的,在3年内按实际招用人数予以定额依次扣减增值税、城市维护建设税、教育费附加、地方教育附加和企业所得税优惠。定额标准为每人每年4 000元,最高可上浮50%,各省、自治区、直辖市人民政府可根据本地区实际情况在此幅度内确定具体定额标准,并报财政部和国家税务总局备案。

2. 重点群体创业就业

(1) 对持《就业创业证》(注明"自主创业税收政策"或"毕业年度内自主创业税收政

策")或 2015 年 1 月 27 日前取得《就业失业登记证》（注明"自主创业税收政策"或附着《高校毕业生自主创业证》）的人员从事个体经营的，在 3 年内按每户每年 8 000 元为限额依次扣减其当年实际应缴纳的增值税、城市维护建设税、教育费附加、地方教育附加和个人所得税。限额标准最高可上浮 20%，各省、自治区、直辖市人民政府可根据本地区实际情况在此幅度内确定具体限额标准，并报财政部和国家税务总局备案。

（2）对商贸企业、服务型企业、劳动就业服务企业中的加工型企业和街道社区具有加工性质的小型企业实体，在新增加的岗位中，当年新招用在人力资源和社会保障部门公共就业服务机构登记失业半年以上且持《就业创业证》或 2015 年 1 月 27 日前取得《就业失业登记证》（注明"企业吸纳税收政策"）的人员，与其签订 1 年以上期限劳动合同并依法缴纳社会保险费的，在 3 年内按实际招用人数予以定额依次扣减增值税、城市维护建设税、教育费附加、地方教育附加和企业所得税优惠。定额标准为每人每年 4 000 元，最高可上浮 30%，各省、自治区、直辖市人民政府可根据本地区实际情况在此幅度内确定具体定额标准，并报财政部和国家税务总局备案。

（3）金融企业发放贷款后，自结息日起 90 天内发生的应收未收利息按现行规定缴纳增值税，自结息日起 90 天后发生的应收未收利息暂不缴纳增值税，待实际收到利息时按规定缴纳增值税。

（4）个人将购买不足 2 年的住房对外销售的，按照 5% 的征收率全额缴纳增值税；个人将购买 2 年以上（含 2 年）的住房对外销售的，免征增值税。上述政策适用于北京市、上海市、广州市和深圳市之外的地区。

个人将购买 2 年以上（含 2 年）的非普通住房对外销售的，以销售收入减去购买住房价款后的差额按照 5% 的征收率缴纳增值税；个人将购买 2 年以上（含 2 年）的普通住房对外销售的，免征增值税。上述政策仅适用于北京市、上海市、广州市和深圳市。

三、其他征免税项目

（1）资源综合利用产品和劳务。纳税人销售自产的综合利用产品和提供资源综合利用劳务，可享受增值税即征即退政策。资源综合利用分为"共、伴生矿产资源""废渣、废水（液）、废气""再生资源""农林剩余物及其他""资源综合利用劳务"五大类。退税比例有 30%、50%、70% 和 100% 四个档次。

（2）蔬菜流通：

1）对从事蔬菜批发、零售的纳税人销售的蔬菜免征增值税。

2）纳税人既销售蔬菜又销售其他增值税应税货物的，应分别核算蔬菜和其他增值税应税货物的销售额；未分别核算的，不得享受蔬菜增值税免税政策。

（3）粕类产品。豆粕属于征收增值税的饲料产品，除豆粕以外的其他粕类饲料产品，均免征增值税。

（4）制种行业。制种企业属于农业生产者销售自产农业产品的以下两种项目，免征增值税：

1）制种企业利用自有土地或承租土地，雇用农户或雇工进行种子繁育，再经烘干、脱粒、风筛等深加工后销售种子。

2）制种企业提供亲本种子委托农户繁育并从农户手中收回，再经烘干、脱粒、风筛等深加工后销售种子。

（5）有机肥产品。生产销售和批发、零售有机肥产品免征增值税。

（6）按债转股企业与金融资产管理公司签订的债转股协议，债转股原企业将货物资产作为投资提供给债转股新公司的，免征增值税。

（7）对外购用于生产乙烯、芳烃类化工产品（以下称特定化工产品）的石脑油、燃料油（以下称 2 类油品），且使用 2 类油品生产特定化工产品的产量占本企业用石脑油、燃料油生产各类产品总量 50%（含）以上的企业，其外购 2 类油品的价格中消费税部分对应的增值税额，予以退还。

（8）小微企业、工商个体户和个人的优惠。小微企业、个体工商户和个人的小规模纳税人销售货物、加工修理修配劳务、销售服务等月销售额不超过 10 万元，可享受免征收增值税优惠政策。

（9）境内的单位和个人销售规定的服务和无形资产免征增值税，但财政部和国家税务总局规定适用增值税零税率的除外。

（10）对供热企业向居民个人供热而取得的采暖费收入免征增值税。

（11）对国产抗艾滋病病毒药品免征生产环节和流通环节增值税。

（12）社会团体收取的会费，免征增值税。

（13）研发机构采购国产设备全额退还增值税。

（14）对城镇公共供水企业缴纳的水资源税对应的税费收入，不计征增值税，按"不征税自来水"项目开具增值税普通发票。

（15）纳税人采取转包、出租、互换、转让、入股等方式将承包地流转给农业生产者用于农业生产，免征增值税。

（16）纳税人为农户、小型企业、微型企业及个体工商户借款、发行债券提供融资担保取得的担保费收入，以及为上述融资担保（以下简称原担保）提供再担保取得的再担保费收入，免征增值税。再担保合同对应多个原担保合同的，原担保合同应全部适用免征增值税政策。否则，再担保合同应按规定缴纳增值税。

四、实施减免税的规定

（1）纳税人兼营免税、减税项目的，应当分别核算免税、减税项目的销售额；未分别核算销售额的，不得免税、减税。

（2）纳税人销售货物、劳务和应税行为适用免税规定的，可以放弃免税，依照《增值税暂行条例》的规定缴纳增值税。放弃免税后，36 个月内不得再申请免税。

纳税人销售货物、提供应税劳务和发生应税行为同时适用免税和零税率规定的，优先适用零税率。

1）生产和销售免征增值税货物或者劳务或者应税行为的纳税人要求放弃免税权，应当以书面形式提交放弃免税权声明，报主管税务机关备案。纳税人自提交备案资料的次月起，按照现行有关规定计算缴纳增值税。

2）放弃免税权的纳税人符合一般纳税人认定条件尚未认定为增值税一般纳税人的，应当按现行规定认定为增值税一般纳税人，其销售的货物、劳务和应税行为可开具增值税专用发票。

3）纳税人一经放弃免税权，其生产销售的全部增值税应税货物或劳务或应税行为均应按照适用税率征税，不得选择某一免税项目放弃免税权，也不得根据不同的销售对象选择部分货物或劳务或应税行为放弃免税权。

4）纳税人在免税期内购进用于免税项目的货物、劳务和应税行为所取得的增值税扣税凭证，一律不得抵扣。

（3）安置残疾人单位既符合促进残疾人就业增值税优惠政策条件，又符合其他增值税优惠政策条件的，可同时享受多项增值税优惠政策，但年度申请退还增值税总额不得超过本年度内应纳增值税总额。

（4）纳税人既享受增值税即征即退、先征后退政策，又享受"免、抵、退"税政策有关问题的处理如下：

1）纳税人既有增值税即征即退、先征后退项目，也有出口等其他增值税应税项目的，增值税即征即退和先征后退项目不参与出口项目"免、抵、退"税计算。纳税人应分别核算增值税即征即退、先征后退和出口等其他增值税应税项目，分别申请享受增值税即征即退、先征后退和免抵退税政策。

2）用于增值税即征即退或者先征后退项目的进项税额无法划分的，按照下列公式计算：

$$\text{无法划分进项税额中用于增值税即征即退或者先征后退项目的部分} = \text{当月无法划分的全部进项税额} \times \frac{\text{当月增值税即征即退或者先征后退项目销售额}}{\text{当月全部销售额、营业额合计}}$$

第十节 增值税的纳税管理

一、增值税的纳税义务发生时间

《增值税暂行条例》和《增值税暂行条例实施细则》明确规定了增值税纳税义务的发生时间。增值税纳税义务发生时间，是纳税人销售商品、提供服务、转让无形资产和不动产等应税行为应当承担纳税义务的起始时间。

（一）纳税义务发生时间的一般规定

（1）纳税人发生应税行为，其纳税义务发生时间为收讫销售款项或者取得索取销售款项凭据的当天；先开具发票的，为开具发票的当天。

（2）进口货物，为报关进口的当天。

（3）增值税扣缴义务发生时间为纳税人增值税纳税义务发生的当天。

（二）不同销售方式的具体纳税义务发生时间

由于纳税人销售结算方式的不同，具体的纳税义务发生时间有所不同。

（1）采取直接收款方式销售商品，不论商品是否发出，均为收到销售额或取得索取销售额的凭据，并将提货单交给买方的当天。

（2）采取托收承付和委托银行收款方式销售商品，为发出货物并办妥托收手续的当天。

（3）采取赊销和分期付款方式销售，为按合同约定的收款日期的当天。无书面合同或者书面合同没有约定收款日期的，为商品发出的当天。

（4）采取预收货款方式销售商品，为商品发出的当天；但生产销售生产工期超过12个月的大型机械设备、船舶、飞机等，为收到预收款或者书面合同约定的收款日期的当天。

（5）委托其他纳税人代销，为收到代销单位销售的代销清单或者收到全部或者部分货款的当天；未收到代销清单及货款的，为发出代销商品满180天的当天。

（6）提供应税劳务，为提供劳务同时收讫销售额或取得索取销售额的凭据的当天。

（7）纳税人发生除将商品交付其他单位或者个人代销和销售代销商品以外的视同销售行为，为商品移送的当天。

（8）纳税人提供建筑服务、租赁服务采取预收款方式的，其纳税义务发生时间为收到预收款的当天。

（9）纳税人从事金融商品转让的，为金融商品所有权转移的当天。

（10）纳税人发生视同销售服务、转让无形资产或者不动产情形的，其纳税义务发生时间为服务、无形资产转让完成的当天或者不动产权属变更的当天。

上述销售商品或应税劳务纳税义务发生时间的确定，明确了纳税人在计算应纳税额时，对"当期销项税额"时间的限定，是增值税计税和征收管理中重要的规定。纳税人应按上述规定的时限及时、准确地记录销售额和计算当期销项税额。

二、增值税的纳税期限

在明确了增值税纳税义务发生时间后，还需要掌握具体纳税期限以保证按期缴纳税款。根据规定，增值税的纳税期限分别为1日、3日、5日、10日、15日、一个月或者一个季度。纳税人的具体纳税期限，由主管税务机关根据纳税人应纳税额的大小分别核定；不能按照固定期限纳税的，可以按次纳税。

根据《增值税暂行条例实施细则》的规定，以一个季度为纳税期限的规定适用于小规模纳税人、银行、财务公司、信托投资公司、信用社，以及财政部和国家税务总局规定的其他纳税人。

纳税人以一个月或者一个季度为纳税期的，自期满之日起 15 日内申报纳税；以 1 日、3 日、5 日、10 日或者 15 日为纳税期的，自期满之日起 5 日内预缴税款，于次月 1 日至 15 日内申报纳税并结清上月应纳税款。

纳税人进口货物，应当自海关填发税款缴纳书之日起 15 日内缴纳税款。

纳税人出口适用零税率的商品，在规定的申报期内向税务机关申报办理该项出口商品的退税。

三、增值税的纳税地点

为了保证纳税人按期申报纳税，根据企业跨地区经营和搞活商品流通的特点及不同情况，税法还具体规定了增值税的纳税地点：

（1）固定业户应当向其机构所在地主管税务机关申报纳税。总机构和分支机构不在同一县（市）的，应当分别向各自所在地主管税务机关申报纳税；经财政部和国家税务总局或其授权的税务机关批准，也可由总机构汇总向总机构所在地主管税务机关申报纳税。

（2）固定业户到外县（市）销售商品或提供服务，应当向其机构所在地税务机关申请开具外出经营活动税收管理证明，向其机构所在地税务机关申报纳税。未持有其机构所在地主管税务机关核发的外出经营活动税收管理证明的，应当向销售地或服务发生地税务机关申报纳税；未向销售地或服务发生地税务机关申报纳税的，由其机构所在地税务机关补征税款。

（3）非固定业户发生应税行为应当向应税行为发生地税务机关申报纳税；未向应税行为发生地的税务机关申报纳税的，由其机构所在地或者居住地税务机关补征税款。

（4）进口货物，应当由进口人或其代理人向报关地海关申报纳税。

（5）扣缴义务人应当向其机构所在地或者居住地的主管税务机关申报缴纳其扣缴的税款。

四、增值税的起征点

增值税起征点的适用范围包括小微企业、个体工商户和其他个人的小规模纳税人。增值税起征点的幅度规定如下：

（1）按期纳税，为月销售额 5 000～20 000 元。

（2）按次纳税，为每次（日）销售额 300～500 元。

2019 年起，小规模纳税人月销售额未超过 10 万元（以 1 个季度为纳税期的，季销售额未超过 30 万元）免征增值税。

小规模纳税人合计月销售额超过 10 万元，但扣除本期销售不动产销售额后未超过 10 万元的，免征增值税。

五、增值税发票

由于增值税征收采用发票扣税法，因此增值税发票在增值税制度中具有重要地位。在现行增值税制度中，增值税发票有增值税专用发票、增值税普通发票、增值税电子普通发票和机动车销售统一发票等 4 种。

（一）增值税专用发票 ⊖

增值税专用发票与普通发票不同，它不仅具有一般商事凭证的作用，而且是计算征收增值

⊖ 2019 年 8 月 13 日，国家税总局总函〔2019〕243 号文件规定，全国推行小规模纳税人自行开具增值税专用发票。小规模纳税人（其他个人除外）发生增值税应税行为、需要开具增值税专用发票的，可以自愿使用增值税发票管理系统自行开具。

税所必需的抵扣凭据。增值税专用发票将一件商品的最初生产到最终消费之间的各环节联系起来，既体现了增值税征收的连续性，又避免了重复征税，同时也可以实现交叉审计，有效堵塞税收漏洞。增值税专用发票是管理最严格的发票。

（1）增值税专用发票领购使用范围一般只限于增值税的一般纳税人。

（2）一般而言，小规模纳税人在经营中发生需要开具增值税专用发票的业务，可以请主管税务机关代开增值税专用发票，列入自行开具专用发票试点范围的企业例外。

（3）从 2018 年 8 月起，对小规模纳税人自行开具专用发票开展试点工作，将住宿业、鉴证咨询业、建筑业、工业，以及信息传输、软件和信息技术服务业等 5 个行业纳入试点范围。2019 年 3 月，试点范围又增加了租赁和商务服务业，科学研究和技术服务业，以及居民服务、修理和其他服务业等 3 个行业。而且试点企业自开增值税专用发票，不再受月销售额标准 10 万元和季度销售额 30 万元的限制。

（4）对代开、虚开增值税专用发票的非法行为，根据情节，相关法规规定了从经济惩罚、行政处罚直至刑罚处理的各种规定。

（二）增值税普通发票

增值税普通发票是不具备抵扣功能的发票，一般由纳税人向非增值税纳税人单位、小规模纳税人和普通消费者开具。相对于增值税专用发票，普通发票由于没有抵扣功能，其格式内容、联次张数、管理制度等比较简化，使用成本较低。

（三）增值税电子普通发票

互联网信息系统的发展使开具、使用电子发票成为可能。使用增值税电子普通发票，不但方便快捷，效率高，还可降低成本，方便存储，更能与会计、财务和税务的电算化结合起来。

无论是开票方还是受票方，如需要纸质发票，均可以自行打印增值税电子普通发票，其效力与增值税普通发票相同。

（四）机动车销售统一发票

从 2006 年起，凡是从事机动车零售业务的纳税人，必须开具税务机关统一印制的机动车销售统一发票。销售旧机动车不在此列。

重要概念

增值税	重复征税	营改增	一般纳税人	小规模纳税人
销项税额	进项税额	基本税率	低税率	零税率
征收率	扣税法	简易计税方法	关税完税价格	组成计税价格
出口退税	退税率	增值税发票		

思考题

1. 增值税的本质特征有哪些？
2. 为什么把增值税纳税人分为一般纳税人和小规模纳税人？
3. 如何理解增值税纳税人和负税人的分离？
4. 为什么实行营改增的改革？
5. 为什么要对出口商品退税？

练习题

1. 某电视机厂（增值税一般纳税人）生产销售电视机，出厂不含税单价为 2 000 元/台。

2019年7月末留抵税额为3 000元，8月该厂购销情况如下：

（1）向当地百货大楼销售300台，百货大楼当月付清货款后，厂家给予了7%的现金折扣；

（2）收到运输公司开具的增值税专用发票上注明运费金额为5 000元；

（3）销售本厂2015年购买自用的机器一台，取得含税收入150 000元；

（4）当期销售电视机200台，发出包装物收取押金60 000元，本月逾期未收回的包装物押金80 000元；

（5）购进电视机零部件、原材料取得的增值税专用发票上注明金额150 000元，增值税税额19 500元；

（6）从小规模纳税人处购进电视机零件，支付价税合计金额10 000元，取得税务机关代开的增值税专用发票；

（7）本厂直接组织收购废旧电视机，支出收购金额80 000元（未取得增值税专用发票）；

（8）出租位于本市的一幢4年前取得的办公用房，价税合计收取4个月的租金100 000元，选择简易计税方法。

（其他相关资料：取得应该认证的发票均已通过认证并允许在当月抵扣；纳税人销售自己使用过的固定资产，未放弃减税。）

要求：根据上述资料，计算回答下列问题。

(1) 该电视机厂当期准予抵扣的进项税额总和；

(2) 该电视机厂当期的增值税销项税额；

(3) 该电视机厂销售自己使用过的机器应纳的增值税；

(4) 该电视机厂出租办公用房应纳的增值税；

(5) 当月该电视机厂应纳增值税的合计数。

2. 不得抵扣增值税进项税额的相关习题：

（1）2019年7月，某企业（增值税一般纳税人）购入一批原材料用于本企业职工食堂建设，取得增值税专用发票注明价款200 000元，增值税32 000元，该业务所涉及的增值税可以抵扣吗？为什么？

（2）2019年7月，某企业（增值税一般纳税人）将2019年6月外购的一批生产用材料改变用途，用于集体福利，账面成本为20 000元，需要转出的进项税额为多少？

（3）某企业（增值税一般纳税人）2018年6月开始一项不动产建造，在建工程发生全部进项税额100万元，已抵扣进项税额60万元，待抵扣进项税额40万元，2019年2月，该在建不动产因重大火灾事故被焚毁，需要转出的进项税额为多少？

（4）2019年7月，某企业（增值税一般纳税人）因管理不善，导致一批2019年6月向农业生产者收购的大豆霉烂变质（已按9%计算抵扣进项税），账面成本为11 500元（含运费700元，支付运费时取得一般纳税人开具的增值税专用发票），应转出的进项税额为多少？

（5）某鞋厂（增值税一般纳税人）产成品中外购原材料比例为70%，2019年7月因管理不善丢失一批账面成本为10 000元的产成品，需要转出的进项税额为多少？

（6）某企业的一处使用中的原值500万元的不动产因违反政府规划被拆除，已抵扣进项税额30万元，待抵扣进项税额20万元，不动产净值为450万元，则需要转出的进项税额为多少？

（7）某商场（增值税一般纳税人）与其供货企业达成协议，按销售量进行平销返利。2019年7月代销取得零售额200 000元，平价与供货企业结算，并按合同向供货企业收取代销额15%的返还收入30 000元，则应冲减的进项税额为多少？

第六章 消费税

消费税是以消费品和消费行为的流转额为课税对象的一种税,是世界各国普遍开征的税种,我国从 1994 年开征消费税,2008 年经修订形成现行的消费税制度。

导读

消费税,顾名思义是对消费者的消费行为征收的税种,其中消费行为包括购买消费品和发生消费活动。但具体而言,各国消费税的名字五花八门,销售税、营业税、商品税、工商税以及消费税等大都属于消费税种。

按征税范围划分,消费税可分为一般消费税和特别消费税:一般消费税是对所有消费品普遍征收的税种,通常被称为销售税或商品税等;特别消费税则是对某些特定的消费品和消费行为征收的税。我国现行的消费税是特别消费税。

此外,在消费税和价格的关系上,有价外税和价内税两种方式:采取价外税方式的消费税是作为商品价格以外的附加直白地向消费者征收;采取价内税方式的消费税隐含在价格内,通过实现销售以价格的形式转嫁给消费者。大多数国家对消费税采取价外税的方式,我国现行消费税是价内税,改革方向是改为价外税。

第一节 消费税概述

消费税分为一般消费税和特别消费税:一般消费税是对所有消费品普遍征收的税种;特别消费税则是对某些特定的消费品和消费行为征收的税。我国现行的消费税是特别消费税。

作为特别消费税,我国的消费税制度是在对商品普遍征收增值税的基础上,有选择地对某些消费品在生产、委托加工和进口环节再加征一道消费税,目的是影响消费行为,调节消费结构,以发挥税收调节经济和社会生活的作用,同时增加国家的财政收入。

一、消费税的特点

我国的消费税与其他税种相比,具有以下几个特点:

(一) 征税范围具有选择性

我国开征消费税是为了发挥其特殊的调节作用,对消费品采取列举品目的方式课征,课征范围具有选择性。

(二) 征税环节具有单一性

我国的消费税实行单一环节课税,一般在生产、委托加工和进口环节征收消费税(金银首饰在零售环节征收），应税消费品进入下一环节不再征收消费税。这样，可以减少重复征税，也有利于税收的源泉控制，保证国家的财政收入。

（三）税率具有差别性

我国的消费税作为特别消费税类型，在税率设计上采取差别税率，即对不同类别的应税消费品分别设计不同的税率。而且税率的高低还可根据经济发展水平进行调整，具有灵活性，便于更好地发挥调节经济和社会生活的作用。

（四）征税方法具有灵活性

消费税在征税方法上，实行从价定率征收和从量定额征收两种征收方式，形式灵活，使税制易于发挥调节作用，也便于税收征收管理。

（五）采用价内税方式

我国消费税实行的是价内税，即消费税的税金包含在商品价格之内。价内税征管简便，有利于税收征收，但消费者在不知不觉中承担税负，不利于发挥调节消费行为的作用。

二、开征消费税的意义

（一）可以使国家稳定地取得财政收入

消费税虽然只是对某些特定的消费品征收，但由于选定的消费品一般具有数量大、价格高的特点，加之消费税的税率较高，因而能给国家的财政收入做出较大的贡献。

（二）引导企业发展生产，开展公平竞争

国家以价内税方式对某些消费品征收消费税，能调节企业利润，在一定程度上会限制企业扩大这些消费品的生产，从而引导企业促进产业结构合理调整，按照市场要求合理配置资源。

（三）调节居民收入差距，缓解社会矛盾

社会各阶层的收入存在一定的差距，而居民的收入差距悬殊，可能导致社会矛盾加剧。由于消费税是对某些高档消费品、奢侈品及非生活必需品征收，因此可以在一定程度上调节居民收入差距，缓解社会矛盾。

（四）引导消费方向，抑制特定消费

对某些消费品征收消费税，会提高这些消费品的价格，进而在一定程度上抑制对这些消费品的消费，可以起到引导消费的作用。例如对影响身体健康的烟、酒，对污染环境的鞭炮、烟火，对不可再生的汽油、柴油，对消耗森林资源的一次性木筷、实木地板征税，以及对大排量的小汽车征较高的消费税等，就是要发挥引导消费、保护环境的作用。

第二节　消费税的征税范围与税率

一、消费税的纳税义务人

我国消费税的纳税义务人是在我国境内生产、委托加工和进口应税消费品的单位和个人。此外，根据现行消费税制度，对委托加工的应税消费品，以委托方为纳税人，受托方为代缴义务人；对进口的应税消费品，以进口人或其代理人为纳税人。

然而，依消费税具有的间接税性质，其纳税义务人和负税人是相分离的，负税人是应税消费品的消费者，这是通过消费品的销售实现税收转嫁的结果。

二、消费税的征税范围

现行消费税根据我国现阶段经济发展状况、居民消费水平和消费结构，以及社会发展的需要，借鉴其他国家的消费税经验，主要在以下范围征收消费税：

（1）过度消费会对人身健康、社会秩序、生态环境造成危害的特殊消费品，如烟、酒、鞭

炮、烟火、实木地板、一次性筷子等。

（2）非生活必需品中的某些奢侈品，如高档化妆品、贵重首饰、珠宝玉石、高档手表、游艇等。

（3）高能耗及高档消费品，如摩托车和小汽车等。

（4）不可再生的稀缺资源消费品，如汽油、柴油等。

消费税对上述范围内列举的具体项目即税目征税。

三、消费税的税目与税率

现行消费税的税目采取列举的方式，凡列入税目税率表的消费品才征税，未列入税目税率表的不征税。消费税目前有 15 个税目，有些税目下又设置了细目，如烟、酒及酒精、小汽车等都设有细目。

消费税的税率采取比例税率和定额税率两种形式，以适应不同应税消费品的实际情况和便于发挥调节作用。详细情况如表 6-1 所示。

表 6-1 消费税税目税率表

税 目	征收范围	计税单位	税率（税额）
一、烟			
1. 卷烟			
甲类卷烟（生产或进口环节）	每标准条（200 支，下同）调拨价格在 70 元（不含增值税）以上（含 70 元）的卷烟	每标准条（200 支）	56% 加 0.003 元/支
乙类卷烟（生产或进口环节）	每标准条调拨价格在 70 元（不含增值税）以下的卷烟	每标准条（200 支）	36% 加 0.003 元/支
卷烟（批发环节）	纳税人批发销售的所有牌号、规格的卷烟	每标准条（200 支）	11% 加 0.005 元/支
2. 雪茄烟	生产环节		36%
3. 烟丝	生产环节		30%
二、酒及酒精			
1. 白酒			20% 加 0.5 元/500 克（或者 500 毫升）
2. 黄酒		吨	240 元/吨
3. 啤酒	每吨出厂价格（含包装物及包装物押金）在 3 000 元（含 3 000 元，不含增值税）以上的	吨	250 元/吨
	每吨价格在 3 000 元以下的	吨	220 元/吨
	娱乐业和饮食业自制的	吨	250 元/吨
4. 其他酒			10%
5. 酒精			5%
三、高档化妆品	含成套化妆品		15%
四、贵重首饰及珠宝玉石			
1. 金银首饰、铂金首饰和钻石及钻石饰品	零售环节		5%
2. 其他贵重首饰和珠宝玉石	生产、进口、委托加工环节		10%
五、鞭炮、焰火			15%

（续）

税　目	征收范围	计税单位	税率（税额）
六、成品油			
1. 汽油		升	1.52 元
2. 柴油		升	1.2 元
3. 石脑油		升	1.52 元
4. 溶剂油		升	1.52 元
5. 润滑油		升	1.52 元
6. 燃料油		升	1.2 元
7. 航空煤油		升	1.2 元
七、摩托车			
1. 气缸容量在 250 毫升以上的			10%
2. 气缸容量在 250 毫升以下的			3%
八、小汽车			
1. 乘用车			
（1）气缸容量在 4 000 毫升以上的			40%
（2）气缸容量为 3 000 ~ 4 000 毫升的			25%
气缸容量为 2 500 ~ 3 000 毫升的			12%
（3）气缸容量为 2 000 ~ 2 500 毫升的			9%
（4）气缸容量为 1 500 ~ 2 000 毫升的			5%
（5）气缸容量为 1 000 ~ 1 500 毫升的			3%
（6）气缸容量在 1 000 毫升以下的			1%
2. 中轻型商用客车			5%
3. 超豪华小汽车	在生产（进口）环节按现行税率征收消费税基础上，在零售环节加征消费税，税率为 10%		10%
九、高尔夫球及球具			10%
十、高档手表			20%
十一、游艇			10%
十二、木制一次性筷子			5%
十三、实木地板			5%
十四、电池			4%
十五、涂料			4%

资料来源：作者根据财政部注册会计师考试委员会办公室在经济科学出版社出版的《税法》，《财政部 国家税务总局关于调整和完善消费税政策的通知》（财税〔2006〕33 号），2008 年 8 月《调整汽车消费税政策的通知》，《国家税务总局关于调整成品油进口环节消费税的通知》，《国家税务总局关于调整烟产品消费税政策的通知》，《国家税务总局关于加强白酒消费税征收管理的通知》，《关于调整消费税政策的通知》（财税〔2014〕93 号），《关于提高成品油消费税的通知》（财税〔2014〕94 号），《关于对电池、涂料征收消费税的通知》（财税〔2015〕16 号），《关于调整卷烟消费税的通知》（财税〔2015〕60 号），《关于调整化妆品消费税政策的通知》（财税〔2016〕103 号），《关于对超豪华小汽车加征消费税有关事项的通知》（财税〔2016〕129 号）等资料编制，供参考。

四、消费税的征税环节

我国消费税具有单一环节征税的特点，在规定的某一环节征税后，在其他环节不再征税。

我国一般采取源泉征税的原则，适合我国税收征管特点，有利于消费税的征收管理，以保障财政收入。根据不同情况，有以下征税环节。

（一）生产环节

对大多数应纳消费税的商品而言，其生产环节为纳税环节。

（二）委托加工环节

由委托方提供主要原材料、受托方收取加工费提供加工服务的应税商品，在委托加工环节由受托方代缴消费税。

（三）进口环节

进口应税商品在进口环节缴税。

（四）零售环节

金银首饰在零售环节缴税，是唯一在零售环节纳税的商品。

（五）批发环节

卷烟作为特殊商品在两个环节缴纳消费税，除在生产环节缴纳一次消费税外，还要在批发环节再缴纳一次。

小资料

卷烟的消费税征收

只有卷烟在商业批发环节缴纳消费税，雪茄烟、烟丝以及其他应税消费品在商业批发环节只缴纳增值税，不缴纳消费税。

卷烟批发企业销售给卷烟批发企业以外的单位和个人的卷烟于销售时纳税，卷烟批发企业之间销售的卷烟不缴纳消费税。

卷烟消费税在生产和批发两个环节征收后，批发企业在计算纳税时不得扣除已含的生产环节的消费税税款。

第三节　应纳税额的计算

一、消费税应纳税额的计算公式

消费税对有些税目从价定率计征，使用比例税率；对有些税目从量定额计征，使用定额税率；还有些税目采用从价定率和从量定额混合的计算方法。

（一）从价定率征收消费税税额的计算公式

$$应纳消费税税额 = 应税销售额 \times 适用税率$$

例6-1　甲日化厂（一般纳税人）2018年末向乙百货大楼销售一批高档化妆品，开具增值税专用发票60万元，另外收取运费（含增值税，下同）2万元，包装费1万元，请计算该笔交易甲日化厂应缴纳的消费税税额。

答案与解析　高档化妆品按15%计算缴纳消费税。运费和包装费属于价外费用范畴，应入销售额计算消费税。并且，应将含增值税销售额换算成不含税销售额。即甲日化厂应缴纳的消费税税额 = $[60 + (2 + 1) \div (1 + 13\%)] \times 15\% = 9.40$（万元）。

（二）从量定额征收消费税税额的计算公式

$$应纳消费税税额 = 适用的单位税额 \times 应税销售数量$$

例6-2 甲啤酒厂为增值税一般纳税人，2018年11月销售A型啤酒20吨，开具增值税专用发票58 000元，收取包装物押金3 000元，请计算该啤酒厂应缴纳的消费税。

答案与解析 啤酒的定额税率为250元/吨和220元/吨两档，划分标准是每吨的出厂价格。A型啤酒每吨出厂单价 = 58 000 ÷ 20 + 3 000 ÷ (1 + 13%) ÷ 20 = 3 032.74（元）> 3 000（元），即A型啤酒属于甲类啤酒，适用消费税税额为250元/吨。则该啤酒厂应缴纳的消费税 = 20 × 250 = 5 000（元）。

（三）从价定率和从量定额混合的计算方法

在现行消费税的征税范围中，只有卷烟、白酒采用混合计算方法。其基本计算公式为：

$$应纳税额 = 应税销售数量 \times 定额税率 + 应税销售额 \times 比例税率$$

例6-3 甲酒厂为增值税一般纳税人，2018年11月销售粮食白酒35 000千克，开具增值税专用发票150 000元，收取品牌使用费5 000元，收取包装物押金10 000元，请计算该酒厂应缴纳的消费税金额。

答案与解析 白酒采用复合计税的办法，从量定额部分应缴纳的消费税 = 35 000 × 2 × 0.5 = 35 000（元）；从价定率部分应缴纳的消费税 = [150 000 + (5 000 + 10 000) ÷ (1 + 13%)] × 20% = 32 654.87（元）。则当月甲酒厂应缴纳的消费税 = 35 000 + 32 654.87 = 67 654.87（元）。

生产销售卷烟、粮食白酒、薯类白酒从量定额计税依据为实际销售量。进口、委托加工、自产自有卷烟、粮食白酒、薯类白酒从量定额计税依据分别为海关核定的进口征税数量、委托方收回数量、移送使用数量。

综上所述，消费税税率、计税形式及适用项目概览表如表6-2所示。

表6-2 消费税税率、计税形式及适用项目概览表

税率及计税形式	适用项目
定额税率（从量计征）	啤酒、黄酒、成品油
比例税率和定额税率并用（复合计税）	卷烟、白酒
比例税率（从价计征）	除啤酒、黄酒、成品油、卷烟、白酒以外的其他各项应税消费品

二、消费税应纳销售额或销售量的确定

（一）一般应税销售额的确定

首先需要明确，属于消费税征税范围的消费品，同时也是增值税的征收对象。对这些消费品，增值税和消费税实行重叠征收。而我国的增值税实行价外税，消费税实行价内税，这决定了作为消费税计税依据的销售额与增值税的计税依据是相同的，即都是以含消费税而不含增值税的销售额为应税销售额。如果纳税人应税消费品的销售额中未扣除增值税税款或者因不得开具增值税专用发票而发生价款和增值税税款合并收取的，在计算消费税时，应将含增值税的销售额换算为不含增值税税款的销售额。其换算公式为：

$$应税消费品的销售额 = 含增值税的销售额 \div (1 + 增值税税率或征税率)$$

我国《消费税暂行条例》规定，应税销售额为纳税人销售应税消费品向购买方收取的全部价款和价外费用。价外费用是指价外收取的基金、集资费、储存费、优质费、运输装卸费、代收款项、代垫款项以及其他各种性质的价外收费。但下列款项不包括在内：

（1）同时符合以下条件的带点运输费用：

1）承运部门的运费发票开具给购货方的。

2）纳税人将该项发票转交给购货方的。

（2）同时符合以下条件代为收取的政府性基金或者行政事业性收费：

1）由国务院或者财政部批准设立的政府性基金，由国务院或者省级人民政府及其财政、价

格主管部门批准设立的行政事业性收费。

2）收取时开具省级以上财政部门印制的财政票据。

3）所收款项全额上缴财政。

其他价外费用无论是否计入纳税人的收入，均应并入应税销售额计算纳税。

实行从价定率办法计算应纳税额的应税消费品连同包装销售的，无论包装是否单独计价，也不论在会计上如何核算，均应并入应税消费品的销售额中征收消费税。如果包装物不作价随同产品销售，而是收取押金（酒类产品的包装物押金除外），且单独核算又未过期的，此项押金不应并入应税消费品的销售额中征税。但对逾期未收回的包装物不再退还的和已收取1年以上的押金，应并入应税消费品的销售额，按照应税消费品的适用税率征收消费税。

对既作价随同应税消费品销售，又另外收取的包装物押金，凡纳税人在规定的期限内不予退还的，均应并入应税消费品的销售额，按照应税消费品的适用税率征收消费税。

对酒类产品生产企业销售酒类产品（黄酒、啤酒除外）而收取的包装物押金，无论押金是否返还，会计上如何核算，均需并入酒类产品的销售额中，依酒类产品的适用税率征收消费税。

纳税人销售的应税消费品，以外汇结算销售额的，其销售额的人民币折合率可以选择结算的当天或者当月1日的国家外汇牌价（原则是为中间价）。纳税人应事先确定采取何种折合率，确定后1年内不得变更。

（二）一般应税销售数量的确定

应税销售数量是指纳税人生产、加工和进口应税消费品的数量。具体内容包括：

（1）销售应税消费品的，为应税消费品的销售数量。

（2）自产自用应税消费品的，为应税消费品的移送使用数量。

（3）委托加工应税消费品的，为纳税人收回的应税消费品数量。

（4）进口的应税消费品，为海关核定的应税消费品进口征税数量。

三、计税依据的特殊规定

（1）纳税人通过自设非独立核算门市部销售的自产应税消费品，应当按照门市部对外销售额或者销售数量征收消费税。

（2）纳税人用于换取生产资料和消费资料，投资入股和抵偿债务等方面的应税消费品，应当以纳税人同类应税消费品的最高销售价格作为计税依据计算消费税。

（3）白酒生产企业向商业销售单位收取"品牌使用费"是随着应税白酒的销售而向购货方收取的，属于白酒销售价款的组成部分，无论企业以何种名义何种方式收取价款，均应并入白酒的销售额中缴纳消费税。

（4）对既销售金银首饰又销售非金银首饰的生产、经营单位，应将两类商品划分清楚，分别核算销售额。凡划分不清楚或者部分分别核算的，在生产环节销售的，一律从高适用税率征收消费税；在零售环节销售的，一律按金银首饰征收消费税。金银首饰与其他商品组成成套消费品销售的，应按销售额全额征收消费税。

（5）纳税人兼营不同税率的两种或两种以上的应税消费品时，应当根据各自适用的税率分别核算销售额或销售数量，再按各自适用的税率计算纳税。而对于未分别核算的，按最高税率征税纳税人将应税消费品与非应税消费品以及适用税率不同的应税消费品组成成套消费品销售的，应根据组合消费品的销售全额按应税消费品的最高税率征税。例如，某化妆品公司既生产化妆品又生产护肤护发品，如果不分别核算销售额和销售数量，则应按化妆品15%的最高税率征税。如果企业将化妆品、护肤护发品和小工艺品等组成成套化妆品套盒销售，则应按该套盒的全额和15%的最高税率征税。

例 6-4 某日化厂将生产的高档化妆品和护发品组成礼盒进行销售，8 月取得不含税的礼盒销售收入 16 万元，请计算当月应缴纳的消费税金额。

答案与解析 纳税人将应税消费品与非应税消费品组成成套消费品进行销售，应按照组合产品不含税的销售收入全额计算缴纳消费税。则该日化厂应缴纳消费税 = $16 \times 15\%$ = 2.4（万元）。

四、外购应税消费品已纳税款的扣除

用外购已缴纳消费税的应税消费品连续生产出的应税消费品，在计征消费税时，应按当期生产领用数量计算准予扣除外购的应税消费品已纳的消费税税款。扣除范围包括：

（1）外购已税烟丝生产的卷烟。
（2）外购已税化妆品生产的化妆品。
（3）外购已税珠宝玉石生产的贵重首饰及珠宝玉石。
（4）外购已税鞭炮焰火生产的鞭炮焰火。
（5）外购已税杆头、杆身和握把为原料生产的高尔夫球杆。
（6）外购已税木制一次性筷子为原料生产的一次性筷子。
（7）外购已税实木地板为原料生产的实木地板。
（8）外购已税汽油、柴油、石脑油、燃料油、润滑油为原料生产的应税消费品。

第四节　特殊税务处理

一、自产自用应税消费品的规定

自产自用应税消费品，是指纳税人已生产的应税消费品不对外销售，而是继续用其加工生产其他应税消费品，或者用于其他方面的应税消费品。现行税法规定，自产自用的应税消费品应根据不同用途决定是否纳税。

（一）用于连续生产应税消费品的含义

纳税人自产自用的应税消费品，用于连续生产应税消费品的，不纳税。用于连续生产的应税消费品是指作为生产最终消费品的直接材料并构成最终产品实体的应税消费品。有些企业用自己生产的某种应税消费品作为原材料继续生产另一种应税消费品，例如用自己生产的酒精生产白酒。在这种情况下，对用于连续生产的应税消费品（如酒精）不再征税，只对最终应税消费品（白酒）征税。

（二）用于其他方面的规定

纳税人自产自用的应税消费品，除用于连续生产应税消费品外，凡用于其他方面的，于移送使用时纳税。用于其他方面的应税消费品是指纳税人用于生产非应税消费品和在建工程，管理部门、非生产机构提供的劳务，以及用于馈赠、赞助、集资、广告、样品、职工福利、奖励等方面的应税消费品。

（三）组成计税价格及税额的计算

纳税人自产自用的应税消费品，凡用于其他方面，应当纳税的，按照纳税人生产的同类消费品的销售价格计算纳税。根据现行税法规定，此种情况的应纳消费税额可按下列顺序进行：

（1）按照纳税人生产的同类消费品当月的销售价格计算。
（2）如果当月同类消费品的各期销售价格高低不同，应按销售数量加权平均计算；但对销售价格明显偏低又无正当理由和无销售价格的，不得列入加权计算。
（3）没有同类消费品销售价格的，按照组成计税价格计算纳税。组成计税价格的计算公式如下：

实行从价定率办法计算纳税的组成计税价格的公式为：

$$组成计税价格 = 成本 \times (1 + 利润率) \div (1 - 消费税比例税率)$$

$$应纳税额 = 组成计税价格 \times 适用税率$$

实行复合计税办法计算纳税的组成计税价格的公式为：

$$组成计税价格 = (成本 + 利润 + 自产自用数量 \times 定额税率) \div (1 - 消费税比例税率)$$

$$应纳税额 = 组成计税价格 \times 适用税率 + 自产自用数量 \times 定额税率$$

公式中的"成本"是指应税消费品的产品生产成本；"利润"是指根据应税消费品的全国平均成本利润率计算的利润。应税消费品全国平均成本利润率由国家税务总局确定，如表6-3所示。

表6-3 平均成本利润率

应税消费品	成本利润率	应税消费品	成本利润率
甲类卷烟	10%	贵重首饰及珠宝玉石	6%
乙类卷烟	5%	摩托车	6%
雪茄烟	5%	高尔夫球及球具	10%
烟丝	5%	高档手表	20%
粮食白酒	10%	游艇	10%
薯类白酒	5%	木制一次性筷子	5%
其他酒	5%	实木地板	5%
化妆品	5%	乘用车	8%
鞭炮、焰火	5%	中轻型商用客车	5%

例6-5 甲化妆品厂8月将自产的一批成本为25 000元的高档化妆品用于职工福利发放，该化妆品无同类产品售价，成本利润率为5%，请计算甲化妆品厂应缴纳的消费税金额。

答案与解析 纳税人自产自用应税消费品，用于职工福利发放的，应视同销售，于移送时缴纳消费税。由于没有同类消费品销售价格，应按照组成计税价格计算纳税。上述业务应缴纳的消费税 = [25 000 × (1 + 5%)] ÷ (1 - 15%) × 15% = 4 632.35（元）。

二、委托加工消费品应纳税额的规定

委托加工的应税消费品是指由委托方提供原料和主要材料，受托方只收取加工费和代垫部分辅助材料加工的应税消费品。由此可见，税法规定的委托加工业务必须同时符合两个条件：一是由委托方提供原料和主要材料；二是受托方只收取加工费和代垫部分辅助材料。因此，对于由受托方提供原材料生产的应税消费品，或者受托方先将原材料卖给委托方，然后再接受加工的应税消费品，以及由受托方以委托方名义购进原材料生产的应税消费品，不论纳税人在财务上是否做销售处理，都不得作为委托加工应税消费品，而应视为受托方销售自制应税消费品。

对于实行从价定率征收的委托加工应税消费品，应区分以下情况分别确定计税销售额：

（1）受托方有同类消费品销售价格的委托加工应税消费品。在这种情况下，一般应以受托方当月销售的同类消费品销售价格为计税销售额。

（2）如果受托方当月同类消费品各期销售价格高低不同，应按销售数量加权平均计算计税销售额，但受托方销售的应税消费品无销售价格或销售价格明显偏低而又无正当理由的，不得列入加权平均计算；如果受托方当月无销售或当月未完结，应以同类消费品上月或最近月份的销售价格为计税销售额。

（3）受托方没有同类消费品销售价格的委托加工应税消费品。在这种情况下，应以组成计税价格为计税销售额。组成计税价格的计算如下。

实行从价定率办法计算纳税的组成计税价格的公式为：

组成计税价格 =（材料费 + 加工费）÷（1 – 比例税率）

实行复合计税办法计算纳税的组成计税价格的公式为：

组成计税价格 =（材料费 + 加工费 + 委托加工数量 × 定额税率）÷（1 – 比例税率）

在上式中，"材料费"是指委托方供加工材料的实际成本。委托加工应税消费品的纳税人，必须在委托加工合同上如实注明（或以其他方式提供）材料成本，凡未提供材料成本的，受托方所在地主管税务机关有权核定其材料成本。而"加工费"是指受托方加工应税消费品向委托方收取的全部费用，包括代垫的辅助材料的实际成本。

例6-6 甲企业2月将一批不含税价格为15万元的原材料交付乙企业，委托其加工成应税消费品，乙企业收取加工费7万元（含税），另收取代垫辅料费2万元（含税）。该批应税消费品消费税税率为5%，甲、乙企业均为增值税一般纳税人，乙企业没有同类消费品价格。请计算该项委托加工业务应缴纳的消费税。

答案与解析 委托加工应税消费品，受托方没有同类消费品销售价格的，应按照组成计税价格计算代收代缴消费税，组成计税价格 =（材料费 + 加工费）÷（1 – 消费税税率），加工费是受托方加工应税消费品向委托方收取的全部费用，包括不含税的代垫辅料费。即该应税消费品组成计税价格 =［15 +（5 + 2）÷（1 + 13%）］÷（1 – 5%）= 22.31（万元），应缴纳的消费税 = 22.31 × 5% = 1.12（万元）。

委托加工应税消费品，对于确实属于委托方提供原料和主要材料的，受托方只收取加工费和代垫部分辅助材料加工的应税消费品，受托方应在向委托方交货时代收代缴税款。委托加工的应税消费品，在委托方收回货物后用于连续生产的，其已纳消费税款准予按照规定从连续生产的应税消费品应纳消费税税额中抵扣。准予抵扣的范围如下：

（1）以委托加工收回的已税烟丝生产的卷烟。
（2）以委托加工收回的已税化妆品生产的高档化妆品。
（3）以委托加工收回的已税珠宝玉石生产的贵重首饰及珠宝玉石。
（4）以委托加工收回的已税鞭炮焰火生产的鞭炮焰火。
（5）以委托加工收回的已税杆头、杆身和握把为原料生产的高尔夫球杆。
（6）以委托加工收回的已税木制一次性筷子为原料生产的一次性筷子。
（7）以委托加工收回的已税实木地板为原料生产的实木地板。
（8）以委托加工收回的已税汽油、柴油、石脑油、燃料油、润滑油用于连续生产的应税成品油。
（9）以委托加工收回的已税摩托车连续生产应税摩托车（如用外购两轮摩托车改装三轮摩托车）。

上述当期准予扣除委托加工收回的应税消费品已纳消费税税款的计算公式是：

当期准予扣除的委托加工应税消费品已纳税款 = 期初库存的委托加工应税消费品已纳税款 + 当期收回的委托加工应税消费品已纳税款 – 期末库存的委托加工应税消费品已纳税款

例6-7 甲烟厂8月外购一批烟丝，取得增值税专用发票60万元，该月月初有库存的外购烟丝5万元，本月生产领用完后，月末剩余库存烟丝8万元。请计算甲烟厂该月应纳消费税中准予扣除的消费税金额。

答案与解析 该月准予扣除的外购烟丝生产领用部分买价 = 5 + 60 – 8 = 57（万元），烟丝的消费税税率为30%，该月准予扣除的消费税 = 57 × 30% = 17.1（万元）。

纳税人用委托加工收回的已税珠宝玉石生产的改在零售环节征收消费税的金银首饰，在计税时一律不得扣除委托加工收回的珠宝玉石的已纳消费税税款。

三、进口应税消费品应纳税额的计算

纳税人进口应税消费品,按照组成计税价格和规定的税率计算应纳税额,其计算如下:

(一) 实行从价定率办法的应税消费品应纳税额的计算

$$组成计税价格 = (关税完税价格 + 关税) \div (1 - 消费税比例税率)$$
$$应纳税额 = 组成计税价格 \times 消费税比例税率$$

式中的"关税完税价格"是指海关核定的关税计税价格。

(二) 实行从量定额办法的应税消费品应纳税额的计算

$$应纳税额 = 应税消费品销售数量 \times 消费税定额税率$$

(三) 实行从价定率和从量定额复合计税办法的应税消费品应纳税额的计算

$$组成计税价格 = (关税完税价格 + 关税 + 进口数量 \times 消费税定额税率) \div (1 - 消费税定额税率)$$
$$应纳税额 = 组成计税价格 \times 消费税税率 + 应税消费品进口数量 \times 消费税定额税率$$

进口环节消费税除国务院另有规定外,一律不得给予减税、免税。

例6-8 甲外贸公司本年进口一批小轿车,关税完税价格为600万元,关税税率为25%,消费税税率为9%,请计算该批小轿车进口环节应缴纳的消费税金额。

答案与解析 可利用关税完税价格计算组成计税价格,进而计算应纳税额。组成计税价格 = [关税完税价格 × (1 + 关税税率)] ÷ (1 - 消费税税率) = [600 × (1 + 25%)] ÷ (1 - 9%) = 824.18(万元),应纳税额 = 824.18 × 9% = 74.18(万元)。

第五节 消费税的出口退税

消费税的出口退税是指将对应税消费品在国内征收的消费税在消费品出口时退还给应税消费品的出口企业。对出口货物退还在国内征收的消费税(及增值税),也是我国调节出口贸易的一个重要手段,有利于避免对出口货物双重征税,增强出口货物的国际竞争力,扩大出口,增加创汇。

一、出口应税消费品退税的范围

我国现行制度规定,出口货物退还消费税的优惠政策只适用于有出口经营权的外贸企业购进并直接出口的应税消费品,以及外贸企业受其他外贸企业委托代理出口的应税消费品。出口应税消费品退税的具体条件有四项:

(1) 必须是属于消费税征收范围内的货物。

(2) 必须是报关离境的货物,即输出海关的货物。

(3) 必须是已经办理结汇的货物。所谓结汇是指按照我国现行外汇管理制度的规定,外汇收入的所有者将其外汇收入出售给外汇指定银行,外汇指定银行按一定汇率付给等值的本币的行为。

(4) 必须是在财务上做出口销售处理的货物,即已实现销售收入并按规定入账的出口货物。出口货物销售价一律以离岸价格折算为人民币入账。

依据规定,外贸企业受其他非外贸企业(包括非生产性的商贸企业和生产性企业)委托代理出口的应税消费品,则不予退税。因为消费税只在生产环节征收,对有出口经营权的生产性企业自营出口或委托外贸企业代理出口自产的应税消费品已实行免税,就使该应税消费品在出口时已不再含有消费税,所以无须退还消费税。

综上所述,消费税出口退税概览表如表6-4所示。

表 6-4 消费税出口退税情况概览表

出口免税退税政策	具体情形
出口免税并退税	有出口经营权的外贸企业购进应税消费品直接出口,以及外贸企业受其他外贸企业委托代理出口应税消费品
出口免税不退税	有出口经营权的生产性企业自营出口或生产企业委托外贸企业代理出口自产的应税消费品
出口不免也不退	除生产企业、外贸企业外的其他企业,具体是指一般商贸企业,这类企业委托外贸企业代理出口应税消费品一律不予退(免)税

二、出口应税消费品的退税率

出口应税消费品退税的基本原则是"征多少、退多少"以及按照规定的退税率计算应退税货物在出口前已缴纳的消费税税款。具体地说,出口应税消费品应退消费税的税率或单位税额,就是税法规定的征收率或单位税额。出口企业应对出口的不同税率的应税消费品实行分别核算,并分别申报退税。凡划分不清适用税率的,一律从低适用税率计算应退消费税税额。

三、出口应税消费品退税额的计算

外贸企业购进应税消费品并直接出口或受其他外贸企业委托代理出口应税消费品应退的消费税税款,属于从价定率征收消费税的应税消费品,应依据外贸企业从工厂购进货物时征收消费税的价格计算。其公式为:

$$应退消费税税款 = 出口货物的工厂销售额 \times 税率$$

上式中,出口货物的工厂销售额是指不包含增值税的收购金额。对含增值税的价格,应换算为不含增值税的销售额或收购金额。

属于从量定额征收消费税的应税消费品,应以货物购进和报关出口的数量计算应退消费税税款。其公式为:

$$应退消费税税款 = 出口数量 \times 单位税额$$

四、出口应税消费品办理出口退税后的管理

出口的应税消费品办理退税后,发生退关或者国外退货进口时予以免税的,报关出口者必须及时向其所在地主管税务机关申报补缴已退的消费税税款。

第六节 消费税的纳税管理

一、消费税纳税义务的发生时间

纳税人生产的应税消费品应当于销售时纳税,进口消费品应当于应税消费品报关进口环节纳税,但金银首饰、钻石及钻石饰品在零售环节纳税。消费税纳税义务发生的时间,以货款结算方式或行为发生时间分别确定。

(1) 纳税人销售的应税消费品,其纳税义务的发生时间为:

1) 纳税人采取赊销和分期收款结算方式的,其纳税义务的发生时间为销售合同规定的收款日期的当天,书面合同没有约定收款日期或者无书面合同的,为发出应税消费品当天。

2) 纳税人采取预收货款结算方式的,其纳税义务的发生时间为发出应税消费品的当天。

3) 纳税人采取托收承付和委托银行收款方式销售的应税消费品,其纳税义务的发生时间为发出应税消费品并办妥托收手续的当天。

4) 纳税人采取其他结算方式的,其纳税义务的发生时间为收讫销售款或者取得索取销售款

凭据的当天。

（2）纳税人自产自用的应税消费品，其纳税义务的发生时间为移送使用的当天。

（3）纳税人委托加工的应税消费品，其纳税义务的发生时间为纳税人提货的当天。

（4）纳税人进口的应税消费品，其纳税义务的发生时间为报关进口的当天。

二、消费税纳税期限

《消费税暂行条例》规定，消费税的纳税期限分别为 1 日、3 日、5 日、10 日、15 日、一个月或者一个季度。纳税人的具体纳税期限，由主管税务机关根据纳税人应纳税额的大小分别核定；不能按照固定期限纳税的，可以按次纳税。

纳税人以一个月或者一个季度为纳税期限的，自期满之日起 15 日内申报纳税；以 1 日、3 日、5 日、10 日、15 日为纳税期限的，应在纳税期满之日起 5 日内预缴税款，于次月 1 日起 15 日内申报纳税并结清上月应纳税款。进口应税消费品的纳税人，应当自海关填发税款缴纳证之日起 15 日内缴纳税款。

三、消费税的纳税地点

消费税的纳税地点具体有：

（1）纳税人销售的应税消费品，以及自产自用的应税消费品，除国家另有规定的外，应当向纳税人机构所在地或居住地主管税务机关申报纳税。

（2）委托加工的应税消费品，除受托方为个人外，由受托方向机构所在地或居住地主管税务机关代收代缴消费税税款。

（3）进口的应税消费品，由进口人或者其代理人向报关地海关申报纳税。

（4）纳税人到外县（市）销售或委托外县（市）代销自产应税消费品的，于应税消费品销售后，回纳税人核算地或所在地缴纳消费税。

（5）纳税人的总机构与分支机构不在同一县（市）的，应在生产应税消费品的分支机构所在地缴纳消费税。但经国家税务总局及所属省（市）税务局批准，纳税人分支机构应纳消费税税款也可由总机构汇总向总机构所在地主管税务机关缴纳。

（6）纳税人销售的应税消费品，如因质量等问题由购买者退回时，经所在地主管税务机关审核批准后，可退还已征收的消费税税款。但不能自行直接抵减应纳税款。

小资料

消费税税目范围注释

一、烟

凡是以烟叶为原料加工生产的产品，不论使用何种辅料，均属于本税目的征收范围。本税目下设卷烟（进口卷烟、白包卷烟、手工卷烟和未经国务院批准纳入计划的企业及个人生产的卷烟）、雪茄烟和烟丝 3 个子目。

在"烟"税目下又分"卷烟"等子目，"卷烟"又分"甲类卷烟"和"乙类卷烟"。甲类卷烟，是指每标准条（200 支，下同）调拨价格在 70 元（不含增值税）以上（含 70 元）的卷烟；乙类卷烟是指每标准条调拨价格在 70 元（不含增值税）以下的卷烟。

二、酒

酒是酒精度在 1 度以上的各种酒类饮料，包括粮食白酒、薯类白酒、黄酒、啤酒和其他酒。

三、高档化妆品

本税目征收范围包括各类美容和修饰类化妆品、高档护肤类化妆品以及成套化妆品。美容、修饰类化妆品是指香水、香水精、香粉、口红、指甲油、胭脂、眉笔、唇笔、蓝眼油、眼睫毛以及成套化妆品。

舞台、戏剧、影视演员化妆用的上妆油、卸装油、油彩不属于本税目的征收范围。高档护肤类化妆品征收范围另行制定。

四、贵重首饰及珠宝玉石

本税目包括以金、银、白金、宝石、珍珠、钻石、翡翠、珊瑚、玛瑙等高贵稀有物质以及其他金属、人造宝石等制作的各种纯金银首饰及镶嵌首饰和经采掘、打磨、加工的各种珠宝玉石。对出国人员免税商品销售的金银首饰征收消费税。

五、鞭炮、焰火

本税目包括各种鞭炮、焰火。体育上的发令纸、鞭炮药引线，不按本税目征收。

六、成品油

本税目包括汽油、柴油、石脑油、溶剂油、航空煤油、润滑油、燃料油七个子目。

（一）汽油

汽油是指原油或其他原料加工的辛烷值不小于66的可用作汽油发动机燃料的各种轻质油。取消车用含铅汽油消费税，汽油税目不再划分二级科目，统一按照无铅汽油税率征收消费税。

以汽油、汽油组分调和生产的甲醇汽油、乙醇汽油也属于本税目征收范围。

（二）柴油

柴油是指用原油或其他原料加工生产的倾点或凝点在 -50℃ 至 30℃ 的可用作柴油发动机燃料的各种轻质油和以柴油组分为主、经调和精制可用作柴油发动机燃料的非标油。

以柴油、柴油组分调和生产的生物柴油也属于本税目征收范围。

（三）石脑油

石脑油又叫轻汽油、化工轻油，是以石油加工生产的或二次加工汽油经加氢精制而得的用于化工原料的轻质油。

石脑油的征收范围包括除汽油、柴油、煤油、溶剂油以外的各种轻质油。

（四）溶剂油

溶剂油是以石油加工生产的用于涂料和油漆生产、食用油加工、印刷油墨、皮革、农药、橡胶、化妆品生产的轻质油。溶剂油的征收范围包括各种溶剂油。

（五）航空煤油

航空煤油也叫喷气燃料，是以石油加工生产的用于喷气发动机和喷气推进系统中作为能源的石油燃料。航空煤油的征收范围包括各种航空煤油。

（六）润滑油

润滑油是用于内燃机、机械加工过程的润滑产品。润滑油分为矿物性润滑油、植物性润滑油、动物性润滑油和化工原料合成润滑油。

润滑油的征收范围包括以石油为原料加工的矿物性润滑油、矿物性润滑油基础油。植物性润滑油、动物性润滑油和化工原料合成润滑油不属于润滑油的征收范围。

（七）燃料油

燃料油也称重油、渣油。燃料油征收范围包括用于电厂发电、船舶锅炉燃料、加热炉燃料、冶金和其他工业炉燃料的各类燃料油。

七、小汽车

汽车是指由动力驱动，具有四个或四个以上车轮的非轨道承载的车辆。

本税目征收范围包括含驾驶员座位在内最多不超过9个座位（含）的、在设计和技术特性上用于载运乘客和货物的各类乘用车和含驾驶员座位在内的座位数为10~23座（含23座）的、在设计和技术特性上用于载运乘客和货物的各类中轻型商用客车。

用排气量小于1.5升（含）的乘用车底盘（车架）改装、改制的车辆属于乘用车征收范围。用排气量大于1.5升的乘用车底盘（车架）或用中轻型商用客车底盘（车架）改装、改制的车辆属于中轻型商用客车征收范围。

含驾驶员人数（额定载客）为区间值的（如8~10人、17~26人）小汽车，按其区间值下限人数确定征收范围。

"小汽车"税目下增设"超豪华小汽车"子税目。征收范围为每辆零售价格130万元（不含增值税）及以上的乘用车和中轻型商用客车，即乘用车和中轻型商用客车子税目中的超豪华小汽车。对超豪华小汽车，在生产（进口）环节按现行税率征收消费税基础上，在零售环节加征消费税，税率为10%。将超豪华小汽车销售给消费者的单位和个人为超豪华小汽车零售环节纳税人。

电动汽车不属于本税目征收范围。

八、摩托车

本税目包括轻便摩托车和摩托车两个子目。对最大设计车速不超过50千米/时，发动机气缸总工作量不超过50毫升的三轮摩托车不征收消费税。气缸容量在250毫升（不含）以下的小排量摩托车不征收消费税。

九、高尔夫球及球具

高尔夫球及球具是指从事高尔夫球运动所需的各种专用装备，包括高尔夫球、高尔夫球杆及高尔夫球包（袋）等。

高尔夫球是指重量不超过45.93克、直径不超过42.67毫米的高尔夫球运动比赛、练习用球；高尔夫球杆是指被设计用来打高尔夫球的工具，由杆头、杆身和握把三部分组成；高尔夫球包（袋）是指专用于盛装高尔夫球及球杆的包（袋）。

本税目征收范围包括高尔夫球、高尔夫球杆、高尔夫球包（袋）。高尔夫球杆的杆头、杆身和握把属于本税目的征收范围。

十、高档手表

高档手表是指销售价格（不含增值税）每只在10 000元（含）以上的各类手表。

本税目征收范围包括符合以上标准的各类手表。

十一、游艇

游艇是指长度大于8米小于90米，船体由玻璃钢、钢、铝合金、塑料等多种材料制作，可以在水上移动的水上浮载体。按照动力划分，游艇分为无动力艇、帆艇和机动艇。

本税目征收范围包括艇身长度大于8米（含）小于90米（含），内置发动机，可以在水上移动，一般为私人或团体购置，主要用于水上运动和休闲娱乐等非牟利活动的各类机动艇。

十二、木制一次性筷子

木制一次性筷子，又称卫生筷子，是指以木材为原料经过锯段、浸泡、旋切、刨切、烘干、筛选、打磨、倒角、包装等环节加工而成的各类一次性使用的筷子。

本税目征收范围包括各种规格的木制一次性筷子。未经打磨、倒角的木制一次性筷子属于本税目征税范围。

十三、实木地板

实木地板是指以木材为原料，经锯割、干燥、刨光、截断、开榫、涂漆等工序加工而成的块状或条状的地面装饰材料。实木地板按生产工艺不同，可分为独板（块）实木地板、实木指接地板、实木复合地板三类；按表面处理状态不同，可分为未涂饰地板（白坯板、素板）和漆饰地板两类。

本税目征收范围包括各类规格的实木地板、实木指接地板、实木复合地板及用于装饰墙壁、天棚的侧端面为榫、槽的实木装饰板。未经涂饰的素板属于本税目征税范围。

十四、电池

电池是一种将化学能、光能等直接转换为电能的装置，一般由电极、电解质、容器、极端组成，通常还有隔离层组成的基本功能单元，以及用一个或多个基本功能单元装配成的电池组，包括原电池、蓄电池、燃料电池、太阳能电池和其他电池。

十五、涂料

涂料是指涂于物体表面能形成具有保护、装饰或特殊性能的固态涂膜的一类液体或固体材料之总称。自2015年2月1日起对涂料征收消费税，施工状态下挥发性有机物含量低于420克/升（含）的涂料免征消费税。

重要概念

消费税　　　　特别消费税　　　　单一征税环节　　　　组成计税价格

思考题

1. 我国消费税的作用是什么？
2. 我国消费税征税范围有哪些？
3. 我国消费税征税环节的一般原则与具体规定为何有不同？
4. 委托加工应税消费品的计税销售额是如何规定的？
5. 进口应税消费品的计税销售额是如何规定的？

练习题

1. 甲商贸企业（增值税一般纳税人）2019年12月向消费者个人销售金银镶嵌首饰取得收入58 000元，销售镀金镶嵌首饰取得收入24 000元，修理清理取得收入1 200元，金银首饰消费税税率为5%，请计算该企业上述业务应缴纳的消费税金额。

2. 鞭炮制造企业甲企业（增值税一般纳税人）2019年12月生产鞭炮400箱，其中250箱以每箱不含税880元的价格销售给A商贸公司；100箱通过甲厂自设的非独立核算门市部销售，每箱不含税销售价格为880元；剩余50箱作为新年福利发放给企业员工。鞭炮的消费税税率为15%，请计算该厂当月应缴纳的消费税。

3. 甲企业是木制一次性筷子生产企业（增值税一般纳税人），2019年11月采用赊销方式销售给A贸易公司一批木制一次性筷子，含税总价款为20万元，合同规定当月月末应结款50%，但由于资金周转问题A贸易公司未能按时结款。除此之外，甲公司当月向B商贸企业预收木质一次性筷子含税价款8万元，合同规定当月发货60%，其余40%次月月末发货。木制一次性筷子的消费税税率为5%，请计算甲企业当月应缴纳的消费税金额。

第七章 关税和船舶吨税

关税是海关依法对进出境货物、物品征收的一种税。关税是随着商品流通和国际贸易的发展而产生和逐步发展的。我国虽然在新中国成立后就开征了关税，但比较系统的关税制度是随着改革开放逐步形成的。现行关税的法律规范是 2 000 年的《海关法》和 2003 年的《进出口关税条例》。新的关税法已经列入全国人大的立法规划。

导读

当今，经济全球化成为趋势，国际贸易、跨国投资以及各种方式的国际商务合作在世界经济中的比重越来越大，很多企业的生产经营所需的资源以及市场扩大到国际范围，随之而来的关税成为国际经营的一个要素。在关税发展史中，早期征收关税只是为了取得财政收入。随着资本主义生产方式而迅速增强的生产力带来激烈的竞争，各国为保护本国经济制定了保护关税，到 20 世纪三四十年代各国已普遍出现了关税壁垒。二战后，为了减少关税壁垒对国际经济的阻碍，1947 年，23 个主要国家签订了《关税及贸易总协定》，大幅度削减关税。1995 年，世界贸易组织（WTO）取代了关税与贸易总协定。在 2018 年中美两国之间爆发的贸易争端中，关税成为最受关注的内容，其激烈程度令世界震撼，枪来剑往，令人目不暇接，将来在关税研究史上会留下浓墨重彩的一笔。

第一节 关税概述

自新中国成立以来，我国建立了完全独立自主的关税制度，从此关税成为贯彻执行国家对外经济贸易政策、维护国家主权的重要手段。关税对保护我国工农业生产的发展，在平等互利的基础上发展对外经济贸易和技术交流，增加国家财政收入，都起到了重要的作用。

一、关税的含义

关税是海关依法对进出境货物、物品征收的一种税。其中，"境"是指关境，即《海关法》实施的领域。一般而言，一个国家的关境与国境是一致的。但当一个国家在其国境内设立了自由港或者自由贸易区等区域，这些区域被视同为关境之外，该国的关境就小于国境，例如我国。当几个国家组成一个关税同盟时，就会形成共同的关境并实施统一的关税，其成员之间的商品进出国境时免征关税，这样关境就超出每个成员的领土范围，关境大于各自的国境，如欧盟。

二、关税的作用

一般而言,关税可以发挥以下作用:

(一)保护民族经济

进口关税可提高进口商品成本,出口征税可抑制本国紧缺资源外流。一个国家采取什么样的关税政策,是实行自由贸易,还是采用保护关税政策,是由该国的经济发展水平、产业结构状况、国际贸易收支状况以及参与国际经济竞争的能力等多种因素决定的。国际上许多发展经济学家认为,自由贸易政策不适合发展中国家的情况。相反,这些国家为了顺利地发展民族经济、实现工业化,必须实行保护关税政策。我国作为发展中国家,一直十分重视利用关税保护本国的"幼稚工业",促进进口替代工业发展,关税在保护和促进本国工农业生产的发展方面发挥了重要作用。

(二)维护国家权益,有利于贯彻国家对外政策

对进出口货物征收关税,表面上看似乎只是一个与对外贸易相联系的税收问题,其实一国采取什么样的关税政策直接关系到国与国之间的主权和经济利益。历史发展到今天,关税已成为各国政府维护本国政治、经济权益,乃至进行国际经济斗争的一个重要武器。我国根据平等互利和对等原则,通过关税复式税则的运用等方式,争取国际上的关税互惠并反对他国对我国实行关税歧视,促进对外经济技术交往,扩大对外经济合作。

(三)增加财政收入

从世界大多数国家尤其是发达国家的税制结构分析,关税收入在整个财政收入中的比重不大,并呈下降趋势。但是,一些发展中国家,其中主要是那些国内工业不发达、工商税源有限、国民经济主要依赖于某种或某几种初级资源产品出口,以及国内许多消费品主要依赖于进口的国家,征收进出口关税仍然是这些国家取得财政收入的重要渠道之一。我国关税收入是财政收入的重要组成部分,自新中国成立以来,关税为经济建设提供了可观的财政资金。目前,发挥关税在筹集建设资金方面的作用,仍然是我国关税政策的一项重要内容。

(四)调节国民经济和对外贸易

关税是国家的重要经济杠杆,通过税率的高低和关税的减免,可以影响进出口规模,调节国民经济活动。如调节出口产品和出口产品生产企业的利润水平,有意识地引导各类产品的生产,调节进出口商品数量和结构,可促进国内市场商品的供需平衡,保护国内市场的物价稳定等。

三、关税的分类

根据不同的标志,可对关税进行分类。

(一)按流通渠道分类

1. 进口关税

进口关税即海关对输入本国的货物或物品征收的关税。世界各国无论采用国境还是关境关税,都以进口关税作为关税的主体。通常所说的关税一般指进口关税,在各种国际性贸易条约、协定中所说的关税一般也是指进口关税。进口关税是执行关税政策的主要手段,一国的关税税款主要来源于进口关税。

2. 出口关税

出口关税即海关对输出本国的货物或物品征收的关税。征收出口关税可以增加一国的财政收入,调节本国稀缺资源的流向。有时,为了适应政治、经济或军事上的特殊需要,国家也会对其出口产品征收关税。

3. 过境关税

过境关税是对外国运经本国关境到达另一国的货物征收。因为过境货物不进入本国市场,

所以也不影响本国的生产。目前绝大多数国家都不征收过境关税，只有伊朗、委内瑞拉等少数国家有过境关税。

（二）按关税计征方式分类

（1）从量税。从量税是指以征税对象的数量为计税依据，按每单位数量预先制定的应税额计征。

（2）从价税。从价税是指以征税对象的价格为计税依据，根据一定比例的税率进行计征。

（3）复合税。复合税是指对一种进口货物同时订出从价、从量两种方式，分别计算出税额，以两个税额之和作为该货物的应征税额的一种征收关税标准。

（三）按税率的高低分类

关税按税率的高低分为普通关税、优惠关税和加重关税。

1. 普通关税

普通关税是指对征税对象无任何歧视或优惠的关税，即正常关税。

2. 优惠关税

（1）互惠关税。在国与国之间的贸易中，双方协商签订协议，对进出口货物征收较低的关税直至免税。可见，互惠关税有利于发展两国之间良好的经贸关系，促进双方经济的增长。

（2）特惠关税。一个国家或某一经济集团对某些特定国家的全部进口货物或部分货物单方面给予低于关税或免税待遇的特殊优惠。英国实行这种非互惠的特惠关税，对英联邦国家给予照顾。

（3）最惠国待遇关税。两国缔结贸易条约时，缔约国一方承诺现在或将来给予任何第三方的优惠、特权或豁免等待遇，必须无条件地、自动地适用于缔约国对方的一种优惠待遇。

（4）普惠制关税。它是发达国家单方面给予发展中国家的制成品和半制成品的普遍优惠待遇的关税制度，具有普遍性、非歧视性和非互惠性。

3. 加重关税（歧视性关税）

（1）反倾销税。反倾销税是对外国以低价向本国倾销的进口货物按较高的税率征收的一种进口附加税，目的在于增加进口货物成本。

（2）反补贴税。反补贴税是进口国对接受过补贴的外国货物在进口到本国时所征收的一种进口附加税，目的在于抵消他国出口补贴，保护国内生产。

（3）报复关税。报复关税是对他国对本国输出的货物有不利待遇或歧视时，而对从该国输入的货物予以报复、加重征税的一种临时附加税，属于惩罚性加重关税。

小资料

斯姆特－霍利关税法案引发的争议

美国的斯姆特－霍利关税法案签订于1930年6月17日，法案将2 000多种进口商品的关税提升到历史最高水平。当时在美国，有1 028名经济学家签署了一项请愿书抵制该法案；而在该法案通过之后，许多国家对美国采取了报复性关税措施，使美国的进口额和出口额都骤降50%以上。

美国政府的统计数据显示，美国从欧洲进口的商品总额从1929年高位的13.34亿美元降至1932年的3.90亿美元，同时美国出口至欧洲的商品总额则从1929年的23.41亿美元降至1932年的7.84亿美元。一些经济学家认为，该法案是1929～1933年全球大萧条的"扳机"。还有一些学者分析认为，经济危机不是由该法案的实施所引发的，但是该法案订立的高额关税打击了美国的进出口贸易，从而影响了生产和就业，阻碍了当时美国经济的复苏，加剧了大萧条。而从美国历史来看，经济的走势似乎和关税的高低关系并不大，1857年到1872年期间美国削减了关税，但经济增长下降了；一战结束后由于进口的激增，美国在1921年实施了紧急关税法案,关税从 1922 年的 15.2% 陡增到 36.2%,但之后几年美国的进口和经济增长并没有受到打击。也有一些经济历史学家认为围绕该法案的政治纷争对于加重大萧条时期的不景气程度具有重大的影响。斯姆特-霍利关税法案通过之时的 1930 年,美国的失业率为 7.8%,而到 1931 年,骤升至 16.3%,并且一路走高,1932 年达到 24.9%,1933 年达到 25.1%。

斯姆特-霍利关税法案及各国对该法案进行反制的后果是,世界上出现了建立多国贸易协定体系以防止相同情况出现的趋势。1944 年,布雷顿森林协定签订;1945 年 12 月,一轮遍及全球的大规模削减关税行动开始实施;1947 年,关税及贸易总协定签订;1995 年,世界贸易组织(WTO)成立。

资料来源:王国红. 斯姆特-霍利关税法案对 1929 年经济危机的影响 [J]. 北方经贸,2011 (12).

第二节　关税的征税对象和纳税义务人

一、征税对象

关税的征税对象是进出境的货物和物品。货物是指贸易性的商品;物品是指旅客携带的行李物品、个人邮递物品、各种运输工具上的服务人员携带的自用物品、馈赠物品以及其他方式进境的个人物品。

二、纳税义务人

关税的纳税义务人包括:
(1) 进口货物的收货人。
(2) 出口货物的发货人。
(3) 进出境物品的所有人。

上述进出口货物的收、发货人是指进口或者出口货物的法人或者其他社会团体;进出境物品的所有人包括该物品的所有人和推定为所有人的人。一般情况下,对于携带进境的物品,推定其携带人为所有人;对分离运输的行李,推定相应的进出境旅客为所有人;对以邮递方式进境的物品,推定其收件人为所有人;以邮递方式或其他运输方式出境的物品,推定其寄件人或托运人为所有人。

第三节　关税的税则及税率

一、关税税则

海关进出口税则,简称关税税则,是指一个国家通过立法程序公布实施的,对进出境货物进行归类并根据归类制定的税目税率表以及对其运用所做的规定和说明。关税税则是一个国家关税制度的重要组成部分。

税率表是税则的主体,包括税则商品分类目录和税率栏两大部分。税则商品分类目录是把种类繁多的商品加以整合,按照其不同的特点分门别类简化成数量有限的商品类目,分别编号按序排列,称为税则号列,并逐号列出该号中应列入的商品名称。税率栏是按商品分类目录逐项订出的税率栏目。我国现行进口税则为四栏税率,出口税则为一栏税率。

二、税率

关税税率分为进口关税税率、出口关税税率和特别关税税率三类。

（一）进口关税税率

1. 进口关税税率的形成与变化

过去，我国对进口仅设有普通税率和优惠税率，普通税率适用于与我国未签订关税互惠协议的国家或地区的货物，优惠税率适用于与我国签订互惠协议的国家或地区的货物。我国加入WTO后，对进口货物设有最惠国税率、协定税率、特惠税率、普通税率、关税配额税率等税率。对某些进口货物可以实行暂定税率。

2018年9月26日召开的国务院常务会议决定，从2018年11月1日起，降低1585个税目工业品等商品进口关税税率。此次，1585个税目商品进口关税税率将下调，我国关税总水平将由2017年的9.8%降至7.5%。另外，根据《2019年进出口暂定税率等调整方案》，自2019年1月1日起对706项商品实施进口暂定税率；自2019年7月1日起，取消14项信息技术产品进口暂定税率，同时缩小1项进口暂定税率适用范围。

2. 税率种类

按计算关税的计税依据，税率可以分成从价税率、从量税率、复合税率、选择税率和滑准税率。

（1）从价税率。从价税是以货物的价格或者价值为计税依据，以应征税额占货物价格的比率为税率计算应征税额。我国海关计征关税的主要依据是从价征税。

（2）从量税率。从量税是以货物的实物量为计税依据，以每计量单位货物的应征税额为税率。我国对原油和啤酒等商品从量征收关税。

（3）复合税率。复合税即混合税，是使用从价和从量两种依据合并混合计征的一种关税，我国对摄像机、数字照相机和摄录一体机等进口商品征收复合税。

（4）选择税率。选择税是对同一种商品同时定有从价税和从量税两种税率，在征税时选择其税额较高的一种征税。

（5）滑准税率。滑准税是根据同类货物的不同价格适用不同税率的从价关税。它随货物价格由高至低而设定由低至高的税率，即对价格越高的货物适用的税率越低，价格越低的货物适用的税率越高。

3. 暂定税率与关税配额税率

国家根据情况，可以对一些原材料、零部件、农药原药和乐器等实行暂定税率。《进出口关税条例》规定，适用最惠国税率的进口货物有暂定税率的，应当适用暂定税率；适用特惠税率、协定税率的进口货物有暂定税率的，应当从低适用税率；适用普通税率的进口货物，不适用暂定税率。

此外，国家对一些农产品和化肥产品实行关税配额，对在一定数量内的商品适用较低的配额内税率，对超出该数量的商品适用较高的配额外税率。

（二）出口关税税率

一般国家很少征收出口关税。我国仅对少数资源性产品和一些盲目竞争、需要规范出口秩序的半制成品征收出口关税。现行税则对鳗鱼苗、部分有色金属矿砂及其精矿、生锑、磷、氟钽酸钾、苯、山羊板皮、部分铁合金、钢铁废碎料、铜和铝原料及其制品、镍锭、锌锭、锑锭等100余种商品计征出口关税，实行0%~25%的暂定税率。

（三）特别关税税率

为处理国际贸易中的摩擦，我国和其他国家一样，在关税中设置了特别关税，包括报复性关税、反倾销税和反补贴税以及保障性关税等，这些特别关税的税率由税则委员会决定。

第四节 关税的完税价格

一、原产地规定

原产地规定可以对产自不同国家或地区的进口货物适用不同的关税税率。我国原产地规定采用国际通行的"全部产地生产标准"和"实质性加工标准"两种原产地标准。

（一）全部产地生产标准

全部产地生产标准是指进口货物"完全在一个国家内生产或制造"。完全在一国生产或制造的进口货物包括：

（1）该国领土或领海内开采的矿产品。
（2）该国领土上收获或采集的植物产品。
（3）该国领土上出生或饲养的活动物及从其所得产品。
（4）该国领土上狩猎或捕捞所得的产品。
（5）该国的船只卸下的海洋捕捞物及在海上取得的其他产品。
（6）该国加工船加工上述第5项所列物品所得的产品。
（7）该国收集的只适用于做再加工制造的废料和废旧物品。
（8）该国完全用上述7项所列产品加工成的制成品。

（二）实质性加工标准

在两个或以上国家参与商品生产的情况下，原产地的确认采用实质性加工标准。所谓"实质性加工"是指产品经过加工后，在《进出口税则》中税则归类发生改变，或者加工增值部分占产品总值比例超过30%及以上。对几个国家加工制造的货物，以最后一个对货物进行可以视为实质性加工的国家作为原产国。

（三）其他规定

对与主件同时进口，且数量合理的机器、仪器、器材等所用零件、部件、配件、备件及工具等，其原产地按主件的原产地确定；对分别进口的则按各自的原产地确定。

二、一般进口货物的完税价格

《海关法》规定，进出口货物的完税价格，由海关以该货物的成交价格为基础审查确定。成交价格不能确定时，完税价格由海关依法估定。

（一）以成交价格为基础的完税价格

进口货物的完税价格包括货价、货物运抵境内输入地点起卸前的运输及相关费用和保险费。我国境内输入地为入境海关地，包括内陆河、江口岸，一般为第一口岸。货物的货价以成交价格为基础。进口货物的成交价格是指买方为购买货物，并按《海关审定进出口货物完税价格办法》有关规定调整后的实付或应付价格。

（二）海关估价方法

如果进口货物价格不符合成交价格或成交价格不能确定，由海关依次按相同或类似货物成交价格法、倒扣价格法、计算价格法及其他合理方法确定完税价格。如果进口货物的收货人提出要求，并提供相关资料，经海关同意，可以选择倒扣价格方法和计算价格方法的适用次序。

（1）相同或类似货物成交价格法，即以被估的进口货物大约同时（申报日前后各45天）进口的相同或类似货物的成交价格为基础，确定完税价格。

（2）倒扣价格法，即以被估进口货物、相同或类似货物在境内销售的价格为基础来估定，该完税价格应在售价上扣除境内利润、相关费用和关税等。

(3) 计算价格法，即按生产货物的原料和加工费，向境内出口销售同类货物的利润、费用，以及货物运抵境内起卸前的运费、保险费等各项计算出的价格估定。

(4) 其他合理方法。使用其他合理方法时，应当根据《海关审定进出口货物完税价格办法》规定的估价原则，以在境内获得的数据资料为基础估定完税价格。

例 7-1 单选题：下列税费中，应计入进口货物关税完税价格的是（　　）。
A. 单独核算的境外技术培训费用
B. 报关时海关代征的增值税和消费税
C. 由买方单独支付的入关后的运输费用
D. 进口货物运抵我国境内输入地点起卸前的保险费

答案与解析 D。进口货物的价款中单独列明的下列税收、费用，不计入关税完税价格：
(1) 厂房、机械、设备等货物进口后的建设、安装、装配、维修或者技术援助费用（保修费用除外）；
(2) 进口货物运抵境内输入起点后起卸后的运输机器相关费用、保险费；
(3) 进口关税、进口环节海关代征税及其他国内税；
(4) 为在境内复制进口货物而支付的费用；
(5) 境内外技术培训及境外考察费用；
(6) 符合条件的为进口货物而融资产生的利息费用。

例 7-2 某进出口公司从美国进口一批化工原料共 400 吨，货物以境外口岸离岸价格成交，单价折合人民币 15 000 元/吨，买方承担包装费每吨 300 元人民币，另向中介支付佣金每吨 800 元人民币，向自己的采购代理人支付购货佣金 3 000 元人民币。已知该批货物运抵中国境内输入地点起卸前的运输费、保险费和其他劳务费用为每吨 1 000 元人民币，进口后另发生运输费和装卸费用每吨 200 元人民币，计算该批化工原料的关税完税价格。

答案与解析 计入进口货物关税完税价格的，包括货价、支付的佣金（不包括买方向自己的采购代理人支付的购货佣金）、买方负担的包装费、进口途中的运费（不包括进口后发生的运输费、装卸费）和保险费及其他劳务费用。

进口该批化工原料的关税完税价格 = (15 000 + 300 + 800 + 1 000) × 400 = 6 840 000(元)

三、出口货物的完税价格

（一）以成交价格为基础的完税价格

出口货物应以海关审定的成交价格作为完税价格，包括货物离岸装卸前的运输及其相关费用和保险费。

（二）海关估价方法

出口货物的成交价格不能确定时，由海关依次使用下列方法估定完税价格：
(1) 同时或大约同时向同一国家或地区出口相同货物的成交价。
(2) 同时或大约同时向同一国家或地区出口类似货物的成交价。
(3) 根据境内生产相同或类似货物的成本、利润和一般费用，境内发生的运输，以及相关费用、保险费计算所得的价格。
(4) 其他合理方法估定的价格。

四、进出口货物完税价格中的运输及相关费用、保险费

（一）一般陆运、空运、海运方式进口的货物

陆运、空运和海运进口货物的运费和保险费，应当按实际支付的费用计算。如果运费无法

确定，海关应当按照该货物进口同期运输行业公布的运费率计算，按"货价加运费"两者总额的3‰计算保险费。

（二）以其他方式进口的货物

（1）邮运的进口货物，以邮费作为运输及相关费用、保险费。

（2）以境外边境口岸价格作为成交条件的铁路或公路运输进口货物，应当按货价的1%计算运输及相关费用、保险费。

（3）作为进口货物的自驾进口的运输工具，在审定完税价格时，可不另行计入运费。

（三）出口货物

出口货物的销售价格如果包括离境口岸至境外口岸之间的运输及保险费，该运费及保险费应当扣除。

五、跨境电子商务零售进口税收政策

对跨境电子商务零售进口的商品，要按照货物征收关税，并征收进口环节的增值税和消费税。纳税义务人为购买商品的个人，以实际交易价格（包括货物零售价格、运费和保险费）作为完税价格。电子商务企业、电子商务交易平台企业或物流企业可作为代收代缴义务人。

（一）适用范围

该政策适用于从其他国家或地区进口的能够统一提供交易、支付、物流等电子信息，并承诺承担相应法律责任进境的跨境电子商务零售进口商品。

不属于跨境电子商务零售进口的个人物品以及无法提供交易、支付、物流等电子信息的跨境电子商务零售进口商品，按现行规定执行。

（二）计征限额

跨境电子商务零售进口商品的单次交易限额为人民币2 000元，个人年度交易限额为人民币20 000元。在限额内的商品，关税税率暂设为0；进口环节增值税和消费税暂按法定应纳税额的70%征收。超过单次限额、累加后超过个人年度限额的单次交易，以及完税价格超过2 000元限额的单个不可分割商品，均按照一般贸易方式全额征税。

（三）计征规定

商品自海关放行之日起30日内退货的，可申请退税，并相应调整个人年度交易总额。

商品购买人（订购人）的身份信息应进行认证；未进行认证的，购买人（订购人）身份信息应与付款人一致。

第五节　应纳税额的计算

根据从价计税、从量计税、复合计税和滑准税等不同计税依据，需采取不同的计税方法。

一、从价计税

从价计税的计算公式为：

$$关税税额 = 应税进(出)口货物数量 \times 单位完税价格 \times 税率$$

二、从量定额

从量定额的计算公式为：

$$关税税额 = 应税进(出)口货物数量 \times 单位税额$$

三、复合计税

我国目前的复合税都是先计征从量税，再计征从价税。计算公式为：

关税税额 = 应税进(出)口货物数量 × 单位税额 + 应税进出口货物数量 × 单位关税价格 × 税率

例 7-3 某企业进口某产品 100 件，每件完税价格折合人民币为 12 000 元，普通税率为 25%，优惠税率为 5%，试计算该企业应纳关税税额。

答案与解析

1. 若该产品原产于与我国订有关税互惠协议的国家或地区，则应按照优惠税率计算：

$$应纳税额 = 12\,000 × 100 × 5\% = 60\,000(元)$$

2. 若该产品原产于与我国未订有关税互惠协议的国家或地区，则应按照普通税率计算：

$$应纳税额 = 12\,000 × 100 × 25\% = 300\,000(元)$$

例 7-4 某公司从美国进口某种货物，正常成交价为 768 100 元，运达我国目的地共支付包装费 8 000 元，运费 67 000 元，保险费 7 700 元，进口货关税税率为 15%，消费税税率为 5%，增值税税率为 13%。试计算应纳的关税、消费税、增值税税额。

答案与解析

1. 完税价格和应纳关税税额为：

$$完税价格 = 768\,100 + 8\,000 + 67\,000 + 7\,700 = 850\,800(元)$$
$$应纳关税税额 = 850\,800 × 15\% = 127\,620(元)$$

2. 应纳消费税税额为：

$$组成计税价格 = (850\,800 + 127\,620) ÷ (1 - 5\%) = 1\,029\,915.79(元)$$
$$应纳消费税税额 = 1\,029\,915.79 × 5\% = 51\,495.79(元)$$

3. 应纳增值税税额为：

$$组成计税价格 = 850\,800 + 127\,620 + 51\,495.79 = 1\,029\,915.79(元)$$
$$应纳增值税税额 = 1\,029\,915.79 × 13\% = 133\,889.05(元)$$

第六节　关税的减免

关税减免分为法定减免税、特定减免税、暂时免税和临时减免税。我国《海关法》规定，除法定减免税外的其他减免税均由国务院决定。减征关税以最惠国税率或者普通税率为基准。

一、法定减免税

法定减免税是税法中明确列明的减税或免税。符合税法规定可予减免税的进出口货物，纳税义务人无须提出申请，海关可按规定直接予以减免税。海关对法定减免税货物一般不进行后续管理。我国《海关法》和《进出口条例》明确规定，下列货物、物品可免征关税：

（1）关税税额在人民币 50 元以下的一票货物，可免征关税。
（2）无商业价值的广告品和货样。
（3）外国政府、国际组织无偿赠送的物资。
（4）进出境运输工具装载的途中必需的燃料、物料和饮食用品。
（5）在海关放行前损失的货物。
（6）在海关放行前遭受破坏的货物，可以根据海关认定的受损程度减征关税。
（7）我国缔结或者参加的国际条约规定减征、免征关税的货物、物品，按照规定予以减免关税。
（8）法律规定减征、免征关税的其他货物、物品。

二、特定减免税

特定减免税也称政策性减免税。特定减免是指在关税基本法规确定的法定减免以外，由国务院授权的机关颁布法规、规章特别规定的减免。特定减免税货物一般有地区、企业和用途的限制，海关需要进行后续管理，也需要进行减免税统计。

特定减免税主要包括进口科技教育用品、残疾人专用物品、扶贫、慈善性捐赠物资、加工贸易产品、边境贸易进口物资、保税区和进出口加工区的进出口货物、进口设备以及国家政策规定有特定用途的商品等。

三、暂时免税

暂时进境或者暂时出境的下列货物，在进境或出境时纳税义务人向海关缴纳相当于应纳税额的保证金或者提供其他担保的，可以暂不缴纳关税，并应当自进境或者出境之日起6个月内复运出境或者复运进境；需要延长复运出境或者复运进境期限的，纳税义务人应当根据海关总署的规定向海关办理延期手续：

（1）在展览会、交易会、会议及类似活动中展示或者使用的货物。
（2）文化、体育交流活动中使用的表演、比赛用品。
（3）进行新闻报道或者摄制电影、电视节目使用的仪器、设备及用品。
（4）开展科研、教学、医疗活动使用的仪器、设备及用品。
（5）在上述第1项至第4项所列活动中使用的交通工具及特种车辆。

四、临时减免税

临时减免是指在以上法定减免和特定减免以外，对某个纳税人由于特殊原因临时给予的减免。临时减免一般必须在货物进出口前，向所在地海关提出书面申请，并随附必要的证明资料，经所在地海关审核后，转报海关总署或海关总署会同国家税务总局、财政部审核批准。

我国已经加入世界贸易组织，为遵循统一、规范、公平、公开的原则，有利于统一税法、公平税赋、平等竞争，国家严格控制减免税，一般不办理个案临时性减免税，对特定减免税也在逐步规范、清理，对不符合国际惯例的税收优惠政策将逐步予以废止。

第七节 关税的纳税管理

一、关税缴纳

进口货物自运输工具申报进境之日起14日内，出口货物在货物运抵海关监管区后装货的24小时以前，应由进出口货物的纳税义务人向货物进（出）境地海关申报，海关根据税则归类和完税价格计算应缴纳的关税和进口环节代征税，并填发税款缴款书。纳税义务人应当自海关填发税款缴款书之日起15日内，向指定银行缴纳税款。如关税缴纳期限的最后一日是周末或法定节假日，则关税缴纳期限顺延至周末或法定节假日过后的第一个工作日。为方便纳税义务人，经申请且海关同意，进出口货物的纳税义务人可以在设有海关的指运地（启运地）办理海关申报、纳税手续。逾期不交的，除依法追缴外，由海关自到期的次日起至缴清税款之日止，按日征收欠缴税款额万分之五的滞纳金。征收的关税和滞纳金等，除海关总署另有规定外，应当按人民币计征。进口货物在缴纳完关税以后，才可以进入国内市场流通，出口货物完税后方可出口。

关税纳税义务人因不可抗力或者在国家税收政策调整的情形下，不能按期缴纳税款的，经海关总署批准，可以延期缴纳税款，但最长不得超过6个月。

二、关税的补征和追征

补征和追征是海关在纳税人按海关核定的税额缴纳关税后，发现核定征收税额少于征税额时，责令纳税义务人补缴所差税款的规定。根据短征关税原因的不同分为关税的补征和追征。由于纳税义务人违反海关规定的,称为关税的追征;非因纳税义务人违反海关规定的,称为关税的补征。我国《海关法》规定,进出口货物完税后,如发现少征或者漏征税款,海关应当自缴纳税款或者货物放行之日起 1 年内,向纳税义务人补征。因收发货人或者他们的代理人违反规定造成的少征或漏征,海关在 3 年内可以追征,并从缴纳税款之日起按日加收少征或漏征税款万分之五的滞纳金。

三、关税退还

关税退还是关税纳税人按海关核定的税额缴纳关税后,由于某种原因的出现,海关将已缴税款的部分或全部退还给关税纳税义务人的一种规定。我国《海关法》规定,海关多征的税款,海关发现后应当立即退还;纳税义务人发现多缴税款的,自缴纳税款之日起 1 年内,可以以书面形式要求海关退还多缴的税款并加算银行同期活期存款利息;海关应当自受理退税申请之日起 30 日内查实并通知纳税义务人办理退还手续。

此外,有下列情形之一的,纳税义务人自缴纳税款之日起 1 年内,可以申请退还关税,并应当以书面形式向海关说明理由,提供原缴款凭证及相关资料:

(1) 已征进口关税的货物,由于品质或者规格问题,原状退货复运出境的。
(2) 已征出口关税的货物,由于品质或者规格问题,原状退货复运进境,并已重新缴纳因出口而退还的国内环节有关税收的。
(3) 已征出口关税的货物,因故未装运出口,申报退关的。

海关应当自受理退税申请之日起 30 日内查实并通知纳税义务人办理退还手续;纳税义务人应当自收到通知之日起 3 个月内办理有关退税手续。

四、关税的强制执行

纳税义务人逾期缴纳而又未经批准缓交的,即构成关税滞纳。为保证海关征收关税决定的有效执行和国家财政收入的及时入库,《海关法》赋予海关对滞纳关税的纳税义务人强制执行的权利。强制措施主要有两种:征收一定比例的滞纳金、强制征收。

(一) 征收一定比例的滞纳金

关税滞纳金的计算是,自缴纳期限已满之日的次日起,至缴清税款之日止,按滞纳税款万分之五的比例按日征收,周末或法定假日不予扣除。其计算公式为:

$$关税滞纳金 = 滞纳关税税额 \times 滞纳金征收比率 \times 滞纳天数$$

当税款分期缴清时,则分期计算应纳税款和滞纳天数。

(二) 强制征收

如纳税义务人自海关填发缴款书之日起 3 个月仍未缴纳税款,经海关关长批准,海关可以采取强制扣缴、变价抵缴等强制措施。强制扣缴即海关从纳税义务人在开户银行或者其他金融机构的存款中直接扣缴税款。变价抵缴即海关将应税货物依法变卖,以变卖所得抵缴税款。

例 7-5 某公司进口一批货物,海关于 2018 年 7 月 1 日填发税款缴款书,但公司迟至 7 月 27 日才缴纳 300 万元的关税。计算海关应征收的关税滞纳金。

答案与解析 滞纳天数自关税缴纳期限届满滞纳之日起,至纳税义务人缴纳关税之日止,所以滞纳天数为 12 天。

$$海关应征收关税滞纳金 = 300 \times 12 \times 0.5‰ = 1.8(万元)$$

第八节 船舶吨税

船舶吨税亦称"吨税"或者"灯塔税",一般是对外国船舶进出本国港口时按吨位征收的一种税。其征税理论依据是外国船舶使用了本国航道、灯塔、航标等港口设施和助航设备，属于使用税（或称行为税）种。我国自 1952 年由海关总署发布《中华人民共和国海关船舶吨税暂行办法》以来，经过 2011 年国务院修订的《中华人民共和国船舶吨税暂行条例》，已经在 2017 年由全国人大常务委员会通过《中华人民共和国船舶吨税法》，自 2018 年 7 月 1 日开始施行。现行船舶吨税的征税范围包括中国国籍的船舶。

一、征税范围和税率

（一）征税范围

自我国境外港口进入境内港口的船舶（以下简称应税船舶），应当缴纳船舶吨税（以下简称吨税）。

（二）税率

我国吨税设置普通税率和优惠税率，详见表 7-1。

1. 优惠税率

适用优惠税率的船舶包括：

（1）拥有我国国籍的应税船舶。

（2）船籍国或者地区与我国签订含有相互给予船舶税费最惠国待遇条款的条约或者协定的应税船舶。

2. 普通税率

适用优惠税率以外的其他应税船舶，适用普通税率。

表 7-1 吨税税目税率表

税目 （按船舶净吨位划分）	税率（元/净吨）						备注
	普通税率 （按执照期限划分）			优惠税率 （按执照期限划分）			
	1 年	90 日	30 日	1 年	90 日	30 日	
不超过 2 000 净吨	12.6	4.2	2.1	9.0	3.0	1.5	1. 拖船按照发动机功率每千瓦折合净吨位 0.67 吨。 2. 无法提供净吨位证明文件的游艇，按照发动机功率每千瓦折合净吨位 0.05 吨。 3. 拖船和非机动驳船分别按相同净吨位船舶税率的 50% 计征税款
超过 2 000 净吨，但不超过 10 000 净吨	24.0	8.0	4.0	17.4	5.8	2.9	
超过 10 000 净吨，但不超过 50 000 净吨	27.6	9.2	4.6	19.8	6.6	3.3	
超过 50 000 净吨	31.8	10.6	5.3	22.8	7.6	3.8	

二、应纳吨税税额的计算

吨税按照船舶净吨位和吨税执照期限征收，应纳税额按照船舶净吨位乘以适用税率计算。净吨位是指由船籍国（地区）政府授权签发的船舶吨位证明书上标明的净吨位。

应纳吨税税额的计算公式为：

$$应纳吨税税额 = 船舶净吨位 \times 定额税率$$

三、税收优惠

（一）直接优惠

下列船舶免征吨税：

（1）应纳税额在人民币 50 元以下的船舶。

（2）通过自境外购买、受赠、继承等方式取得船舶所有权的初次进口到港的空载船舶。

（3）吨税执照期满后 24 小时内不上下客货的船舶。
（4）非机动船舶（不包括非机动驳船），是指自身没有动力装置，依靠外力驱动的船舶。
（5）捕捞、养殖渔船，是指在中华人民共和国渔业船舶管理部门登记为捕捞船或者养殖船的船舶。
（6）避难、防疫隔离、修理、终止运营或者拆解，并不上下客货的船舶。
（7）军队、武装警察部队专用或者征用的船舶。
（8）警用船舶。
（9）依照法律规定应当予以免税的外国驻华使领馆、国际组织驻华代表机构及其有关人员的船舶。
（10）国务院规定的其他船舶。

（二）延期优惠

在吨税执照期限内，应税船舶发生下列情形之一的，海关按照实际发生的天数批注延长吨税执照期限：

（1）避难、防疫隔离、修理，并不上下客货；
（2）军队、武装警察部队征用；

发生上述情形的船舶，应当提供海事部门、渔业船舶管理部门或者出入境检验检疫部门等部门、机构出具的具有法律效力的证明文件或者使用关系证明文件，申明免税或者延长吨税执照期限的依据和理由。

例 7-6 多选题：下列船舶中，免征船舶吨税的有（　　）。
A. 养殖渔船
B. 非机动驳船
C. 军队征用的船舶
D. 应纳税额为人民币 100 元的船舶

答案与解析 AC。选项 A：捕捞、养殖渔船免征船舶吨税。选项 B：非机动船舶（不包括非机动驳船）免征船舶吨税。选项 C：军队、武装警察部队专用或者征用的船舶免征船舶吨税。选项 D：应纳税额在人民币 50 元以下的船舶免征船舶吨税。

四、征收管理

应税船舶在进入港口办理入境手续时，应当向海关申报纳税领取吨税执照，或者交验吨税执照（或者申请核验吨税执照电子信息）。应税船舶负责人在每次申报纳税时，可以按照《吨税税目税率表》选择申领一种期限的吨税执照。应税船舶负责人缴纳吨税或者提供担保后，海关按照其申领的执照期限填发吨税执照。

（1）吨税由海关负责征收。海关征收吨税应当制发缴款凭证。
（2）吨税纳税义务发生时间为应税船舶进入港口的当日。
（3）应税船舶在吨税执照期满后尚未离开港口的，应当申领新的吨税执照，自上一次执照期满的次日起续缴吨税。
（4）应税船舶负责人应当自海关填发吨税缴款凭证之日起 15 日内向指定银行缴清税款。未按期缴清税款的，自滞纳税款之日起，按日加收滞纳税款 0.5‰ 的滞纳金。
（5）应税船舶到达港口前，经海关核准先行申报并办结出入境手续的，应税船舶负责人应当向海关提供与其依法履行吨税缴纳义务相适应的担保；应税船舶到达港口后，向海关申报纳税。

下列财产、权利可以用于担保：
1）人民币、可自由兑换货币。
2）汇票、本票、支票、债券、存单。
3）银行、非银行金融机构的保函。

4）海关依法认可的其他财产、权利。

（6）应税船舶在吨税执照期限内，因修理、改造导致净吨位变化的，吨税执照继续有效。应税船舶办理出入境手续时，应当提供船舶经过修理、改造的证明文件。

因船籍改变而导致适用税率变化的，应税船舶在办理出入境手续时，应当提供船籍改变的证明文件。

（7）吨税执照在期满前毁损或者遗失的，应当向原发照海关书面申请核发吨税执照副本，不再补税。

（8）海关发现少征或者漏征税款的，应当自应税船舶应当缴纳税款之日起1年内，补征税款。但因应税船舶违反规定少征或者漏征税款的，海关可以自应当缴纳税款之日起3年内追征税款，并自应当缴纳税款之日起按日加征少征或者漏征税款 0.5‰ 的滞纳金。

海关发现多征税款的，应当在24小时内通知应税船舶办理退还手续，并加算银行同期活期存款利息。

应税船舶发现多缴税款的，可以自缴纳税款之日起3年内以书面形式要求海关退还多缴的税款并加算银行同期活期存款利息；海关应当自受理退税申请之日起30日内查实并通知应税船舶办理退还手续。

应税船舶应当自收到退税通知之日起3个月内办理有关退还手续。

（9）应税船舶有下列行为之一的，由海关责令限期改正，处2 000元以上3万元以下罚款；不缴或者少缴应纳税款的，处不缴或者少缴税款50%以上5倍以下的罚款，但罚款不得低于2 000元：

1）未按照规定申报纳税、领取吨税执照；
2）未按照规定交验吨税执照（或者申请核验吨税执照电子信息）及其他证明文件。

（10）吨税税款、滞纳金、罚款以人民币计算。

例7-7 多选题：下列关于船舶吨税的表述不正确的有（　　）。
A. 吨税执照在期满前毁损或者遗失的，应当补税
B. 吨税的应税船舶不包括中华人民共和国国籍的船舶
C. 吨税纳税义务发生时间为应税船舶进入港口的当日
D. 应税船舶在吨税执照期限内，因修理导致净吨位变化的，吨税执照失效

答案与解析 ABD。选项A：吨税执照在期满前毁损或者遗失的，应当向原发照海关书面申请核发吨税执照副本，不再补税。选项B：自中华人民共和国境外港口进入境内港口的船舶，应当缴纳船舶吨税，包含中华人民共和国国籍的船舶。选项D：应税船舶在吨税执照期限内，因修理、改造导致净吨位变化的，吨税执照继续有效。应税船舶办理出入境手续时，应当提供船舶经过修理、改造的证明文件。

小资料

我国船舶吨税的历史演变

新中国成立初期，我国沿用了国民政府的船舶吨税制度。

1951年1月，中央人民政府财政部和海关总署联合颁发了《海关代征吨税办法》，将船舶吨税划入车船使用牌照税范围，中国籍船舶由地方税务局征收车船使用牌照税，外籍船舶及外商租用的中国籍船舶由海关代征船舶吨税。

1951年10月，财政部下发文件，将船舶吨税纳入关税项下。

1952年9月，海关总署发布《船舶吨税暂行办法》。

1954年11月，对外贸易部和海关总署通知，对由中国租用（包括国外华商所有的或租用的）航行国外或兼营国内沿海贸易的外国籍船舶，暂征吨税。

1979年，对台贸易开展以后，根据有关规定，福厦两关对台湾公私企业的船只，按本国国籍国际航行船舶对待，不征收吨税。对外国籍船舶和中国台湾与外国合营企业的船舶，如果已经中国台湾海关征收了吨税，在吨税执照有效期内，不再征收吨税；如执照已经期满，则按章征收吨税。

2011年，国务院公布《中华人民共和国船舶吨税暂行条例》，对自境外港口进入境内港口的船舶征收船舶吨税，征税范围包括中国国籍的船舶。

2017年，全国人大常委会通过《中华人民共和国船舶吨税法》。

重要概念

关境　　　　　关税壁垒　　　　货物　　　　物品　　　　完税价格
滑准税率　　　最惠国待遇　　　普惠制　　　反倾销税　　反补贴税

思考题

1. 关税有哪些作用？
2. 关税有哪些分类？
3. 如何确定进口货物的关税完税价格？
4. 中美贸易摩擦中的关税问题意味着什么？
5. 征收船舶吨税的理论依据是什么？

练习题

1. 上海某进出口公司从美国进口货物一批，货物以离岸价格成交，成交价格折合人民币1 010万元，包括单独计价并经海关审查属实的向境外采购代理人支付的购货佣金10万元，但不包括向卖方支付的佣金10万元，另支付货物运抵我国上海港的运费、保险费等25万元。假设该货物适用关税税率20%、增值税税率13%、消费税税率10%。

要求：分别计算该公司进口环节应纳的关税、增值税和消费税税额

2. 某经营金银首饰企业（增值税一般纳税人）通过海运进口一批银首饰，海关审定货价折合人民币6 000万元，运保费无法确定，海关按该货物进口同期的正常运输成本审查确定的运费折合人民币10万元，该批货物适用进口关税税率15%、消费税税率5%、增值税税率13%。

要求：计算进口环节应缴纳的关税、消费税、增值税。

# 第八章
企业所得税

企业所得税是对企业和有收入的组织所获得的收益征收的一种税。我国现行企业所得税是在 1994 年税制的基础上,将分设的内资企业所得税和外商投资企业所得税进行改革合并,于 2007 年经全国人大通过立法而形成的企业所得税,在当时是我国少有的正式经过立法程序的税种。

导读

企业所得税的名称实际上不太确切。由于合伙制企业和个人独资企业不缴纳此税,因此很多国家将其称为公司所得税。而我国还对不是企业但依法设立的事业单位、社会团体以及其他取得收入的组织征收此税,所以称为法人所得税更恰如其分。可能大家习惯了,此法人所得税仍然称为企业所得税。

企业所得税对公司及其他法人组织的收益征税,是根据税法规定的应税收入扣除成本费用后的应纳税所得额征收,而不是按会计核算的利润计算。企业所得税法规定对谁征税、对什么征税、允许扣除哪些项目、税率如何、怎样减免优惠等,会反映国家的政策意图,也对公司及其股东利益以及对社会经济甚至政治产生一定的影响。因而,企业所得税往往被国家作为经济的内在稳定器来调节宏观经济,也经常被公司作为节税、避税实施税收筹划的重点。

除了企业所得税,一般国家还会开征个人所得税。两种所得税的关系是税收理论和立法中的重要问题之一。公司的净利润是缴纳过企业所得税的,然后给股东分红还要缴纳个人所得税,这是否存在重复征税?如何认识及解决其中的问题?其法理解释和经济效应是怎样的?这些问题,对各个国家的所得税制度有很大影响。经济发达国家以及把所得税作为主体税种的国家一般把企业所得税看作是对个人所得税的预先扣缴。一般而言,在税制设计上,企业所得税比较注重效率,个人所得税比较强调公平。

第一节 纳税义务人、征税对象与税率

一、纳税义务人

根据《中华人民共和国企业所得税法》,在中华人民共和国境内,企业和其他取得收入的组织为企业所得税的纳税人(以下统称企业)。个人独资企业与合伙企业除外。

按照纳税义务范围的不同,企业所得税的纳税人分为居民企业和非居民企业。

（一）居民企业

居民企业是指依照中国法律、行政法规在中国境内成立的企业、事业单位、社会团体以及其他取得收入的组织，或者依照外国（或地区）法律成立，但实际管理机构在中国境内的企业和其他取得收入的组织（实际管理机构是指对企业的生产经营、人员、账务、财产等实施实质性全面管理和控制的机构）。

（二）非居民企业

非居民企业是指依照外国（或地区）法律成立且实际管理机构不在中国境内但在中国境内设立机构、场所的，或者在中国境内未设立机构、场所但有来源于中国境内所得的企业和组织。上述所称机构、场所是指在中国境内从事生产经营活动的机构、场所，包括：

（1）管理机构、营业机构、办事机构。
（2）工厂、农场、开采自然资源的场所。
（3）提供劳务的场所。
（4）从事建筑、安装、装配、修理、勘探等工程作业的场所。
（5）其他从事生产经营活动的机构、场所。

非居民企业委托营业代理人在中国境内从事生产经营活动的，包括委托单位或者个人经常代其签订合同，或者储存、交付货物等，该营业代理人视为非居民企业在中国境内设立的机构、场所。

小资料

居民公司的判定原则

世界各国对居民公司的判定原则基本上没有大的差异，仅是具体标准的不同。大部分国家都是以注册登记地或实际管理控制中心作为判定公司居民身份的主要标准。有的国家是两者择其一，但更多国家是两者兼用。例如，美国、俄罗斯采用注册地登记地标准；巴西、法国、英国、德国、加拿大、澳大利亚、印度等国家都是两者兼用。

各国对"实际管理控制中心"的认定依据也有差异：英国从实质性角度确认管理控制中心，倾向于观察公司的实际经营地区及其地址；加拿大倾向于把董事会议场所所在地视为是居民公司；澳大利亚的判定标准是实际控制管理的场所、机构在澳大利亚或其拥有控股权的股东是澳大利亚居民；印度则规定管理控制机构完全在印度的公司被认为是印度的居民公司。除此之外，也有少数国家采用总机构标准，如日本规定总部或主要办公地点设在日本的公司为居民公司。

二、征税对象——应纳税所得额

企业所得税的征税对象是指企业的所得额，包括生产经营所得、其他所得和清算所得。这与许多人认为所得税是对利润征收的概念是不同的。

（一）居民企业的应税所得额

居民企业来源于中国境内、境外的所得为征税对象。所得，包括销售货物所得、提供劳务所得、转让财产所得、股息红利等权益性投资所得，以及利息所得、租金所得、特许权使用费所得、接受捐赠所得和其他所得。

（二）非居民企业的应税所得额

非居民企业在中国境内设立机构、场所的，其所设机构、场所取得的来源于中国境内的所得，以及发生在中国境外但与其所设机构、场所有实际联系的所得缴纳企业所得税。非居民企业在中国境内未设立机构、场所的，或者虽设立但取得的所得与其所设机构、场所没有实际联系的，应就其来源于中国境内的所得缴纳企业所得税。

上述所称实际联系，是指非居民企业在中国境内设立的机构、场所拥有的据以取得所得的股权、债权，以及拥有、管理、控制据以取得所得的财产。

综上所述，所得来源地确定概览表如表 8-1 所示。

表 8-1 所得来源地确定概览表

所得类型	所得来源地的确定
销售货物所得	按照交易活动发生地确定
提供劳务所得	按照劳务发生地确定
转让财产所得	不动产转让所得按照不动产所在地确定
	动产转让所得按照转让动产的企业或者机构、场所所在地确定
	权益性投资资产转让所得按照被投资企业所在地确定
股息、红利等权益性投资所得	按照分配所得的企业所在地确定
利息所得、租金所得、特许权使用费所得	按照负担、支付所得的企业或者机构、场所所在地确定，或者按照负担、支付所得的个人的住所地确定
其他所得	由国务院财政、税务主管部门确定

三、税率

企业所得税的税率是指税额占应纳税所得额的比率。我国企业所得税实行比例税率，有基本税率和低税率两种。

（一）基本税率为 25%

基本税率适用于：居民企业；在中国境内设有机构、场所而且所得与机构、场所有关联的非居民企业。

（二）低税率为 20%

低税率适用于在中国境内未设立机构、场所的，或者虽设立但取得的所得与其没有实际联系的非居民企业。实际征税时，按 10% 的优惠税率征收。

企业所得税企业类型与适用税率概览如表 8-2 所示。

表 8-2 企业所得税企业类型与适用税率概览表

企业类型			税率
居民企业			基本税率 25%
非居民企业	在我国境内设立机构、场所	取得所得与设立的机构、场所有联系的	
		取得所得与设立的机构、场所没有联系的	低税率 20%，实际减按 10% 征收
	没有在我国境内设立机构、场所	就来源于我国境内的所得	

例 8-1 多选题：以下适用于 25% 企业所得税税率的企业有（　　）。

A. 在中国境内的居民企业
B. 在中国境内未设立机构、场所的非居民企业
C. 在中国境内设有机构、场所，但取得的所得与其所设机构、场所没有实际联系的非居民企业

D. 在中国境内设有机构、场所，且取得的所得与其所设机构、场所有实际联系的非居民企业

答案与解析 AD。在中国境内未设立机构、场所的，或者设立机构、场所，但所得与机构场所没有实际联系的非居民企业适用20%的低税率（实际减按10%征收）。

第二节 应纳税所得额的计算

应纳税所得额是计算应缴税额的计税依据，是由企业每一个纳税年度的收入总额，减除不征税收入、免税收入、各项扣除，以及允许弥补的以前年度亏损后的余额。基本公式为：

应纳税所得额 = 收入总额 − 不征税收入 − 免税收入 − 各项扣除 − 允许弥补的以前年度亏损

应纳税所得额的计算，以权责发生制为原则，属于当期的收入和费用，不论款项是否收付，均作为当期的收入和费用；不属于当期的收入和费用，即使款项已经在当期收付，也不作为当期的收入和费用。

一、收入总额

收入总额包括以货币形式和非货币形式从各种来源取得的收入。

（一）一般收入的确认

（1）销售货物收入。销售货物收入是指企业销售商品、产品、原材料、包装物、低值易耗品以及其他存货取得的收入。

（2）劳务收入。劳务收入是指企业从事建筑安装、修理装配、交通运输、仓储租赁、金融保险、邮电通信、咨询经纪等劳务服务活动取得的收入。

（3）转让财产收入。转让财产收入是指企业转让固定资产、生物资产、无形资产、股权、债权等财产取得的收入。

（4）股息、红利等权益性投资收益。股息、红利等权益性投资收益是指企业因权益性投资从被投资方取得的收入。

（5）利息收入。利息收入是指企业将资金提供他人使用但不构成权益性投资，或者因他人占用本企业资金取得的收入，包括存款利息、贷款利息、债券利息等。

（6）租金收入。租金收入是指企业提供固定资产、包装物或者其他有形资产的使用权取得的收入。

（7）特许权使用费收入。特许权使用费收入是指企业提供专利权、非专利技术、商标权、著作权，以及其他特许权的使用权取得的收入。

（8）接受捐赠收入。接受捐赠收入是指企业接受的来自其他企业、组织或者个人无偿给予的货币性资产、非货币性资产。

（9）其他收入。其他收入是指企业取得的除以上收入外的其他收入，包括企业资产溢余收入、逾期未退包装物押金收入等。

（二）特殊收入的确认

（1）以分期收款方式销售货物的，按照合同约定的收款日期确认收入的实现。

（2）企业受托加工制造大型机械设备、船舶、飞机，以及从事建筑、安装、装配工程业务或者提供其他劳务等，持续时间超过12个月的，按照纳税年度内完工进度或者完成的工作量确认收入的实现。

（3）采取产品分成方式取得收入的，按照企业分得产品的日期确认收入的实现，其收入额按照产品的公允价值确定。

（4）企业发生非货币性资产交换，以及将货物、财产、劳务用于捐赠、偿债、赞助、集资、广告、样品、职工福利或者利润分配等用途的，应当视同销售货物、转让财产或者提供劳务，

但国务院财政、税务主管部门另有规定的除外。

(三) 处置资产收入的确认

《国家税务总局关于处置资产所得税处理问题的通知》中规定，该通知自 2008 年 1 月 1 日起执行，对 2008 年 1 月 1 日以前发生的处置资产，2008 年 1 月 1 日以后还未进行税务处理的，也按本通知执行。通知如下：

(1) 企业发生下列情形的处置资产，除将资产转移至境外以外，由于资产所有权属在形式上和实质上均不发生改变，可作为内部处置资产，不视同销售确认收入，相关资产的计税基础延续计算：

1) 将资产用于生产、制造、加工另一产品。
2) 改变资产形状、结构或性能。
3) 改变资产用途（如自建商品房转为自用或经营）。
4) 将资产在总机构及其分支机构之间转移。
5) 上述两种或两种以上情形的混合。
6) 其他不改变资产所有权属的用途。

(2) 企业将资产移送他人的下列情形，因资产所有权属已经发生改变而不属于内部处置资产，应按规定视同销售确定收入：

1) 用于市场推广销售。
2) 用于交际应酬。
3) 用于职工奖励或福利。
4) 用于股息分配。
5) 用于对外捐赠。
6) 其他改变资产所有权属的用途。

(3) 企业发生第 (2) 条规定情形时，属于企业自制的资产，应按企业同类资产同期对外销售价格确定销售收入；属于外购的资产，可按购入时的价格确定销售收入。

例 8-2 甲食品厂将本厂自制的食品罐头和当月外购的果汁发放给职工作为福利，其中，自制的食品罐头成本为 10 万元，该批食品罐头同期对外销售的价格为 14 万元；果汁的购进价格为 6 万元。请根据企业所得税的相关规定，计算甲食品厂发放上述福利所应确认的收入。

答案与解析 食品厂将自制的食品罐头作为职工福利，应按照同类产品的销售价格确认收入；在同一年度内将外购产品作为职工福利，可按照购入时的价格确认收入。则甲食品厂发放上述福利应确认的收入为：14 + 6 = 20（万元）。

二、不征税收入和免税收入

(一) 不征税收入

(1) 财政拨款。财政拨款是指各级人民政府对纳入预算管理的事业单位、社会团体等组织拨付的财政资金，但国务院及其财政、税务主管部门另有规定的除外。

(2) 依法收取并纳入财政管理的行政事业性收费、政府性基金。它是指依照法律法规等有关规定，按照国务院规定程序批准，在实施社会公共管理，以及在向公民、法人或者其他组织提供特定公共服务过程中，向特定对象收取并纳入财政管理的费用。

(3) 国务院规定的其他不征税收入。它是指企业取得的，由国务院财政、税务主管部门规定专项用途并经国务院批准的财政性资金。

(二) 免税收入

(1) 国债利息收入。
(2) 符合条件的居民企业间的股息、红利等权益性投资收益。它是指居民企业直接投资于其他居民企业取得的投资收益。

(3) 在中国境内设立机构、场所的非居民企业从居民企业取得与该机构、场所有实际联系的股息、红利等权益性投资收益。

(4) 符合条件的非营利组织的收入。符合条件的非营利组织，必须同时满足以下条件：

①依照国家有关法律法规设立或登记的事业单位、社会团体、基金会、社会服务机构、宗教活动场所、宗教院校以及财政部、税务总局认定的其他非营利组织。

②从事公益性或者非营利性活动。

③取得的收入除用于与该组织有关的、合理的支出外，全部用于登记核定或者章程规定的公益性或者非营利性事业。

④财产及其孳息不用于分配，但不包括合理的工资薪金支出。

⑤按照登记核定或者章程规定，该组织注销后的剩余财产用于公益性或者非营利性目的，或者由登记管理机关采取转赠给与该组织性质、宗旨相同的组织等处置方式，并向社会公告。

⑥投入人对投入该组织的财产不保留或者享有任何财产权利，本款所称投入人是指除各级人民政府及其部门外的法人、自然人和其他组织。

⑦工作人员工资福利开支控制在规定的比例内，不变相分配该组织的财产，其中工作人员平均工资薪金水平不得超过税务登记所在地的地市级（含地市级）以上地区的同行业同类组织平均工资水平的两倍，工作人员福利按照国家有关规定执行。

⑧对取得的应纳税收入及其有关的成本、费用、损失应与免税收入及其有关的成本、费用、损失分别核算。

例8-3 甲企业于年初购入政府发行的一年期国债500万元，该国债年利率为4.60%，甲企业持有300天时以520万元转让，请计算该笔交易的应纳税所得额。

答案与解析 国债利息收入免税，国债转让收入应计入应纳税所得额。甲企业的国债利息收入 = 国债金额 × (适用年利率 ÷ 365) × 持有天数 = 500 × (4.60% ÷ 365) × 300 = 18.90（万元）。该笔交易的应纳税所得额 = 520 − 500 − 18.90 = 1.1（万元）。

三、扣除原则和范围

(一) 税前扣除的原则

企业申报的扣除项目和金额要真实、合法。税前扣除一般应遵循以下原则：

(1) 权责发生制原则。权责发生制原则是指企业发生的费用应当与收入配比扣除，而不是在实际支付时确认扣除。

(2) 配比原则。配比原则是指企业发生的费用应当与收入配比扣除。除特殊规定外，企业发生的费用不得提前或滞后申报扣除。

(3) 相关性原则。相关性原则是指企业可扣除的费用从性质和根源上必须与取得应税收入直接相关。

(4) 确定性原则。确定性原则是指企业可扣除的费用不论何时支付，其金额必须是确定的。

(5) 合理性原则。合理性原则是指符合生产经营活动常规，应当计入当期损益或者有关资产成本的必要和正常的支出。

(二) 扣除项目的范围

企业实际发生的与取得收入有关的、合理的支出，包括成本、费用、税金、损失和扣除的其他支出，准予在计算应纳税所得额时扣除。

企业在生产经营活动中发生的支出应当区分收益性支出和资本性支出。收益性支出在发生当期直接扣除；资本性支出应当分期扣除或者计入有关资产成本，不得在发生当期直接扣除。企业的不征税收入用于支出所形成的费用或者财产，不得扣除或者计算对应的折旧、摊销扣除。

（1）成本。成本是指企业在生产经营活动中发生的销售商品，提供劳务，转让固定资产、无形资产的成本。企业必须将经营活动中发生的成本合理划分为直接成本和间接成本。直接成本是指可直接计入有关成本计算对象或劳务的经营成本中的直接材料、直接人工等。间接成本是指多个部门为同一成本对象提供服务的共同成本，或者同一种投入可以制造、提供两种或两种以上的产品或劳务的联合成本。

（2）费用。费用是指企业每一个纳税年度为生产、经营商品和提供劳务等所发生的销售费用、管理费用和财务费用。已经计入成本的有关费用除外。

（3）税金。税金是指企业发生的除企业所得税和允许抵扣的增值税以外的企业缴纳的各项税金及其附加。已纳税金准予税前扣除，扣除方式一是在发生当期扣除，二是在发生当期计入相关资产的成本，在以后各期分摊扣除。

（4）损失。损失是指企业在生产经营活动中发生的固定资产和存货的盘亏、毁损、报废损失、转让财产损失、呆账损失、坏账损失、自然灾害等不可抗力因素造成的损失以及其他损失。

（5）扣除的其他支出。扣除的其他支出是指除成本、费用、税金、损失外，企业在生产经营活动中发生的与生产经营活动有关的、合理的支出。

例8-4 多选题：下列可以当期直接或分期间接在企业所得税前扣除的税金有（   ）。
A. 企业所得税　　　　　　　　　　B. 购买材料允许抵扣的增值税进项税
C. 消费税　　　　　　　　　　　　D. 车辆购置税

答案与解析　CD。不得在企业税前扣除的税金包括企业所得税和允许抵扣的增值税。消费税可在发生的当期扣除，车辆购置税可在发生当期计入相关资产的成本，在以后各期分摊扣除。

（三）扣除项目的标准

（1）工资、薪金支出。企业发生的合理的工资、薪金支出准予据实扣除。工资、薪金支出是企业每一纳税年度支付给本企业任职或其有雇佣关系的员工的所有现金或非现金形式的劳动报酬，包括基本工资、资金、津贴、补贴、年终加薪、加班工资，以及与任职或者是受雇有关的其他支出。

（2）职工福利费、工会经费、职工教育经费。企业发生的职工福利费、工会经费、职工教育经费按标准扣除，未超过标准的按实际数扣除，超过标准的只能按标准扣除。

1）企业发生的职工福利费支出，不超过工资薪金总额14%的部分准予扣除。

2）企业拨缴的工会经费，不超过工资薪金总额2%的部分准予扣除。

3）企业发生的职工教育经费支出，不超过工资薪金总额8%的部分，准予在计算企业所得税应纳税所得额时扣除；超过部分，准予在以后纳税年度结转扣除。软件生产企业的职工培训费用，可以全额税前扣除。软件企业应准确划分职工教育经费中的职工培训费用，对于不能准确划分的，以及准确划分后职工教育经费中扣除职工培训费用的余额，一律按工资薪金总额的8%扣除。

（3）社会保险费：

1）企业依照国务院有关主管部门或者省级人民政府规定的范围和标准为职工缴纳的"五险一金"，即基本养老保险费、基本医疗保险费、失业保险费、工伤保险费、生育保险费等基本社会保险费和住房公积金，准予扣除。

2）企业为投资者或者职工支付的补充养老保险费、补充医疗保险费，在国务院财政、税务主管部门规定的范围和标准内，准予扣除。企业依照国家有关规定为特殊工种职工支付的人身安全保险费和符合国务院财政、税务主管部门规定可以扣除的商业保险费，准予扣除。

3）企业参加财产保险，按照规定缴纳的保险费，准予扣除。企业为投资者或者职工支付的商业保险费，不得扣除。

（4）利息费用。企业在生产、经营活动中发生的利息费用，按下列规定扣除：

1）非金融企业向金融企业借款的利息支出、金融企业的各项存款利息支出和同业拆借利息支出、企业经批准发行债券的利息支出可据实扣除。

2）非金融企业向非金融企业借款的利息支出，不超过按照金融企业同期同类贷款利息计算的数额的部分可据实扣除，超过部分不许扣除。

其中，所谓金融企业，是指各类银行、保险公司及经中国人民银行批准从事金融业务的非银行金融机构，包括各种综合性银行、专业性保险企业以及专业和综合性非银行金融机构。非银行金融机构，是指除上述金融机构以外的所有企业、事业单位以及社会团体等企业或组织。

3）关联企业利息费用的扣除。企业从其关联方接受的债权性投资与权益性投资的比例超过标准而发生的利息支出，不得在计算应纳税所得额时扣除。

①企业实际支付给关联企业的利息支出，在超过接受关联方债权性投资与权益性投资比例为：金融企业5:1，其他企业2:1时，不得在计算应纳税所得额时扣除。

②企业如果能按照规定提供相关资料，并证明相关交易活动符合独立交易原则，或者该企业的实际税负不高于境内关联方，其实际支付给境内关联方的利息支出，在计算应纳税所得额时准予扣除。

③企业同时从事金融和非金融业务，其实际支付给关联方的利息支出，应该分开核算，如不能分开核算，则一律按第①条中的其他企业比例计算。

④企业从关联企业取得的不符合规定的利息收入应按规定缴纳企业所得税。

企业所得税关于关联企业利息费用的扣除的相关规定实质是政府防止企业资本弱化的一项政策规定。所谓资本弱化（thin capitalization）又称资本隐藏、股份隐藏或收益抽取，是指企业为了减少税额，采用贷款方式替代股权方式进行的投资或者融资。

4）企业向自然人借款的利息支出在企业所得税税前的扣除：

①企业向股东或其他与企业有关联关系的自然人借款的利息支出，应根据企业所得税关于关联企业利息费用扣除的相关规定，计算企业所得额扣除额。

②企业向除①以外的内部职工或其他人员借款的利息支出，若实际情况符合以下条件，其利息支出不超过金融企业同期同类利率计算的数额的部分，准予扣除。

条件一：企业与个人的借贷关系是真实、合法、有效的，且不具有非法集资目的或其他违法行为。

条件二：企业与个人签订了借款合同。

例8-5 制造业企业甲（居民企业）于2019年1月1日向关联方借入1年期的经营性资金500万元，关联利息支出为40万元，该关联方对甲企业的权益性投资为200万元，银行的同期贷款年利率为7%，请计算该年度甲企业计算应纳税所得额时利息费用需进行纳税调整的金额。

答案与解析 甲企业属于制造业企业，合理的借款总量 = 200×2 = 400（万元），合理的利率水平的借款费用 = 400×7% = 28（万元），利息支出超过规定标准，需进行纳税调整，调增的应纳税所得额 = 40 - 28 = 12（万元）。

(5) 借款费用:

1) 企业在生产经营活动中发生的合理的不需要资本化的借款费用,准予扣除。

2) 企业为购置、建造固定资产、无形资产和经过 12 个月以上的建造才能达到预定可销售状态的存货发生借款的,在有关资产购置、建造期间发生的合理的借款费用,应予以资本化,作为资本性支出计入有关资产的成本;有关资产交付使用后发生的借款利息,可在发生当期扣除。

(6) 汇兑损失。企业在货币交易中,以及纳税年度终了时将人民币以外的货币性资产、负债按照期末即期人民币汇率中间价折算为人民币时产生的汇兑损失,除已经计入有关资产成本以及与向所有者进行利润分配相关的部分外,准予扣除。

(7) 业务招待费。企业发生的与生产经营活动有关的业务招待费支出,按照发生额的 60% 扣除,但最高不得超过当年销售(营业)收入的 5‰。

从事股权投资业务的企业(包括集团公司总部、创投企业等),从被投资企业所分配的股息、红利及股权转让收入,可按规定的比例计算业务招待费扣除限额。

例 8-6 甲企业 2018 年销售货物收入 2 000 万元(不含税,下同),视同销售收入 400 万元,出租设备收入 200 万元,转让闲置车间收入 500 万元,企业当年实际发生的业务招待费 25 万元,请计算甲企业当年可在所得税前列支的业务招待费金额。

答案与解析 转让闲置车间收入属于营业外收入,不纳入计算业务招待费基数。甲企业计算业务招待费的基数 = 2 000 + 400 + 200 = 2 600(万元)。招待费开支限额为销售收入的 5‰,即 2 600 × 5‰ = 13(万元);招待费开支标准为实际发生额的 60%,即 25 × 60% = 15(万元)。两数据进行比较,择其小者,即甲企业当年可在所得税前列支的业务招待费是 13 万元。

(8) 广告费和业务宣传费。

企业发生的符合条件的广告费和业务宣传费支出,除国务院财政、税务主管部门另有规定外,不超过当年销售(营业)收入 15% 的部分,准予扣除;超过部分,准予结转以后纳税年度扣除。

根据《财政部 税务总局关于广告费和业务宣传费支出税前扣除政策的通知》(财税〔2017〕41 号)规定,自 2016 年 1 月 1 日起至 2020 年 12 月 31 日止,对化妆品制造或销售、医药制造和饮料制造(不含酒类制造)企业发生的广告费和业务宣传费支出,不超过当年销售(营业)收入 30% 的部分,准予扣除;超过部分,准予在以后纳税年度结转扣除。

对签订广告费和业务宣传费分摊协议的关联企业,其中一方发生的不超过当年销售(营业)收入税前扣除限额比例内的广告费和业务宣传费支出可以在本企业扣除,也可以将其中的部分或全部按照分摊协议归集至另一方扣除。另一方在计算本企业广告费和业务宣传费支出企业所得税税前扣除限额时,可将按照上述办法归集至本企业的广告费和业务宣传费不计算在内。

烟草企业的烟草广告费和业务宣传费支出,一律不得在计算应纳税所得额时扣除。

例 8-7 2018 年甲食品厂实现商品销售收入 3 000 万元,另实现接受捐赠收入 200 万元、债务重组收益 100 万元。甲食品厂当年实际发生广告费 350 万元、业务宣传费 120 万元,请计算甲食品厂在计算应纳税所得额时可扣除的广告费和业务宣传费金额。

答案与解析 接受捐赠收入、债务重组收益属于营业外收入范畴,不纳入计算广告费和业务宣传费税前扣除限额基数。当年实际发生的广告费和业务宣传费合计:350 + 120 = 470(万元)。企业发生的符合条件的广告费和业务宣传费不超过当年销售收入的 15% 的部分准予扣除,即可扣除的广告费和业务宣传费金额为:3 000 × 15% = 450(万元),两数据比较,择其小者,则甲食品厂在计算应纳税所得额时可扣除的广告费和业务宣传费金额为450万元。

（9）环境保护专项资金。企业依照法律、行政法规有关规定提取的用于环境保护、生态恢复等方面的专项资金，准予扣除。上述专项资金提取后改变用途的，不得扣除。

（10）保险费。企业参加财产保险，按照规定缴纳的保险费，准予扣除。

（11）租赁费。企业根据生产经营活动的需要租入固定资产支付的租赁费，按照以下方法扣除：

1）以经营租赁方式租入固定资产发生的租赁费支出，按照租赁期限均匀扣除。

2）以融资租赁方式租入固定资产发生的租赁费支出，按照规定构成融资租入固定资产价值的部分应当提取折旧费用，分期扣除。

（12）劳动保护费。企业发生的合理的劳动保护支出，准予扣除。

（13）公益性捐赠支出。企业通过公益性社会组织或者县级（含县级）以上人民政府及其组成部门和直属机构，用于慈善活动、公益事业的捐赠支出，在年度利润总额12%以内的部分，准予在计算应纳税所得额时扣除；超过年度利润总额12%的部分，准予结转以后三年内在计算应纳税所得额时扣除。

例8-8 居民企业甲2018年实现利润总额400万元，当年通过省级人民政府向地震灾民捐款30万元，直接到灾区向灾民发放慰问金20万元，请计算甲企业当年由于捐赠可在计算企业所得税税前扣除的金额。

答案与解析 甲企业当年可在企业所得税税前列支的公益性捐赠限额 = 400×12% = 48（万元），直接给受赠人的捐赠不得在计算企业所得税前扣除，通过省级人民政府对地震灾区的捐款30万元低于48万元的限额，可全额在税前扣除，即甲企业当年由于捐赠可在计算企业所得税税前扣除的金额为30万元。

（14）有关资产的费用。企业转让各类资产发生的费用，允许扣除。企业按规定计算的固定资产折旧费、无形资产和递延资产的摊销费，准予扣除。

（15）总机构分摊的费用。非居民企业在中国境内设立的机构、场所，就其中国境外总机构发生的与该机构、场所生产经营有关的费用，能够提供总机构出具的费用归集范围、定额、分配依据和方法等证明文件并合理分摊的，准予扣除。

（16）资产损失。企业当期发生的固定资产和流动资产盘亏、毁损净损失，由其提供清查盘存资料经主管税务机关审核后，准予扣除。

（17）依照有关法律、行政法规和国家有关税法规定准予扣除的其他项目，例如会员费、合理的会议费、差旅费、违约金、诉讼费用等。

（18）手续费及佣金支出。

1）企业发生的与生产经营有关的手续费、佣金支出，不超过以下规定计算限额以内的部分，准予扣除；超过部分，不得扣除。

①财产保险企业按当年全部保费收入扣除退保金等后余额的15%（含本数，下同）计算限额；人身保险企业按当年全部保费收入扣除退保金等后余额的10%计算限额。

②其他企业，按与具有合法经营资格中介服务机构或个人（不含交易双方及其雇员、代理人和代表人等）所签订服务协议或合同确认的收入金额的5%计算限额。

2）企业应与具有合法经营资格的中介服务企业或个人签订代办协议或合同，并按国家有关规定支付手续费及佣金。

3）企业不得将手续费及佣金支出计入回扣、业务提成、返利、进场费等费用。

4）除委托个人代理外，企业以现金等非转账方式支付的手续费及佣金不得在税前扣除。

5）资本化及权益化的手续费、佣金不得扣除，如企业为发行权益性证券支付给有关证券承销机构的手续费及佣金不得在税前扣除。

（19）对企业依据财务会计制度规定，并实际在财务会计处理上已确认的支出，凡没有超过《企业所得税法》和有关税收法规规定的税前扣除范围和标准的，可按企业实际会计处理确认支出，在企业所得税前扣除。

（20）企业维简费支出。企业实际发生的维简费支出，属于收益性支出的，可作为当期费用税前扣除；属于资本性支出的，应计入有关资产成本，并按《企业所得税法》规定计提折旧或摊销费用在税前扣除。

（21）企业参与政府统一组织的工矿（含中央下放煤矿）棚户区改造、林区棚户区改造、垦区危房改造并同时符合一定条件的棚户区改造支出，准予在企业所得税前扣除。

四、不得扣除的项目

在计算应纳税所得额时，下列支出不得扣除：
（1）向投资者支付的股息、红利等权益性投资收益款项。
（2）企业所得税税款。
（3）税收滞纳金，是指纳税人违反税法被税务机关处以的滞纳金。
（4）罚金、罚款和被没收财物的损失，是指纳税人违反国家有关法律、法规规定，被有关部门处以的罚款，以及被司法机关处以的罚金和被没收财物。
（5）超过规定标准的捐赠支出。
（6）赞助支出，是指企业发生的与生产经营活动无关的各种非广告性质支出。
（7）未经核定的准备金支出，是指不符合国务院财政、税务主管部门规定的各项资产减值准备、风险准备等准备金支出。
（8）企业之间支付的管理费、企业内营业机构之间支付的租金和特许权使用费，以及非银行企业内营业机构之间支付的利息。
（9）与取得收入无关的其他支出。

五、亏损弥补

亏损是指企业依照《企业所得税法》和《企业所得税法实施条例》的规定，将每一纳税年度的收入总额减除不征税收入、免税收入和各项扣除后小于零的数额。税法规定，企业某一纳税年度发生的亏损可以用下一年度的所得弥补，下一年度的所得不足以弥补的，可以逐年延续弥补，但最长不得超过 5 年。而且，企业在汇总计算缴纳企业所得税时，其境外营业机构的亏损不得抵减境内营业机构的盈利。

企业筹办期间不计算为亏损年度，企业自开始生产经营的年度，为开始计算企业损益的年度。企业从事生产经营以前进行的筹办活动期间发生的筹办费用支出，不得计算为当期的亏损，企业可以在开始经营之日的当年一次性扣除，也可以按照新税法有关待摊费用的处理，但一经选定，不得改变。

税务机关对企业以前年度纳税情况进行检查时调增的应纳税所得额，凡企业以前年度发生亏损且该亏损属于企业所得税规定允许弥补的，应允许调增的应纳税所得额弥补该亏损。弥补亏损后仍有余额的，按照企业所得税法规定计算缴纳企业所得税。

对企业发现以前年度实际发生的、按照税收规定应在企业所得税前扣除而未扣除或者少扣除的支出，企业做出专项申报及说明后，准予追补至该项目发生年度计算扣除，但追补确认期限不得超过 5 年。

具备高新技术企业或科技型中小企业资格（以下统称资格）的企业，其具备资格年度之前

5个年度发生的尚未弥补完的亏损,准予结转以后年度弥补,最长结转年限由5年延长至10年。所称高新技术企业,是指按照《科技部 财政部 国家税务总局关于修订印发〈高新技术企业认定管理办法〉的通知》(国科发火〔2016〕32号)规定认定的高新技术企业;所称科技型中小企业,是指按照《科技部 财政部 国家税务总局关于印发〈科技型中小企业评价办法〉的通知》(国科发政〔2017〕115号)规定取得科技型中小企业登记编号的企业。

例8-9 传统制造业企业甲7年的弥补亏损前的应纳税所得额情况如表8-3所示,该企业一直执行亏损弥补政策,请计算该企业7年间应缴纳的企业所得税。

表8-3 甲企业7年的弥补亏损前应纳税所得额情况

年度	2012	2013	2014	2015	2016	2017	2018
弥补亏损前的应纳税所得额	-100	10	-10	30	20	30	40

答案与解析 2012年的亏损要用2013~2017年的所得额来弥补,尽管2014年的应纳税所得额为负数,但依旧占用一个抵扣年度,并且只有抵亏期内2012年的亏损弥补完才考虑2014年的亏损弥补。2017年,5年的抵亏期届满,但2012年的亏损尚未弥补完,不得用抵亏期外的2018年的所得额进行弥补。2014年的亏损要用2015~2019年的所得额来弥补,其中2015~2017年的所得额已用于弥补2012年的亏损,故2012年的亏损只能用2018年的所得额来弥补。在弥补2012年的亏损后,2018年的应纳税所得额为40-10=30(万元),应缴纳所得税=30×25%=7.5(万元)。

小资料

公司所得税的亏损弥补

公司作为一种以营利为目的的组织形式,经营成果会存在不确定性,即公司经营中可能会出现亏损。公司所得税的亏损弥补实质是一种对企业经营的风险补偿机制。如何对待和弥补企业的亏损,各国公司所得税做出了不同的规定,但无一例外地,经营亏损弥补都作为各国公司所得税制度的一个重要内容来设置。

各国公司所得税的亏损结转按时间方向不同,可以分为向前结转和向后结转。

向前结转,指当公司经营发生亏损时,公司所得税制度允许该亏损公司从以前年度的利润中扣除发生的亏损额。由于以前的利润已经交税,向前结转其实意味着亏损公司从政府得到退税,相当于政府放弃已经取得的税款来补贴和分担企业的经营亏损,这种结转操作手续复杂,全世界使用亏损向前结转的国家并不多。

向后结转,指当公司经营发生亏损时,公司所得税制度允许该亏损公司从以后年度的利润中扣除发生的亏损额。亏损向后结转意味着政府放弃公司以后缴纳的税款来补贴和帮助亏损企业。大多数国家采用向后结转来弥补亏损。

部分国家亏损结转规定

国家	向前结转年限	向后结转年限	国家	向前结转年限	向后结转年限
美国	2	20	澳大利亚	2	无限期
加拿大	3	20	意大利	不允许	无限期
英国	1	无限期	巴西	不允许	无限期
德国	1	无限期	日本	1	9
法国	1	无限期	印度	不允许	8

数据年限:2013年各国税法规定。

第三节 资产的税务处理

资产税务处理范围的资产形式主要包括固定资产、生物资产、无形资产、长期待摊费用、投资资产、存货等。

一、固定资产的税务处理

固定资产是指企业为生产产品、提供劳务、出租或者经营管理而持有的、使用时间超过12个月的非货币性资产，包括房屋、建筑物、机器、机械、运输工具，以及其他与生产经营活动有关的设备、器具、工具等。

（一）固定资产计税基础

（1）外购的固定资产，以购买价款和支付的相关税费及直接归属于使该资产达到预定用途发生的其他支出为计税基础。企业在2018年1月1日至2020年12月31日期间新购进的设备、器具，单位价值不超过500万元的，允许一次性计入当期成本费用在计算应纳税所得额时扣除，不再分年度计算折旧；单位价值超过500万元的，仍按《企业所得税法实施条例》、《财政部 国家税务总局关于完善固定资产加速折旧企业所得税政策的通知》（财税〔2014〕75号）、《财政部 国家税务总局关于进一步完善固定资产加速折旧企业所得税政策的通知》（财税〔2015〕106号）等相关规定执行。所称设备、器具，是指除房屋、建筑物以外的固定资产。

（2）自行建造的固定资产，以竣工结算前发生的支出为计税基础。

（3）融资租入的固定资产，以租赁合同约定的付款总额和承租人在签订租赁合同过程中发生的相关费用为计税基础，租赁合同未决定付款总额的，以该资产的公允价值和承租人在签订租赁合同过程中发生的相关费用为计税基础。

（4）盘盈的固定资产，以同类固定资产的重置完全价值为计税基础。

（5）通过捐赠、投资、非货币性资产交换、债务重组等方式取得的固定资产，以该资产的公允价值和支付的相关税费为计税基础。

（6）改建的固定资产，除已足额提取折旧的固定资产和租入的固定资产以外的其他固定资产，以改建过程中发生的改建支出为计税基础。

（二）固定资产折旧的范围

在计算应纳税所得额时，企业按照规定计算的固定资产折旧，准予扣除。下列固定资产不得计算折旧扣除：

（1）房屋、建筑物以外未投入使用的固定资产。

（2）以经营租赁方式租入的固定资产。

（3）以融资租赁方式租出的固定资产。

（4）已足额提取折旧仍继续使用的固定资产。

（5）与经营活动无关的固定资产。

（6）单独估价作为固定资产入账的土地。

（7）其他不得计算折旧扣除的固定资产。

（三）固定资产折旧的计提方法

（1）企业应当自固定资产投入使用月份的次月起计算折旧；停止使用的固定资产，应当自停止使用月份的次月起停止计算折旧。

（2）企业应当根据固定资产的性质和使用情况，合理确定固定资产的预计净残值。固定资产的预计净残值一经确定，不得变更。

（3）固定资产按照直线法计算的折旧，准予扣除。

（四）固定资产折旧的计提年限

除国务院财政、税务主管部门另有规定外，固定资产计算折旧的最低年限如下：

（1）房屋、建筑物，为20年。
（2）飞机、火车、轮船、机器、机械和其他生产设备，为10年。
（3）与生产经营活动有关的器具、工具、家具等，为5年。
（4）飞机、火车、轮船以外的运输工具，为4年。
（5）电子设备，为3年。

从事开采石油、天然气等矿产资源的企业，在开始商业性生产前发生的费用和有关固定资产的折耗、折旧方法，由国务院财政、税务主管部门另行规定。

（五）固定资产折旧的企业所得税处理

企业固定资产会计折旧年限如果短于税法规定的最低折旧年限，其按会计折旧年限计提的折旧高于按税法规定的最低折旧年限计提的折旧部分，应调增当期应纳税所得额；企业固定资产会计折旧年限已期满且会计折旧已提足，但税法规定的最低折旧年限尚未到期且税收折旧尚未足额扣除，其未足额扣除的部分准予在剩余的税收折旧年限继续按规定扣除。

企业固定资产会计折旧年限如果长于税法规定的最低折旧年限，其折旧应按会计折旧年限计算扣除，税法另有规定的除外。

企业按会计规定提取的固定资产减值准备，不得税前扣除，其折旧仍按税法确定的固定资产计税基础计算扣除。

企业按税法规定实行加速折旧的，其加速折旧办法计算的折旧额可全额在税前扣除。

石油天然气开采企业在计提油气资产折耗（折旧）时，由于会计与税法规定计算方法不同导致的折耗（折旧）差异，应按税法规定进行纳税调整。

例8-10 增值税一般纳税人甲企业2018年8月购入一台无须安装的生产设备，增值税专用发票上注明的金额为60万元，购入设备过程中发生运费，增值税专用发票上注明金额为2万元。购入设备当月即投入生产使用。该设备采用直线法计提折旧，折旧年限为10年，预计净残值率为5%，请计算甲企业在企业所得税前扣除的月折旧额。

答案与解析 购入设备的计税基础 = 60 + 2 = 62（万元），设备可计提折旧金额 = 62 × （1 - 5%） = 58.9（万元），该设备月折旧额 = 58.9/（10 × 12） = 0.49（万元）。

（六）固定资产改扩建的税务处理

自2011年7月1日起，企业对房屋、建筑物固定资产在未足额提取折旧前进行改扩建的，如属于推倒重置，该资产原值减除提取折旧后的净值应并入重置后的固定资产计税成本，并在该固定资产投入使用后的次月起，按照税法规定的折旧年限，一并计提折旧；如属于提升功能、增加面积，该固定资产的改扩建支出应并入该固定资产计税基础，并从改扩建完工投入使用后的次月起，重新按税法规定的该固定资产折旧年限计提折旧，该改扩建后的固定资产尚可使用的年限低于税法规定的最低年限的，可以按尚可使用的年限计提折旧。

二、生物资产的税务处理

生物资产是指有生命的动物和植物。生物资产分为消耗性生物资产、生产性生物资产和公益性生物资产。消耗性生物资产，是指为出售而持有的或在将来收获为农产品的生物资产，包括生长中的农田作物、蔬菜、用材林以及存栏待售的牲畜等。生产性生物资产，是指为产出农产品、提供劳务或出租等目的而持有的生物资产，包括经济林、薪炭林、产畜和役畜等。公益性生物资产，是指以防护、环境保护为目的的生物资产，包括防风固沙林、水土保持林和水源涵养林等。

（一）生物资产的计税基础

（1）外购的生产性生物资产，以购买价款和支付的相关税费为计税基础。

（2）通过捐赠、投资、非货币性资产交换、债务重组等方式取得的生产性生物资产，以该资产的公允价值和支付的相关税费为计税基础。

（二）生物资产的折旧方法和折旧年限

生产性生物资产按照直线法计算的折旧，准予扣除。企业应当自生产性生物资产投入使用月份的次月起计算折旧；停止使用的生产性生物资产，应当自停止使用月份的次月起停止计算折旧。

企业应当根据生产性生物资产的性质和使用情况，合理确定生产性生物资产的预计净残值。生产性生物资产的预计净残值一经确定，不得变更。

生产性生物资产计算折旧的最低年限如下：

（1）林木类生产性生物资产，为 10 年。

（2）畜类生产性生物资产，为 3 年。

三、无形资产的税务处理

无形资产是指企业长期使用、但没有实物形态的资产，包括专利权、商标权、著作权、土地使用权、非专利技术、商誉等。

（一）无形资产的计税基础

（1）外购的无形资产，以购买价款和支付的相关税费，以及直接归属于使该资产达到预定用途发生的其他支出为计税基础。

（2）自行开发的无形资产，以开发过程中该资产符合资本化条件后至达到预定用途前发生的支出为计税基础。

（3）通过捐赠、投资、非货币性资产交换、债务重组等方式取得的无形资产，以该资产的公允价值和支付的相关税费为计税基础。

（二）无形资产摊销的范围

在计算应纳税所得额时，企业按照规定计算的无形资产摊销费用，准予扣除。下列无形资产不得计算摊销费用扣除：

（1）自行开发的支出已在计算应纳税所得额时扣除的无形资产。

（2）自创商誉。

（3）与经营活动无关的无形资产。

（4）其他不得计算摊销费用扣除的无形资产。

（三）无形资产的摊销方法及年限

无形资产的摊销采取直线法计算，其摊销年限不得低于 10 年。作为投资或者受让的无形资产，有关法律规定或者合同约定了使用年限的，可以按照规定或者约定的使用年限分期摊销。外购商誉的支出，在企业整体转让或者清算时准予扣除。

四、长期待摊费用的税务处理

长期待摊费用是指企业发生的应在一个年度以上或几个年度进行摊销的费用。在计算应纳税所得额时，企业发生的下列支出作为长期待摊费用，按照规定摊销的，准予扣除：

（1）已足额提取折旧的固定资产的改建支出。

（2）租入固定资产的改建支出。

（3）固定资产的大修理支出。

（4）其他应当作为长期待摊费用的支出。

企业的固定资产修理支出可在发生当月直接扣除。其改良支出，如果有关固定资产尚未提足折旧，可增加固定资产价值；如果有关固定资产已提足折旧，可作为长期待摊费用，在规定的期间内平均摊销。

固定资产的改建支出，是指改变房屋或者建筑物结构、延长使用年限等发生的支出。已足额提取折旧的固定资产的改建支出，按照固定资产预计尚可使用年限分期摊销；租入固定资产的改建支出，按照合同约定的剩余租赁期限分期摊销；改建的固定资产延长使用年限的，除已足额提取折旧的固定资产、租入固定资产的改建支出外，其他的固定资产发生改建支出，应当适当延长折旧年限。

大修理支出，按照固定资产尚可使用年限分期摊销。

企业所得税法所指固定资产的大修理支出，是指同时符合下列条件的支出：

1）修理支出达到取得固定资产时的计税基础50%以上。
2）修理后固定资产的使用年限延长2年以上。

其他应当作为长期待摊费用的支出，自支出发生月份的次月起，分期摊销，摊销年限不得低于3年。

五、存货的税务处理

存货是指企业持有已备出售的产品或者商品、处于生产过程中的在产品、在生产或者提供劳务过程中耗用的材料和物料。

（一）存货的计税基础

（1）通过支付现金方式取得的存货，以购买价款和支付的相关税费为成本。
（2）通过支付现金以外的方式取得的存货，以该存货的公允价值和支付的相关税费为成本。
（3）生产性生物资产收获的农产品，以产出或者采收过程中发生的材料费、人工费和分摊的间接费用等必要支出为成本。

（二）存货的成本计算方法

企业使用或者销售的存货的成本计算方法，可以在先进先出法、加权平均法、个别计价法中选用一种。计价方法一经选用，不得随意变更。

企业转让以上资产，在计算企业应纳税所得额时，资产的净值允许扣除。其中，资产的净值是指有关资产、财产的计税基础减除已经按照规定扣除的折旧、折耗、摊销、准备金等后的余额。

除国务院财政、税务主管部门另有规定外，企业在重组过程中，应当在交易发生时确认有关资产的转让所得或损失，相关资产应当按照交易价格重新确定计税基础。

六、投资资产的税务处理

投资资产是指企业对外进行权益性投资和债权性投资而形成的资产。

（一）投资资产的成本

（1）通过支付现金方式取得的投资资产，以购买价款为成本。
（2）通过支付现金以外的方式取得的投资资产，以该资产的公允价值和支付的相关税费为成本。

（二）投资资产成本的扣除方法

企业对外投资期间，投资资产的成本在计算应纳税所得额时不得扣除，企业在转让或者处置投资资产时，投资资产的成本准予扣除。

（三）投资企业撤回或减少投资的账务处理

《国家税务总局关于企业所得税若干问题的公告》（国家税务总局公告2011年第34号）规定，从2011年7月1日起，投资企业从被投资企业撤回或减少投资，其取得的资产中，相当于初始出资的部分，应确认为投资收回；相当于被投资企业累计未分配利润和累计盈余公积按减少实收资本比例计算的部分，应确认为股息所得；其余部分确认为投资资产转让所得。被投资企业发生的经营亏损，由被投资企业按规定结转弥补；投资企业不得调整减低其投资成本，也不得将其确认为投资损失。

（四）非货币性资产投资企业所得税处理

（1）居民企业（以下简称企业）以非货币性资产对外投资确认的非货币性资产转让所得，可在不超过5年期限内，分期均匀计入相应年度的应纳税所得额，按规定计算缴纳企业所得税。

（2）企业以非货币性资产对外投资，应对非货币性资产进行评估并按评估后的公允价值扣除计税基础后的余额，计算确认非货币性资产转让所得。

企业以非货币性资产对外投资，应于投资协议生效并办理股权登记手续时，确认非货币性资产转让收入的实现。

（3）企业以非货币性资产对外投资而取得被投资企业的股权，应以非货币性资产的原计税成本为计税基础，加上每年确认的非货币性资产转让所得，逐年进行调整。

被投资企业取得非货币性资产的计税基础，应按非货币性资产的公允价值确定。

（4）企业在对外投资5年内转让上述股权或投资收回的，应停止执行递延纳税政策，并就递延期内尚未确认的非货币性资产转让所得，在转让股权或投资收回当年的企业所得税年度汇算清缴时，一次性计算缴纳企业所得税；企业在计算股权转让所得时，可按本通知第三条第一款规定将股权的计税基础一次调整到位。

企业在对外投资5年内注销的，应停止执行递延纳税政策，并就递延期内尚未确认的非货币性资产转让所得，在注销当年的企业所得税年度汇算清缴时，一次性计算缴纳企业所得税。

（5）本通知所称非货币性资产，是指现金、银行存款、应收账款、应收票据以及准备持有至到期的债券投资等货币性资产以外的资产。

本通知所称非货币性资产投资，限于以非货币性资产出资设立新的居民企业，或将非货币性资产注入现存的居民企业。

（6）企业发生非货币性资产投资，符合《财政部 国家税务总局关于企业重组业务企业所得税处理若干问题的通知》（财税〔2009〕59号）等文件规定的特殊性税务处理条件的，也可选择按特殊性税务处理规定执行。

例8-11 境内居民企业甲于2014年年初对境内居民企业乙进行投资，投资成本为200万元。2018年1月，乙企业由于经营不善进行清算，甲企业分得剩余资产230万元，其中包含累计未分配利润和累计盈余公积18万元，请计算甲企业应纳企业所得税金额。

答案与解析 投资方企业从被清算企业分得的剩余资产，减除相当于从被清算企业累计未分配利润和累计盈余公积中属于投资方分得的部分，以及减除投资成本后的余额，确认为投资资产转让所得或投资资产转让损失。甲企业投资资产转让所得 = 230 - 200 - 18 = 12（万元），应缴纳的企业所得税 = 12 × 25% = 3（万元）。

七、税法规定与会计规定差异的处理

税法规定与会计规定差异的处理，是指企业在财务会计核算中与税法规定不一致的，应当依照税法规定予以调整。即企业在平时进行会计核算时，可以按会计制度的有关规定进行账务处理，但在申报纳税时，对税法规定和会计制度规定有差异的，要按税法规定进行纳税调整。

第四节　应纳税额的计算

一、居民企业应纳税额的计算

居民企业应纳税额等于应纳税所得额乘以适用税率，再减除减免税额、抵免税额基本公式为：

居民企业应纳税额 = 应纳税所得额 × 适用税率 − 减免税额 − 抵免税额

在实际过程中，应纳税所得额的计算一般有两种方法。

（一）直接计算法

在直接计算法下，居民企业每一纳税年度的收入总额减除不征税收入、免税收入、各项扣除以及允许弥补的以前年度亏损后的余额为应纳税所得额。计算公式为：

应纳税所得额 = 收入总额 − 不征税收入 − 免税收入 − 各项允许扣除金额 − 允许弥补的以前年度亏损

（二）间接计算法

在间接计算法下，在会计利润总额的基础上加或减按照税法规定调整的项目金额后，即为应纳税所得额。计算公式为：

应纳税所得额 = 会计利润总额 ± 纳税调整项目金额

纳税调整项目金额包括两方面的内容：一是企业的财务会计处理和税收规定不一致的应予以调整的金额；二是企业按税法规定准予扣除的税收金额。

例 8-12　居民企业甲 2018 年发生如下经营业务：

（1）取得产品销售收入 5 000 万元。
（2）发生产品销售成本 3 200 万元。
（3）发生销售费用 880 万元（其中广告费 780 万元）、管理费用 520 万元（其中业务招待费 30 万元）、财务费用 80 万元。
（4）销售税金 180 万元（含增值税 140 万元）。
（5）营业外收入 120 万元，营业外支出 80 万元（支付税收滞纳金 8 万元）。
（6）计入成本、费用中的实发工资总额 400 万元，拨缴职工工会经费 10 万元，发生职工福利费 60 万元，发生职工教育经费 36 万元。请计算甲企业 2018 年度应进行纳税调整的金额。

答案与解析

（1）广告费和业务宣传费调增所得额 = 780 − 5 000 × 15% = 30（万元）。
（2）5 000 × 5‰ = 25（万元）> 30 × 60% = 18（万元），业务招待费调增所得额 = 30 − 18 = 12（万元）。
（3）税收滞纳金应调增 8 万元。
（4）职工工会经费应调增额 = 10 − 400 × 2% = 2（万元）。
（5）职工福利费应调增额 = 60 − 400 × 14% = 4（万元）。
（6）职工教育经费应调增额 = 36 − 400 × 8% = 4（万元）。

> **小资料**
>
> **多举措减免税鼓励企业走出去**
>
> 在国家税务总局举行的税收政策解读新闻发布会上,税务总局所得税司副司长刘宝柱表示,财政部、税务总局近日联合印发的《关于完善企业境外所得税收抵免政策问题的通知》从两个方面对境外所得税收抵免政策进行了完善。一是在原来单一的分国不分项抵免方法基础上增加综合抵免法,并赋予企业自行选择的权利;二是将境外股息间接抵免的层级由三层调整到五层。这使得企业的抵免更加充分,有效降低企业境外所得总体税收负担,更好地鼓励我国企业"走出去"。
>
> 资料来源:人民日报,2018-02-28。

二、境外所得抵扣税额的计算

企业取得的下列所得已在境外缴纳的所得税税额,可以从其当期应纳税额中抵免,抵免限额为该项所得依照中国税法规定计算的应纳税额。超过抵免限额的部分,可以在以后5个年度内,用每年度抵免限额抵免当年应抵税额后的余额进行抵补:居民企业来源于中国境外的应税所得;非居民企业在中国境内设立机构、场所,取得发生在中国境外但与该机构、场所有实际联系的应税所得。

居民企业从其直接或者间接控制的外国企业分得的来源于中国境外的股息、红利等权益性投资收益,外国企业在境外实际缴纳的所得税税额中属于该项所得负担的部分,可以作为该居民企业的可抵免境外所得税税额,在中国的《企业所得税法》规定的抵免限额内抵免。

直接控制,是指居民企业直接持有外国企业20%以上股份。

间接控制,是指居民企业以间接持股方式持有外国企业20%以上股份,具体认定办法由国务院财政、税务主管部门另行制定。

已在境外缴纳的所得税税额,是指企业来源于中国境外的所得依照中国境外税收法律以及相关规定应当缴纳并已经实际缴纳的企业所得税性质的税款。企业依照税法的规定抵免企业所得税税额时,应当提供中国境外税务机关出具的税款所属年度的有关纳税凭证。

抵免限额,是指企业来源于中国境外的所得,依照中国的企业所得税法计算的应纳税额。除另有规定外,该抵免限额应当分国(或地区)不分项计算,计算公式为:

$$抵免限额 = 中国境内外所得的应纳税总额 \times 来源于某国(或地区)的应纳税所得额 \div 中国境内外应纳税所得总额$$

5个年度是指从企业取得的来源于中国境外的所得,已经在中国境外缴纳的企业所得税性质的税额超过抵免限额的当年的次年起连续5个纳税年度。

企业可以选择按国别(地区)分别计算或者不按国别(地区)汇总计算其来源于境外的应纳税所得额,并按照规定的税率分别计算其可抵免境外所得税税额和抵免限额。上述方式一经选择,5年内不得改变。

企业选择采用不同于以前年度的方式计算可抵免境外所得税税额和抵免限额时,对该企业以前年度没有抵免完的余额,可在税法规定结转的剩余年限内,按新方式计算的抵免限额中继续结转抵免。

例8-13 境内公司甲2018年取得境内应纳税所得额150万元,境外应纳税所得额60万元,在境外已缴纳企业所得税12万元,企业所得税税率为25%,请计算2018年度该公司汇总纳税时实际缴纳的企业所得税。

答案与解析 境外缴纳企业所得税的抵免限额=60×25%=15（万元），甲公司在境外已缴纳的企业所得税12万元可以全额抵免，汇总纳税时实际应缴纳企业所得税=(150+60)×25%－12=40.5（万元）。

三、非居民企业应纳税额的计算

对于在中国境内未设立机构、场所的，或者虽设立机构、场所但取得的所得与其所设机构、场所没有实际联系的非居民企业的所得，按照下列方法计算应纳税所得额：

（1）股息、红利等权益性投资收益，以及利息、租金、特许权使用费所得，以收入全额为应纳税所得额。

（2）转让财产所得，以收入全额减除财产净值后的余额为应纳税所得额。

（3）其他所得，参照前两项规定的方法计算应纳税所得额。

财产净值是指财产的计税基础减除已经按照规定扣除的折旧、折耗、摊销、准备金等后的余额。

四、核定缴纳所得税的方式

（一）适合核定缴纳方式的范围

企业具有下列情形之一的，应采取核定方式缴纳企业所得税：

（1）依照法律、行政法规的规定可以不设置账簿的。

（2）依照法律、行政法规的规定应当设置但未设置账簿的。

（3）擅自销毁账簿或者拒不提供纳税资料的。

（4）虽设置账簿，但账目混乱或者成本资料、收入凭证、费用凭证残缺不全，难以查账的。

（5）发生纳税义务，未按照规定的期限办理纳税申报，经税务机关责令限期申报，逾期仍不申报的。

（6）申报的计税依据明显偏低，又无正当理由的。

特殊行业、特殊类型的纳税人和一定规模以上的纳税人不适用《企业所得税核定征收管理办法（试行）》。上述特定纳税人由国家税务总局另行明确。

（二）核定缴纳方式的办法

核定缴纳方式主要有定额缴纳和核定应税所得率征收两种办法。

（1）定额缴纳。定额缴纳是税务机关按照一定的标准、程序和方法，直接核定企业年度应纳所得税额，由企业按规定进行申报缴纳的一种办法。

（2）核定应税所得率征收。这是由税务机关按照一定的标准、程序和方法，预先核定企业的应税所得率，由企业根据纳税年度内的收入总额或成本费用等项目的实际发生额，按预先核定的应税所得率计算所得税额的一种办法。实行核定应税所得率征收办法的，应纳所得税额的计算公式如下：

$$应纳所得税额 = 应纳税所得额 \times 适用税率$$
$$应纳税所得额 = 应税收入总额 \times 应税所得率$$

或：
$$应纳税所得额 = 成本费用支出额 \div (1 - 应税所得率) \times 应税所得率$$

根据国家税务总局2007年8月调整的应税所得率，我国各行业的应税所得率如表8-4所示。同时，国家税务总局通知各地可在规定的应税所得率范围内确定本地区的具体应税所得率。

表8-4　我国各行业的应税所得率表

行　业	应税所得率（%）	行　业	应税所得率（%）
农、林、牧、渔业	3~10	建筑业	8~20
制造业	5~15	饮食业	8~25
批发和零售贸易业	4~15	娱乐业	15~30
交通运输业	7~15	其他行业	10~30

企业经营多行业的，无论其经营项目是否单独核算，均由主管税务机关根据其主营项目，核定其适用某一行业的应税所得率。

纳税人的生产经营范围、主营业务发生重大变化，或者应纳税所得额或应纳税额增减变化达到20%的，应及时向税务机关申报调整已确定的应纳税额或应税所得率。

例8-14　甲公司是在中国境内未设立机构、场所的境外企业，该公司2018年取得境内乙公司支付的特许权使用费收入120万元，取得境内丙公司支付的转让财产收入100万元，该财产净值为80万元，请计算甲公司2018年在我国应缴纳的企业所得税税额。

答案与解析　在中国境内未设立机构、场所的非居民企业从中国境内取得的特许权使用费应以收入全额计入应纳税所得额；转让财产所得以收入减去净值后的余额计入应纳税所得额。非居民企业适用的企业所得税税率为20%，实际征税时减按10%征收，即甲公司2018年在我国应缴纳的企业所得税 = [120 - (100 - 80)] × 10% = 10（万元）。

第五节　税收优惠

税收优惠是指国家运用税收政策在税收法律、行政法规中规定对某一部分特定企业和课税对象给予减轻或免除税收负担的一种措施。税法规定的企业所得税的税收优惠方式包括免税、减税、加计扣除、加速折旧、减计收入、税额抵免等。

一、免征与减征优惠

企业的下列所得，可以免征、减征企业所得税。企业如果从事国家限制和禁止发展的项目，不得享受企业所得税优惠。

（一）从事农、林、牧、渔业项目的所得

（1）企业从事下列项目的所得，免征企业所得税：

1）蔬菜、谷物、薯类、油料、豆类、棉花、麻类、糖料、水果、坚果的种植。
2）农作物新品种的选育。
3）中药材的种植。
4）林木的培育和种植。
5）牲畜、家禽的饲养。
6）林产品的采集。
7）灌溉、农产品初加工、兽医、农技推广、农机作业和维修等农、林、牧、渔服务业项目。
8）远洋捕捞。

（2）企业从事下列项目的所得，减半征收企业所得税：

1）花卉、茶以及其他饮料作物和香料作物的种植。
2）海水养殖、内陆养殖。

（二）从事国家重点扶持的公共基础设施项目投资经营的所得

国家重点扶持的公共基础设施项目，是指《公共基础设施项目企业所得税优惠目录》（2008年版）规定的港口码头、机场、铁路、公路、电力、水利等项目。

企业从事国家重点扶持的公共基础设施项目的投资经营的所得，自项目取得第一笔生产经营收入所属纳税年度起，第一年至第三年免征企业所得税，第四年至第六年减半征收企业所得税。

企业承包经营、承包建设和内部自建上述项目，不得享受企业所得税优惠。

（三）从事符合条件的环境保护、节能节水项目的所得

环境保护、节能节水项目的所得，自项目取得第一笔生产经营收入所属纳税年度起，第一年至第三年免征企业所得税，第四年至第六年减半征收企业所得税。

符合条件的环境保护、节能节水项目，包括公共污水处理、公共垃圾处理、沼气综合开发利用、节能减排技术改造、海水淡化等。

但是，以上规定享受减免税优惠的项目，在减免税期限被转让的，受让方自受让之日起，可以在剩余期限内享受规定的减免税优惠；减免税期限届满后转让的，受让方不得就该项目重复享受减免税优惠。

（四）符合条件的技术转让所得

所谓符合条件的技术转让所得免征、减征企业所得税，是指一个纳税年度内，居民企业转让技术所有权所得不超过500万元的部分，免征企业所得税；超过500万元的部分，减半征收所得税。

（五）经认定的技术先进型服务企业的税收优惠

对经认定的技术先进型服务企业，减按15%的税率征收企业所得税。享受上述企业所得税优惠政策的技术先进型服务企业必须同时符合以下条件：

（1）在中国境内（不包括港、澳、台地区）注册的法人企业。

（2）从事《技术先进型服务业务认定范围（试行）》中的一种或多种技术先进型服务业务，采用先进技术或具备较强的研发能力。

（3）具有大专以上学历的员工占企业职工总数的50%以上。

（4）从事《技术先进型服务业务认定范围（试行）》中的技术先进型服务业务取得的收入占企业当年总收入的50%以上。

（5）从事离岸服务外包业务取得的收入不低于企业当年总收入的35%。

二、高新技术企业优惠

（一）国家重点扶持的高新技术企业减按15%的所得税税率征收企业所得税

国家重点扶持的高新技术企业，是指拥有核心自主知识产权，并同时符合下列六个条件的企业：

（1）拥有核心自主知识产权，是指在中国境内（不含港、澳、台地区）注册的企业，近3年内通过自主研发、受让、受赠、并购等方式，或通过5年以上的独占许可方式，对其主要产品（服务）的核心技术拥有自主知识产权。

（2）产品（服务）属于《国家重点支持的高新技术领域目录及代码》规定的范围。

（3）研究开发费用占销售收入的比例不低于规定比例。这是指企业为获得科学技术（不包括人文、社会科学）新知识，创造性运用科学技术新知识，或实质性改进技术、产品（服务）而持续进行了研究开发活动，且近3个会计年度的研究开发费用总额占销售收入总额的比例符合如下要求：

1）最近一年销售收入小于5 000万元的企业，比例不低于6%。

2）最近一年销售收入在 5 000 万元至 20 000 万元的企业，比例不低于 4%。

3）最近一年销售收入在 20 000 万元以上的企业，比例不低于 3%。

其中，企业在中国境内发生的研究开发费用总额占全部研究开发费用总额的比例不低于 60%。企业注册成立时间不足 3 年的，按实际经营年限计算。

（4）高新技术产品（服务）收入占企业总收入的比例不低于规定比例。这是指高新技术产品（服务）收入占企业当年总收入的 60% 以上。

（5）科技人员占企业职工总数的比例不低于规定比例。这是指具有大学专科以上学历的科技人员占企业当年职工总人数的 30% 以上，其中研发人员占企业当年职工总数的 10% 以上。

（6）《高新技术企业认定管理办法》规定的其他条件。《国家重点支持的高新技术领域目录及代码》和《高新技术企业认定管理办法》由国务院科技、财政、税务主管部门经国务院有关部门制定，报国务院批准后公布施行。

（二）高新技术企业境外所得适用税率及税收抵免

自 2010 年 1 月 1 日起，高新技术企业以境内、境外全部生产经营活动有关的研究开发费用、总收入、销售收入总额、高新技术产品（服务）收入等指标申请并获认定的高新技术企业，其来源于境外的所得可以按照 15% 的优惠税率缴纳企业所得税，在计算境外抵免限额时，可按照 15% 的优惠税率计算境内外应纳税总额。

（三）科技型中小企业研究开发费用税前加计扣除比例有关问题

科技型中小企业开展研发活动中实际发生的研发费用，未形成无形资产计入当期损益的，在按规定据实扣除的基础上，在 2017 年 1 月 1 日至 2019 年 12 月 31 日期间，再按照实际发生额的 75% 在税前加计扣除；形成无形资产的，在上述期间按照无形资产成本的 175% 在税前摊销。科技型中小企业享受研发费用税前加计扣除政策的其他政策口径按照《财政部 国家税务总局 科技部关于完善研究开发费用税前加计扣除政策的通知》（财税〔2015〕119 号）规定执行。

三、小型微利企业优惠

2019 年 1 月至 2021 年 12 月 31 日，对小型微利企业应纳税所得额不超过 100 万元的部分减按 25% 计入应纳税所得额，100 万元到 300 万元的部分减按 50% 计入应纳税所得额，按 20% 的税率计算缴纳企业所得税。非居民企业不适用小型微利企业优惠。

小型微利企业，是指从事国家非限制和禁止行业，并符合下列条件的企业：

年度应纳税所得额不超过 300 万元，从业人数不超过 300 人，资产总额不超过 5 000 万元。

从业人数，包括与企业建立劳动关系的职工人数和企业接受的劳务派遣用工人数。

所称从业人数和资产总额指标，应按企业全年的季度平均值确定。具体计算公式如下：

$$季度平均值 = (季初值 + 季末值) \div 2$$

$$全年季度平均值 = 全年各季度平均值之和 \div 4$$

年度中间开业或者终止经营活动的，以其实际经营期作为一个纳税年度确定上述相关指标。

四、加计扣除优惠

（1）研究开发费，是指企业为开发新技术、新产品、新工艺发生的研究开发费用，未形成无形资产计入当期损益的，在按照规定据实扣除的基础上，在 2018 年 1 月 1 日至 2020 年 12 月 31 日期间，再按照研究开发费用的 75% 加计扣除；形成无形资产的，按照无形资产成本的 175% 摊销。

（2）委托境外进行研发活动所发生的费用，按照费用实际发生额的 80% 计入委托方的委托境外研发费用。委托境外研发费用不超过境内符合条件的研发费用三分之二的部分，可以按规定在企业所得税前加计扣除。上述费用实际发生额应按照独立交易原则确定。委托方与受托方存在关联关系的,受托方应向委托方提供研发项目费用支出明细情况。

(3)企业安置残疾人员所支付的工资,是指企业在按照支付给残疾职工工资据实扣除的基础上,按照支付给其工资的100%加计扣除。

五、创投企业优惠

(1)公司制创业投资企业采取股权投资方式直接投资于种子期、初创期科技型企业(以下简称初创科技型企业)满2年(24个月,下同)的,可以按照投资额的70%在股权持有满2年的当年抵扣该公司制创业投资企业的应纳税所得额;当年不足抵扣的,可以在以后纳税年度结转抵扣。

(2)有限合伙制创业投资企业(以下简称合伙创投企业)采取股权投资方式直接投资于初创科技型企业满2年的,该合伙创投企业的合伙人分别按以下方式处理:

1)法人合伙人可以按照对初创科技型企业投资额的70%抵扣法人合伙人从合伙创投企业分得的所得;当年不足抵扣的,可以在以后纳税年度结转抵扣。

2)个人合伙人可以按照对初创科技型企业投资额的70%抵扣个人合伙人从合伙创投企业分得的经营所得;当年不足抵扣的,可以在以后纳税年度结转抵扣。

(3)天使投资个人采取股权投资方式直接投资于初创科技型企业满2年的,可以按照投资额的70%抵扣转让该初创科技型企业股权取得的应纳税所得额;当期不足抵扣的,可以在以后取得转让该初创科技型企业股权的应纳税所得额时结转抵扣。

天使投资个人投资多个初创科技型企业的,对其中办理注销清算的初创科技型企业,天使投资个人对其投资额的70%尚未抵扣完的,可自注销清算之日起36个月内抵扣天使投资个人转让其他初创科技型企业股权取得的应纳税所得额。

六、加速折旧优惠

(一)可以加速折旧的固定资产

企业的固定资产由于技术进步等原因,确需加速折旧的,可以缩短折旧年限或者采取加速折旧的方法。采用以上折旧方法的固定资产是指:

(1)由于技术进步,产品更新换代较快的固定资产。

(2)常年处于强震动、高腐蚀状态的固定资产。

采取缩短折旧年限方法的,最低折旧年限不得低于规定折旧年限的60%;采取加速折旧方法的,可以采取双倍余额递减法或年数总和法。

(二)生物药品制造业、专用设备制造业等六个行业加速折旧的规定

对生物药品制造业,专用设备制造业,铁路、船舶、航空航天和其他运输设备制造业,计算机、通信和其他电子设备制造业,仪器仪表制造业,信息传输、软件和信息技术服务业等六个行业的企业2014年1月1日后新购进的固定资产,可缩短折旧年限或采取加速折旧的方法。

(三)轻工、纺织、机械、汽车四个重点领域行业加速折旧的规定

对轻工、纺织、机械、汽车四个领域重点行业企业2015年1月1日后新购进的固定资产(包括自行建造),允许缩短折旧年限或采取加速折旧的方法。

七、减计收入优惠

减计收入优惠,是指企业综合利用资源,生产符合国家产业政策规定的产品所取得的收入,可以在计算应纳税所得额时减计收入。

综合利用资源,是指企业以《资源综合利用企业所得税优惠目录》规定的资源作为主要原

料，生产国家非限制和禁止并符合国家和行业相关标准产品取得的收入，减按 90% 计入收入总额。

八、税额抵免优惠

税额抵免，是指企业购置并实际使用《环境保护专用设备企业所得税优惠目录》《节能节水专用设备企业所得税优惠目录》《安全生产专用设备企业所得税优惠目录》规定的环境保护、节能节水、安全生产等专用设备的，该专用设备的投资额的 10% 可以从企业当年的应纳税额中抵免；当年不足抵免的，可以在以后 5 个纳税年度结转抵免。

享受规定的企业所得税优惠的企业，应当实际购置并自身实际投入使用规定的专用设备；企业购置上述专用设备在 5 年内转让、出租的，应当停止享受企业所得税优惠，并补交已经抵免的企业所得税税款。转让的受让方可以按照该专用设备投资额的 10% 抵免当年企业所得税应纳税额；当年应纳税额不足抵免的，可以在以后 5 个纳税年度结转抵免。

企业同时从事适用不同企业所得税待遇的项目的，其优惠项目应当单独计算所得，并合理分摊企业的期间费用；没有单独计算的，不得享受企业所得税优惠。

例 8-15 居民企业甲 2018 年 1 月购买规定的安全生产专用设备用于生产经营，该专用设备投资额为 24 万元，甲企业 2018 年应纳税所得额为 12 万元，请计算甲企业 2018 年度实际应缴纳的企业所得税税额。

答案与解析 企业购置并实际使用规定的安全生产专用设备的，该设备投资额的 10% 可以从企业当年应纳税额中抵免，则甲企业实际应缴纳的企业所得税税额 = 12 − 24 × 25% = 6（万元）。

九、民族自治地方的优惠

民族自治地方的自治机关对本民族自治地方的企业应缴纳的企业所得税中属于地方分享的部分，可以决定减征或者免征。自治州、自治县决定减征或者免征的，须报省、自治区、直辖市人民政府批准。

对民族自治地方内国家限制和禁止行业的企业，不得减征或者免征企业所得税。

十、非居民企业的优惠

非居民企业的所得税减按 10% 的税率征收企业所得税。该类非居民企业取得下列所得免征企业所得税：

（1）外国政府向中国政府提供贷款取得的利息所得。
（2）国际金融组织向中国政府和居民企业提供优惠贷款取得的利息所得。
（3）经国务院批准的其他所得。

十一、其他有关行业的优惠

（一）关于进一步鼓励软件产业和集成电路产业发展的优惠政策

（1）2017 年 12 月 31 日前设立但未获利的集成电路线宽小于 0.8 微米（含）的集成电路生产企业，自获利年度起第一年至第二年免征企业所得税，第三年至第五年按照 25% 的法定税率减半征收企业所得税，并享受至期满为止。

（2）2017 年 12 月 31 日前设立但未获利的集成电路线宽小于 0.25 微米或投资额超过 80 亿元，且经营期在 15 年以上的集成电路生产企业，自获利年度起第一年至第五年免征企业所得税，第六年至第十年按照 25% 的法定税率减半征收企业所得税，并享受至期满为止。

（3）2018 年 1 月 1 日后投资新设的集成电路线宽小于 130 纳米，且经营期在 10 年以上的集成电路生产企业或项目，第一年至第二年免征企业所得税，第三年至第五年按照25%的法定税率减半征收企业所得税，并享受至期满为止。

（4）2018年1月1日后投资新设的集成电路线宽小于65纳米或投资额超过150亿元，且经营期在15年以上的集成电路生产企业或项目，第一年至第五年免征企业所得税，第六年至第十年按照25%的法定税率减半征收企业所得税，并享受至期满为止。

（5）国家规划布局内的重点软件企业和集成电路设计企业，如当年未享受免税优惠，可减按10%的税率征收企业所得税。

（6）符合条件的软件企业按照《财政部 国家税务总局关于软件产品增值税政策的通知》（财税〔2011〕100号）规定取得的即征即退增值税款，由企业专项用于软件产品研发和扩大再生产并单独进行核算，可以作为不征税收入，在计算应纳税所得额时从收入总额中减除。

（7）集成电路设计企业和符合条件的软件企业的职工培训费用，应单独进行核算并按实际发生额在计算应纳税所得额时扣除。

（8）企业外购的软件，凡符合固定资产或无形资产确认条件的，可以按照固定资产或无形资产进行核算，其折旧或摊销年限可以适当缩短，最短可为2年（含）。

（9）集成电路生产企业的生产设备，其折旧年限可以适当缩短，最短可为3年（含）。

（二）关于鼓励证券投资基金发展的优惠政策

（1）对证券投资基金从证券市场中取得的收入，包括买卖股票、债券的差价收入，股权的股息、红利收入，债券的利息收入及其他收入，暂不征收企业所得税。

（2）对投资者从证券投资基金分配中取得的收入，暂不征收企业所得税。

（3）对证券投资基金管理人运用基金买卖股票、债券的差价收入，暂不征收企业所得税。

（三）节能服务公司的优惠政策

对符合条件的节能服务公司实施合同能源管理项目，符合《企业所得税法》有关规定的，自项目取得第一笔生产经营收入所属纳税年度起，第一年至第三年免征企业所得税，第四年至第六年按照25%的法定税率减半征收企业所得税。

节能服务企业享受税收优惠应具备以下条件：

（1）独立法人资格，注册资金不低于100万元，且能够单独提供用能状况诊断、节能项目设计、融资、改造（包括施工、设备安装、调试、验收等）、运行管理、人员培训等服务的专业化节能服务公司。

（2）节能服务公司实施合同能源管理项目相关技术应符合国家质量监督检验检疫总局和国家标准化管理委员会发布的《合同能源管理技术通则》（GB/T 24915—2010）规定的技术要求。

（3）节能服务公司与用能企业签订节能效益分享型合同，其合同格式和内容，符合《合同法》和《合同能源管理技术通则》（GB/T 24915—2010）等规定。

（4）节能服务公司实施合同能源管理的项目符合《财政部 国家税务总局 国家发展改革委关于公布环境保护节能节水项目企业所得税优惠目录（试行）的通知》（财税〔2009〕166号）"4. 节能减排技术改造"类中第1项至第8项规定的项目和条件。

（5）节能服务公司投资额不低于实施合同能源管理项目投资总额的70%。

（6）节能服务公司拥有匹配的专职技术人员和合同能源管理人才，具有保障项目顺利实施和稳定运行的能力。

节能服务公司与用能企业的业务往来，应当按独立企业间的业务往来收取或支付价款及费用，而减少其应纳税所得额的，税务机关有权进行合理调整。

（四）电网企业电网新建项目享受所得税的优惠政策

居民企业从事符合《公共基础设施项目企业所得税优惠目录》（2008年版）规定条件和标准的电网（输变电设施）的新建项目，可依法享受"三免三减半"的企业所得税优惠政策。

十二、其他优惠

(一) 西部大开发税收优惠

根据国务院实施西部大开发有关文件精神,财政部、国家税务总局和海关总署规定的西部大开发企业所得税优惠政策继续执行。

1. 适用范围

本政策的适用范围包括重庆市、四川省、贵州省、云南省、西藏自治区、陕西省、甘肃省、宁夏回族自治区、青海省、新疆维吾尔自治区、新疆生产建设兵团、内蒙古自治区和广西壮族自治区(上述地区统称"西部地区"),湖南省湘西土家族苗族自治州、湖北省恩施土家族苗族自治州、吉林省延边朝鲜族自治州,可以比照西部地区的税收优惠政策执行。

2. 具体内容

(1) 对设在西部地区国家鼓励类产业的内资企业,在2011~2020年期间,减按15%的所得税税率征收企业所得税。

国家鼓励类产业的内资企业是指以《产业结构调整指导目录》(2005年版)中规定的产业项目为主营业务,其主营业务收入占企业总收入70%以上的企业。

收入达到比例的,实行企业自行申请、税务机关审核的管理办法。经税务机关审核确认后,企业方可减按15%的所得税税率交纳企业所得税。企业未按规定提出申请或未经税务机关审核确认的,不得享受上述税收优惠政策。

(2) 对西部地区2010年12月31日前新办的,根据《财政部 国家税务总局和海关总署关于西部大开发税收优惠政策问题的通知》(财税〔2001〕202号)规定,可以享受企业所得税"两免三减"优惠的交通、电力、水利、邮政、广播电视的企业,其享受的企业所得税优惠可以继续享受到期满为止。

(3) 对在西部地区新办交通、电力、水利、邮政、广播电视的企业,上述项目业务收入占企业总收入70%以上的,可以享受企业所得税如下优惠政策:内资企业自开始生产经营之日起,第一年至第二年免征企业所得税,第三年至第五年减半征收企业所得税。

新办交通企业,是指投资新办从事公路、铁路、航空、港口、码头运营和管道运输的企业;新办电力企业,是指投资新办从事电力运营的企业;新办水利企业,是指投资新办从事江河湖泊综合治理、防洪除涝、灌溉、供水、水资源保护、水力发电、水土保持、河道疏浚、河海堤防建设等开发水利、防治水害的企业;新办邮政企业,是指投资新办从事邮政运营的企业;新办广播电视企业,是指投资新办从事广播电视运营的企业。

上述企业同时符合规定条件的,第三年至第五年减半征收企业所得税时,按15%的税率计算出应纳所得税额后减半执行。

上述所称企业,是指投资主体自建、运营上述项目的企业,单纯承揽项目建设的施工企业不得享受优惠政策。

对实行汇总(合并)纳税企业,应当将西部地区的成员企业与西部地区以外的成员企业分开,分别汇总(合并)申报纳税,分别适用所得税税率。

(二) 其他事项

(1) 享受企业所得税过渡优惠政策的企业,应按照新修订的税法及其实施条例中有关收入和扣除的规定计算应纳税所得额。

(2) 企业所得税过渡优惠政策与新修订的税法及其实施条例规定的优惠政策存在交叉的,由企业选择最优惠的政策执行,不得叠加享受,且一经选择,不得改变。

(3) 法律设置的发展对外经济合作和技术交流的特定地区内,以及国务院已规定执行上述地区特殊政策的地区内新设立的国家需要重点扶持的高新技术企业,可以享受过渡性税收优惠,具体办法由国务院规定。
（4）国家已确定的其他鼓励类企业，可以按照国务院规定享受减免税优惠。
（5）对社保基金取得的直接股权投资收益、股权投资基金收益，作为企业所得税不征税收入。

第六节　扣缴义务

一、扣缴义务人

对非居民企业在中国境内未设立机构、场所的，或者虽设立机构、场所但取得的所得与其所设机构、场所没有实际联系的所得应缴纳的所得税，实行源泉扣缴，以支付人为扣缴义务人。税款由扣缴义务人在每次支付或者到期应支付时，从支付或者到期应支付的款项中扣缴。

上述所称支付人，是指依照有关法律规定或者合同约定对非居民企业直接负有支付相关款项义务的单位或者个人。

支付包括现金支付、汇拨支付、转账支付和权益兑价支付等货币支付和非货币支付。

到期应支付的款项，是指支付人按照权责发生制原则应当计入相关成本、费用的应付款项。

对非居民企业在中国境内取得工程作业和劳务所得应缴纳的所得税，税务机关可以指定工程价款或者劳务费的支付人为扣缴义务人。

二、扣缴方法

扣缴义务人扣缴税款时，按前述非居民企业计算方法计算税款。

应当扣缴的所得税，扣缴义务人未依法扣缴或者无法履行扣缴义务的，由企业在所得发生地缴纳。企业未依法缴纳的，税务机关可以从该企业在中国境内其他收入项目的支付人应付的款项中，追缴该企业的应纳税款。

上述所称所得发生地，是指依照《企业所得税法实施条例》第七条规定的原则确定的所得发生地。在中国境内存在多处所得发生地的，由企业选择其中之一申报缴纳企业所得税。

上述所称该企业在中国境内其他收入，是指该企业在中国境内取得的其他各种来源的收入。

税务机关在追缴该企业应纳税款时，应当将追缴理由、追缴数额、缴纳期限和缴纳方式等告知该企业。

扣缴义务人每次代扣的税款，应当自代扣之日起 7 日内缴入国库，并向所在地的税务机关报送扣缴企业所得税报告表。

第七节　特别纳税调整

特别纳税调整是指对纳税人在与其关联方之间的业务往来中，存在不符合独立交易原则而影响纳税事项所做出的相应调整。特别纳税调整的实质是税务机构的反避税措施之一。

一、调整范围

特别纳税调整的范围，是纳税人在与其关联方之间的业务往来中存在的不符合独立交易原则而影响纳税的事项。

关联方是指与纳税人有下列关联关系之一的企业、其他组织或者个人，具体指：
（1）在股权、资金、经营、购销等方面存在直接或者间接的控制关系。
（2）直接或者间接的同为第三者控制。

(3) 在利益上具有相关联的其他关系。

二、独立交易原则及转让定价管理

纳税人与其关联方发生交易应当遵循独立交易原则。独立交易原则是指没有关联关系的交易各方,按照公平成交的市场价格和营业常规进行业务往来的原则。

纳税人与关联人发生的交易是关联交易,关联交易的价格称为转让定价。关联交易发生时,应按独立交易原则确定交易价格、价格条件及其相关事项。否则,转让定价会影响应纳税额的计算和缴纳。因而,税务机关有权对纳税人的转让定价按以下方法做出调整。

(1) 可比非受控价格法,是指按照没有关联关系的交易各方进行相同或者类似业务往来的价格进行定价的方法。

(2) 再销售价格法,是指按照从关联方购进商品再销售给没有关联关系的交易方的价格,减除相同或者类似业务的销售毛利进行定价的方法。

(3) 成本加成法,是指按照成本价合理的费用和利润进行定价的方法。

(4) 交易净利润法,是指按照没有关联关系的交易各方进行相同或者类似业务往来取得的净利润水平确定利润的方法。

(5) 利润分割法,是指将企业与其关联方的合并利润或者亏损在各方之间采用合理标准进行分配的方法。

(6) 其他符合独立交易原则的方法。

纳税人可以向税务机关提出与其关联方之间业务往来的定价原则和计算方法,税务机关与企业协商、确认后,达成预约定价安排。

预约定价安排,是指纳税人就其未来年度关联交易的定价原则和计算方法,向税务机关提出申请,与税务机关按照独立交易原则协商、确认后达成的协议。

三、关联企业之间关联业务的税务处理

(1) 纳税人与其关联方共同开发、受让无形资产,或者共同提供、接受劳务发生成本,在计算应纳税所得额时应当按照独立交易原则进行分摊。

(2) 由居民企业,或者由居民企业和中国居民控制的设立在实际税负明显低于25%的税率水平的国家(或地区)的企业,并非由于合理的经营需要而对利润不做分配或者减少分配,上述利润中应归属于该居民企业的部分,应当计入该居民企业的当期收入。所谓控制包括:

1) 居民企业或者中国居民直接或间接单一持有外国企业10%以上有表决权股份,且由其共同持有该外国企业50%以上股份。

2) 居民企业,或者居民企业和中国居民持股比例没有达到上一项规定的标准,但在股份、资金、经营、购销等方面对该外国企业构成实质控制。

3) 上述所指的实际税负明显低于,是指实际税负明显低于企业所得税法规定的25%所得税税率的50%。

(3) 纳税人从其关联方获得的债权性投资与权益性投资的比例超过规定标准而发生的利息支出,不得在计算应纳税所得额时扣除。企业间接从关联方获得的债权性投资,包括:

1) 关联方通过无关联第三方提供的债权性投资。

2) 无关联第三方提供的、由关联方担保且负有连带责任的债权性投资。

3) 其他间接从关联方获得的具有负债事实的债权性投资。

所称权益性投资,是指企业接受的不需要偿还本金和支付利息,投资人对企业净资产拥有所有权的投资。

(4) 母子公司间提供服务支付费用的有关企业所得税处理,包括:

1）母公司为其子公司（以下简称子公司）提供各种服务而发生的费用，应按照独立企业之间公平交易原则确定服务的价格，作为企业正常的劳务费用进行税务处理。

母子公司未按照独立企业之间的业务往来收取价款的，税务机关有权予以调整。

2）母公司向其子公司提供各项服务，双方应签订服务合同或协议，明确规定提供服务的内容、收费标准及金额等，凡按上述合同或协议规定所发生的服务费，母公司应作为营业收入申报纳税；子公司作为成本费用在税前扣除。

3）母公司向其多个子公司提供同类项服务，其收取的服务费可以采取分项签订合同或协议收取；也可以采取服务分摊协议的方式，即由母公司与各子公司签订服务费用分摊合同或协议，以母公司为其子公司提供服务所发生的实际费用并附加一定比例利润作为向子公司收取的总服务费，在各服务受益子公司（包括盈利企业、亏损企业和享受减免税企业）之间按《中华人民共和国企业所得税法》第四十一条第二款规定合理分摊。

4）母公司以管理费形式向子公司提取费用，子公司因此支付给母公司的管理费，不得在税前扣除。

5）子公司申报税前扣除向母公司支付的服务费用，应向主管税务机关提供与母公司签订的服务合同或者协议等与税前扣除该项费用相关的材料。不能提供相关材料的，支付的服务费用不得税前扣除。

四、核定征收与调整

纳税人不提供与其关联方之间业务往来资料，或者提供虚假、不完整资料，未能真实反映其关联业务往来情况的，税务机关有权依法核定其应纳税所得额。

核定方法有：

（1）参照同类或者类似企业的利润率水平核定。

（2）按照企业成本价合理的费用和利润的方法核定。

（3）按照关联企业集团整体利润的合理比例核定。

（4）按照其他合理方法核定。

纳税人对税务机关按照规定方法核定的应纳税所得额有异议的，应当提供相关证据，经税务机关认定后，调整核定的应纳税所得额。

例 8-16 居民企业甲是兼营批发零售的小型微利企业，2019 年企业自行申报的收入总额是 254 万元，成本费用总额是 260 万元，当年亏损 6 万元。经税务机关审核，该企业申报的收入无法进行核实，成本费用核算准确。拟采用核定征收方式对甲企业计征企业所得税，企业应税所得率为 9%，请计算甲企业 2019 年度应缴纳的企业所得税金额。

答案与解析 甲企业应纳税所得额 = 260 ÷（1 − 9%）× 9% = 25.71（万元），符合税率和应纳税所得额双优惠的小微企业标准。甲企业 2019 年度应缴纳的企业所得税 = 25.71 × 25% × 20% = 1.29（万元）。

五、加收利息

税务机关依照规定进行特别纳税调整后，除了应当补征税款外，应按照国务院规定加收利息。

应当对补征的税款，自税款所属纳税年度的次年 6 月 1 日起至补缴税款之日止的期间，按日加收利息。加收的利息不得在计算应纳税所得额时扣除。

利息应当按照税款所属纳税年度中国人民银行公布的与补税期间同期的人民币贷款基准利率加 5 个百分点计算。

纳税人依照《企业所得税法》规定，在报送年度企业所得税纳税申报表时，附送了年度关联业务往来报告表的，可以只按规定的人民币贷款基准利率计算利息。

纳税人与其关联方之间的业务往来，不符合独立交易原则，或者企业实施其他不具有合理商业目的的安排的，税务机关有权在该业务发生的纳税年度起 10 年内进行纳税调整。

第八节 企业所得税的纳税管理

一、纳税地点

（1）除税收法律、行政法规另有规定外，居民企业以企业登记注册地为纳税地点；但登记注册地在境外的，以实际管理机构所在地为纳税地点。企业注册登记地，是指企业依照国家有关规定登记注册的住所地。

（2）居民企业在中国境内设立不具有法人资格的营业机构的，应当汇总计算并交纳企业所得税。企业汇总计算并交纳企业所得税时，应当统一核算应纳税所得额，具体办法由国务院财政、税务主管部门另行制定。

（3）非居民企业在中国境内设立机构、场所的，应当就其所设机构、场所取得的来源于中国境内的所得，以及发生在中国境外但与其所设机构、场所有实际联系的所得，以机构、场所所在地为纳税地点。非居民企业在中国境内设立两个或者两个以上机构、场所的，经税务机关审核批准，可以选择由其主要机构、场所汇总缴纳企业所得税。非居民企业经批准汇总缴纳企业所得税后，需要增设、合并、迁移、关闭机构、场所或停止机构、场所业务的，应当事先由负责汇总申报缴纳企业所得税的主要机构、场所向其所在地税务机关报告；需要变更汇总缴纳企业所得税的主要机构、场所的，依照前款规定办理。

（4）非居民企业在中国境内未设立机构、场所的，或者虽设立机构、场所但取得的所得与其所设机构、场所没有实际联系的所得，以扣缴义务人所在地为纳税地点。

（5）除国务院另有规定外，企业之间不得合并交纳企业所得税。

二、纳税期限

企业所得税按年计征，分月或者分季预缴，年终汇算清缴，多退少补。

企业所得税的纳税年度，自公历 1 月 1 日起至 12 月 31 日止。企业在一个纳税年度的中间开业或者由于合并、关闭等原因终止经营活动，该纳税年度的实际经营期不足 12 个月的，应当以其实际经营期为一个纳税年度。企业清算时，应当以清算期间作为一个纳税年度。

自年度终了之日起 5 个月内，向税务机关报送年度企业所得税纳税申报表，并汇算清缴，结清应缴应退税款。

纳税人在年度中间终止经营活动的，应当自实际经营终止之日起 60 日内，向税务机关办理当期企业所得税汇算清缴。

三、纳税申报

按月或按季预缴的，应当自月份或者季度终了之日起 15 日内，向税务机关报送预缴企业所得税纳税申报表，预缴税款。

纳税人在报送企业所得税纳税申报表时，应当按照规定附送财务会计报告和其他有关资料。

纳税人应当在办理注销登记前，就其清算所得向税务机关申报并依法缴纳企业所得税。

依照企业所得税法缴纳的企业所得税，应以人民币计算。所得以人民币以外的货币计算的，应当折合成人民币计算并缴纳税款。

纳税人在纳税年度内无论盈利或者亏损,都应当依照《企业所得税法》规定的期限,向税务机关报送预缴企业所得税纳税申报表、年度企业所得税纳税申报表、财务会计报告和税务机关规定应当报送的其他有关资料。

四、跨地区经营汇总纳税企业所得税征收管理

(1) 属于中央与地方共享范围的跨省市总分机构企业缴纳的企业所得税,按照统一规范、兼顾总机构和分支机构所在地利益的原则,实行"统一计算、分级管理、就地预缴、汇总清算、财政调库"的处理办法,总分机构统一计算的当期应纳税额的地方分享部分中25%由总机构所在地分享,50%由各分支机构所在地分享,25%按一定比例在各地间进行分配。

(2) 纳税人应根据当期实际利润额,按照规定的预缴分摊方法计算总机构和分支机构的企业所得税预缴额,分别由总机构和分支机构分月或者分季就地预缴。

统一计算所得税款的50%由总机构分摊缴纳,其中25%就地办理缴库(或退库),税款收入由中央与总机构所在地60:40分享;剩余25%就地全额缴入中央国库(或退库),税款收入60%为中央收入,40%由财政部按照2004年至2006年各省市三年实际分享企业所得税占地方分享总额的比例定期向各省市分配。计算公式为:

$$总机构分摊税款 = 统一计算的纳税人当期应纳所得税额 \times 50\%$$

$$所有分支机构分摊税款总额 = 汇总纳税企业当期应纳所得税额 \times 50\%$$

$$某分支机构分摊税款 = 所有分支机构分摊税款总额 \times 该分支机构分摊比例总机构$$

应按照上年度各省市分支机构的营业收入、职工薪酬和资产总额三个因素计算各分支机构分摊所得税款的比例;三级及以下分支机构,其营业收入、职工薪酬和资产总额统一计入二级分支机构计算;三因素的权重依次为0.35、0.35、0.30,即:

$$某分支机构分摊比例 = \left(\frac{该分支机构营业收入}{各分支机构营业收入之和}\right) \times 0.35 + \left(\frac{该分支机构职工薪酬}{各分支机构职工薪酬之和}\right) \times 0.35 + \left(\frac{该分支机构资产总额}{各分支机构资产总额之和}\right) \times 0.30$$

五、有关合伙企业的征收管理

涉及合伙企业的企业所得税征收管理以下列规定为准。

(1) 合伙企业遵循先分后税的原则,即先将合伙企业的利润分配给各合伙人,然后由各合伙人各自根据自己的情况履行纳税义务。此处所言合伙企业的利润包括合伙企业分配给各合伙人的利润和当年的留存利润。

(2) 合伙企业的合伙人是自然人的,将分得的利润缴纳个人所得税;合伙人是法人和其他组织的,将分得的利润缴纳企业所得税。

(3) 合伙人确定各自应税所得额的原则如下:

1) 合伙企业的利润,按照合伙协议约定的合伙人分配比例确定各自的应纳税所得额。

2) 合伙协议未约定或者约定不明确的,将全部利润按照合伙人协商决定的分配比例确定各自的应纳税所得额。

3) 协商不成的,以全部利润按照合伙人实缴出资比例确定各自的应纳税所得额。

4) 无法确定出资比例的,以全部利润按照合伙人数量平均计算每个合伙人的应纳税所得额。

合伙协议不得约定将全部利润分配给部分合伙人。

(4) 合伙企业的合伙人是法人和其他组织的,在计算其缴纳的企业所得税时,不得用合伙企业的亏损抵减其盈利。

重要概念

居民企业　　非居民企业　　应税所得额　　应税收入　　各项扣除
亏损弥补　　税收抵免　　　按年计征　　　汇算清缴

思考题

1. 企业所得税如何划分居民企业和非居民企业？
2. 企业所得税特别纳税调整有何意义？
3. 不征税收入包括哪些内容？
4. 企业所得税税前扣除项目有哪些？关于扣除标准有何规定？
5. 年度亏损如何进行弥补？

练习题

1. 甲服装生产居民企业，由于无法准确核算成本支出，被税务机关确定为核定征收企业所得税。甲企业 2019 年的年收入总额为 480 万元，核定应税所得率为 15%。请计算该企业该年应缴纳的企业所得税。

2. 甲居民企业是科技型企业，该企业 2019 年实现主营业务收入 980 万元、其他业务收入 120 万元，实现利润总额 120 万元。税务机关审核发现，管理费用账户列支 120 万元，其中包括新产品研究开发费 80 万元。该企业实际支付工资总额 300 万元，其中包括残疾人员工工资 40 万元。请计算该企业应调整的应纳税所得额及甲企业当年应缴纳的企业所得税。

3. 甲软件生产企业 2019 年全年取得销售营业收入 4 000 万元、营业外收入 600 万元，营业成本为 2 500 万元，营业外支出为 500 万元，可以扣除的相关税金及附加为 380 万元，销售费用为 400 万元，管理费用为 500 万元，财务费用为 280 万元，投资收益为 200 万元。该企业该年发生如下业务：

（1）实际发放职工工资 800 万元，发生职工福利费支出 120 万元，拨缴工会经费 15 万元，发生职工教育经费支出 60 万元，其中职工培训费 40 万元。

（2）发生广告费支出 400 万元，与生产经营相关的业务招待费支出 100 万元。

（3）取得来自境内持股子公司（非上市居民企业）的股息 180 万元。

（4）实际发生研究开发经费 400 万元，单独核算未计入损益。

请针对上述四笔业务计算甲企业应调整的应纳税所得额及该企业该年应纳税所得额。

第九章 个人所得税

个人所得税是对个人所取得的应纳税所得为课税对象而征收的一种所得税,其纳税人包括自然人个人和自然人企业。

最早开征个人所得税的国家是英国,1799年为了筹措英法战争的经费,英国开征了个人所得税。个人所得税在英国开征后就在世界各国被广泛运用,现在开征个人所得税的国家已超过140个。

导读

个人所得税是世界各国普遍征收的主要税种,在美国甚至是第一大税种。除了让国家取得财政收入,个人所得税还具有调节贫富差距、调控宏观经济等功能,是能体现公平原则的一个税种。

而在我国,个人所得税却是一个极其年轻的税种。改革开放以前,由于我国实行低工资政策,个人收入具有平均化的特征,因此没有必要开征个人所得税。1980年我国开征个人所得税是为了适应对外开放的需要,打造吸引外资的投资环境。外商极其重视所得税制度,他们认为税后收益才有法律保障。当时个人所得税税法规定免征额为每月800元。实际上,当时个人所得税的纳税人只是外国人和港澳台同胞。

1980年开征的个人所得税存在三个系列,即个人所得税、个人收入调节税和城乡个体工商户所得税。

到1994年,随着国人收入水平的进一步提高,全国人大统一了个人所得税法,同时适用于居民与非居民以及个体工商户,个人收入调节税和城乡个体工商户所得税被废止。2018年,个人所得税由分类所得税改革为分类综合所得税。

第一节 个人所得税的分类

从世界范围看,各国实施的个人所得税按照其税制特点可以分为综合所得税、分类所得税和分类综合所得税(亦称混合所得税)三种类型。

一、综合所得税

综合所得税是对纳税人在一定时间内的各类不同来源的所得都相加汇总来征收所得税,一般采用累进税率计征。目前,大多数发达国家所课征的个人所得税都具有综合所得税的性质。

综合所得税的优点是全面衡量纳税人的总体纳税能力，能够量能课税，公平税负。但综合所得税制需要纳税人纳税意识强、服从程度高，要求税务机关征管手段先进、工作效率高。因此综合所得税制管理难度大，征收成本高。

二、分类所得税

分类所得税是将纳入征税范围的全部所得按照来源划分为不同类别，针对各种不同性质的所得分别规定不同税基和税率来计算应纳税额。分类所得税计税依据的基础是法律所确定的各项所得，而不是个人的总所得。分类所得税的税率，多为比例税率或较低的超额累进税率。分类所得税制具有分类源泉课征、征收简便、征管成本低的优点。然而，也存在明显缺点，例如分类征税不能全面、完整地体现纳税人的纳税能力，会造成所得来源多、综合收入高的纳税人可能不交税或少交税，而所得来源少、收入相对集中的纳税人却要交较多的税，不符合公平课税原则。我国在2019年以前对个人所得税是按分类所得税模式来征收的。

三、分类综合所得税

分类综合所得税亦称混合所得税，是指将分类所得税和综合所得税相结合来课征所得税的一种制度，即对纳税人一定时期的各类来源所得采取分项课征，在纳税年度终了再综合纳税人的全年各种所得，使用累进税率征收所得税。对分类阶段已经缴纳的税款允许扣除，汇算清缴，多退少补。法国在1917年开创了混合所得税制，将个人所得税设计为七种分类税和一种对个人总收入课征的附加税。分类综合所得税（混合所得税）将分类和综合相结合，既对纳税人部分不同来源的收入实行综合课征，体现量能课税，又对列举的特定项目按规定税率征税，源泉扣缴，降低征税难度。

三种类型的个人所得税制度各有特点，各国在设计税收制度时根据本国具体情况采纳运用。然而从世界个人所得税发展的历史来看，越来越多的国家由分类所得税转向综合所得税。例如经济合作与发展组织（OECD）国家中，1989年葡萄牙作为最后一个成员国放弃了分类所得税。此外，一些东欧国家，例如捷克、斯洛伐克、匈牙利和波兰也放弃分类所得税向综合所得税制转变。

我国个人所得税是于1980年为了适应对外开放的需要对在华外国人和港澳台同胞开征的，后来又开征过对国人征收的个人收入调节税和城乡个体工商业户所得税，然后三种税再合并为现行的个人所得税。我国建立的个人所得税制度到2018年12月31日一直采用的是分类所得税制度。和世界各国的趋势一样，我国个人所得税类型也由分类所得税向分类综合所得税转型。2018年8月31日由第十三届全国人民代表大会常务委员会第五次会议修改通过的《中华人民共和国个人所得税法》，将我国的个人所得税制度改革为分类综合所得税制度，从2019年1月1日起施行。

第二节　纳税义务人

如何确定纳税人应该承担的纳税义务，取决于一个国家的税收管辖权。所谓税收管辖权是指一个国家的税收主权。国际社会公认的税收管辖权原则有属人主义原则和属地主义原则。属人主义原则是指只要是某一国的公民或居民，该国就能对其行使征税的权力，而不论这些公民或居民的经济活动是否发生在该国领土疆域范围内。属地主义原则是指认定一国主权所包含的领土疆域作为行使税收管辖权的范围，而不论纳税人是否为该国的公民或居民。按照属人主义原则，税收管辖权有公民税收管辖权和居民税收管辖权；按照属地主义原则，确立了收入来源地税收管辖权。世界各国在坚持自己的税收管辖权和避免国际双重征税的多重考虑下规定了个人所得税的纳税义务人。

我国《个人所得税法》规定，纳税义务人包括个人、个体工商业户、个人独资企业和合伙企业的投资者。

划分个人所得税纳税义务人有两个标准：一是视其在中华人民共和国境内有无习惯性住所；二是视其在中国居住时间是否超过183天。根据这两个标准把纳税人划分为居民纳税人和非居民纳税人，分别承担不同的纳税义务。

一、居民纳税义务人

居民纳税义务人是指在中国境内有住所，或者无住所而一个纳税年度内在中国境内居住累计满183天的个人。居民纳税义务人对中国负有无限纳税义务，即无论其来源于中国境内还是中国境外的应纳税所得，都要在中国缴纳个人所得税。

在中国境内有住所的个人，是指因户籍、家庭、经济利益关系而在中国境内有习惯性居住地的个人。这里所说的习惯性居住地，是指个人由于学习、工作、探亲等原因消除之后，没有理由在其他地方继续居留时，所要回到的地方，而不是指实际居住或在某一个特定时期内的居住地。这是判断纳税义务人是属于居民还是非居民的一个重要依据。

在中国境内无住所的个人，在境内居住累计满183天的年度连续不满6年的，经向主管税务机关备案，其来源于中国境外且由境外单位或个人支付的所得，免予缴纳个人所得税；在中国境内居住累计满183天的任一年度有一次离境超过30天的，其在中国境内居住累计满183天的年度连续年限重新起算。

税法中关于"中国境内"的概念，是指中国内地，不包括香港、澳门特别行政区和台湾地区。

二、非居民纳税义务人

非居民纳税义务人是指在中国境内无住所又不居住或者无住所而一个纳税年度内在中国境内居住累计不满183天的个人。非居民纳税义务人对中国承担有限纳税义务，仅就其来源于中国境内的所得，向中国缴纳个人所得税。

在中国境内无住所的个人，在一个纳税年度内在中国境内居住累计不超过90天的，其来源于中国境内的所得，由境外雇主支付并不由该雇主在中国境内的机构、场所负担的部分，免征个人所得税。

例9-1 单选题：下列属于居民纳税人的是（　　）。
A. 2019年在中国境内居住时间为145天的澳门同胞
B. 2019年在中国境内工作满160天，单次离境超过30天的美国专家
C. 在中国境内无住所且不居住的华侨
D. 在天津开设小商铺的个体工商户

答案与解析 D。居民纳税义务人是指在中国境内有住所，或者无住所而一个纳税年度内在中国境内居住累计满183天的个人。以上备选，符合这个条件的只有天津的个体工商户。

三、所得来源地的确定

判断所得来源地，是确定该项所得是否应征收个人所得税的重要依据。

除国务院财政、税务主管部门另有规定外，下列所得，不论支付地点是否在中国境内，均为来源于中国境内的所得：

（1）因任职、受雇、履约等在中国境内提供劳务取得的所得；

（2）将财产出租给承租人在中国境内使用而取得的所得；
（3）许可各种特许权在中国境内使用而取得的所得；
（4）转让中国境内的不动产等财产或者在中国境内转让其他财产取得的所得；
（5）从中国境内企业、事业单位、其他组织以及居民个人取得的利息、股息、红利所得。

例 9-2 单选题：下列属于来源于中国境内所得的是（　　）。
A. 将在美国的房产出租给中国公民使用
B. 美国公民受雇于在中国境内设立的美国独资公司取得的工资
C. 中国公民在中国银行加拿大温哥华分行工作取得的工资
D. 中国专家将专利技术提供给泰国境内的公司使用取得的收入

答案与解析 B。因任职、受雇、履约等在中国境内提供劳务取得的所得被视作来源于中国境内收入，因此第二个备选项中的美国公民在中国境内公司取得的工资是来源于中国境内。

第三节　应税所得项目

我国实行的是分类综合所得税，根据纳税人不同项目所得来进行分类，不同类别的应税所得分别对应不同的税率和费用扣除标准，因此掌握应税所得项目的分类很重要。

一、应税所得项目分类

（一）综合所得

居民纳税人如果取得以下四项所得，即工资薪金所得、劳务报酬所得、稿酬所得和特许权使用费所得，应该综合计算作为纳税人的综合所得，按纳税年度合并计算个人所得税；非居民个人取得工资、薪金所得，劳务报酬所得，稿酬所得和特许权使用费所得等四项所得，则按月或者按次分项计算个人所得税。

1. **工资、薪金所得**

工资、薪金所得，是指个人因任职或者受雇取得的工资、薪金、奖金、年终加薪、劳动分红、津贴、补贴以及与任职或者受雇有关的各项所得。

2. **劳务报酬所得**

劳务报酬所得，是指个人从事劳务取得的所得，包括从事设计、装潢、安装、制图、化验、测试、医疗、法律、会计、咨询、讲学、翻译、审稿、书画、雕刻、影视、录音、录像、演出、表演、广告、展览、技术服务、介绍服务、经纪服务、代办服务以及其他劳务取得的所得。

3. **稿酬所得**

稿酬所得，是指个人因其作品以图书、报刊形式出版、发表而取得的所得。

4. **特许权使用费所得**

特许权使用费所得，是指个人提供专利权、商标权、著作权、非专利技术以及其他特许权的使用权而取得的所得。提供著作权的使用权取得的所得，不包括稿酬所得。

> **小知识**
>
> 工资薪金是基于雇用关系而发生的劳务行为所得，劳务报酬是没有雇用关系的独立性劳务所得。

（二）经营所得

经营所得包括以下各种收入和所得：

（1）个体工商户从事生产、经营活动取得的所得，个人独资企业投资人、合伙企业的个人合伙人来源于境内注册的个人独资企业、合伙企业生产、经营的所得。

（2）个人依法从事办学、医疗、咨询以及其他有偿服务活动取得的所得。

（3）个人对企业、事业单位承包经营、承租经营，以及转包、转租取得的所得。

（4）个人从事其他生产、经营活动取得的所得。

（三）利息、股息、红利所得

利息，是指个人由于持有债权而获得的利息收入，包括存款利息、贷款利息和债券利息。

股息，一般是指个人由于持有公司优先股，按照规定的股息率而获得的股息收入。

红利，一般是指个人由于持有公司普通股而按股份比例分配公司利润取得的收入。

利息、股息和红利所得，除有规定外，都应缴纳个人所得税。

（四）财产租赁所得

财产租赁所得，是指个人出租不动产、机器设备、车船以及其他财产取得的收益。

（五）财产转让所得

财产转让所得，是指个人转让有价证券、股权、合伙企业中的财产份额、不动产、机器设备、车船以及其他财产取得的所得。

（六）偶然所得

偶然所得，是指个人得奖、中奖、中彩以及其他偶然性质的所得。

纳税人取得经营所得，利息、股息和红利所得，财产租赁所得，财产转让所得和偶然所得等五项所得收入，依照规定分别计算个人所得税。

二、个人所得的形式

应税的个人所得形式应该包括现金、实物、有价证券和其他形式的经济利益。所得为实物的，应当按照取得的凭证上所注明的价格计算应纳税所得额；无凭证的实物或者凭证上所注明的价格明显偏低的，参照市场价格核定应纳税所得额。所得为有价证券的，根据票面价格和市场价格核定应纳税所得额。所得为其他形式的经济利益的，参照市场价格核定应纳税所得额。

各项所得的计算，以人民币为单位，所得为人民币以外的货币的，按照办理纳税申报或扣缴申报的上一月最后一日人民币汇率中间价，折合成人民币计算应纳税所得额。

第四节　专项附加扣除

2019年1月1日开始实施的新修订的《个人所得税法》，对居民纳税人综合所得的工资、薪金所得计税中规定了专项附加扣除项目。为了便于在后面的章节中更清楚地分析和说明居民综合所得税款的计算，本节先集中介绍个人所得税专项附加扣除的具体内容。专项附加扣除项目包括《个人所得税法》规定的子女教育支出、继续教育支出、大病医疗支出、住房贷款利息支出、住房租金支出、赡养老人支出等六项专项附加扣除。

专项附加扣除项目是我国个人所得税改革的一个创新和进步，六个项目包括会直接影响纳税人实际纳税能力的六个重要方面，首次将纳税人的家庭、个人情况和个人所得税实际税负紧密结合，较好地体现了社会公平和量能纳税原则。

一、子女教育支出

（一）扣除内容

纳税人的子女接受全日制学历教育的相关支出，按照每个子女每月1 000元的标准定额扣除。学历教育包括义务教育（小学、初中教育）、高中阶段教育（普通高中、中等职业、技工教育）、高等教育（大学专科、大学本科、硕士研究生、博士研究生教育）。

年满3岁至小学入学前处于学前教育阶段的子女，按以上规定执行。

（二）扣除方式

父母可以选择由其中一方按扣除标准的100%扣除，也可以选择由双方分别按扣除标准的50%扣除，具体扣除方式在一个纳税年度内不能变更。

（三）备查资料

纳税人子女在中国境外接受教育的，纳税人应当留存境外学校录取通知书、留学签证等相关教育的证明资料备查。

二、继续教育支出

（一）扣除内容

纳税人在中国境内接受学历（学位）继续教育的支出，在学历（学位）教育期间按照每月400元定额扣除。同一学历（学位）继续教育的扣除期限不能超过48个月。纳税人接受技能人员职业资格继续教育、专业技术人员职业资格继续教育的支出，在取得相关证书的当年，按照3 600元定额扣除。

（二）扣除方式

个人接受本科及以下学历（学位）继续教育，符合规定扣除条件的，可以选择由其父母扣除，也可以选择由本人扣除。

（三）备查资料

纳税人接受技能人员职业资格继续教育、专业技术人员职业资格继续教育的，应当留存相关证书等资料备查。

三、大病医疗支出

（一）扣除内容

在一个纳税年度内，纳税人发生的与基本医保相关的医药费用支出，扣除医保报销后个人负担（指医保目录范围内的自付部分）累计超过15 000元的部分，由纳税人在办理年度汇算清缴时，在80 000元限额内据实扣除。

纳税人及其配偶、未成年子女发生的医药费用支出，按以上规定分别计算扣除额。

（二）扣除方式

纳税人发生的医药费用支出可以选择由本人或者其配偶扣除；未成年子女发生的医药费用支出可以选择由其父母一方扣除。

（三）备查资料

纳税人应当留存医药服务收费及医保报销相关票据原件（或者复印件）等资料备查。医疗保障部门应当向患者提供在医疗保障信息系统记录的本人年度医药费用信息查询服务。

四、住房贷款利息支出

（一）扣除内容

纳税人本人或者配偶单独或者共同使用商业银行或者住房公积金个人住房贷款为本人或者其配偶购买中国境内住房，发生的首套住房贷款利息支出，在实际发生贷款利息的年度，按照每月1 000元的标准定额扣除，扣除期限最长不超过240个月。纳税人只能享受一次首套住房贷款的利息扣除。

《个人所得税专项附加扣除暂行办法》所称首套住房贷款是指购买住房享受首套住房贷款利率的住房贷款。

（二）扣除方式

经夫妻双方约定，可以选择由其中一方扣除，具体扣除方式在一个纳税年度内不能变更。

夫妻双方婚前分别购买住房发生的首套住房贷款，其贷款利息支出，婚后可以选择其中一套购买的住房，由购买方按扣除标准的100%扣除，也可以由夫妻双方对各自购买的住房分别按扣除标准的50%扣除，具体扣除方式在一个纳税年度内不能变更。

（三）备查资料

纳税人应当留存住房贷款合同、贷款还款支出凭证备查。

五、住房租金支出

（一）扣除内容

纳税人在主要工作城市没有自有住房而发生的住房租金支出，可以按照以下标准定额扣除：

（1）直辖市、省会（首府）城市、计划单列市以及国务院确定的其他城市，扣除标准为每月1 500元。

（2）除第一项所列城市以外，市辖区户籍人口超过100万的城市，扣除标准为每月1 100元；市辖区户籍人口不超过100万的城市，扣除标准为每月800元。

纳税人的配偶在纳税人的主要工作城市有自有住房的，视同纳税人在主要工作城市有自有住房。

市辖区户籍人口，以国家统计局公布的数据为准。

主要工作城市是指纳税人任职受雇的直辖市、计划单列市、副省级城市、地级市（地区、州、盟）全部行政区域范围；纳税人无任职受雇单位的，为受理其综合所得汇算清缴的税务机关所在城市。

（二）扣除方式

夫妻双方主要工作城市相同的，只能由一方扣除住房租金支出。

住房租金支出由签订租赁住房合同的承租人扣除。

纳税人及其配偶在一个纳税年度内不能同时分别享受住房贷款利息和住房租金专项附加扣除。

（三）备查资料

纳税人应当留存住房租赁合同、协议等有关资料备查。

六、赡养老人支出

纳税人赡养一位及以上被赡养人的赡养支出，统一按照以下标准定额扣除：

（1）纳税人为独生子女的，按照每月2 000元的标准定额扣除。

（2）纳税人为非独生子女的，由其与兄弟姐妹分摊每月2 000元的扣除额度，每人分摊的额度不能超过每月1 000元。可以由赡养人均摊或者约定分摊，也可以由被赡养人指定分摊。约定或者指定分摊的须签订书面分摊协议，指定分摊优先于约定分摊。具体分摊方式和额度在一个纳税年度内不能变更。

其中，被赡养人是指年满60岁的父母，以及子女均已去世的年满60岁的祖父母、外祖父母。

《个人所得税专项附加扣除暂行办法》中所提到的父母，是指生父母、继父母、养父母。办法中所称的子女，是指婚生子女、非婚生子女、继子女、养子女。父母之外的其他人担任未成年人的监护人的，按照以上规定执行。

纳税人首次享受专项附加扣除，应当将专项附加扣除相关信息提交扣缴义务人或者税务机关，扣缴义务人应当及时将相关信息报送税务机关，纳税人对所提交信息的真实性、准确性、完整性负责。专项附加扣除信息发生变化的，纳税人应当及时向扣缴义务人或者税务机关提供相关信息。纳税人需要留存备查的相关资料应当留存五年。

第五节　应纳税额的计算

由于我国实施分类综合所得税，在本节中将针对综合所得和其他各项所得等不同类别所得项目，根据《个人所得税法》规定的税率和费用扣除标准，分别计算各类所得项目的应纳税额。

一、居民综合所得的计税方法

（一）计税依据——应纳税所得额

综合所得包括工资、薪金所得，劳务报酬所得，稿酬所得和特许权使用费所得。居民个人取得综合所得的，按纳税年度合并计算个人所得税；居民个人的综合所得，以每一纳税年度的收入额减除费用6万元，以及专项扣除、专项附加扣除和依法确定的其他扣除后的余额，为应纳税所得额。计算公式为：

应纳税所得额 = 年综合所得 − 费用扣除6万元 − 专项扣除 − 专项附加扣除 − 其他扣除

（二）费用减除标准

1. 工资、薪金的费用扣除

（1）居民纳税人全年可减除费用扣除额6万元，即每月5 000元。

（2）专项扣除，特指包括居民个人按照国家规定的范围和标准缴纳的基本养老保险、基本医疗保险、失业保险等社会保险费和住房公积金等。

（3）专项附加扣除，包括子女教育、继续教育、大病医疗、住房贷款利息、住房租金、赡养老人等支出，具体内容在本章第三节已详细介绍。

（4）其他扣除，包括个人缴付符合国家规定的企业年金、职业年金，个人购买符合国家规定的商业健康保险、税收递延型商业养老保险的支出，以及国务院规定可以扣除的其他项目。

专项扣除、专项附加扣除和依法确定的其他扣除，以居民个人一个纳税年度的应纳税所得额为限额。一个纳税年度扣除不完的，不结转以后年度扣除。

2. 劳务报酬所得、稿酬所得和特许权使用费所得的费用扣除

劳务报酬所得、稿酬所得、特许权使用费所得以一次收入减除20%的费用后的余额为收入额。稿酬所得的一次收入额减按70%计算。

劳务报酬所得、稿酬所得、特许权使用费所得，属于一次性收入的，以取得该项收入为一次，属于同一项连续性收入的，以一个月取得的收入为一次。

（三）适用税率

综合所得适用七级超额累进税率，税率为3%~45%，如表9-1所示，按月换算后的综合所得税率如表9-2所示。

表9-1　综合所得税率表

级数	全年应纳税所得额	税率（%）	速算扣除数（元）
1	不超过36 000元	3	0
2	超过36 000元至144 000元的部分	10	2 520
3	超过144 000元至300 000元的部分	20	16 920
4	超过300 000元至420 000元的部分	25	31 920
5	超过420 000元至660 000元的部分	30	52 920
6	超过660 000元至960 000元的部分	35	85 920
7	超过960 000元的部分	45	181 920

表 9-2　按月换算后的综合所得税率表

级数	全月应纳税所得额	税率（%）	速算扣除数（元）
1	不超过 3 000 元	3	0
2	超过 3 000 元至 12 000 元的部分	10	210
3	超过 12 000 元至 25 000 元的部分	20	1 410
4	超过 25 000 元至 35 000 元的部分	25	2 660
5	超过 35 000 元至 55 000 元的部分	30	4 410
6	超过 55 000 元至 80 000 元的部分	35	7 160
7	超过 80 000 元的部分	45	15 160

（四）应纳税额的计算

$$应纳税额 = 应纳税所得额 \times 适用税率 - 速算扣除数$$

例 9-3　陈某 2019 年 1 月工资和津贴总额为 10 000 元，当月从工资按当地政府规定比例提取并缴付"三险一金"1 750 元，陈某可以享受的专项附加扣除项目，包括子女教育费用 1 000 元和住房贷款利息 1 000 元。试计算该月陈某应纳的个人所得税。

答案与解析

$$应纳税所得额 = 年综合所得 - 费用扣除 - 专项扣除 - 专项附加扣除$$
$$1 月应纳税所得额 = 10\,000 - 1\,750 - 5\,000 - 1\,000 - 1\,000 = 1\,250(元)$$
$$1 月应纳个人所得税额 = 1\,250 \times 3\% = 37.5(元)$$

2019 年 1 月 1 日起，纳税人每月发放工资时或每次取得劳务报酬所得、稿酬所得、特许权使用费所得时，缴纳税款将由现行代扣代缴改变为预扣预缴。预扣预缴方法是一种预先计算扣缴税款的方法，具体是根据个人全年取得的汇总综合所得收入、专项附加扣除等扣除项目金额，计算其应纳税款。对日常多预缴的税款，年度终了纳税人办理汇算清缴申报、申请退税，税务机关将及时、足额退还。

二、非居民个人综合所得计税方法

（一）计税依据规定

非居民个人取得工资、薪金所得按月计算个人所得税；劳务报酬所得、稿酬所得和特许权使用费所得按次分项计算个人所得税。

（二）费用扣除

(1) 非居民个人的工资、薪金所得，以每月收入额减除费用 5 000 元后的余额为应纳税所得额。

(2) 劳务报酬所得、稿酬所得、特许权使用费所得，以每次收入额为应纳税所得额，劳务报酬所得、稿酬所得、特许权使用费所得以收入减除 20% 的费用后的余额为收入额；其中，稿酬所得的收入额减按 70% 计算。

(3) 劳务报酬所得、稿酬所得、特许权使用费所得，属于一次性收入的，以取得该项收入为一次；属于同一项目连续性收入的，以一个月内取得的收入为一次。

（三）适用税率

非居民个人取得工资、薪金所得，劳务报酬所得，稿酬所得和特许权使用费所得，依照表 9-3 计算应纳税额。

表 9-3　按月换算后的综合所得税率表
（非居民个人工资、薪金所得，劳务报酬所得，稿酬所得，特许权使用费所得适用）

级数	全月应纳税所得额	预扣率（%）	速算扣除数（元）
1	不超过 3 000 元	3	0
2	超过 3 000 元至 12 000 元的部分	10	210
3	超过 12 000 元至 25 000 元的部分	20	1 410
4	超过 25 000 元至 35 000 元的部分	25	2 660
5	超过 35 000 元至 55 000 元的部分	30	4 410
6	超过 55 000 元至 80 000 元的部分	35	7 160
7	超过 80 000 元的部分	45	15 160

（四）应纳税额计算

$$每月/每次应纳税额 = 应纳税所得额 \times 适用税率 - 速算扣除数$$

例 9-4　约翰是非居民纳税人，2019 年 2 月取得工资 30 000 元，同时该月获得劳务报酬收入 5 000 元、稿酬收入 2 000 元。

答案与解析　2019 年 2 月约翰工资收入按月扣除费用 5 000 元计算缴税，劳务报酬和稿酬所得按次分项缴税。

1. 工资应纳税额计算

$$工资应纳税所得额 = 工资收入 - 5 000 = 30 000 - 5 000 = 25 000(元)$$
$$应纳税额 = 25 000 \times 20\% - 1 410 = 3 590(元)$$

2. 劳务报酬应纳税额计算

$$劳务报酬应纳税所得额 = 劳务收入 \times (1 - 20\%) = 5 000 \times (1 - 20\%) = 4 000(元)$$
$$应纳税额 = 4 000 \times 10\% - 210 = 190(元)$$

3. 稿酬所得应纳税额计算

$$稿酬应纳税所得额 = 稿酬收入 \times (1 - 20\%) \times 70\% = 2 000 \times (1 - 20\%) \times 70\% = 1 120(元)$$
$$应纳税额 = 1 120 \times 3\% = 33.6(元)$$

综上，约翰在 2 月应该缴纳个人所得税总额 = 3 590 + 190 + 33.6 = 3 813.6（元）。

非居民个人在一个纳税年度内税款扣缴方法保持不变，达到居民个人条件时，应当告知扣缴义务人基础信息变化情况，年度终了后按照居民个人有关规定办理汇算清缴。

三、经营所得计税方法

（一）应税所得额的确定

经营所得，以每一纳税年度的收入总额减除成本、费用及损失后的余额，为应纳税所得额。计算公式为：

$$应纳税所得额 = 纳税年度收入总额 - 成本、费用及损失$$

成本、费用，是指生产、经营活动中发生的各项直接支出和分配计入成本的间接费用以及销售费用、管理费用、财务费用；所称损失，是指生产、经营活动中发生的固定资产和存货的盘亏、毁损、报废损失，转让财产损失，坏账损失，自然灾害等不可抗力因素造成的损失以及其他损失。

取得经营所得的个人，没有综合所得的，计算其每一纳税年度的应纳税所得额时，应当减除费用 6 万元、专项扣除、专项附加扣除以及依法确定的其他扣除。专项附加扣除在办理汇算清缴时减除。

从事生产、经营活动，未提供完整、准确的纳税资料，不能正确计算应纳税所得额的，由主管税务机关核定应纳税所得额或者应纳税额。

(二) 适用税率

经营所得,适用5%~35%的超额累进税率,如表9-4所示。

表9-4 经营所得税率表

级数	全年应纳税所得额	税率(%)	速算扣除数(元)
1	不超过30 000元	5	0
2	超过30 000元至90 000元的部分	10	1 500
3	超过90 000元至300 000元的部分	20	10 500
4	超过300 000元至500 000元的部分	30	40 500
5	超过500 000元的部分	35	65 500

其中全年应纳税所得额是指依照规定,以每一纳税年度的收入总额减除成本、费用及损失后的余额。

(三) 应纳税额计算

$$应纳税额 = 应纳税所得额 \times 税率 - 速算扣除数$$

例9-5 某小型加工厂是个体工商户,账证比较齐全,2019年截至12月为止共取得营业收入276 000元,准许扣除的成本费用和相关税金共计124 300元,1月至11月累计已预缴个人所得税14 600元,计算该个体工商户2019年应该缴纳的个人所得税和12月应补缴的个人所得税。

答案与解析 根据计算公式和题意可得:

$$全年应纳税所得额 = 276\ 000 - 124\ 300 = 151\ 700(元)$$
$$全年应纳所得税额 = 151\ 700 \times 20\% - 10\ 500 = 19\ 840(元)$$

因此,2019年12月该个体工商户应补缴的个人所得税 = 19 840 - 14 600 = 5 240(元)。

四、利息、股息、红利所得计税方法

(一) 应税所得额的规定

利息、股利、红利所得以每次收入额为应纳税所得额,不得扣除任何费用,即除有特殊规定外,每次收入额就是应纳税所得额。

(二) 有关优惠规定

(1) 国债和国家发行的金融债券利息免征个人所得税。

国债利息,是指个人持有中华人民共和国财政部发行的债券而取得的利息所得;国家发行的金融债券利息,是指个人持有经国务院批准发行的金融债券而取得的利息所得。

(2) 自2008年10月起,储蓄存款利息所得暂免征收个人所得税。

(3) 对企业和个人取得的2012年及以后年度发行的地方政府债券利息收入,免征企业所得税和个人所得税。地方政府债券是指经国务院批准同意,以省、自治区、直辖市、计划单列市政府为发行和偿还主体的债券。

(4) 上市公司股息、红利差别化个人所得税规定:

1) 个人从公开发行和转让市场取得的上市公司股票,持股期限超过1年的,股息、红利所得暂免征收个人所得税。

2) 个人从公开发行和转让市场取得的上市公司股票,持股期限在1个月以内(含1个月)的,其股息、红利所得全额计入应纳税所得额;持股期限在1个月以上至1年(含1年)的,暂减按50%计入应纳税所得额;上述所得统一按20%的税率计征个人所得税。

(三) 适用税率

利息、股息、红利适用比例税率为20%。

（四）应纳税额计算

利息、股息、红利所得应纳税额的计算公式为：

$$应纳税额 = 每次收入额 \times 20\%$$

五、财产租赁所得计税办法

（一）应纳税所得额规定

财产租赁所得，以一个月取得的收入为一次。一般以个人每次收入减除费用扣除标准后的余额为应纳税所得额。

在确定财产租赁的应纳税所得额时，准予扣除以下项目：

（1）财产租赁过程中缴纳的税费。纳税人在出租财产中缴纳的税金和教育费附加，可持完税凭证从其财产租赁收入中扣除。财产租赁过程中缴纳的税费主要包括增值税、城建税和教育费附加、印花税、房产税等。

（2）由纳税人负担的该出租财产实际开支的修缮费用。准予扣除能够提供有效、准确凭证来证明由纳税人负担租赁财产的修缮费用，以每次800元为限，没有扣除完的部分，准予以后继续扣除，扣完为止。

（二）适用税率

财产租赁所得适用20%的比例税率，但对个人按市场价格出租的居民住房租赁所得，自2001年1月1日起，暂减按10%的税率征收个人所得税。

（三）应纳税额的计算

财产租赁所得的减除费用标准为：每次收入不超过4 000元的，减除费用800元；每次收入在4 000元以上的，减除20%的费用。其余额为应纳税所得额。

（1）每次收入不足4 000元的：

$$应纳税额 = [每次收入额 - 准予扣除项目 - 修缮费用(800元为限) - 800] \times 20\%$$

（2）每次收入在4 000元以上的：

$$应纳税额 = [每次收入额 - 准予扣除项目 - 修缮费用(800元为限)] \times (1 - 20\%) \times 20\%$$

例9-6 张某将自有房屋按市场价格出租给李某居住，租期一年。张某每月租金收入扣除和出租活动有关税费后为2 600元，计算张某全年应纳的个人所得税。

答案与解析 财产租赁收入以每月取得的收入为一次，按市场价格出租给个人居住适用10%的税率，张某应纳税额计算如下：

$$每月应纳税额 = (2 600 - 800) \times 10\% = 180(元)$$
$$全年应纳税额 = 180 \times 12 = 2 160(元)$$

本例中，假定3月份该房屋因下水道堵塞发生修理费600元，取得维修费用正式收据，则张某3月份应纳税额和全年应纳税额如下：

$$3月应纳税额 = (2 600 - 800 - 600) \times 10\% = 120(元)$$
$$全年应纳税额 = 180 \times 11 + 120 = 2 100(元)$$

六、财产转让所得计税办法

（一）计税依据

财产转让所得，以一次转让财产的收入额减除财产原值和合理费用后的余额，为应纳税所得额。财产原值，按照下列方法计算：

（1）有价证券，为买入价以及买入时按照规定交纳的有关费用。

（2）建筑物，为建造费或者购进价格以及其他有关费用。

（3）土地使用权，为取得土地使用权所支付的金额、开发土地的费用以及其他有关费用。

（4）机器设备、车船，为购进价格、运输费、安装费以及其他有关费用。

其他财产，参照前面规定的方法确定财产原值。合理费用，是指卖出财产时按照规定支付的有关税费。

纳税人未提供完整、准确的财产原值凭证，不能正确计算财产原值的，由主管税务机关核定其财产原值。

我国从 1997 年起，对个人转让上市公司股票取得的所得暂免征收个人所得税。对股票转让所得征收个人所得税的办法，由国务院财政、税务主管部门另行制定，报国务院批准后施行。

（二）适用税率

财产转让所得适用 20% 的比例税率。

（三）财产转让所得应纳税额的计算

$$应纳税额 = 应纳税所得额 \times 20\%$$
$$应纳税所得额 = 收入总额 - 财产原值 - 合理费用$$

例 9-7 王某将其自有机器一台转让给其他企业，取得 125 000 元。该机器购进时原价为 100 000 元，转让时支付有关费用 500 元。计算王某应该缴纳的个人所得税。

答案与解析 应纳税额 =（收入总额 - 财产原值 - 合理费用）× 20%
= (125 000 - 100 000 - 500) × 20% = 4 900（元）

（四）个人住房转让所得应纳税额的计算

自 2006 年 8 月 1 日起，个人转让住房所得应纳个人所得税的计算规定如下：

（1）以实际成交价格为转让收入。纳税人申报的住房成交价格明显低于市场价格且无正当理由的，征收机关依法有权根据有关信息核定其转让收入，但必须保证各税种计税价格一致。

（2）凭原购房合同、发票等有效凭证，经税务机关审核后，允许纳税人从转让收入中减除房屋原值、转让住房过程中缴纳的税金及有关合理费用。

（3）纳税人未提供完整、准确的房屋原值凭证，不能正确计算房屋原值和应纳税款的，税务机关可根据《税收征收管理法》第三十五条的规定，对其实行核定征税，即按纳税人住房转让收入的一定比例核定应纳个人所得税额。具体比例由省级地方税务局或者省级地方税务局的地市级地方税务局根据纳税人出售住房的所处区域、地理位置、建造时间、房屋类型、住房平均价格水平等因素，在住房转让收入 1% ~ 3% 的幅度内确定。

（4）个人转让自用 5 年以上并且是家庭唯一生活用房取得的所得，免征个人所得税。

例 9-8 王某 10 年前以 380 000 元购买了一套公寓房，本月以 800 000 万元出售，在售房时按规定支付交易费等相关税费 35 000 元。计算王某应纳的个人所得税额。

答案与解析 应纳税额 =（收入总额 - 财产原值 - 合理费用）× 20%
= (800 000 - 380 000 - 35 000) × 20% = 77 000（元）

（五）个人转让股权应纳税额的计算

为加强股权转让所得个人所得税征收管理，规范税务机关、纳税人和扣缴义务人征纳行为，维护纳税人合法权益，自 2015 年 1 月 1 日起，按照国家税务总局发布的《股权转让所得个人所得税管理办法（试行）》计算个人转让股份应纳税额。

1. 基本概念

股权是指自然人股东（以下简称个人）投资于在中国境内成立的公司的股权和股份。

股权转让是指个人将股权转让给其他个人或法人的行为，包括以下情形：

（1）出售股权。

（2）公司回购股权。

（3）发行人首次公开发行新股时，公司股东将其持有的股份以公开发行方式一并向投资者发售。

（4）股权被司法或行政机关强制过户。

（5）以股权对外投资或进行其他非货币性交易。

（6）以股权抵偿债务。

（7）其他股权转移行为。

个人转让股权，以股权转让收入减除股权原值和合理费用后的余额为应纳税所得额，按"财产转让所得"缴纳个人所得税。合理费用是指股权转让时按照规定支付的有关税费。

个人股权转让所得个人所得税，以股权转让方为纳税人，以受让方为扣缴义务人。

扣缴义务人应于股权转让相关协议签订后5个工作日内，将股权转让的有关情况报告主管税务机关。

公司应当详细记录股东持有本企业股权的相关成本，如实向税务机关提供与股权转让有关的信息，协助税务机关依法执行公务。

2. 股权转让收入的确认

股权转让收入，是指转让方因股权转让而获得的现金、实物、有价证券和其他形式的经济利益。

转让方取得与股权转让相关的各种款项，包括违约金、补偿金，以及其他名目的款项、资产、权益等，均应当并入股权转让收入。

股权转让收入应当按照公平交易原则确定。

3. 符合下列情形之一的，主管税务机关可以核定股权转让收入

（1）申报的股权转让收入明显偏低且无正当理由的。

（2）未按照规定期限办理纳税申报，经税务机关责令限期申报，逾期仍不申报的。

（3）转让方无法提供或拒不提供股权转让收入的有关资料。

（4）其他应核定股权转让收入的情形。

4. 符合下列情形之一的，视为股权转让收入明显偏低

（1）申报的股权转让收入低于股权对应的净资产份额的。其中，公司拥有的土地使用权、房屋、房地产企业未销售房产、知识产权、探矿权、采矿权、股权等资产，申报的股权转让收入低于股权对应的净资产公允价值份额的。

（2）申报的股权转让收入低于初始投资成本或低于取得该股权所支付的价款及相关税费的。

（3）申报的股权转让收入低于相同或类似条件下同一企业同一股东或其他股东股权转让收入的。

（4）申报的股权转让收入低于相同或类似条件下同类行业的企业股权转让收入的。

（5）不具合理性的无偿让渡股权或股份。

（6）主管税务机关认定的其他情形。

5. 符合下列条件之一的股权转让收入明显偏低，视为有正当理由

（1）能出具有效文件，证明公司因国家政策调整，生产经营受到重大影响，导致低价转让股权。

（2）继承或将股权转让给其能提供具有法律效力身份关系证明的配偶、父母、子女、祖父母、外祖父母、孙子女、外孙子女、兄弟姐妹以及对转让人承担直接抚养或赡养义务的抚养人或赡养人。

（3）相关法律、政府文件或企业章程规定，并有相关资料充分证明转让价格合理且真实的本企业员工持有的不能对外转让股权的内部转让。

（4）股权转让双方能够提供有效证据证明其合理性的其他合理情形。

6. 主管税务机关应依次按照下列方法核定股权转让收入

（1）净资产核定法。股权转让收入按照每股净资产或股权对应的净资产份额核定。

被投资企业的土地使用权、房屋、房地产企业未销售房产、知识产权、探矿权、采矿权、股权等资产占企业总资产比例超过20%的，主管税务机关可参照纳税人提供的具有法定资质的中介机构出具的资产评估报告核定股权转让收入。

6个月内再次发生股权转让且被投资企业净资产未发生重大变化的，主管税务机关可参照上一次股权转让时公司的资产评估报告核定此次股权转让收入。

（2）类别法。

①参照相同或类似条件下同一企业同一股东或其他股东股权转让收入核定。

②参照相同或类似条件下同类行业企业股权转让收入核定。

（3）其他合理方法。主管税务机关采用以上方法核定股权转让收入存在困难的，可以采取其他合理方法核定。

7. 股权原值的确认

个人转让股权的原值依照以下方法确认：

（1）以现金出资方式取得的股权，按照实际支付的价款与取得股权直接相关的合理税费之和确认股权原值。

（2）以非货币性资产出资方式取得的股权，按照税务机关认可或核定的投资入股时非货币性资产价格与取得股权直接相关的合理税费之和确认股权原值。

（3）通过无偿让渡方式取得股权，具备"继承或将股权转让给其能提供具有法律效力身份关系证明的配偶、父母、子女、祖父母、外祖父母、孙子女、外孙子女、兄弟姐妹以及对转让人承担直接抚养或赡养义务的抚养人或赡养人"情形的，按取得股权发生的合理税费与原持有人的股权原值之和确认股权原值。

（4）公司以资本公积、盈余公积、未分配利润转增股本，个人股东以依法缴纳个人所得税，以转增额和相关税费之和确认其新转增股本的股权原值。

（5）除以上情形外，由主管税务机关按照避免重复征收个人所得税的原则合理确认股权原值。

股权转让人已被主管税务机关核定股权转让收入并依法征收个人所得税的，该股权受让人的股权原值以取得股权时发生的合理税费与股权转让人被主管税务机关核定的股权转让收入之和确认。

个人转让股权未提供完整、准确的股权原值凭证，不能正确计算股权原值的，由主管税务机关核定其股权原值。

对个人多次取得同一公司股权的，转让部分股权时，采用"加权平均法"确定其股权原值。

七、偶然所得计税方法

1. 应纳税所得额

偶然所得主要指中奖、中彩所得。偶然所得以每次取得的收入为一次，以每次收入额为应纳税所得额，不扣除任何费用。

对购买福利彩票、福利奖券和体育彩票的中奖所得不超过1万元的，暂免征收个人所得税。超过1万元的，全额征收个人所得税。

个人取得单张有奖发票奖金不超过800元（含）的，暂免征收个人所得税；有奖发票奖金超过800元的，全额征收个人所得税。

2. 适用税率

偶然所得适用20%的比例税率。

3. 应纳税额的计算

$$应纳税额 = 每次收入额 \times 20\%$$

八、关联交易的纳税调整规定

个人所得税有下列情形之一的，税务机关有权按照合理方法进行纳税调整：

（1）个人与其关联方之间的业务往来不符合独立交易原则而减少本人或者其关联方应纳税额，且无正当理由。

（2）居民个人控制的，或者居民个人和居民企业共同控制的设立在实际税负明显偏低的国家（地区）的企业，无合理经营需要，对应当归属于居民个人的利润不做分配或者减少分配。

上述所说的"控制"，是指：

（1）居民个人、居民企业直接或者间接单一持有外国企业10%以上有表决权股份，且由其共同持有该外国企业50%以上股份。

（2）居民个人、居民企业持股比例未达到第一项规定的标准，但在股份、资金、经营、购销等方面对该外国企业构成实质控制。

上述所称"实际税负明显偏低"，是指实际税负低于《中华人民共和国企业所得税法》规定的税率的50%。

居民个人或者居民企业能够提供资料证明其控制的企业满足国务院财政、税务主管部门规定的条件的，可免予纳税调整。

（3）个人实施其他不具有合理商业目的的安排而获取不当税收利益。

不具有合理商业目的的，是指以减少、免除或者推迟缴纳税款为主要目的。

税务机关依照前款规定做出纳税调整，需要补征税款的，应当补征税款，并依法加收利息。

所需加收的利息，应当按照税款所属纳税申报期最后一日中国人民银行公布的与补税期间同期的人民币贷款基准利率计算，自税款纳税申报期满次日起至补缴税款期限届满之日止按日加收。纳税人在补缴税款期限届满前补缴税款的，利息加收至补缴税款之日。

（4）各项所得的计算，以人民币为单位，所得为人民币以外的货币的，按照办理纳税申报或扣缴申报的上一月最后一日人民币汇率中间价，折合成人民币计算应纳税所得额。

九、个人所得税纳税抵免的规定

（1）居民个人从中国境外取得的所得，可以从其应纳税额中抵免已在境外缴纳的个人所得税税额，但抵免额不得超过该纳税人境外所得依照本法规定计算的应纳税额。

1）已在境外缴纳的个人所得税税额，是指居民个人来源于中国境外的所得，依照该所得来源国家（地区）的法律应当缴纳并且实际已经缴纳的所得税税额。

2）纳税人境外所得依照本法规定计算的应纳税额，是居民个人抵免已在境外缴纳的综合所得、经营所得以及其他所得的所得税税额的限额（以下简称抵免限额）。除国务院财政、税务主管部门另有规定外，来源于中国境外一个国家（地区）的综合所得抵免限额、经营所得抵免限额以及其他所得抵免限额之和，为来源于该国家（地区）所得的抵免限额。

3）居民个人在中国境外一个国家（地区）实际已经缴纳的个人所得税税额，低于依照前款规定计算出的来源于该国家（地区）所得的抵免限额的，应当在中国缴纳差额部分的税款；超过来源于该国家（地区）所得的抵免限额的，其超过部分不得在本纳税年度的应纳税额中抵免，但是可以在以后纳税年度来源于该国家（地区）所得的抵免限额的余额中补扣。补扣期限最长不得超过五年。

（2）居民个人从中国境内和境外取得的综合所得、经营所得，应当分别合并计算应纳税额；

从中国境内和境外取得的其他所得,应当分别单独计算应纳税额。

第六节 特别计税办法

1. 对个人捐赠的扣除

个人对教育、扶贫、济困等公益慈善事业的捐赠额未超过纳税人申报的应纳税所得额30%的部分,可以从其应纳税所得额中扣除;国务院规定对公益慈善事业捐赠实行全额税前扣除的,从其规定。

其中,所称"对教育、扶贫、济困等公益慈善事业进行捐赠",是指个人将其所得通过中国境内的公益性社会组织、国家机关向教育、扶贫、济困等公益慈善事业的捐赠;所称"应纳税所得额",是指计算扣除捐赠额之前的应纳税所得额。

例9-9 周某在某商场购物节中幸运地中奖,获得奖金8888元。周某在领奖时决定拿出2000元捐赠给当地民政公益机构。请计算在商场代扣代缴个人所得税后周某能得到的奖金。

答案与解析

根据税法,周某可以在税前扣除不超过应纳税所得额30%的捐赠额 = $8888 \times 30\%$ = 2666.4(元),周某捐赠的2000元低于该捐赠限额,因此可以全部于税前扣除。

应纳税所得额 = 偶然所得 – 捐赠额 = $8888 - 2000 = 6888$(元)

应纳税额 = 应纳税所得额 × 适用税率 = $6888 \times 20\% = 1377.6$(元)

周某能得到的奖金 = $8888 - 2000 - 1377.6 = 5510.4$(元)

小资料

准予在缴纳个人所得税前全额扣除的捐赠

1. 对个人通过非营利性的社会团体和国家机关对公益性青少年活动场所(其中包括新建)的捐赠,在缴纳个人所得税前准予全额扣除。(财税〔2000〕21号)

2. 对社会力量,包括企业单位(不含外商投资企业和外国企业)、事业单位、社会团体、个人和个体工商户,资助非关联的科研机构和高等学校研究开发新产品、新技术、新工艺所发生的研究开发经费,经主管税务机关审核确定,其资助支出可以全额在当年度应纳税所得额中扣除。当年度应纳税所得额不足抵扣的,不得结转抵扣。(财税〔1999〕273号)

3. 对个人通过非营利性的社会团体和政府部门向福利性、非营利性的老年服务机构的捐赠,在缴纳个人所得税前准予全额扣除。(财税〔2000〕97号)

4. 个人通过非营利性的社会团体和国家机关向农村义务教育的捐赠,准予在个人所得税前全额扣除。(财税〔2001〕103号)

5. 对个人向中华健康快车基金会和孙治方经济科学基金会、中华慈善总会、中国法律援助基金会和中华见义勇为基金会的捐赠,准予在个人所得税前全额扣除。(财税〔2003〕204号)

6. 纳税人通过中国境内非营利性的社会团体、国家机关向教育事业的捐赠,准予在个人所得税前全额扣除。(财税〔2004〕39号)

7. 对个人通过宋庆龄基金会、中国福利会、中国残疾人福利基金会、中国扶贫基金会、中国煤矿尘肺病治疗基金会、中华环境保护基金会用于公益救济性的捐赠,准予在个人所得税前全额扣除。(财税〔2004〕172号)

> 8. 对个人通过中国老龄事业发展基金会、中国华文教育基金会、中国绿化基金会、中国妇女发展基金会、中国关心下一代健康体育基金会、中国生物多样性保护基金会、中国儿童少年基金会和中国光彩事业基金会用于公益救济性捐赠，准予在个人所得税前全额扣除。（财税〔2006〕66号）
> 9. 对个人通过中国医药卫生事业发展基金会用于公益救济性捐赠，准予在缴纳个人所得税前全额扣除。（财税〔2006〕67号）
> 10. 对个人通过中国教育发展基金会用于公益救济性捐赠，准予在缴纳个人所得税前全额扣除。（财税〔2006〕68号）

2. 个人无偿受赠房屋

受赠人无偿受赠房屋取得的受赠所得，按照"其他所得"项目，适用20%的税率缴纳个人所得税。以下三种情况不征收个人所得税：

（1）将房屋无偿赠与配偶、父母、子女、祖父母、外祖父母、孙子女、外孙子女、兄弟姐妹。

（2）将房屋产权无偿赠送与对其承担直接抚养或赡养义务的抚养人或赡养人。

（3）房屋产权所有人死亡，依法取得房屋产权的法定继承人、遗嘱继承人或受遗赠人。

（4）两个或者两个以上的个人共同取得同一项目收入的，应当对每个人取得的收入分别按照《个人所得税法》减除费用后计算纳税。

3. 特定行业职工取得的工资、薪金所得的计税方法

如果企业由于行业的特点，员工的工资、薪金在不同的月份或不同的季节变化幅度较大，如采掘业、远洋捕捞业和远洋运输业，则特定行业的员工取得的工资、薪金可按月预缴，年度终了30天内，合计全年工资、薪金所得，再按12个月平均计算实际应缴纳的个人所得税，多退少补。计算公式为：

应纳所得税额 = [（全年工资、薪金所得÷12 − 费用扣除标准）× 适用税率 − 速算扣除数] × 12

4. 个人取得公务交通、通信补贴收入的征税问题

个人取得的公务用车、通信补贴收入，扣除一定标准公务费用后，按照工资、薪金所得项目计征个人所得税。按月发放的，该补贴收入并入当月"工资、薪金"所得计税；不按月发放的，应划分收入所属月份，与所属月的工资、薪金所得合并后计征个人所得税。

5. 支付各种免税之外的保险金的征税问题

企业为员工支付各种法定免税保险之外的保险金，应在企业向保险公司缴付时，并入员工当期的工资收入，按"工资、薪金所得"项目计征个人所得税，由企业负责代扣代缴。

6. 企业改制过程中个人取得的量化资产的征税问题

（1）对员工以股份形式取得，仅作为分红依据，不拥有所有权的企业量化资产，不征收个人所得税。

（2）对员工以股份形式取得，拥有所有权的企业量化资产，暂缓征收个人所得税；等员工将该股份转让时，就其转让收入，减除个人取得该股份时实际支付的费用支出和合理转让费用后的余额，按"财产转让所得"项目征收个人所得税。

（3）对员工以股份形式取得的企业量化资产，参与分配而获得的股息、红利，应按"利息、股息、红利"项目征收个人所得税。

7. 个人转让限售股征收个人所得税的问题

自2010年1月1日起，对个人转让限售股取得的所得，按照"财产转让所得"征收个人所得税，适用20%的比例税率。

8. 个人兼职和退休人员再任职取得收入的征税问题

个人兼职收入应按照"劳务报酬所得"项目缴纳个人所得税；退休人员再任职取得的收入，在减除规定的费用扣除标准后，按"工资、薪金所得"项目缴纳个人所得税。

9. 企业年金、职业年金个人所得的征税问题

企业年金是指企业及职工按照《企业年金试行办法》规定，在依法参加基本养老保险的基础上，自愿建立的补充养老保险。职业年金是指根据《事业单位职业年金试行办法》的规定，事业单位及其工作人员在依法参加基本养老保险的基础上，建立的补充养老保险制度。

自 2014 年 1 月 1 日起，企业年金和职业年金个人所得税的计算征收按以下规定执行：

（1）企业和事业单位根据国家有关政策规定的办法和标准，为在本单位任职或者受雇的全体职工缴付的企业年金或职业年金单位缴费部分，在记入个人账户时，个人暂不缴纳个人所得税。

（2）个人根据国家有关政策规定缴付的年金个人缴费部分，在不超过本人缴费工资计税基数的 4% 标准内的部分，暂从个人当期的应纳税所得额中扣除。

（3）超过上述两项规定的标准缴付的年金单位缴费和个人缴费部分，应并入个人当期的工资、薪金所得，依法计征个人所得税。

（4）企业年金个人缴费工资计税基数为本人上一年度月平均工资。月平均工资按国家统计局规定列入工资总额统计的项目计算。月平均工资超过职工工作地所在设区城市上一年度职工月平均工资 300% 以上的部分，不计入个人缴费工资计税基数。

职业年金个人缴费工资计税基数为职工岗位工资和薪级工资之和。职工岗位工资和薪级工资之和超过职工工作地所在设区城市上一年度职工月平均工资 300% 以上的部分，不计入个人缴费工资计税基数。

10. 沪港股票市场交易互联互通机制试点个人所得税的规定

（1）内地个人投资者通过沪港通投资香港联交所上市股票的转让差价所得，自 2014 年 11 月 17 日至 2017 年 11 月 16 日止，暂免征收个人所得税。

（2）内地个人投资者通过沪港通投资香港联交所上市股票的股息、红利所得，适用税率 20%。内地个人投资者通过沪港通投资者香港联交所上市 H 股取得的股息、红利，由 H 股公司代扣；内地个人投资者通过沪港通投资者香港联交所上市非 H 股取得的股息、红利，由中国证券登记结算有限责任公司代扣。

对于内地证券投资基金，同上。

（3）对香港市场投资者（包括企业和个人）投资上交所上市 A 股取得的转让差价所得，暂免征收所得税。

（4）对香港市场投资者（包括企业和个人）投资上交所上市 A 股取得的股息、红利所得，在香港中央结算有限公司不具备向中国证券登记结算有限责任公司提供投资者的身份及持股时间等明细数据的条件之前，暂不执行按持股时间实行差别化征税政策，由上市公司按照 10% 的税率代扣所得税，并向其主管税务机关办理扣缴申报。对于香港投资者中属于其他国家税收居民且其所在国与中国签订的税收协定规定股息、红利所得税税率低于 10% 的，企业或个人可以自行或委托代扣代缴义务人，向上市公司主管税务机关提出享受税收协定待遇的申请，主管税务机关审核后，应按已征税款和根据税收协定税率计算的应纳税款的差额予以退税。

11. 个人以非货币资产投资的个人所得税规定

个人以非货币性资产投资，属于个人转让非货币性资产和投资同时发生，应按评估后的公允价值确认非货币性资产转让收入，减除该资产原值及合理税费后的余额为应纳税所得额。

12. 企业转增股本个人所得税规定

自 2016 年 1 月 1 日起，全国范围内的中小高新技术企业以未分配利润、盈余公积、资本公积向个人股东转增股本时，个人股东一次缴纳个人所得税确有困难的，可根据实际情况自行制订分期缴税计划，在不超过 5 个公历年度内（含）分期缴纳，并将有关资料报主管税务机关备案。

个人股东获得转增的股本，应按照"利息、股息、红利所得"项目，适用20%的税率征收个人所得税。

13. 股权奖励个人所得税规定

自 2016 年 1 月 1 日起，全国范围内的高新技术企业转化科技成果，基于本企业相关技术人员的股权奖励，个人一次缴纳税款有困难的，可根据实际情况自行制订分期缴税计划，在不超过 5 个公历年度内（含）分期缴纳，并将有关资料报主管税务机关备案。

个人获得股权奖励时，按照"工资、薪金所得"项目，参照《财政部 国家税务总局关于个人股票期权所得征收个人所得税问题的通知》有关规定计算确定应纳税额。股权奖励的计税价格参照获得股权时的公平市场价格确定。

第七节　税收优惠

1. 免征个人所得税的个人所得

（1）省级人民政府、国务院部委和中国人民解放军军以上单位，以及外国组织、国际组织颁发的科学、教育、技术、文化、卫生、体育、环境保护等方面的奖金。

（2）国债和国家发行的金融债券利息。

国债利息，是指个人持有中华人民共和国财政部发行的债券而取得的利息所得；国家发行的金融债券利息，是指个人持有经国务院批准发行的金融债券而取得的利息所得。

（3）按照国家统一规定发给的补贴、津贴。

这里所说的按照国家统一规定发给的补贴、津贴，是指按照国务院规定发给的政府特殊津贴、院士津贴和国务院规定免征个人所得税的其他补贴、津贴。

（4）福利费、抚恤金、救济金。

这里所说的福利费，是指根据国家有关规定，从企业单位、事业单位、国家机关、社会团体提留的福利费或者工会经费中支付给个人的生活补助费；这里所说的救济金，是指各级人民政府民政部门支付给个人的生活困难补助费。

（5）保险赔款。

（6）军人的转业费、复员费、退役金。

（7）按照国家统一规定发给干部、职工的安家费、退职费、基本养老金或者退休费、离休费、离休生活补助费。

（8）依照我国有关法律规定应予免税的各国驻华使馆、领事馆的外交代表、领事官员和其他人员的所得。此所得是指依照《中华人民共和国外交特权与豁免条例》和《中华人民共和国领事特权与豁免条例》规定免税的所得。

（9）中国政府参加的国际公约、签订的协议中规定免税的所得。

（10）国务院规定的其他免税所得。国务院规定的其他免税所得，由国务院报全国人民代表大会常务委员会备案。

2. 可以减征个人所得税的情况

有下列情形之一的，可以减征个人所得税，具体幅度和期限，由省、自治区、直辖市人民政府规定，并报同级人民代表大会常务委员会备案：

（1）残疾、孤老人员和烈属的所得。

（2）因严重自然灾害造成重大损失的。

国务院可以规定其他减税情形，报全国人民代表大会常务委员会备案。

3. 对在中国境内无住所，但在境内居住累计满183天的纳税人的减免税优惠

在中国境内无住所的个人，在中国境内居住累计满183天的年度连续不满六年的，经向主管税务机关备案，其来源于中国境外且由境外单位或者个人支付的所得，免予缴纳个人所得税；在中国境内居住累计满183天的任一年度中有一次离境超过30天的，其在中国境内居住累计满183天的年度的连续年限重新起算。

4. 对在中国境内无住所，但在一个纳税年度中在中国境内连续或者累计居住不超过90天的纳税人的减免税优惠

在中国境内无住所的个人，在一个纳税年度内在中国境内居住累计不超过90天的，其来源于中国境内的所得，由境外雇主支付并且不由该雇主在中国境内的机构、场所负担的部分，免予缴纳个人所得税。

第八节 优惠政策衔接有关事项

为了更好地贯彻和落实《个人所得税法》，2018年财政部和国家税务总局关于个人所得税优惠政策的衔接规定如下，明确了包括全年一次性奖金等事项的政策规定和执行期限。

一、全年一次性奖金、中央企业负责人年度绩效薪金延期兑现收入和任期奖励

居民个人取得全年一次性奖金，中央企业负责人取得年度绩效薪金延期兑现收入和任期奖励，各自符合相应规定的，在2021年12月31日前，不并入当年综合所得，以全年一次性奖金收入除以12个月得到的数额，按照按月换算后的综合所得税率表（以下简称月度税率表），确定适用税率和速算扣除数，单独计算纳税。计算公式为：

$$应纳税额 = 全年一次性奖金收入 \times 适用税率 - 速算扣除数$$

居民个人取得全年一次性奖金，中央企业负责人取得年度绩效薪金延期兑现收入和任期奖励的，也可以选择并入当年综合所得计算纳税。

自2022年1月1日起，居民个人取得全年一次性奖金，中央企业负责人取得年度绩效薪金延期兑现收入和任期奖励，应并入当年综合所得计算缴纳个人所得税。

1. 全年一次性奖金的纳税计算和理解

（1）先将员工当月内取得的全年一次性奖金，除以12，按其商数确定适用税率和速算扣除数。计算公式为：

$$应纳税额 = 员工当月取得全年一次奖金 \times 适用税率 - 速算扣除数$$

（2）在一个纳税年度内，对每一个纳税人，该计税办法只能采用一次。

（3）员工取得除全年一性奖金以外的其他各种名目奖金，如半年奖、加班奖、先进奖、考勤奖等，一律与当月工资、薪金合并，按规定缴纳个人所得税。

例9-10 某公司员工小张2019年12月在我国境内领取了全年奖金36 000元，请计算小张取得全年奖金应纳的个人所得税。

答案与解析

（1）确定年终奖适用的税率和速算扣除数：全年奖金先除以12，每月的奖金 = 36 000 ÷ 12 = 3 000（元），按七级超额累进税率表，适用的税率为3%，速算扣除数为0元。

（2）年终奖应纳个人所得税为：

$$应纳税额 = 年终奖收入 \times 适用税率 - 速算扣除数 = 36 000 \times 3\% = 1 080(元)$$

2. 全年一次性奖金计算个人所得税的方法存在的问题

值得注意的是，国家税务总局颁布该一次性奖金计征个人所得税的方法[一]，是为了解决本属于全年的奖金在一个月内发放时造成当月个人所得税累进税级过高，税负不公平的问题。但现行的实施办法中，如果员工的全年一次奖金除以12后的商数正好位于工资、薪金所得七级超额累进税率的税级分界处，会带来税负激增，从而会出现多发奖金反而税后收入减少的尴尬结果，带来税负的不公平。

仍以例9-10为例，如果领导为表彰小张工作表现出色，奖金增加了1 000元，全年一次性奖金为37 000元时，则小张多拿了1 000元奖金后，个人所得税适用的税率变为20%，速算扣除数则变为210元，应纳税额 = 37 000×10% – 210 = 3 910（元）。

奖金增加1 000元，带来了小张全年奖金应纳个人所得税额增加了2 830元，税后奖金减少了1 830元。小张自然很委屈。

由此，采用年薪制或实施绩效考评的企业在对员工激励时若使用全年一次性奖金计算个人所得税方法，尽量不要使员工的奖金除以12后的商数处于七级超额累进税率不同税级的分界区。

二、上市公司股权激励

居民个人取得股票期权、股票增值权、限制性股票、股权奖励等股权激励（以下简称股权激励），符合规定的相关条件的，在2021年12月31日前，不并入当年综合所得，全额单独适用综合所得税率表，计算纳税。计算公式为：

$$应纳税额 = 股权激励收入 \times 适用税率 - 速算扣除数$$

居民个人一个纳税年度内取得两次以上（含两次）股权激励的，应合并按以上规定计算纳税。

2022年1月1日之后的股权激励政策另行明确。

三、关于保险营销员、证券经纪人佣金收入的政策

保险营销员、证券经纪人取得的佣金收入，属于劳务报酬所得，以不含增值税的收入减除20%的费用后的余额为收入额，收入额减去展业成本以及附加税费后，并入当年综合所得，计算缴纳个人所得税。保险营销员、证券经纪人展业成本按照收入额的25%计算。

扣缴义务人向保险营销员、证券经纪人支付佣金收入时，应按照《个人所得税扣缴申报管理办法（试行）》（国家税务总局公告2018年第61号）规定的累计预扣法计算预扣税款。

四、关于个人领取企业年金、职业年金的政策

个人达到国家规定的退休年龄，领取的企业年金、职业年金，符合规定的，不并入综合所得，全额单独计算应纳税款。其中按月领取的，适用月度税率表计算纳税；按季领取的，平均分摊计入各月，按每月领取额适用月度税率表计算纳税；按年领取的，适用综合所得税率表计算纳税。

个人因出境定居而一次性领取的年金个人账户资金，或个人死亡后，其指定的受益人或法定继承人一次性领取的年金个人账户余额，适用综合所得税率表计算纳税。对个人除上述特殊原因外一次性领取年金个人账户资金或余额的，适用月度税率表计算纳税。

[一] 《国家税务总局关于调整个人取得全年一次性奖金计算征收个人所得税方法问题的通知》（国税发〔2005〕9号）。

五、关于解除劳动关系、提前退休、内部退养的一次性补偿收入的政策

个人与用人单位解除劳动关系取得一次性补偿收入（包括用人单位发放的经济补偿金、生活补助费和其他补助费），在当地上年职工平均工资 3 倍数额以内的部分，免征个人所得税；超过 3 倍数额的部分，不并入当年综合所得，单独适用综合所得税率表，计算纳税。

个人办理提前退休手续而取得的一次性补贴收入，应按照办理提前退休手续至法定离退休年龄之间实际年度数平均分摊，确定适用税率和速算扣除数，单独适用综合所得税率表，计算纳税。计算公式如下：

$$应纳税额 = \left[\left(\frac{一次性补贴收入}{办理提前退休手续至法定退休年龄的实际年度数} - 费用扣除标准\right) \times 适用税率 - 速算扣除数\right] \times 办理提前退休手续至法定退休年龄的实际年度数$$

个人办理内部退养手续而取得的一次性补贴收入，按照《国家税务总局关于个人所得税有关政策问题的通知》（国税发〔1999〕58号）规定计算纳税。

六、关于单位低价向职工售房的政策

单位按低于购置或建造成本价格出售住房给职工，职工因此而少支出的差价部分，不并入当年综合所得，以差价收入除以 12 个月得到的数额，按照月度税率表确定适用税率和速算扣除数，单独计算纳税。计算公式为：

$$应纳税额 = 职工实际支付的购房价款低于该房屋的购置或建造成本价格的差额 \times 适用税率 - 速算扣除数$$

七、关于外籍个人有关津补贴的政策

2019 年 1 月 1 日至 2021 年 12 月 31 日期间，外籍个人符合居民个人条件的，可以选择享受个人所得税专项附加扣除，也可以选择按照规定，享受住房补贴、语言训练费、子女教育费等津补贴免税优惠政策，但不得同时享受。外籍个人一经选择，在一个纳税年度内不得变更。

自 2022 年 1 月 1 日起，外籍个人不再享受住房补贴、语言训练费、子女教育费津补贴免税优惠政策，应按规定享受专项附加扣除。

第九节 征收管理

2019 年新修订的《个人所得税法》中，居民纳税人的征收管理有比较大的变化。个人所得税以收入所得人为纳税义务人，以支付所得的单位或者个人为扣缴义务人。2019 年以后，居民综合所得的个人所得税将实施扣缴义务人预扣预缴和纳税人汇算清缴相结合，纳税义务人在个人所得税申报中将会承担更多的纳税申报责任。

一、扣缴义务人的责任

（1）扣缴义务人应当按照国家规定办理全员全额扣缴申报，应当在代扣税款的次月 15 日内，向主管税务机关报送其支付所得的所有个人的有关信息、支付所得数额、扣除事项和数额、扣缴税款的具体数额和总额以及其他相关涉税信息资料。

根据所扣缴的税额，扣缴义务人从税务机关取得 2% 的手续费，用于扣缴费用和奖励办税人员。

（2）扣缴义务人首次向纳税人支付所得时，应当按照纳税人提供的纳税人识别号等基础信

息,填写《个人所得税基础信息表(A 表)》,并于次月扣缴申报时向税务机关报送。

扣缴义务人对纳税人向其报告的相关基础信息变化情况,应当于次月扣缴申报时向税务机关报送。

(3) 扣缴义务人每月或者每次预扣、代扣的税款,应当在次月 15 日内缴入国库,并向税务机关报送《个人所得税扣缴申报表》。

二、扣缴义务人的具体扣缴办法

扣缴义务人必须履行个人所得税全员全额扣缴申报的应税所得包括工资、薪金所得,劳务报酬所得,稿酬所得,特许权使用费所得,利息、股息、红利所得,财产租赁所得,财产转让所得,偶然所得。这就意味着,除经营所得外的应税所得,扣缴义务人都应该办理全员全额扣缴申报。

(一) 居民个人的工资、薪金所得

扣缴义务人向居民个人支付工资、薪金所得时,应当按照累计预扣法计算预扣税款,并按月办理扣缴申报。

累计预扣法,是指扣缴义务人在一个纳税年度内预扣预缴税款时,以纳税人在本单位截至当前月份工资、薪金所得累计收入减除累计免税收入、累计减除费用、累计专项扣除、累计专项附加扣除和累计依法确定的其他扣除后的余额为累计预扣预缴应纳税所得额,适用个人所得税预扣率表一(见表 5-1),计算累计应预扣预缴税额,再减除累计减免税额和累计已预扣预缴税额,其余额为本期应预扣预缴税额。余额为负值时,暂不退税。纳税年度终了后余额仍为负值时,由纳税人通过办理综合所得年度汇算清缴,税款多退少补。具体计算公式如下:

本期应预扣预缴税额 =(累计预扣预缴应纳税所得额 × 预扣率 - 速算扣除数)
 - 累计减免税额 - 累计已预扣预缴税额

累计预扣预缴应纳税所得额 = 累计收入 - 累计免税收入 - 累计减除费用 - 累计专项扣除
 - 累计专项附加扣除 - 累计依法确定的其他扣除

其中:累计减除费用,按照 5 000 元/月乘以纳税人当年截至本月在本单位的任职受雇月份数计算。

表 9-5 个人所得税预扣率表一
(居民个人工资、薪金所得预扣预缴适用)

级数	累计预扣预缴应纳税所得额	预扣率(%)	速算扣除数(元)
1	不超过 36 000 元	3	0
2	超过 36 000 元至 144 000 元的部分	10	2 520
3	超过 144 000 元至 300 000 元的部分	20	16 920
4	超过 300 000 元至 420 000 元的部分	25	31 920
5	超过 420 000 元至 660 000 元的部分	30	52 920
6	超过 660 000 元至 960 000 元的部分	35	85 920
7	超过 960 000 元的部分	45	181 920

居民个人向扣缴义务人提供有关信息并依法要求办理专项附加扣除的,扣缴义务人应当按照规定在工资、薪金所得按月预扣预缴税款时予以扣除,不得拒绝。

通过上述内容可知,由于居民个人工资、薪金预扣预缴税是根据当月对应的全年累计应纳税所得额按累进税率表来计算各月的预扣预缴税款,因此,即使每月工资相等,也会出现年初的月份累计应纳税所得额少,适用的税率低,工资扣税较少,而年底的月份,累计应纳税所得额高,适用的税率较高,工资扣税较多的现象。居民纳税人全年各月相同的收入预扣税也会不

一样。

(二) 居民个人的除工资、薪金所得外的其他三项综合所得

扣缴义务人向居民个人支付劳务报酬所得、稿酬所得、特许权使用费所得时,应当按照以下方法按次或者按月预扣预缴税款:

(1) 劳务报酬所得、稿酬所得、特许权使用费所得以收入减除费用后的余额为收入额。其中,稿酬所得的收入额减按70%计算。

(2) 减除费用:预扣预缴税款时,劳务报酬所得、稿酬所得、特许权使用费所得每次收入不超过4 000元的,减除费用按800元计算;每次收入4 000元以上的,减除费用按收入的20%计算。

(3) 应纳税所得额:劳务报酬所得、稿酬所得、特许权使用费所得,以每次收入额为预扣预缴应纳税所得额,计算应预扣预缴税额。劳务报酬所得适用个人所得税预扣率表二(见表9-6),稿酬所得、特许权使用费所得适用20%的比例预扣率。

表9-6　个人所得税预扣率表二
(居民个人劳务报酬所得预扣预缴适用)

级数	预扣预缴应纳税所得额	预扣率(%)	速算扣除数(元)
1	不超过20 000元	20	0
2	超过20 000元至50 000元的部分	30	2 000
3	超过50 000元的部分	40	7 000

需要注意的是,上述关于除工资、薪金所得外的三项综合所得执行的费用扣除和税率的规定,只是在对居民综合所得进行预扣预缴时使用,计算结果并不是居民纳税人的最终应纳税款。当居民个人办理年度综合所得汇算清缴时,则应当依法计算劳务报酬所得、稿酬所得、特许权使用费所得的收入额,全部并入年度综合所得,使用综合所得税率表来计算全年综合所得的应纳税款,对照平时已经预扣预缴的税款,实行税款多退少补。

例9-11　王女士在某企业任职,2019年1月至12月每月在该企业取得工资、薪金收入16 000元,无免税收入,每月缴纳三险一金3 200元,每月可以办理的专项附加扣除为3 000元,无其他扣除。另外,2019年6月取得劳务报酬收入3 000元、稿酬收入2 000元,9月取得劳务报酬收入30 000元、特许权使用费收入2 000元。请计算王女士全年综合所得的应纳税额。

答案与解析

(一) 王女士工资、薪金所得预扣预缴计算

2019年1月:

1月预扣预缴应纳税所得额=累计工资、薪金收入-累计免税收入-累计基本减除费用-累计专项扣除-累计专项附加扣除-累计依法确定的其他扣除

1月预扣预缴应纳税所得额=16 000-5 000-3 200-3 000=4 800(元),适用的税率为3%,则:

1月应预扣预缴税额=(累计预扣预缴应纳税所得额×预扣率-速算扣除数)-累计减免税额-累计已预扣预缴税额=4 800×3%=144(元)

2019年1月,企业在发放工资环节按照上述规则计算并预扣个人所得税144元。

2019年2月,王女士在企业取得工资、薪金收入16 000元,无免税收入,缴纳三险一金等共计3 200元,可以办理的专项附加扣除为3 000元,无其他扣除。

2月累计预缴应纳税所得计算:

(1) 累计收入=截至当前月份累计支付的工资、薪金所得收入额=16 000+16 000=32 000(元)。

(2) 累计免税收入=0。

（3）累计基本减除费用＝5 000元/月×当前月份数＝5 000×2＝10 000（元）。
（4）累计专项扣除＝截至当前月份累计专项扣除＝3 200＋3 200＝6 400（元）。
（5）累计专项附加扣除＝截至当前月份累计专项附加扣除＝3 000＋3 000＝6 000（元）。
（6）累计依法确定的其他扣除＝0。

2月累计预扣预缴应纳税所得额＝累计收入－累计免税收入－累计基本减除费用－累计专项扣除－累计专项附加扣除－累计依法确定的其他扣除＝32 000－10 000－6 400－6 000＝9 600（元），适用的税率为3%，则：

（1）2月应预扣预缴税额＝（累计预扣预缴应纳税所得额×预扣率－速算扣除数）－累计减免税额－累计已预扣预缴税额＝9 600×3%－144＝288－144＝144（元）。

（2）2019年2月，企业在发放工资环节按照上述规则计算并预扣个人所得税144元。

以此类推，计算得出王女士各月工资、薪金个人所得税预扣预缴情况明细表，如表9-7所示。

表9-7　2019年1~12月工资、薪金个人所得税预扣预缴计算表

（金额单位：元）

月份	工资、薪金	费用扣除	专项扣除	专项附加扣除	应纳税所得额	税率	速算扣除数	累计应纳税额	当月应纳税额
1	16 000	5 000	3 200	3 000	4 800	3%	0	144	144
2	16 000	5 000	3 200	3 000					
累计	32 000	10 000	6 400	6 000	9 600	3%	0	288	144
3	16 000	5 000	3 200	3 000					
累计	48 000	15 000	9 600	9 000	14 400	3%	0	432	144
4	16 000	5 000	3 200	3 000					
累计	64 000	20 000	12 800	12 000	19 200	3%	0	576	144
5	16 000	5 000	3 200	3 000					
累计	80 000	25 000	16 000	15 000	24 000	3%	0	720	144
6	16 000	5 000	3 200	3 000					
累计	96 000	30 000	19 200	18 000	28 800	3%	0	864	144
7	16 000	5 000	3 200	3 000					
累计	112 000	35 000	22 400	21 000	33 600	3%	0	1 008	144
8	16 000	5 000	3 200	3 000					
累计	128 000	40 000	25 600	24 000	38 400	10%	2 520	1 320	312
9	16 000	5 000	3 200	3 000					
累计	144 000	45 000	28 800	27 000	43 200	10%	2 520	1 800	480
10	16 000	5 000	3 200	3 000					
累计	160 000	50 000	32 000	30 000	48 000	10%	2 520	2 280	480
11	16 000	5 000	3 200	3 000					
累计	176 000	55 000	35 200	33 000	52 800	10%	2 520	2 760	480
12	16 000	5 000	3 200	3 000					
累计	192 000	60 000	38 400	36 000	57 600	10%	2 520	3 240	480

通过上述工资、薪金个人所得税预扣预缴计算表可以看出，虽然王女士每月工资相同，但全年各月预扣预缴税款并不一样。

（二）其他综合所得（劳务报酬所得、稿酬所得、特许权使用费所得）预扣预缴个人所得税计算

1. 2019年6月，取得劳务报酬收入3 000元、稿酬收入2 000元。

(1) 计算劳务报酬所得预缴个人所得税：劳务报酬所得以收入减除费用后的余额为收入额。

$$劳务报酬所得预缴个人所得税 = (3\,000 - 800) \times 20\% = 440(元)$$

(2) 计算稿酬所得预缴个人所得税：稿酬所得以收入减除费用后的余额为收入额（稿酬所得的收入额减按70%计算）。

$$稿酬所得预缴个人所得税 = (2\,000 - 800) \times 70\% \times 20\% = 168(元)$$

根据所得税预扣预缴表，王女士6月工资、薪金收入预扣预缴税款为144元，6月合计预扣预缴：144 + 440 + 168 = 752（元）。

2. 2019年9月，取得劳务报酬30 000元，特许权使用费所得为2 000元。

(1) 计算劳务报酬收入预扣预缴个人所得税：

$$[30\,000 \times (1 - 20\%)] \times 30\% - 2\,000 = 5\,200(元)$$

(2) 计算特许权使用费所得预扣预缴个人所得税：

$$(2\,000 - 800) \times 20\% = 240(元)$$

根据所得税预扣预缴表，王女士9月工资、薪金收入预扣预缴税款为480元，9月合计预扣预缴：480 + 5 200 + 240 = 5 920（元）。

(三) 王女士汇算清缴：

1. 全年工资、薪金收入额 = 192 000（元）。

2. 劳务报酬所得、稿酬所得、特许权使用费所得：以收入减除20%的费用后的余额为收入额。稿酬所得的收入额减按70%计算，则：

$$劳务报酬收入额 = (3\,000 + 30\,000) \times (1 - 20\%) = 26\,400(元)$$
$$稿酬收入额 = 2\,000 \times (1 - 20\%) \times 70\% = 1\,120(元)$$
$$特许权使用费收入额 = 2\,000 \times (1 - 20\%) = 1\,600(元)$$

3. 全年总收入 = 192 000 + 26 400 + 1 120 + 1 600 = 221 120（元）。

4. 居民个人的综合所得：以每一纳税年度的收入额减除费用6万元以及专项扣除、专项附加扣除和依法确定的其他扣除后的余额，为应纳税所得额。

$$王女士的全年专项扣除(三险一金) = 3\,200 \times 12 = 38\,400(元)$$
$$全年专项附加扣除 = 3\,000 \times 12 = 36\,000(元)$$
$$应纳税所得额 = 221\,120 - 60\,000 - 38\,400 - 36\,000 = 86\,720(元)$$
$$全年应纳税额 = 应纳税所得额 \times 适用税率 - 速算扣除数$$
$$全年应纳税额 = 86\,720 \times 10\% - 2\,520 = 6\,152(元)$$

5. 王女士全年已预扣预缴税款总额 = 全年工资预缴税额 + 6月劳务收入所得税预缴 + 6月稿酬所得税预缴 + 9月劳务收入所得预缴 + 9月特许权使用费所得税预缴 = 3 240 + 440 + 168 + 5 200 + 240 = 9 288（元）。

6. 税务局应退王女士税款 = 全年应纳税款 - 全年已预缴税款 = 9 288 - 6 152 = 3 136（元）。

假设王女士2019年发生符合专项附加扣除条件的大病医疗支出为55 000元，则汇算清缴如下：

$$全年应纳税所得额 = 221\,120 - 60\,000 - 38\,400 - 36\,000 - 55\,000 = 31\,720(元)$$
$$全年应纳税额 = 31\,720 \times 3\% = 951.6(元)$$
$$王女士全年已预扣预缴税款总额 = 9\,288\;元$$

税务局应退王女士税款 = 9 288 - 951.6 = 8 336.4（元）。

(三) 非居民个人收入的代扣代缴

扣缴义务人向非居民个人支付工资、薪金所得，劳务报酬所得，稿酬所得和特许权使用费所得时，应当按照以下方法按月或者按次代扣代缴税款，不办理汇算清缴。

非居民个人的工资、薪金所得，以每月收入额减除费用 5 000 元后的余额为应纳税所得额；劳务报酬所得、稿酬所得、特许权使用费所得，以每次收入额为应纳税所得额，适用个人所得税税率表 9-8 计算应纳税额。劳务报酬所得、稿酬所得、特许权使用费所得以收入减除 20% 的费用后的余额为收入额，其中，稿酬所得的收入额减按 70% 计算。

表 9-8　按月换算后的综合所得税率表

（非居民个人工资、薪金所得，劳务报酬所得，稿酬所得，特许权使用费所得适用）

级数	应纳税所得额	预扣率（%）	速算扣除数（元）
1	不超过 3 000 元	3	0
2	超过 3 000 元至 12 000 元的部分	10	210
3	超过 12 000 元至 25 000 元的部分	20	1 410
4	超过 25 000 元至 35 000 元的部分	25	2 660
5	超过 35 000 元至 55 000 元的部分	30	4 410
6	超过 55 000 元至 80 000 元的部分	35	7 160
7	超过 80 000 元的部分	45	15 160

非居民个人在一个纳税年度内税款扣缴方法保持不变，达到居民个人条件时，应当告知扣缴义务人基础信息变化情况，年度终了后按照居民个人有关规定办理汇算清缴。

（四）利息、股息、红利所得，财产租赁所得，财产转让所得或者偶然所得

扣缴义务人支付利息、股息、红利所得，财产租赁所得，财产转让所得或者偶然所得时，应当依法按次或者按月代扣代缴税款。

三、纳税义务人申报纳税

纳税人有中国公民身份证号码的，以身份证号为纳税人识别号；纳税人没有中国公民身份证号码的，由税务机关赋予其纳税人识别号。

（1）有下列情形之一的，纳税人应当依法办理纳税申报：

1）取得综合所得需要办理汇算清缴。

取得综合所得需要办理汇算清缴的情形包括：

①从两处以上取得综合所得，且综合所得年收入额减除专项扣除的余额超过 6 万元。

②取得劳务报酬所得、稿酬所得、特许权使用费所得中一项或者多项所得，且综合所得年收入额减除专项扣除的余额超过 6 万元。

③纳税年度内预缴税额低于应纳税额。

④纳税人申请退税。纳税人申请退税，应当提供其在中国境内开设的银行账户，并在汇算清缴地就地办理税款退库。

2）取得应税所得没有扣缴义务人。

3）取得应税所得，扣缴义务人未扣缴税款。

4）取得境外所得。

5）因移居境外注销中国户籍。

6）非居民个人在中国境内从两处以上取得工资、薪金所得。

7）国务院规定的其他情形。

（2）纳税人需要享受税收协定待遇的，应当在取得应税所得时主动向扣缴义务人提出，并提交相关信息、资料，扣缴义务人代扣代缴税款时按照享受税收协定待遇有关办法办理。

四、预扣预缴、汇算清缴的申报期限

（一）综合所得

居民个人取得综合所得，按年计算个人所得税；有扣缴义务人的，由扣缴义务人按月或者按次预扣预缴税款；需要办理汇算清缴的，应当在取得所得的次年3月1日至6月30日内办理汇算清缴。预扣预缴办法由国务院税务主管部门制定。

居民个人向扣缴义务人提供专项附加扣除信息的，扣缴义务人按月预扣预缴税款时应当按照规定予以扣除，不得拒绝。

非居民个人取得工资、薪金所得，劳务报酬所得，稿酬所得和特许权使用费所得，有扣缴义务人的，由扣缴义务人按月或者按次代扣代缴税款，不办理汇算清缴。

（二）经营所得

纳税人取得经营所得，按年计算个人所得税，由纳税人在月度或者季度终了后15日内向税务机关报送纳税申报表，并预缴税款；在取得所得的次年3月31日前办理汇算清缴。

（三）利息、股息、红利所得，财产租赁所得，财产转让所得和偶然所得

纳税人取得利息、股息、红利所得，财产租赁所得，财产转让所得和偶然所得，按月或者按次计算个人所得税，有扣缴义务人的，由扣缴义务人按月或者按次代扣代缴税款。

（四）其他规定

纳税人取得应税所得没有扣缴义务人的，应当在取得所得的次月15日内向税务机关报送纳税申报表，并缴纳税款。

纳税人取得应税所得，扣缴义务人未扣缴税款的，纳税人应当在取得所得的次年6月30日前，缴纳税款；税务机关通知限期缴纳的，纳税人应当按照期限缴纳税款。

居民个人从中国境外取得所得的，应当在取得所得的次年3月1日至6月30日内申报纳税。

非居民个人在中国境内从两处以上取得工资、薪金所得的，应当在取得所得的次月15日内申报纳税。

纳税人因移居境外注销中国户籍的，应当在注销中国户籍前办理税款清算。

重要概念

居民	非居民	分类所得税	分类综合所得税	工资、薪金所得
劳务报酬所得	经营所得	财产转让所得	偶然所得	专项扣除
专项附加扣除	抵免限额	扣缴义务人	预扣预缴	汇算清缴

思考题

1. 我国个人所得税如何划分居民纳税人和非居民纳税人？
2. 分类所得税、分类综合所得税和综合所得税有什么区别？
3. 个人所得税规定综合所得包括哪几类收入？
4. 个人所得税专项附加扣除项目有哪些？

练习题

1. 李先生是某公司职员（中国公民），三险一金每月扣除1 800元，专项附加扣除每月2 000元，本年1～12月收入情况如下：

（1）每月取得工资收入9 000元。

（2）1月份取得上年一次性奖金48 000元。

(3) 每月取得出租居民住房租金收入 3 000 元。(按市场价格出租，当期未发生维修费用)
(4) 3 月在商场购物中奖，获得奖金 5 000 元。
(5) 4 月取得劳务报酬收入 20 000 元。
(6) 5 月取得稿酬收入 10 000 元。

要求：
(1) 计算全年的综合所得应缴纳的个人所得税。
(2) 计算全年一次性奖金应缴纳的个人所得税。
(3) 计算全年房租收入应缴纳的个人所得税。
(4) 计算商场购物中奖应缴纳的个人所得税。

2. 王女士是中国居民纳税人，2019 年在中国境内取得如下收入：全年取得工资奖金共 128 400 元，取得稿酬 5 000 元，三险一金每月扣除 1 700 元，无专项附加扣除。同时王女士 2019 年来自国外的收入如下：从 A 国取得股息、红利 8 000 元，从 B 国取得财产租赁收入 50 000 元。王女士已在 A、B 两国按规定分别缴纳了个人所得税 1 500 元和 10 000 元，并能提供真实合法的完税凭证。请计算王女士应该缴纳的个人所得税。

第十章 企业的财产税种

2006年车船使用税和车船使用牌照税合并改革为车船税，使车船使用税从行为税类转入财产税行列。目前我国正式开征的财产税类只有房产税和车船税。

导读

新中国成立以后，随着生产资料所有制的社会主义改造的完成，私有制在中国基本退出了历史舞台，甚至家庭和个人也几乎没有什么私人财产了。这样，我国基本没有对财产征收的税种。改革开放以来，我国民营经济和外商投资发展很快，私有财产迅速增加，普通国民的私人财产也增加了很多，使得对财产征税成为可能。1994年的税收制度设置了对营业用房屋征收的房产税和遗产与赠与税，但遗产与赠与税至今尚未开征。

第一节 房产税

房产税是以房屋为征税对象，按照房产价值或租金收入向房产拥有者或经营者征收的一种财产税。

新中国成立之初，政务院（今国务院）在1950年颁布的《全国税政实施要则》中，就把房产税列为一个独立税种。现行房产税的基本法规是1986年9月15日国务院颁布的《中华人民共和国房产税暂行条例》（以下简称《房产税暂行条例》）。

一、房产税的特点和作用

（一）房产税的特点

（1）房产税是一种地方性税种，其收入归地方财政。房产税实施细则由各省、自治区、直辖市人民政府制定。对房产税的征收管理，地方政府有较大的权限。

（2）房产税税源稳定，征收对象具有固定性，易于控管。

（3）房产税征收面宽，税源分散，不仅涉及企业等经济单位，而且还涉及一些居民。

（4）房产税不容易转嫁。

（二）房产税的作用

（1）有利于国家参与房产收益的分配，配合国家政策的调整，调节产权所有人的收入。

（2）有利于加强对房产的管理，提高房屋的使用效率，减少闲置浪费。

（3）有利于地方税体系的建立，为完善分税制财政体制创造条件。

二、纳税义务人和征税对象

（一）纳税义务人

房产税以在征税范围内的房屋产权所有人为基本纳税人，即在中国境内拥有房屋产权的单位和个人。此外：

（1）产权属国家所有的，由经营管理单位纳税。

（2）产权出典的，由承典人纳税。所谓产权出典，是指产权所有人将房屋在一定期限内典当给他人使用的情形。由于在房屋出典期间，产权所有人已无权支配房屋，因此，税法规定对房屋具有支配权的承典人为纳税人。

（3）产权所有人、承典人不在房屋所在地的，由房产代管人或者使用人纳税。

（4）产权不确定及租典纠纷未解决的，由房产代管人或者使用人纳税。

（5）单位和个人无租使用房产管理部门、免税单位及纳税单位的房产，应由使用人代为缴纳房产税。

综上所述，房产税的纳税义务人为产权所有人、经营管理单位、承典人、房产代管人或者使用人。

（二）征税对象

房产税的征税对象是房产。所谓房产，是指有屋面和围护结构，能够遮风避雨，可供人们在其中生产、学习、工作、娱乐、居住或储藏物资的场所。

由于房产属于不动财产，因此与房屋不可分割的各种附属设备或一般不单独计算价值的配套设施，也应作为房产一并征税。但对独立于房屋之外的建筑物，如水塔、室外游泳池、玻璃暖房、烟囱、围墙等，不属于房产，所以不征收房产税。

（三）征税范围

房产税的征税范围为：城市、县城、建制镇和工矿区。

（1）城市是指国务院批准设立的市。

（2）县城是指县人民政府所在地的地区。

（3）建制镇是指经省、自治区、直辖市人民政府批准设立的建制镇。

（4）工矿区是指工商业比较发达、人口比较集中、符合国务院规定的建制镇标准但尚未设立建制镇的大中型工矿企业所在地。开征房产税的工矿区必须经省、自治区、直辖市人民政府批准。

房产税的征税范围不包括农村，这主要是为了减轻农民的负担。因为农村的房屋，除农副业生产用房外，大部分是农民居住用房。对农村房屋不纳入房产税征税范围，有利于发展农业、繁荣农村经济，有利于社会稳定。

与农民居住房屋相同，对城市、县城、建制镇和工矿区的个人所有非营业用的房产也免征房产税。

三、房产税的计税依据

房产税的计税依据分为房产的价值和房产的租金收入。按照房产价值征税的称为从价计征；按照房产租金收入计征的，称为从租计征。

（一）从价计征

《房产税暂行条例》规定，房产税按照房产原值一次性减除10%~30%后的余值计算缴纳。各地扣除比例由当地政府确定。

房产税属于财产税，应当以房产的价值为计税依据。一般而言，房产的价值有三种形式：一是房产原值，也就是房屋的造价或者买价。按照房屋原值计税的方法比较稳定，但是随着时间推移房产发生损耗,其原值会随着折旧的提取而逐渐减少,故仍按原值计税不合理。二是房产的净值,即原值减去折旧后的价值。但折后价值受折旧期限和方法等因素影响,也没有考虑市场因素。三是房产的市值,即市场价值。从理论上讲,按市值计税较为合理,但我国的土地制度等因素使房产很难估计市值。

我国现行房产税采取以房产余值为计税依据,既考虑到房屋的损耗因素,又考虑到房屋后期的增值因素。

房产余值是按照房产原值一次性减除10%～30%后的价值,其中房产原值的确定很重要。房产原值是指纳税人按照会计制度规定,在"固定资产"科目中记载的房屋原价。因此,凡按会计制度规定在账簿中记载有房屋原价的,应以房屋原价按规定减除一定比例后作为房产余值计征房产税;没有记载房屋原价的,在计征房产税时,应按规定调整房产原值;对房产原值明显不合理的,应重新进行评估;对没有房产原值的,应由房屋所在地的税务机关参考同类房屋的价值核定。在原值确定后,再根据当地所使用的扣除比例,计算确定房产余值。扣除比例由省、自治区、直辖市人民政府确定。

此外,还要注意几个问题:

(1) 无论会计上如何核算,房产原值均应包含地价,包括为土地使用权支付的价款、开发土地发生的成本费用等。宗地容积率低于0.5的,将按照房产建筑面积的2倍计算土地面积并据此确定计入房产原值的地价。计算公式为:

$$容积率 = (地上建筑面积 / 建筑用地面积) \times 100\%$$

(2) 凡以房屋为载体,不可随意移动的附属设备和配套设施,如给排水、采暖、消防、中央空调、电气及智能化楼宇设备等,无论在会计核算中是否单独记账与核算,都应计入房产原值,计征房产税。

(3) 对于更换房屋附属设备和配套设施的,在将其价值计入房产原值时,可扣减原来相应设备和设施的价值;对附属设备和配套设施中易损坏、需要经常更换的零配件,更新后不再计入房产原值。

(4) 纳税人对原有房屋进行改建、扩建的,要相应增加房屋的原值。

(5) 对融资租赁房屋的情况,由于租赁费包括购进房屋的价款、手续费、借款利息等,与一般房屋出租的租金内涵不同,且租赁期满后,当承租方偿还最后一笔租赁费时,房屋所有权要转移到承租房。这实质上相当于分期付款购买房产的形式,所以在计征房产税时应以房产余值计算征收。至于租赁期内房产税的纳税人,由当地税务机关根据实际情况确定。融资租赁的房产,由承租人自融资租赁合同约定开始日的次月起依照房产原值缴纳房产税。合同未约定开始日的,由承租人自合同签订的次月依照房产余值缴纳房产税。

(6) 凡在房产税征收范围内具备房屋功能的地下建筑物,应按有关规定缴纳房产税:地下建筑物为工业用途的房产,以房屋原价的50%～60%作为应税房产的原值;地下建筑物为商业和其他用途的房产,以房屋原价的70%～80%作为应税房产的原值;对于与地上房屋相连的地下建筑,应将地下部分与地上房屋视为一个整体,按照地上房屋的有关规定计算征收房产税。

(二) 从租计征

房产出租的,以房产租金收入为房产税的计税依据。所谓房产的租金收入,是房屋产权所有人出租房产使用权所得的回报,包括货币收入和实物收入。如果是以劳务或者其他形式为报酬抵付房租收入的,应当根据当地同类房产的租金水平,确定一个标准租金额从租计征。

纳税人对个人出租房屋的租金收入申报不实或申报数与同一地段同类房屋的租金收入相比明显不合理的,税务部门可以按照有关规定,重新核定其应纳税款。

> **小资料**
>
> **以房产投资联营，房产税如何确定计税依据**
>
> 对于投资联营的房产，应根据投资联营的具体情况，在计征房产税时予以区别对待。对于以房产投资联营，投资者参与投资利润分红，共担风险的情况，按房产原值作为计税依据计征房产税；
>
> 对于以房产投资，收取固定收入，不承担联营风险的情况，实际上是以联营名义取得房产的租金，应根据《中华人民共和国房产税暂行条例》的有关规定由出租方按租金收入计缴房产税。

四、房产税的税率

房产税采用的是比例税率。由于房产税的计税依据分为从价计征和从租计征两种形式，所以房产税的税率也有两种：从价计征的税率为 1.2%；从租计征的税率为 12%。

对按市场价格向个人出租用于居住的住房，减按 4% 的税率征收房产税。

五、应纳税额的计算

与计税依据相对应，房产税应纳税额的计算也分为两种：一是从价计征的计算；二是从租计征的计算。

（一）从价计征的计算

从价计征是按房产的原值减除一定的比例后的余值计征，其公式为：

$$应纳税额 = 应税房产原值 \times (1 - 扣除比例) \times 1.2\%$$

如前所述，房产原值是"固定资产"科目中记载的房屋原价；减除一定比例是省、自治区、直辖市人民政府规定的 10%~30% 的减除比例；计征的适用税率为 1.2%。

例 10-1 某企业的经营用房原值为 5 000 万元，按照当地规定允许减除 20% 后计税，适用税率为 1.2%，计算应纳房产税税额。

答案与解析 应纳税额 = 5 000 × (1 - 20%) × 1.2% = 48（万元）

（二）从租计征的计算

从租计征是按房产的租金收入计征，其公式为：

$$应纳税额 = 租金收入 \times 适用税率$$

例 10-2 张某出租房屋三间给他人居住，年租金收入为 40 000 元，适用税率为 4%，计算其应纳房产税税额。

答案与解析 应纳税额 = 40 000 × 4% = 1 600（元）

六、房产税税收优惠

房产税的减税和免税，基本上是根据国家政策需要和纳税人的负担能力考虑的。因为房产税是以房产为征税对象，所以凡属征税范围的房产无论有无收益，都应按规定征税。由于房产税属地方税，因此给予地方政府一定的减免权限有利于地方政府因地制宜地处理问题。除税法规定的减免税外，其他房产税的减免基本上由地方政府根据实际情况自行决定。现行税法规定的免税范围包括：

(1) 国家机关、人民团体、军队自用的房产免征房产税。但是上述免税单位的出租房产以及非自身业务使用的生产、营业用房，不属于免税范围。

（2）由国家财政部门拨付事业经费的单位，如学校、医疗卫生单位、托儿所、幼儿园、敬老院，以及文化、体育、艺术等实行全额或差额预算管理的事业单位，在本身业务范围内使用的房产免征房产税。

为了鼓励事业单位经济独立，由国家财政部门拨付事业经费的单位，其经费来源实行自收自支后，从事业单位实行自收自支的年度起，免征房产税3年。

这些单位所属的附属工厂、商店、招待所等不属单位公务、业务的用房，应照章纳税。

（3）宗教寺庙、公园、名胜古迹自用的房产免征房产税。宗教寺庙自用的房产，是指举行宗教仪式等的房屋和宗教人员适用的生活用房屋。公园、名胜古迹自用的房产，是指供公共参观游览的房屋及其管理单位的办公用房屋。

但宗教寺庙、公园、名胜古迹附设的营业单位，如影剧院、饮食部、茶社、照相馆等所使用的房产和出租的房产，不属于免税范围，应照章纳税。

（4）个人所有非营业用的房产免征房产税。

个人所有的非营业用房，主要是指居民住房，不分面积多少，一律免征房产税。

对个人拥有的营业用房或出租的房产，不属于免房产税范围，应照章纳税。

（5）对廉租住房经营管理单位按照政府规定价格、向规定保障对象出租廉租住房的租金收入，免征房产税。

（6）对按政府规定价格出租的公有住房，包括企业和自收自支事业单位向职工出租的单位自有住房、房管部门向居民出租的公有住房、落实私房政策中带户发还产权并以政府规定租金标准向居民出租的私有住房等，暂免征收房产税。

（7）对行使国家行政管理职能的中国人民银行总行（含国家外汇管理局）所属分支机构自用的房产，免征房产税。

（8）对非营利性医疗机构、疾病控制机构和妇幼保健机构等卫生机构自用的房产，免征房产税。

（9）非营利性科研机构自用房产，免征房产税。

（10）经财政部批准免税的其他房产。

七、房产税纳税管理

（一）纳税义务发生的时间

（1）纳税人将原有房产用于生产经营的，从生产经营之月起，缴纳房产税。

（2）纳税人自行新建房屋用于生产经营的，从建成之次月起，缴纳房产税。

（3）纳税人委托施工企业建设房屋，从办理验收手续之次月起，缴纳房产税。纳税人在办理手续前，即已使用或出租、出借的新建房屋，应从使用或出租、出借的当月起，缴纳房产税。

（4）纳税人购置新建商品房，自房屋交付使用之次月起，缴纳房产税。

（5）纳税人购置存量房，自办理房屋权属转移、变更登记手续，房地产权属登记机关签发房屋权属证书之次月起，缴纳房产税。

（6）纳税人出租、出借房产，自交付出租、出借房产之次月起，缴纳房产税。

（7）房地产开发企业自用、出租、出借本企业建造的商品房，自房屋使用或交付之次月起，缴纳房产税。

（8）纳税人因房产的实物或权利状态发生变化而依法终止房产税纳税义务的，其应纳税款的计算应截止到房产的实物或权利状态发生变化的当月末。

（二）纳税期限

房产税实行按年计算、分期缴纳的征收方法，具体纳税期限由省、自治区、直辖市人民政府确定。分期缴纳，有利于纳税人的资金周转，也有利于税款及时、均衡入库，保证地方财政的正常支出。

(三) 纳税地点

房产税在房产所在地缴纳。房产不在同一地方的纳税人，应按房产的坐落地点分别向房产所在地的税务机关纳税。房产税由房产所在地的地方税务局负责征收管理。

第二节 车船税

1951年，我国政务院发布的《车船使用牌照税暂行条例》规定，凡在开征车船使用牌照税的地区行驶的车船，均应向税务机关缴纳税款。1973年车船使用牌照税并入工商税，但对个人、外侨使用的车船仍然征收车船使用牌照税。1986年9月15日，国务院发布了《中华人民共和国车船使用税暂行条例》，对国内企业、单位及公民征收。对外商投资企业、外国企业和外籍人员仍征收车船使用牌照税。当时的车船使用税属于行为税类，对使用车、船的纳税人征税，停止使用即不征。2006年我国实行车船税改革，取消了车船使用税和车船使用牌照税，颁布了《中华人民共和国车船税暂行条例》，使车船使用税转变为以车、船为征收对象的一种财产税。2011年2月25日，由第11届全国人民代表大会常务委员会第19次会议通过了《中华人民共和国车船税法》（简称《车船税法》），从2012年1月1日起征收。

一、车船税改革的主要内容

我国的车船税发生了较彻底的改革。其主要内容如下：

(1) 以立法形式确立。2012年实施的《车船税法》由全国人民代表大会常务委员会通过，是税收法律层级。规范的立法程序保证了《车船税法》的权威性、科学性和严谨性。

(2) 由行为税类改为财产税类。现行车船税，强调"保有"车辆、船舶，使车船税的性质由最初的行为税性质变为财产税性质。

(3) 统一了车船税。自2006年起，通过改革取消了车船使用牌照税和车船使用税，把对内资、外资企业及其人员的车船征税统一了起来。

(4) 提高了税负水平。为了使车船的税负水平与经济发展水平相适应，提倡节能减排，保护环境，车船税将大排量汽车的征税上限大幅提高，例如：气缸容量4.0升以上的载客汽车的征税上限由原来的660元提高到5 400元。

(5) 增加了新的税目。《车船税法》将游艇作为征税类目纳入车船税，体现了我国车船消费的新趋向和税收公平。

(6) 调整了减免税范围。对节约能源、使用新能源的车船可以减征或免征车船税，授权省级人民政府可以对公共交通车船给予初期减税和免税。

二、车船税的意义和作用

车辆和船舶是现代社会生活不可缺少的交通工具，在现代生活中发挥着越来越重要的作用。近十几年来，我国交通运输事业发展迅速，机动车船数量大幅度增加。在这种情况下，征收车船税在以下各方面发挥了重要作用：

(一) 增加财政收入以支持交通设施建设

与发达国家相比，我国的交通设施不足，远不适应经济发展的需要。近十年来，随着国民经济的迅速发展，交通问题更为突出，已成为影响我国经济建设发展的因素之一。开征车船税，可以将车船所有人手中的部分收入，通过再分配的形式集中起来，增加财政收入，借以增加对交通建设的投入，改善交通设施的落后状况。

（二）调节收入水平，缩小贫富差距

作为财产税种，车船税具有体现社会公平、调节收入水平和缩小贫富差距的作用。这是通过对是否拥有车船、拥有车船的数量多少和车船的大小及价值高低征收不同税额来实现的。

（三）影响车船购置数量以节能减排

随着经济的发展，有些单位或个人盲目购买车船，但利用率不高，造成资金和能源的浪费。为此，开征车船税，在一定程度上可以影响车船的购置数量，节约能源，减少环境污染。

（四）配合有关部门加强车船的管理

车船的流动性大，管理难度也大，征收车船税，可以在一定程度上配合有关部门加强对车船的管理。

三、车船税的纳税人

在我国境内，依法应当在车船管理部门登记的车辆、船舶（以下简称车船）的所有人或者管理人为车船税的纳税人。其中，所有人是指在我国境内拥有车辆和船舶的单位和个人；管理人是指对车船具有管理使用权但没有所有权的单位和个人。

征税范围是车船税所附税目税额表规定的车辆和船舶，包括依法应当在车船管理部门登记的机动车辆和船舶以及依法不需要在车船管理部门登记的在单位内部场所行驶或者作业的机动车辆和船舶。境内单位和个人租入外国籍船舶的，不征收车船税。境内单位将船舶出租到境外的，应依法征收车船税。

四、代缴义务人

（1）车船的所有人和管理人未缴纳车船税的，使用人应当代为缴纳车船税。

（2）从事机动车交通事故责任强制保险业务的保险机构为机动车车船税的扣缴义务人，应当依法代收代缴车船税。

五、税率

车船税的税率采用的是定额税率方式。车船税确定税负的总的原则为：非机动车船的税负轻于机动车船；人力车的税负轻于畜力车；小吨位船舶的税负轻于大船舶。具体适用税额由省、自治区、直辖市人民政府在规定的子税目税额幅度内确定。

（一）车船税的税目税额

车船税税目税额如表10-1所示。

表10-1 车船税税目税额表

税目	计税单位	目录	年基准税额（元）	备注
乘用车按发动机气缸容量（排气量分档）	每辆	1.0升（含）以下	60~360	核定载客人数9人（含）以下
		1.0升以上至1.6升（含）	300~540	
		1.6升以上至2.0升（含）	360~660	
		2.0升以上至2.5升（含）	660~1 200	
		2.5升以上至3.0升（含）	1 200~2 400	
		3.0升以上至4.0升（含）	2 400~3 600	
		4.0升以上	3 600~5 400	

(续)

税目	计税单位	目录	年基准税额（元）	备注
商用车	每辆	客车	480～1 440	核定载客人数9人（包括电车）
	整备质量每吨	货车	16～120	1. 包括半挂牵引车、挂车、客货两用车、三轮汽车和低速载货汽车等 2. 挂车按照货车税额的50%计算
其他车辆	整备质量每吨	专用作业车	16～120	不包括拖拉机
	整备质量每吨	轮式专用机械车	16～120	
摩托车	每辆		36～180	
船舶	净吨位每吨	机动船舶	3～6	拖船和非机动驳船分别按机动船舶税额的50%计算
	艇身长度每米	游艇	600～2 000	

（二）机动船舶的子税目及税额

不同吨位的船舶具体适用税额为：
（1）净吨位小于或者等于200吨的，每吨3元。
（2）净吨位201吨至2 000吨的，每吨4元。
（3）净吨位2 001吨至10 000吨的，每吨5元。
（4）净吨位10 001吨及其以上的，每吨6元。

（三）游艇的子税目及税额

（1）艇身长度不超过10米的，每米600元。
（2）艇身长度超过10米但不超过18米的，每米900元。
（3）艇身长度超过18米但不超过30米的，每米1 300元。
（4）艇身长度超过30米的，每米2 000元。
（5）辅助动力帆艇，每米600元。

六、应纳税额的计算

购置的新车船，购置当年的应纳税额自纳税义务发生的当月起按月计算。计算公式为：

$$应纳税额 = （年应纳税额/12）× 应纳税月份数$$
$$应纳税月份数 = 12 - 纳税义务发生时间(取月份) + 1$$

关于被盗抢车船的税额计算，在一个纳税年度内，已完税的车船被盗抢、报废、灭失的，纳税人可以凭有关管理机关出具的证明和完税凭证，向纳税所在地的主管税务机关申请退还自被盗抢、报废、灭失月份起至该纳税年度终了期间的税款。已办理退税的被盗抢车船失而复得的，纳税人应当从公安机关出具相关证明的当月起计算缴纳车船税。

已缴纳车船税的车船在同一纳税年度内办理过户的，不纳税，也不退税。

例10-3 甲企业拥有排气量2.5升的小轿车1辆，面包车1辆，整备质量5吨的载货汽车1辆。当地小轿车年税额为890元，面包车税额为940元，载货汽车整备质量每吨年税额96元。请计算甲企业当年应缴纳的车船税金额。

答案与解析 该企业当年应缴纳的车船税 = 890 + 940 + 96 × 5 = 2 310（元）

例 10-4 甲航运公司 2018 年拥有机动船 3 艘,每艘净吨位 3 000 吨;拖船 1 艘,发动机功率 1 500 千瓦。车船税计税标准为净吨位 201~2 000 吨的,每吨 4 元;净吨位 2 001~10 000 吨的,每吨 5 元。请计算甲航运公司该年应缴纳的车船税。

答案与解析 拖船和非机动驳船分别按照机动船舶税额的 50% 计征。拖船按照发动机功率每千瓦折合净吨位 0.67 吨计征车船税,则甲航运公司该年应缴纳车船税 = 3 000 × 3 × 5 + 1 500 × 0.67 × 4 × 50% = 47 010(元)。

七、免征范围

(1) 捕捞、养殖渔船。
(2) 军队、武警专用的车船。
(3) 警用车船。
(4) 依照我国有关法律和我国缔结或者参加的国际条约的规定应当予以免税的外国驻华使馆、领事馆和国际组织驻华机构及其有关人员的车船。
(5) 对节能汽车,减半征收车船税。
(6) 对新能源车船,免征车船税。
(7) 经批准临时入境的外国车船和香港特别行政区、澳门特别行政区、台湾地区的车船,不征收车船税。
(8) 按规定缴纳船舶吨位的机动船舶,自《车船税法》实施之日起 5 年内免征车船税。
(9) 机场、港口内部行驶或作业的车船,自《车船税法》实施之日起 5 年内免征车船税。
(10) 各省、自治区、直辖市人民政府可以根据当地实际情况,对公共交通车船给予定期减税、免税。

八、车船税的纳税管理

车船税由地方税务机关负责征收。纳税人自行申报缴纳车船税的,纳税地点为车船税登记地的主管税务机关所在地;扣缴义务人代扣代缴车船税的,纳税地点为扣缴义务人所在地;依法不需要办理登记的车船,纳税地点为车船的所有人或管理人主管税务机关所在地。

车船税的纳税义务发生时间,为车船管理部门核发的车船登记证书或者行驶证书所记载日期的当月。

车船税按年申报,分月计算,一次性缴纳。纳税年度为公历 1 月 1 日至 12 月 31 日。具体申报纳税期限由省、自治区、直辖市人民政府确定。

> **小资料**
>
> ### 车船税"正向"调节功能显现
>
> 汽车排气量大小与其价格正相关,按排气量征收车船税对于调节分配具有积极的促进作用。2016 年,全国 2.0 升排量以下的中小排量乘用车计税车辆占全部计税乘用车的 92%,其车船税收入只占全部乘用车车船税收入的 69%;而 2.0 升排量以上的乘用车计税车辆仅占全部计税乘用车的 8%,税收收入占比却达到 31%。国家税务总局财产和行为税司有关负责人认为,这些数据说明,公众选购车辆更青睐于中小排量汽车,中小排量汽车始终是主体车辆,大排量车仍占少数,这与车船税税额累进机制引导绿色消费的政策导向是一致的。

重要概念

财产税　　房产税　　房地产税　　车船使用税　　车船税
从价计征　从租计征

思考题

1. 房产税的征税范围是如何规定的？
2. 房产税的计税依据及税率是如何规定的？
3. 房产的所有人、承典人、使用人和管理人的纳税义务是如何规定的？
4. 如何对居民住宅征收房产税？
5. 车船税的税收优惠有哪些？

练习题

1. 甲公司2019年购置办公大楼原值20 000万元，2019年4月30日将其中部分闲置房间出租，租期为3年，出租部分的房产原值为4 000万元，每年不含税租金收入800万元，当地规定的房产原值减除比例为20%，请计算2019年甲公司应缴纳的房产税税额。

2. 甲企业有一栋原值500万元的厂房，2019年年初对该厂房进行扩建，增加房产原值50万元，以及对厂房安装了价值15万元的排水设施，甲企业于2019年7月底完工并办理验收手续。当地政府规定的房产原值扣除比例是20%，请计算2019年该企业应缴纳的房产税。

3. 甲渔业公司2019年拥有捕捞渔船8艘，每艘净吨位22吨；非机动驳船3艘，每艘净吨位10吨；机动补给船1艘，净吨位16吨；机动运输船12艘，每艘净吨位8吨，机动船舶净吨位小于等于200吨的，车船税年税额为每吨3元，请计算甲渔业公司2019年应缴纳的车船税税额。

第十一章
企业的资源税种

当今世界,能源、矿产、土地等资源成为关系到一国经济发展、国家安全和人民生活的重要因素,甚至会引发战争和冲突。同时,许多资源是不可再生的。各国政府都很重视对资源的管理,对资源征税是实行管理的重要手段之一。我国目前开征的资源税种有资源税、城镇土地使用税、土地增值税和耕地占用税。

导读

地球上的各种资源是大自然赋予人类的财富,能够造福于人们的生活。然而,对自然资源的过度开采又会影响甚至破坏人类的生存环境和发展。很多国家为了保护生态环境,用经济手段节制对资源消费,纷纷开征了对资源的税收。从这个角度而言,对资源征收的税种属于绿色生态税收。当然,对资源的征税也是国家的重要财政收入,尤其对于资源比较丰富的国家而言。

第一节 资源税

资源是指生产资料和生活资料的天然来源,即自然界中没有经过加工而以现成形式存在的一切天然物质财富。很早就有一些国家对自然资源的开发和利用进行征税。我国于 1984 年开始设立资源税。2016 年我国对资源税条例做了改革,将从量征收基本改为从价计征。2017 年,财政部和国家税务总局就《中华人民共和国资源税法(征求意见稿)》⊖向社会公开征求意见,资源税进入了立法程序。

一、我国资源税的特点和作用

(一)资源税的特点
(1)具有特定资源税的性质,征收范围并非包括全部的资源。
(2)采用从量定额征收的方法。
(3)级差收入调节和普遍调节相结合。

⊖ 《中华人民共和国资源税法》已由第十三届全国人大常委会第十二次会议于 2019 年 8 月 26 日通过,正式从暂行条例上升为法律,自 2020 年 9 月 1 日起施行。

(二) 资源税的作用

(1) 促进资源合理开采，节约利用资源。
(2) 合理调节因资源条件差异而形成的级差收入，促使企业在同一起跑线上平等竞争。
(3) 有利于增加国家财政收入。

(三) 资源税制存在的不足

但从现行的征收制度看，资源税制尚存在不足，如不加以完善，其立法目的将难以达到。

(1) 资源税的征收范围过小。对具有生态环境价值资源的开采和利用缺乏税收调控，对滥用未征税资源的行为缺乏制约。

(2) 资源税的税负设定欠科学。总体来讲，我国资源税税负偏低。过低的税负使得资源税对企业使用资源行为的调节力度微弱，造成企业浪费矿产资源，资源利用效率低，难以发挥资源税保护资源的目的。

(3) 资源税的征收方式不合理。我国目前资源税是对矿产品的销售量和自用数量为计税依据，而不是对开采数量进行征税。现实中开采量和自用量存在较大差距，以销售量和自用量为征税依据，容易造成矿产资源使用者的乱采滥伐，造成自然资源的巨大浪费。

二、纳税义务人

资源税的纳税义务人是在中华人民共和国领域和管辖的其他海域开采应税资源的矿产品或者生产盐的单位和个人。单位包括企业、行政单位、事业单位、军事单位、社会团体及其他单位；个人是指个体经营者及其他个人；其他单位和其他个人包括外商投资企业、外国企业及外籍人员。

单位和个人以应税产品投资、分配、抵债、赠与、以物易物等，视同销售，应按规定计算缴纳增值税。

开采海洋或陆上油气资源的中外合作油气田，在 2011 年 11 月 1 日前已签订的合同继续缴纳矿区使用费，不缴纳资源税；自 2011 年 1 月 1 日起新签订的合同缴纳资源税，不再缴纳矿区使用费。开采海洋油气资源的自营油气田，自 2011 年 11 月 1 日起缴纳资源税，不再缴纳矿区使用费。

三、资源税的计税依据

现行资源税采取从价定率和从量定额计征的方法。

(一) 从价定率征收的计税依据

资源税采用从价定率征收方式的以销售额为计税依据。销售额是纳税人销售应税产品向购买方收取的全部价款和价外费用，但不包括收取的增值税销项税额和运杂费用。

纳税人若以人民币以外的货币结算销售额的，应当折合成人民币计算，折算人民币的汇率可选销售额发生当天或当月 1 日的人民币汇率中间价。纳税人选定何种折算汇率，确定后 1 年内不得变更。

(二) 从量定额征收的计税依据

实行从量定额征收的以销售数量为计税依据。销售数量的具体规定为：

(1) 销售数量，包括纳税人开采或者生产应税产品的实际销售数量和视同销售的自用数量。

(2) 纳税人不能准确提供应税产品销售数量的，以应税产品的产量或者主管税务机关确定的折算比换算成的数量为计征资源税的销售数量。

四、资源税的税目和税率

资源税采用"普遍征收,级差调节"的原则,对应税资源实行有差别的税率与税额。

普遍征收是指对在我国境内开发的一切应税资源产品征收资源税;级差调节是指运用资源税对因资源储存状况、开采条件、资源优劣、地理位置等客观存在的差别而产生的资源级差收入,通过实施差别税率与税额进行调节。资源条件好的,征税高一些;资源条件差的,征税低一些。

(一) 税目

资源税的税目、税额包括5大类,在5个税目下面设有若干个子目。现行资源税的税目及子目主要是根据资源税应税产品和行业特点设置的。

(1) 原油,是指开采的天然原油。人造石油不纳税。

(2) 天然气,是指专门开采或者与原油同时开采的天然气。

(3) 煤炭,包括原煤和以未税原煤(即自产原煤)加工的洗选煤。

(4) 金属矿,包括铁矿、金矿、铜矿、铝土矿、铅锌矿、镍矿、锡矿、钨、钼、未列举名称的其他金属矿产品。

(5) 其他非金属矿,包括石墨、硅藻土、高岭土、萤石、石灰石、硫铁矿、磷矿、氯化钾、硫酸钾、井矿盐、湖盐、提取地下卤水晒制的盐、煤层(成)气、海盐、稀土等其他非金属矿产品。

纳税人在开采主矿产品的过程中伴采的其他应税矿产品,凡未单独规定适用税额的,一律按主矿产品或视同主矿产品税目征收资源税。

例 11-1 多选题:下列各项中,应当征收资源税的有( )。
A. 进口的天然气 B. 人工生产的煤制气
C. 专门开采的天然气 D. 与原油同时开采的天然气

答案与解析 CD。选项 A:资源税是对在我国领域及管辖海域从事应税矿产品开采和生产盐的单位和个人征收的一种税,进口的天然气不征收资源税;选项 B:专门开采的天然气和与原油同时开采的天然气征收资源税,煤矿生产的煤制气不征收资源税。

(二) 税率与税额

我国增值税过去大多采取从量定额的方式征收。现行资源税实行从价征收和从量征收两种方式。对从价征收的采取差别比例税率,对从量征收的采取差别固定税额。

资源税税目税率如表 11-1 所示。

表 11-1 资源税税目税率表

序号	税目		征税对象	税率幅度
1	金属矿	铁矿	精矿	1%~6%
2		金矿	金锭	1%~4%
3		铜矿	精矿	2%~8%
4		铝土矿	原矿	3%~9%
5		铅锌矿	精矿	2%~6%
6		镍矿	精矿	2%~6%
7		锡矿	精矿	2%~6%
8		未列举名称的其他金属矿产品	原矿或精矿	税率不超过20%

（续）

序号	税目		征税对象	税率幅度
9	非金属矿	石墨	精矿	3%～10%
10		硅藻土	精矿	1%～6%
11		高岭土	原矿	1%～6%
12		萤石	精矿	1%～6%
13		石灰石	原矿	1%～6%
14		硫铁矿	精矿	1%～6%
15		磷矿	原矿	3%～8%
16		氯化钾	精矿	3%～8%
17		硫酸钾	精矿	6%～12%
18		井矿盐	氯化钠初级产品	1%～6%
19		湖盐	氯化钠初级产品	1%～6%
20		提取地下卤水晒制的盐	氯化钠初级产品	3%～15%
21		煤层（成）气	原矿	1%～2%
22		粘土、砂石	原矿	每吨或立方米0.1～5元
23		未列举名称的其他非金属矿产品	原矿或精矿	从量税率每吨或立方米不超过30元；从价税率不超过20%
24	海盐		氯化钠初级产品	1%～5%
25	原油			6%～10%
26	天然气			6%～10%
27	煤炭			2%～10%

对于纳税人开采或者生产不同税目应税产品的，应当分别核算不同税目应税产品的销售额或者销售数量；未分别核算或者不能准确提供不同税目应税产品的计税数量的，从高适用税率。

（三）扣缴义务人适用的税额

（1）独立矿山、联合企业等收购未税矿产品的单位，按照本单位应税产品税额、税率标准，依据收购的数量代扣代缴资源税。

（2）其他收购单位收购的未税矿产品，按税务机关核定的应税产品税额、税率标准，依据收购的数量代扣代缴资源税。

五、应纳税额的计算

（一）从价定率应纳税额的计算

实行从价定率征收的，根据应税产品的销售额和规定的适用税率计算应纳税额，具体计算公式为：

$$应纳税额 = 销售额 \times 适用税率$$

（二）从量定额应纳税额的计算

实行从量定额征收的，根据应税产品的课税数量和规定的单位税额计算应纳税额，具体计算公式为：

$$应纳税额 = 课税数量 \times 单位税额$$
$$代扣代缴应纳税额 = 收购未税矿产品的数量 \times 适用的单位税额$$

例 11-2 多选题：2016 年资源税改革后，我国资源税采用定额税率从量定额征收的项目有（　　）。

A．粘土　　　　B．砂石　　　　C．井矿盐　　　　D．高岭土

答案与解析 AB。2016 年资源税改革后，资源税主要采用比例税率从价计征，实行从量计征的项目较少，井矿盐和高岭土实行从价定率征收资源税，粘土、砂石仍实行从量定额计征资源税。

（三）对煤炭的计税方法

1．计算方法概述

煤炭资源税应纳税额按照原煤或者洗选煤计税销售额乘以适用税率计算。

原煤计税销售额是指纳税人销售原煤向购买方收取的全部价款和价外费用，不包括收取的增值税销项税额以及从坑口到车站、码头或购买方指定地点的运输费用。

洗选煤计税销售额按洗选煤销售额乘以折算率计算。洗选煤计税销售额是指纳税人销售洗选煤向购买方收取的全部价款和价外费用，包括洗选副产品的销售额，不包括收取的增值税销项税额以及从洗选煤厂到车站、码头或购买方指定地点的运输费用。

2．洗选煤折算率

折算率由省、自治区、直辖市财税部门或其授权地市级财税部门根据煤炭资源区域分布、煤质煤种等情况确定，一经确定，原则上一个纳税年度内保持相对稳定，但在煤炭市场行情、洗选成本等发生较大变化时可进行调整。

3．特殊销售情形

纳税人销售应税煤炭的，在销售环节缴纳资源税。纳税人以自产原煤直接或者经洗选加工后连续生产焦炭、煤气、煤化工、电力及其他煤炭深加工产品的，视同销售，在原煤或者洗选煤移送环节缴纳资源税。

4．扣减额

纳税人将自产原煤与外购原煤进行混合后销售的，应当准确核算外购原煤的数量、单价及运费，在确认计税依据时可以扣减外购相应原煤的购进金额。

纳税人将自采原煤连续加工的洗选煤与外购洗选煤进行混合后销售的，比照上述规定。

纳税人以自采原煤和外购原煤混合加工洗选煤的，应当准确核算外购原煤的数量、单价及运费，在确认计税依据时可以扣减外购相应原煤的购进金额。

纳税人扣减当期外购原煤或者洗选煤购金额的，应当以增值税专用发票、普通发票或者海关报关单作为扣减凭证。

例 11-3 单选题：纳税人开采应税产品销售的，其资源税的征税数量为（　　）。

A．开采数量　　B．销售数量　　C．计划产量　　D．实际产量

答案与解析 B。该题知识点在于资源税的计税数量，纳税人开采应税矿产品销售的，资源税的计税数量不是开采量，而是开采或生产的应税资源的销售数量。

例 11-4 某砂石场 2018 年 8 月开采砂石 6 000 立方米，对外销售 5 000 立方米，当地砂石资源税税率为 3 元/立方米。请计算应纳资源税。

答案与解析 本题有两个知识点，一是资源税的课税数量是销售量而不是开采量；二是从量定额资源税的计算。

该厂应纳资源税 = 5 000 × 3 ÷ 10 000 = 1.5（万元）

例 11-5 某石化企业为增值税一般纳税人，2018 年 8 月开采原油 12 000 吨，并将开采的原油对外销售 8 000 吨，取得含税销售额 2 320 万元，同时向购买方收取延期付款利息 2.32 万元、包装费 1.16 万元，另外支付运输费用 6.96 万元。

答案与解析 实行从价定率征收资源税的销售额,包括纳税人销售应税产品向购买方收取的全部价款和价外费用,不包括增值税销项税额和运杂费用。延期付款利息和包装费均属于价外费用。

应缴纳的资源税额 = (2 320 + 2.32 + 1.16)/(1 + 16%) × 10% = 200.3(万元)

六、税收优惠

资源税贯彻普遍征收、级差调节的原则思想,因此规定的减免税项目比较少。

(一)原油、天然气优惠政策

(1)开采原油过程中用于加热、修井的原油,免税。

(2)油田范围内运输稠油过程中用于加热的原油、天然气,免征资源税。

(3)稠油、高凝油和高含硫天然气资源税减征40%。

(4)三次采油资源税减征30%。

(5)对低丰度油气田资源税暂减征20%。

(6)对深水油气田资源税减征30%。

(二)矿产资源优惠政策

(1)铁矿石资源税按40%征收资源税。

(2)对鼓励利用的低品位矿、废石、尾矿、废渣、废水、废气等提取的矿产品,由省级人民政府根据实际情况确定是否减税或免税,并制定具体办法。

(3)从2007年1月1日起,对地面抽采煤层气暂不征收资源税。

(4)对实际开采年限在15年以上的衰竭期矿山开采的矿产资源,资源税减征30%。

(5)对依法在建筑物下、铁路下、水体下通过充填开采方式采出的矿产资源,资源税减征50%。

(6)为促进共伴生矿的综合利用,纳税人开采销售共伴生矿,共伴生矿与主矿产品销售额分开核算的,对共伴生矿暂不计征资源税;没有分开核算的,共伴生矿按主矿产品的税目和适用税率计征资源税。财政部、国家税务总局另有规定的,从其规定。

(三)其他减税、免税项目

纳税人开采或者生产应税产品过程中,因意外事故或者自然灾害等遭受重大损失的,由省、自治区、直辖市人民政府酌情决定减税或者免税。

七、资源税纳税管理

(一)纳税义务发生的时间

资源税纳税义务发生时间有三种情况。

(1)纳税人销售应税产品,其纳税义务发生时间为:

1)纳税人采取分期收款结算方式的,其纳税义务发生时间为销售合同规定的收款日期的当天。

2)纳税人采取预收货款结算方式的,其纳税义务发生时间为发出应税产品的当天。

3)纳税人采取其他结算方式的,其纳税义务发生时间为收到销售货款或者取得索取销售款凭据的当天。

(2)纳税人自产自用应税产品的纳税义务发生时间,为移送使用应税产品的当天。

(3)扣缴义务人代扣代缴税款的纳税义务时间,为支付首笔货款或首次开具应支付货款凭据的当天。

(二)纳税期限

纳税期限是纳税人发生纳税义务后缴纳税款的期限。资源税的纳税期限为1日、3日、5

日、10 日、15 日或者 1 个月，由主管税务机关根据实际情况具体核定。不能按固定期限计算纳税的，可以按次计算纳税。

纳税人以 1 个月为一期纳税的，自期满之日起 10 日内申报纳税；以 1 天、3 天、5 天、10 天或者 15 天为一期纳税的，自期满之日 5 天内预缴税款，并于次月 1 日起 10 天内申报纳税并结清上月税款。

（三）纳税地点

纳税人应当向应税产品的开采或者生产所在地的主管税务机关缴纳税款。

如果纳税人在本省、自治区、直辖市范围内开采或者生产应税产品，其纳税地点需要调整的，由省级地方税务机关决定。

如果纳税人应纳的资源税属于跨省开采，其下属生产单位与核算单位不在同一省、自治区、直辖市的，对其开采或生产的矿产品一律在开采地或生产地纳税，其应纳税款由独立核算、自负盈亏的单位按照开采地的实际销售量（或者自用量）及适用的单位税额计算划拨。

扣缴义务人代扣代缴的资源税，也应当向收购地的主管税务机关缴纳。

小资料

资源税立法公开征求意见

为落实税收法定原则，提高立法公众参与度，财政部、国家税务总局 2017 年 11 月 20 日就《中华人民共和国资源税法（征求意见稿）》向社会公开征求意见，社会公众可在规定的时间内，通过规定的途径和方式提出意见。

1994 年至 2016 年，全国累计征收资源税 7 972 亿元，年均增长 14.8%，其中 2016 年征收资源税 951 亿元。总的来看，资源税制度已比较规范和完善，制定法律的条件已基本成熟。

八、水资源税改革试点实施办法

为全面贯彻落实党的十九大精神，推进资源全面节约和循环利用，推动形成绿色发展方式和生活方式，按照财政部、税务总局、水利部 2017 年 11 月 24 日发布《扩大水资源税改革试点实施办法》（以下简称《试点实施办法》），自 2017 年 12 月 1 日起在北京、天津、山西、内蒙古、山东、河南、四川、陕西、宁夏等 9 个省（自治区、直辖市）扩大水资源税改革试点。

（一）纳税义务人

除规定情形外，水资源税的纳税人为直接取用地表水、地下水的单位和个人，包括直接从江、河、湖泊（含水库）和地下取用水资源的单位和个人。

下列情形，不缴纳水资源税：

(1) 农村集体经济组织及其成员从本集体经济组织的水塘、水库中取用水的。
(2) 家庭生活和零星散养、圈养畜禽饮用等少量取用水的。
(3) 水利工程管理单位为配置或者调度水资源取水的。
(4) 为保障矿井等地下工程施工安全和生产安全必须进行临时应急取用（排）水的。
(5) 为消除对公共安全或者公共利益的危害临时应急取水的。
(6) 为农业抗旱和维护生态与环境必须临时应急取水的。

（二）税率

除中央直属和跨省（自治区、直辖市）水力发电取用水外，由试点省份省级人民政府统筹考虑本地区水资源状况、经济社会发展水平和水资源节约保护要求，在《试点实施办法》所附"试点省份水资源税最低平均税额表"（见表11-2）规定的最低平均税额基础上，分类确定具体适用税额。

表11-2 试点省份水资源税最低平均税额表 （单位：元/立方米）

省（自治区、直辖市）	地表水最低平均税额	地下水最低平均税额
北京	1.6	4
天津	0.8	4
山西	0.5	2
内蒙古	0.5	2
山东	0.4	1.5
河南	0.4	1.5
四川	0.1	0.2
陕西	0.3	0.7
宁夏	0.3	0.7

为发挥水资源税的调控作用，按不同取用水性质实行差别税额，地下水税额要高于地表水，超采区地下水税额要高于非超采区，严重超采地区的地下水税额要大幅高于非超采地区。对超计划或超定额用水加征1～3倍，对特种行业从高征税，对超过规定限额的农业生产取用水、农村生活集中式饮水工程取用水从低征税。具体适用税额，授权省级人民政府统筹考虑本地区水资源状况、经济社会发展水平和水资源节约保护的要求确定。

（三）应纳税额的计算

水资源税实行从量计征。对一般取用水按照实际取用水量征税，对采矿和工程建设疏干排水按照排水量征税；对水力水电和火力发电贯流式（不含循环式）冷却取用水按照实际发电量征税。

1. 一般取用水应纳税额计算公式

$$一般取用水应纳税额 = 实际取用水量 \times 适用税额$$

城镇公共供水企业实际取用水量应当考虑合理损耗因素。

2. 疏干排水应纳税计算公式

$$疏干排水应纳税额 = 实际取用水量 \times 适用税额$$

疏干排水的实际取用水量按照排水量确定。疏干排水是指在采矿和工程建设过程中破坏地下水层、发生地下涌水的活动。

3. 水力发电和火力发电贯流式（不含循环式）冷却取用水应纳税额计算公式

$$应纳税额 = 实际发电量 \times 适用税额$$

火力发电贯流式冷却取用水，是指火力发电企业从江河、湖泊（含水库）等水源取水，并对机组冷却后将水直接排入水源的取用水方式。火力发电循环式冷却取用水，是指火力发电企业从江河、湖泊（含水库）、地下等水源取水并引入自建冷却水塔，对机组冷却后返回冷却水塔循环利用的取用水方式。

（四）税收减免

下列情形，予以免征或者减征水资源税：

（1）规定限额内的农业生产取用水，免征水资源税。

（2）取用污水处理再生水，免征水资源税。

（3）除接入城镇公共供水管网以外，军队、武警部队通过其他方式取用水的，免征水资源税。

(4) 抽水蓄能发电取用水，免征水资源税。
(5) 采油排水经分离净化后在封闭管道回注的，免征水资源税。
(6) 财政部、税务总局规定的其他免征或者减征水资源税情形。

（五）征收管理

为加强税收征管、提高征管效率，《试点实施办法》确定了"税务征管、水利核量、自主申报、信息共享"的征管模式，即税务机关依法征收管理；水行政主管部门负责核定取用水量；纳税人依法办理纳税申报；税务机关与水行政主管部门建立涉税信息共享平台和工作配合机制，定期交换征税和取用水信息资料。

水资源的纳税义务发生时间为纳税人取用水资源的当日。除农业生产取用水外，水资源税按季或者按月征收，由主管税务机关根据实际情况确定。对超过规定限额的农业生产取用水水资源税可按年征收。不能按固定期限计算纳税的，可以按次申报纳税。纳税人应当自纳税期满或者纳税义务发生之日起 15 日内申报纳税。

水资源税由生产经营所在地的地税主管税务机关征收管理，跨省（区、市）调度的水资源，由调入区域所在地的税务机关征收水资源税。在试点省份内取用水，其纳税地点需要调整的，由省级财政、税务部门决定。

第二节 城镇土地使用税

土地是地球上重要的资源，在商品经济社会也是重要的资产。很多国家将土地作为资产征税。由于我国城镇土地的所有权属于国家，单位和个人只有使用权，因此我国没有将土地作为资产开征财产税。一般而言，土地所有者对使用土地的人应该收取租金，而我国采取了开征城镇土地使用税的方式。在土地所有者是国家且不收租金的条件下，我国的城镇土地使用税实际具有更多的资源税属性，故我们将其列入资源税类来表述。我国城镇土地使用税是以城镇土地为征税对象，对拥有土地使用权的单位和个人征收的一种税。它于 1988 年起开征，2006 年做了修订，2013 年又做了部分修改。

一、征收城镇土地使用税的作用

城镇土地使用税以使用城镇土地资源的特定行为为课征对象，主要作用是：
(1) 有利于通过经济手段，促使合理节约使用土地，提高土地使用效率。
(2) 有利于调节不同地区、不同地段的土地的级差收入，维护公平竞争和加强经济核算。
(3) 有利于理顺国家和土地使用者之间的关系，维护国有土地的合法权益。
(4) 有利于政府的财政收入。

二、纳税义务人

城镇土地使用税的纳税义务人，是指承担缴纳城镇土地使用税义务的单位和个人。城镇土地使用税的纳税义务人包括以下几类：
(1) 拥有土地使用权的单位和个人；
(2) 拥有土地使用权的单位和个人不在土地所在地的，其土地的实际使用人和代管人为纳税人；
(3) 土地使用权未确定或权属纠纷未解决的，其实际使用人为纳税人；
(4) 土地使用权共有的，共有各方都是纳税人，由共有各方分别纳税；
(5) 在城镇土地使用税征税范围内，使用集体所有的建设用地的，由实际使用土地的单位和个人，缴纳城镇土地使用税。

过去，外商投资企业和外国企业是不缴纳城镇土地使用税的。在 2006 年 12 月 31 日国务院发布的《关于修改〈中华人民共和国城镇土地使用税暂行条例〉的决定》中，明确对外商投资企业和外国企业征收城镇土地使用税。

三、征税范围

城镇土地使用税的征税范围为城市、县城、建制镇和工矿区。
（1）城市是指国务院批准设立的市。
（2）县城是指县人民政府所在地的地区。
（3）建制镇是指经省、自治区、直辖市人民政府批准设立的建制镇。
（4）工矿区是指工商业比较发达、人口比较集中、符合国务院规定的建制镇标准但尚未设立建制镇的大中型工矿企业所在地。开征城镇土地使用税的工矿区必须经省、自治区、直辖市人民政府批准。

上述城镇土地使用税的征税范围中，城市的土地包括市区和郊区的土地，县城的土地是指县人民政府所在地的城镇土地，建制镇的土地是指镇人民政府所在地的土地。

四、城镇土地使用税的计税依据

城镇土地使用税以纳税人实际占用的土地面积为计税依据，即税务机关根据纳税人实际占用的土地面积，按照规定的税额计算应纳税额，向纳税人征收土地使用税。

土地占用面积的组织测量工作，由省、自治区、直辖市人民政府根据实际情况确定。一般按下列办法确定：
（1）凡由省、自治区、直辖市人民政府确定的单位组织测定土地面积的，以测定的面积为准。
（2）尚未组织测量，但纳税人持有政府部门核发的土地使用证书的，以证书确认的土地面积为准。
（3）尚未核发土地使用证书的，应由纳税人申报土地面积，据以纳税。待核发土地使用证以后再作调整。
（4）对在城镇土地使用税征税范围内单独建造的地下建筑用地，按规定征收城镇使用税。其中，已取得地下土地使用权证的，按土地使用权证确认的土地面积计算应征税款；未取得地下土地使用权证或地下土地使用权证上未标明土地面积的，按地下建筑垂直投影面积计算应征税款。

对上述地下建筑用地暂按应征税款的 50% 征收城镇土地使用税。

五、城镇土地使用税的税率

城镇土地使用税采用定额税率，即采用有幅度的差别税额，按大、中、小城市和县城、建制镇、工矿区分别规定。土地使用税每平方米年税额如下：
（1）大城市 1.5 元至 30 元。
（2）中等城市 1.2 元至 24 元。
（3）小城市 0.9 元至 18 元。
（4）县城、建制镇、工矿区 0.6 元至 12 元。

大、中、小城市以公安部门登记在册的非农业正式户口人数为依据，按照国务院颁布的《城市规划条例》中规定的标准划分：市区和近郊区非农业人口在 50 万以上者为大城市；市区和近郊区非农业人口在 20 万至 50 万之间者为中等城市；市区和近郊区非农业人口在 20 万以下者为小城市。

各省、自治区、直辖市人民政府可根据市政建设和经济繁荣程度，在规定税额幅度内确定所辖地区的适用税额。经济落后地区，土地使用税的适用税额标准可适当降低，但降低额不得超过上述规定最低税额的30%。经济发达地区的适用税额标准可以适当提高，但须报财政部批准。

土地使用税规定幅度税额主要是考虑到我国各地区存在着悬殊的土地级差收益，同一地区内不同地段的市政建设情况和经济繁荣程度也有较大的差别，把土地使用税税额定为幅度税额以拉开档次。这样，各地政府在划分本辖区不同地段的等级、确定适用税额时，就有选择余地，便于具体划分和确定。幅度税额还可以调节不同地区、不同地段之间的土地级差收益，尽可能地平衡税负。

六、应纳税额的计算

城镇土地使用税的应纳税额可以通过纳税人使用的土地面积乘以该土地所在地段适用税率求得。其计算公式为：

$$全年应纳税额 = 实际占用应纳税土地面积(平方米) \times 适用税率$$

例11-6 某企业2018年度拥有位于市郊的一宗地块，其地上面积为1万平方米；此外，单独建造的地下建筑面积为0.4万平方米。该市规定的城镇土地使用税税率为2元/平方米。则计算该企业2018年度应缴纳的城镇土地使用税。

答案与解析 对在城镇土地使用税征税范围内单独建造的地下建筑用地，暂按应征税款的50%征收城镇土地使用税。

该企业2018年度就此地块应缴纳的城镇土地使用税 = 2元×1万平方米 + 2元×0.4万平方米×50% = 2.4万元

七、城镇土地使用税税收优惠

（一）免缴土地使用税的优惠

（1）国家机关、人民团体、军队自用的土地。

这部分土地是指这些单位本身的办公用地和公务用地，如国家机关、人民团体的办公楼用地，军队的训练场用地等。

（2）由国家财政部门拨付事业经费的单位自用的土地。

这部分土地是指这些单位本身的业务用地。如学校的教学楼、操场、食堂等占用的土地。

（3）宗教寺庙、公园、名胜古迹自用的土地。

宗教寺庙自用的土地，是指举行宗教仪式等用地和寺庙内的宗教人员生活用地。公园、名胜古迹自用的土地，是指供公共参观游览的用地及其管理单位的办公用地。

以上单位的生产、经营用地和其他用地，不属于免税范围，应按规定缴纳土地使用税，如公园、名胜古迹中附设的营业单位如影剧院、饮食部、茶社、照相馆等使用的土地。

（4）市政街道、广场、绿化地带等公共用地。

（5）直接用于农、林、牧、渔业的生产用地。

这部分土地是指直接从事于种植、养殖、饲养的专业用地，不包括农副产品加工场地和生活办公用地。

（6）经批准开山填海整治的土地和改造的废弃土地，从使用的月份起免缴土地使用税5~10年。

（7）对非营利医疗机构、疾病控制机构和妇幼保健机构等卫生机构自用的土地，免征城镇土地使用税。

（8）企业办的学校、医院、托儿所、幼儿园，其用地能与企业其他用地明确区分的，免征城镇土地使用税。

（9）免税单位无偿使用纳税单位的土地（如公安、海关等单位使用铁路、民航等单位的土地），免征城镇土地使用税。纳税单位无偿使用免税单位的土地，纳税单位应照章缴纳城镇土地使用税。纳税单位与免税单位共同使用共有使用权土地上的多层建筑，对纳税单位可按其占用的建筑面积占建筑总面积的比例计征城镇土地使用税。

（10）对行使国家行政管理职能的中国人民银行总行（含国家外汇局）所属分支机构自用的土地，免征城镇土地使用税。

（11）为了体现国家的产业政策，支持重点产业的发展，对石油、电力、煤炭等能源用地，民用港口、铁路等交通用地和水利设施用地，三线调整企业、盐业、菜市场、邮电等一些特殊用地划分了征免税界限和给予政策性减免税照顾。具体规定如下：

1）对石油、天然气生产建设中用于地质勘探、钻井、井下作业、油气田地面工程等施工临时用地暂免征收城镇土地使用税。

2）对企业的铁路专用线、公路等用地，在厂区以外、与社会共用地段未加隔离的，暂免征收城镇土地使用税。

3）对企业厂区以外的公共绿化用地和向社会开放的公园用地，暂免征收城镇土地使用税。

4）对盐场的盐滩、盐矿的矿井用地，暂免征收城镇土地使用税。

（12）自2017年1月1日至2019年12月31日，对物流企业自有的（包括自用和出租）大宗商品仓储设施用地，减按所属土地等级适用税额标准的50%计征城镇土地使用税。

（二）省、自治区、直辖市地方税务局确定的土地使用税减免优惠

（1）个人所有的居住房屋及院落用地。

（2）房产管理部门在房租调整改革前经租的居民住房用地。

（3）免税单位职工家属的宿舍用地。

（4）集体和个人办的各类学校、医院、托儿所、幼儿园用地。

八、城镇土地使用税的纳税管理

（一）纳税期限

城镇土地使用税实行按年计算、分期缴纳的征收办法，具体纳税期限由各省、自治区、直辖市人民政府确定。

（二）纳税义务发生时间

（1）纳税人购置新建商品房，自房屋交付使用的次月起，缴纳城镇土地使用税。

（2）纳税人购置存量房，自办理房屋权属转移、变更登记手续，房地产权属登记机关签发房屋权属证书之次月起，缴纳城镇土地使用税。

（3）纳税人出租、出借房产，自交付房租、出借房产之次月起，缴纳城镇土地使用税。

（4）以出让或转让方式有偿取得土地使用权的，应由受让方从合同约定交付土地时间的次月起缴纳城镇土地使用税；合同未约定交付时间的，由受让方从合同签订的次月起缴纳城镇土地使用税。

（5）纳税人新征用的耕地，自批准征用之日起满一年时开始缴纳城镇土地使用税。

（6）纳税人新征用的非耕地，自批准征用次月起缴纳城镇土地使用税。

（7）从2009年1月1日起，纳税人因土地的权利发生变化而依法终止城镇土地使用纳税义务的，其应纳税额的计算应截止到土地权利发生变化的当月末。

（三）纳税地点和征收机构

城镇土地使用税向土地所在地的地方税务机关缴纳，纳入地方财政预算管理。

纳税人使用的土地不属于同一省、自治区、直辖市管辖的，由纳税人分别向土地所在地的税务机关缴纳土地使用税；在同一省、自治区、直辖市管辖范围内的，纳税人跨地区使用的土地，其纳税地点由省、自治区、直辖市地方税务局确定。

第三节　土地增值税

土地增值税起源于 20 世纪初由西方学者约翰·穆勒等人提出的关于地租课税的理论——租税学说美国首先在一些地区尝试对土地征收增值税。此后，土地增值税被许多国家采用，目前世界上已有 60 多个国家和地区对土地（连同土地上建筑物）的转让收入征税。

我国自 1987 年对土地使用制度进行改革，实行国有土地使用权有偿转让以来，房地产业发展很快。因此，我国自 1994 年 1 月 1 日起开征了土地增值税。2019 年 7 月，财政部和国家税务总局就《中华人民共和国土地增值税法（征求意见稿）》向社会公开征求意见，土地增值税进入立法程序。

一、我国土地增值税的特点和作用

我国的土地增值税是对转让土地使用权、地上建筑物及其附着物并取得收入的单位和个人，就其转让房地产获得的增值额征收的一种税。

（一）我国土地增值税的主要特点

（1）以转让房地产取得的增值额为征税对象。
（2）实行普遍征税的原则，税源面广。
（3）采用余额法或扣除法计算增值额，作为计税依据。
（4）采用四级超率累进税率。
（5）按次征收。

（二）土地增值税的作用

开征土地增值税对于规范房地产市场交易秩序、合理调节土地增值收益、维护国家权益具有十分重要的意义，主要表现在：

（1）适应改革开放的新形势，进一步改革和完善税制，增强国家对房地产开发和房地产市场调控力度。
（2）抑制炒买炒卖土地投机获取暴利的行为。
（3）规范国家参与土地增值收益分配的形式，增加国家财政收入。

二、纳税义务人和征税范围

（一）纳税义务人

土地增值税的纳税义务人是转让国有土地使用权、地上的建筑物及其附着物（以下简称转让房地产）并取得收入的单位和个人。单位包括各类企业、事业单位，国家机关和社会团体及其他组织；个人包括个体经营者。

土地增值税的纳税义务人，不区分法人和自然人，不区分经济性质，不区分内资和外资企业，不论行业与部门，任何转让房地产的单位和个人都是纳税义务人。

（二）征税范围

土地增值税是对转让国有土地使用权及其地上建筑物和附着物征收。

1. 土地增值税的基本范围

《土地增值税暂行条例》规定，土地增值税的基本征税范围包括：

（1）转让国有土地使用权。这里所说的"国有土地"是指国家法律规定属于国家所有的土地。

（2）连同国有土地使用权一并转让的建筑物及其附着物。这里所说的"建筑物"是指建于土地上的一切建筑物，包括地上地下的各种附属设施。这里所说的"附着物"是指附着于土地上的不能移动或一经移动即遭损坏的物品。

（3）存量房地产的买卖。存量房地产是指已经建成并已投入使用的房地产，其房屋所有人将房屋产权和土地使用权一并转让给其他单位和个人。

2. 特殊规定

（1）房地产的继承。房地产的继承是指房产的原产权所有人、按照法律规定取得土地使用权的土地使用人死亡之后，由其继承人依法承受死者房产产权和土地使用权的民事法律行为。这种行为虽然发生了房地产的权属变更，但作为房产产权、土地使用权的原所有人（即被继承人）并没有因为权属变更而取得任何收入。因此，这种房地产的继承不属于土地增值税的征税范围。

（2）房地产的赠与。房地产的赠与是指房产所有人、土地使用权所有人将自己所拥有的房地产无偿地交给其他人的民事法律行为。但这里的"赠与"仅指以下情况：

①房产所有人、土地使用权所有人将房屋产权、土地使用权赠与直系亲属或承担直接赡养义务人的。

②房产所有人、土地使用权所有人通过中国境内非营利性社会团体、国家机关将房屋产权、土地使用权赠与教育、民政和其他社会福利、公益事业的。社会团体是指中国青少年发展基金会、中国宋庆龄基金会、国家减灾委员会、中国红十字会、中国残疾人联合会、中国老龄事业发展基金会、中国老区建设促进会以及经民政部门批准成立的其他非营利性的公益性组织。

房地产的赠与虽然发生了房地产的权属变更，但作为房产所有人、土地使用权的所有人并没有因为权属的转让而取得任何收入。因此，房地产的赠与不属于土地增值税的征税范围。

（3）房地产的出租。房地产的出租是指房产的产权所有人、依照法律规定取得土地使用权的土地使用人，将房产、土地使用权租赁给承租人使用，由承租人向出租人支付租金的行为。房地产的出租，出租人虽取得了收入，但没有发生房产产权、土地使用权的转让。因此，不属于土地增值税的征税范围。

（4）房地产的抵押。房地产的抵押是指房产的产权所有人、依法取得土地使用权的土地使用人作为债务人或第三人向债权人提供不动产作为清偿债务的担保而不转移权属的法律行为。这种情况由于房产的产权、土地使用权在抵押期间产权并没有发生权属的变更，房产的产权所有人、土地使用权人仍能对房地产行使占有、使用、收益等权利，房产的产权所有人、土地所有权人虽然在抵押期间取得了一定的抵押贷款，但实际上这些贷款在抵押期满后是要连本带利偿还给债权人的。因此，对房地产的抵押，在抵押期间不征收土地增值税。待抵押期满后，视该房地产是否转移占有而确定是否征收土地增值税。对于以房地产抵债而发生房地产权属转让的，应列入土地增值税的征税范围。

（5）房地产的交换。这种情况是指一方以房地产与另一方的房地产进行交换的行为。由于这种行为既发生了房产产权、土地使用权的转移，交换双方又取得了实物形态的收入，按《土地增值税暂行条例》规定，它属于土地增值税的征税范围。但对个人之间互换自有居住房地产的，经当地税务机关核实，可以免征土地增值税。

（6）合作建房。对于一方出地，一方出资金，双方合作建房，建成后按比例分房自用的，暂免征收土地增值税；建成后转让的，应征收土地增值税。

（7）房地产的代建房行为。这种情况是指房地产开发公司代客户进行房地产的开发，开完成后向客户收取代建收入的行为。对于房地产开发公司而言，虽然取得了收入，但没有发生房地产权属的转移，其收入属于劳务收入性质，故不属于土地增值税的征税范围。

（8）房地产的重新评估。这主要是指国有企业在清产核资时对房地产进行重新评估而使其升值的情况。这种情况下，房地产虽然有增值，但其既没有发生房地产权属的转移，房产产权、土地使用权人也未取得收入，所以不属于土地增值税的征税范围。

3. 企业改制重组土地增值税政策

（1）《中华人民共和国公司法》的规定，非公司制企业整体改制为有限责任公司或者股份有限公司，有限责任公司（股份有限公司）整体改制为股份有限公司（有限责任公司），对改制前的企业将国有土地使用权、地上的建筑物及其附着物（以下称房地产）转移、变更到改制后的企业，暂不征土地增值税。

整体改制是指不改变原企业的投资主体，并承继原企业权利、义务的行为。

（2）按照法律规定或者合同约定，企业分设为两个或两个以上与原企业投资主体相同的企业，对原企业将房地产转移、变更到分立后的企业，暂不征土地增值税。

（3）单位、个人在改制重组时以房地产作价入股进行投资，对其将房地产转移、变更到被投资的企业，暂不征土地增值税。

上述（1）~（3）项有关改制重组有关土地增值税政策不适用于房地产转移任意一方为房地产开发企业的情形。

（4）企业改制重组后再转让国有土地使用权并申报缴纳土地增值税时，应以改制前取得该宗国有土地使用权所支付的地价款和按国家统一规定缴纳的有关费用，作为该企业"取得土地使用权所支付的金额"扣除。企业在改制重组过程中经省级以上（含省级）国土管理部门批准，国家以国有土地使用权作价出资入股的，再转让该宗国有土地使用权并申报缴纳土地增值税时，应以该宗土地作价入股时省级以上（含省级）国土管理部门批准的评估价格，作为该企业"取得土地使用权所支付的金额"扣除。办理纳税申报时，企业应提供该宗土地作价入股时省级以上（含省级）国土管理部门的批准文件和批准的评估价格，不能提供批准文件和批准的评估价格的，不得扣除。

企业在申请享受上述土地增值税优惠政策时，应向主管税务机关提交房地产转移双方营业执照、改制重组协议或等效文件，相关房地产权属和价值证明、转让方改制重组前取得土地使用权所支付地价款的凭据（复印件）等书面材料。

例 11-7 单选题：下列房地产交易行为中，应当缴纳土地增值税的是（　　）。
A. 房地产公司出租别墅
B. 非营利的基金会将合作建造的房屋转让
C. 房地产公司通过国家机关将其拥有的房屋赠与学校
D. 城市居民之间互换自有居住用房且经核实

答案与解析　B。选项 A：房地产出租，不属于土地增值税的征税范围。选项 B：双方合作建房，建成后分房自用的，暂免征收土地增值税；建成后转让的，要计算缴纳土地增值税。选项 C：房地产公司通过国家机关将拥有的房屋赠与学校，属于无偿赠与，不属于土地增值税的征税范围。选项 D：城市居民之间互换自有居住用房屋，经当地税务机关核实，可以免征土地增值税。

三、土地增值税的计税依据

土地增值税的计税依据是纳税人转让房地产所取得的增值额。计算公式为：

$$\text{土地增值税的增值额} = \text{应税收入} - \text{允许扣除项目的金额}$$

（一）应税收入

纳税人转让房地产取得的应税收入，应包括转让房地产的全部价款及有关的经济收益。从收入的形式来看，包括货币收入、实物收入和其他收入。

（1）货币收入，是指纳税人转让房地产而取得的现金、银行存款和支票、银行本票、汇票等各种信用票据以及国库券、金融债券、企业债券、股票等有价证券。这些类型的收入实质都是转让方因转让土地使用权、房屋产权而向受让方收取的价款。货币收入一般比较容易确定。

（2）实物收入，是指纳税人转让房地产而取得的各种实物形态的收入，如钢材、水泥等商品，房屋、土地等不动产，等等。实物收入的价值不太容易确定，一般要对这些实物形态的财产进行评估。

（3）其他收入，是指纳税人转让房地产而取得的无形资产或具有财产价值的权利，如专利权、商标权、非专利技术、土地使用权、著作权等。此类收入的价值需要进行专门的评估。

（二）允许扣除项目

土地增值税并不是直接对转让房地产所得的收入征税，而是要对收入额减除国家规定的各项扣除项目金额后的增值额征税。计算增值额，必须扣除允许扣除项目的金额。准予纳税人从转让收入额中减除的扣除项目包括以下几项：

1. 取得土地使用权所支付的金额

它包括两方面的内容：

（1）纳税人为取得土地使用权所支付的地价款。如果纳税人是以协议、招标、拍卖等方式取得土地使用权的，地价款为纳税人所支付的土地出让金；如果是以行政划拨方式取得土地使用权的，地价款为按照国家有关规定补缴的土地出让金；如果是以转让方式取得土地使用权的，地价款为向原土地使用人实际支付的地价款。

（2）取得土地使用权缴纳的费用。纳税人在取得土地使用权过程中为办理有关手续，按国家统一规定缴纳的有关登记、过户手续费等费用。

2. 房地产开发成本

这是指纳税人开发房地产项目实际发生的成本，包括以下几项。

（1）土地征用及拆迁补偿费，包括土地征用费、耕地占用税、劳动力安置费及有关地上、地下附着物拆迁补偿的净支出、安置动迁用房支出等。

（2）前期工程费，包括规划、设计、项目可行性研究和水文、地质、勘察、测绘、"三通一平"等支出。

（3）建筑安装工程费，是指以出包方式支付给承包单位的建筑安装工程费，以自营方式发生的建筑安装工程费。

（4）基础设施费，包括开发小区内道路、供水、供电、供气、排污、排洪、通信、照明、环卫、绿化等工程发生的支出。

（5）公共配套设施费，包括不能有偿转让的开发小区内公共配套设施发生的支出。

（6）开发间接费用，是指直接组织、管理开发项目发生的费用，包括工资、职工福利费、折旧费、修理费、办公费、水电费、劳动保护费、周转房摊销等。

3. 房地产开发费用

这是指与房地产开发项目有关的销售费用、管理费用和财务费用。根据现行财务会计制度的规定，这三项费用作为期间费用，直接计入当期损益，不按成本核算对象进行摊销，所以它们并不按纳税人房地产开发项目实际发生的费用进行扣除，而是按《土地增值税暂行条例实施细则》的标准进行扣除。

《土地增值税暂行条例实施细则》规定：

（1）纳税人能够按转让房地产项目计算分摊利息支出，并能提供金融机构的贷款证明的，其允许扣除的房地产开发费用的计算公式为：

房地产开发费用 = 利息 +（取得土地使用权支付的金额 + 房地产开发成本）× 比例数

其中，比例数为5%以内的数。

（2）纳税人不能按转让房地产项目计算分摊利息支出或不能提供金融机构贷款证明的，其允许扣除的房地产开发费用的计算公式为：

房地产开发费用 =（取得土地使用权支付的金额 + 房地产开发成本）× 10% 以内

（3）房地产开发企业既向金融机构借款，又有其他借款的，其房地产开发费用计算扣除时不能同时适用上述（1）（2）项所述两种办法。

（4）土地增值税清算时，已经计入房地产开发成本的利息支出，应调整至利息费用中计算扣除。

此外，财政部、国家税务总局还对扣除项目金额中利息支出的计算问题做出了两点专门规定：一是利息的上浮幅度按国家的有关规定执行，超过上浮幅度的部分不允许扣除；二是对超过贷款期限的利息部分和加罚的利息不允许扣除。

4. 旧房及建筑物的评估价格

旧房及建筑物的评估价格是指在转让已使用的房屋及建筑物时，由政府批准设立的房地产评估机构评定的重置成本乘以成新度折扣率后的价格。评估价格须经当地税务机关确认。

重置成本的含义是：对旧房及建筑物，按转让时的建材价格及人工费用计算，建造同样面积、同样层次、同样结构、同样建设标准的新房及建筑物所需花费的成本费用。成新度折扣率的含义是：按旧房的新旧程度做一定比例的折扣。

此外，转让旧房的，应按房屋及建筑物的评估价格、取得土地使用支付的地价和按国家统一规定缴纳的有关费用及在转让环节缴纳的税金作为扣除项目金额计征土地增值税。对取得土地使用权时未支付地价款或不能提供已支付的地价款凭据的，在计征土地增值税时不允许扣除。

5. 与转让房地产有关的税金

与转让房地产有关的税金是指在转让房地产时缴纳的城市维护建设税、印花税。因转让房地产缴纳的教育费附加，也可以视同税金予以扣除。需要注意的是，房地产开发企业根据财务制度，在转让时缴纳的印花税列入管理费用，故不得单独再扣除。其他纳税人缴纳的印花税允许扣除。

6. 其他扣除项目

对从事房地产开发的纳税人，根据《土地增值税暂行条例实施细则》的有关规定，可按取得土地使用权所支付的金额和房地产开发成本之和加计20%扣除。在此，应特别指出的是，此条优惠只适用于从事房地产开发的纳税人，除此之外的其他纳税人不适用。这样规定，目的是为了抑制炒买炒卖房地产的投机行为，保护正常开发投资者的积极性。

（三）增值额

土地增值税的计税依据是增值额。纳税人转让房地产所取得的应税收入减除规定的扣除项目金额后的余额为增值额。由于土地增值税是根据增值额与扣除项目金额的比率确定税率，增值额与扣除项目金额的比率越大，适用的税率就越高，缴纳的税款就越多，因此准确计算增值额是土地增值税的关键所在。

为了保证增值额的可靠性，纳税人有以下情况之一的，按照房地产评估价格计算征收：

（1）隐瞒、虚报房地产成交价格的。隐瞒、虚报房地产成交价格的，应由评估机构参照同类房地产的市场交易价格进行评估。税务机关根据评估价格确定转让房地产的收入。

（2）提供扣除项目金额不实的。提供扣除项目金额不实的，应由评估机构按照房屋重置成本价乘以成新度折扣率计算的房屋成本价和取得土地使用权时的基准地价进行评估。税务机关根据评估价格确定扣除项目金额。

（3）转让房地产的成交价格低于房地产评估价格，又无正当理由的，由税务机关参照房地产评估价格确定转让房地产的收入。

这里所说的"房地产评估价格"，是指由政府批准设立的房地产评估机构根据相同地段、同类房地产进行综合评定的价格。

四、土地增值税的税率

土地增值税实行四级超率累进税率：
（1）增值额未超过扣除项目金额50%的部分，税率为30%。
（2）增值额超过扣除项目金额50%、未超过扣除项目金额100%的部分，税率为40%。
（3）增值额超过扣除项目金额100%、未超过扣除项目金额200%的部分，税率为50%。
（4）增值额超过扣除项目金额200%的部分，税率为60%。

上述所列四级超率累进税率，每级"增值额未超过扣除项目金额"的比例，均包括本比例数。超率累进税率如表11-3所示。

表11-3　土地增值税四级超率累进税率表

级数	增值额与扣除项目金额的比率	税率（%）	速算扣除系数（%）
1	不超过50%的部分	30	0
2	超过50%~100%的部分	40	5
3	超过100%~200%的部分	50	15
4	超过200%的部分	60	35

采用超率累进税率，以增值率作为税率递增的依据，能更好地发挥税收对土地收益的调节力度。因为增值率属于相对数指标，比增值额更能反映纳税人的收益水平。

五、应纳税额的计算

土地增值税按照纳税人转让房地产所取得的增值额和规定税率计算征收。土地增值税的计算公式为：

$$应纳税额 = \sum（每级距的土地增值额 \times 适用税率）$$

但在实际工作中，通常采用简化的速算扣除数的方法计算：用增值额乘以适用税率的积，减去扣除项目金额乘以速算扣除系数的积（即速算扣除数），计算出应纳增值税税额。具体公式如下：

$$应纳税额 = 土地增值额 \times 适用税率 - 扣除项目金额 \times 速算扣除系数$$
$$= 土地增值额 \times 适用税率 - 速算扣除数$$

例11-8　某公司转让房地产所得的收入为460万元，其中扣除项目金额为100万元。计算该公司应纳土地增值税的税额。

答案与解析

第一步，计算增值额：增值额 = 460 - 100 = 360（万元）。

第二步，计算增值额与扣除项目金额之比率：增值额与扣除项目金额之比率 =（360/100）× 100% = 360%。

根据表11-3，增值额超过扣除项目金额200%，其适用的税率为60%，速算扣除系数为 35%。

第三步，计算土地增值税税额：土地增值税税额 = 360 × 60% - 100 × 35% = 181（万元）。

例 11-9 某房地产开发公司出售一栋写字楼，不含增值税收入总额 8 000 万元。开发该写字楼有如下支出：支付地价款及各种费用 600 万元；房地产开发成本 2 400 万元；财务费用中的利息支出为 340 万元（可按转让项目计算分摊并提供金融机构证明），但其中有 40 万属于加罚的利息；转让环节缴纳的有关税费共计 50 万元。该单位所在地政府规定的其他房地产开发费用计算扣除比例为 5%。试计算该房地产开发公司应缴纳的土地增值税。

答案与解析
（1）取得土地使用权支付的地价款及有关费用为 600 万元
（2）房地产开发成本为 2 400 万元
（3）房地产开发费用 = 340 - 40 + (600 + 2 400) × 5% = 450（万元）
（4）允许扣除的税费为 50 万元
（5）从事房地产开发的纳税人加计扣除 20%，加计扣除额 = (600 + 2 400) × 20% = 600（万元）
（6）允许扣除的项目金额合计 = 600 + 2 400 + 450 + 50 + 600 = 4 100（万元）
（7）增值额 = 8 000 - 4 100 = 3 900（万元）
（8）增值率 = 3 900 ÷ 4 100 × 100% = 95.12%
（9）应纳税额 = 3 900 × 40% - 4 100 × 5% = 1 355（万元）

六、土地增值税优惠

（一）对建造普通标准住宅免税

纳税人建造普通标准住宅出售，增值额未超过扣除项目金额 20% 的，免征土地增值税；增值额超过扣除项目金额 20% 的，应就其全部增值额计税。

这里所说的"普通标准住宅"，是指按所在地一般民用住宅标准建造的居住用住宅。2005 年 6 月 1 日起，普通标准住宅应同时满足以下条件：住宅小区建筑容积率在 1.0 以上；单套住宅建筑面积在 120 平方米以下；实际成交价格低于同级别土地住房平均交易价格 1.2 倍以下。具体标准由各省、自治区、直辖市人民政府规定，允许标准适当浮动，但向上浮动比例不得超过上述标准的 20%。

（二）对国家征用收回的房地产免税

因国家建设需要依法征用、收回的房地产，免征土地增值税。

这里所说的"因国家建设需要依法征用、收回的房地产"，是指因城市实施规划、国家建设的需要而被政府批准征用的房地产或收回的土地使用权。

（三）因城市规划、国家建设需要而搬迁由纳税人自行转让原房地产的税收优惠

因"城市实施规划"而搬迁，是指因旧城改造或因企业污染、扰民（指产生过量废气、废水、废渣和噪声，使城市居民生活受到一定危害），而由政府或政府有关主管部门根据已审批通过的城市规划确定进行搬迁的情况。因"国家建设的需要"而搬迁，是指因实施国务院、省级人民政府、国务院有关部委批准的建设项目而进行搬迁的情况。

（四）对企事业单位、社会团体以及其他组织转让旧房作为公共租赁住房房源的税收优惠

对企事业单位、社会团体以及其他组织转让旧房作为公共租赁住房房源的且增值额未超过扣除项目金额 20% 的，免征土地增值税。

七、纳税管理

（一）纳税地点

土地增值税的纳税人应向房地产所在地的主管税务机关办理纳税申报，并在税务机关核定的期限内缴纳土地增值税。

此处的"房地产所在地"，是指房地产的坐落地。纳税人转让的房地产坐落在两个或两个以上地区的，应按房地产所在地分别申报纳税。

在实际工作中，纳税地点的确定又可分为以下两种情况：

（1）纳税人是法人。当转让的房地产坐落地与其机构所在地或经营所在地一致时，在办理税务登记的原管辖税务机关申报纳税；如果转让的房地产坐落地与其机构所在地或经营地不一致时，则应在房地产坐落地所在地的税务机关申报纳税。

（2）纳税人是自然人。当转让房地产坐落地与其居住所在地一致时，在住所所在地税务机关申报纳税；当转让的房地产坐落地与其居住所在地不一致时，在办理过户手续所在地的税务机关申报纳税。

（二）纳税申报

土地增值税的纳税人应在转让房地产合同签订后的7日内，到房地产所在地主管机关办理纳税申报，并向税务机关提交房屋及建筑物产权、土地使用权证书、土地转让合同、房产买卖合同、房地产评估报告及其他与转让房地产有关的资料。因经常发生房地产转让而难以在每次转让后申报的，经税务机关审核同意后，可以定期进行纳税申报，具体期限由税务机关根据情况确定。

对于纳税人预售房地产所取得的收入，凡当地税务机关规定预征土地增值税的，纳税人应当到主管税务机关办理纳税申报，并按规定比例预交，待办理决算后，多退少补。凡当地税务机关规定不预征土地增值税的，应在收入实现后到税务机关登记或备案。

（三）预征率规定

各地税务机关要加强对房地产企业的预征土地增值税的管理。科学制定征收制度和办法，确定合理的预征率。除保障性住房外，东部地区省份预征率不得低于2%，中部和东北地区省份不得低于1.5%，西部地区省份不得低于1%。

对于纳税人预售房地产所取得的收入，按照当地税务机关规定预征土地增值税的征收率，纳税人应当到主管税务机关办理纳税申报，并按规定比例预交，待办理决算后，多退少补。

第四节　耕地占用税

土地是人类赖以生存的宝贵资源，耕地是从事农业生产的基本条件。我国是一个地少人多的国家，耕地是我国较为稀缺的自然资源。自20世纪80年代以来，非农业用地和人口的急剧增加，引起人均耕地大幅度减少。为了合理利用土地资源，保护农用耕地，国务院决定于1987年4月1日起开征耕地占用税。我国从2008年起实施了新的《耕地占用税暂行条例》。2018年12月29日第十三届全国人民代表大会常务委员会第七次会议通过《中华人民共和国耕地占用税法》，从2019年9月1日实施。

耕地占用税是对占用耕地建设建筑物、构筑物或者从事非农业建设的单位和个人，就其占用耕地征收的一种税。征收耕地占用税的依据是《中华人民共和国耕地占用税法》。

一、耕地占用税的特点和意义

（一）耕地占用税的特点

耕地占用税具有一次性课征、普遍征收、因地制宜和指定用途的特点。国务院明确规定，国家征收的耕地占用税是国家土地综合开发建设基金的主要来源，全部用于发展农业，增加农业投资，即用于同农业生产有直接联系，能形成新的生产能力的开发项目和措施。

（二）开征耕地占用税的重要意义

（1）有利于加强土地管理，保护耕地资源。征收耕地占用税，可以在一定程度上遏制城乡非农业建设滥用耕地的势头，改变多征少用、征而不用的不正常现象，促进农业结构的合理调整。

（2）有利于增强农业发展的后劲。国家从耕地占用税中拿出一部分返还给地方建立农业发展专项资金，专门用于开垦宜农耕地，整理改良现有耕地，在一定程度上解决农业资金不足的问题，增强农业发展的后劲。

（3）有利于积累资金，组织财政收入，开辟财源。

二、纳税义务人和征税范围

（一）纳税义务人

凡是在中华人民共和国境内占用耕地建设建筑物、构筑物或者从事非农业建设的单位和个人，都是耕地占用税的纳税义务人。单位包括各种企业和事业单位、社会团体、国家机关、部队以及其他单位；个人包括个体工商户及其他个人。

（二）耕地占用税的征税范围

耕地占用税的征税对象是指建设建筑物、构筑物或从事其他非农业建设所占用的耕地。耕地是指用于种植农作物的土地。具体来说，耕地占用税的征税范围包括用做建筑物、构筑物和其他非农业建设的下列土地：

（1）种植粮食作物、经济作物的土地，包括粮田、棉田、麻田、烟田、蔗田等。

（2）菜地，即城市郊区种植蔬菜的土地。

（3）园地，包括苗圃、花圃、茶园、果园、桑园和种植其他经济林木的土地。

（4）鱼塘。

（5）其他农用土地。

占用上述耕地，用作建筑物、构筑物和其他非农业建设的单位和个人，都需要缴纳耕地占用税。

三、计税依据和税额

耕地占用税的计税依据是纳税人实际占用的耕地面积。

耕地占用税实行从量定额一次性征收，以平方米为单位。根据各县每人平均占有耕地的多少，规定有幅度的税率。总的来说，人口稠密、人均耕地少、经济比较发达、非农业占地问题比较突出或者土地质量好的县，税率要高些；反之，人口稀疏、人均耕地面积较多、经济不太发达或者土地质量差的县，税率就相对低些。耕地占用税税额如表 11-4 所示。

表 11-4 耕地占用税税额表

税级	地区	每平方米税额（元）
1	人均耕地不超过 1 亩[一]的县	10~50
2	人均耕地超过 1 亩但不超过 2 亩的县	8~40
3	人均耕地超过 2 亩但不超过 3 亩的县	6~30
4	人均耕地超过 3 亩的县	5~25

[一] 1 亩 = 666.67 平方米。

各地区耕地占用税的适用税额,由省、自治区、直辖市人民政府根据人均耕地面积和经济发展等情况,报同级人民代表大会常务委员会决策,并报全国人大备案。

在人均耕地低于零点五亩的地区,省、自治区、直辖市可以根据当地经济发展情况,适当提高耕地占用税的适用税额,但提高的部分不得超过第2级税额的50%。

占用基本农田的,应当按照第2级税额,加按150%征收。

占用园地、林地、草地、农田水利用地、养殖水面、渔业水域滩涂以及其他农用地建设建筑物、构筑物或者从事非农业建设的,适用税额可以低于第2级税额,但降低部分不得超过第2级税额的50%。具体适用税额由省、自治区、直辖市人民政府提出,报同级人民代表大会常务委员会决定,并报全国人民代表大会常务委员会和国务院备案。

各省、自治区、直辖市耕地占用税额平均水平不得低于按表11-5规定的平均税额水平。

表11-5　各省、自治区、直辖市耕地占用税平均税额表

地区	每平方米平均税额(元)
上海	45
北京	40
天津	35
江苏、浙江、福建、广东	30
辽宁、湖北、湖南	25
河北、安徽、江西、山东、河南、重庆、四川	22.5
广西、海南、贵州、云南、陕西	20
山西、吉林、黑龙江	17.5
内蒙古、西藏、甘肃、青海、宁夏、新疆	12.5

四、应纳税额的计算

耕地占用税应纳税额的计算公式如下:

$$应纳税额 = 实际占用耕地面积(平方米) \times 适用税额$$

例11-10　某农户有一处花圃,占地1 000平方米,2018年7月将其中的800平方米改造为果园,其余200米建造住宅。已知该地适用的耕地占用税定额税率为每平方米25元。计算该农户应缴纳的耕地占用税。

答案与解析　花圃改造成果园仍属于农业用途,不属于耕地占用税的征税范围;农民建造住宅占用耕地,属于耕地占用税的征税范围,并可按当地适用税额减半征收耕地占用税。

该农户应缴纳的耕地占用税 = 25 × 200 × 50% = 2 500(元)。

五、税收优惠

耕地占用税的减免有三种:一是对特殊占地减免税;二是对纳税困难户减免照顾;三是对特殊建房用地免税。

(一) 对特殊占地减免税

(1) 军事设施占用耕地,免征耕地占用税。军事设施用地可免征耕地占用税,包括:地上、地下的军事指挥、作战工程;军用机场、港口、码头;营区、训练场、试验场;军用洞库、仓库;军用通信、侦察、导航、观测台站和测量、导航、助航标志;军用公路、铁路专用线,军用通讯、输电线路,军用输油、输水管道;其他直接用于军事用途的设施。部队非军事用途和从事非农业生产经营占用耕地,不予免税。

（2）铁路线路、公路线路、飞机场跑道、停机坪、港口、航道、水利工程占用耕地，减按每平方米2元的税额征收耕地占用税。

（3）学校、幼儿园、社会福利机构、医疗机构占用耕地可免征耕地占用税。学校从事非农业生产经营用地，不予免税。幼儿园限于县级人民政府教育行政部门登记注册或者备案的幼儿园内专门用于幼儿保育、教育的场所。医院限于县级以上人民政府卫生行政部门批准设立的医院内专门用于提供医护服务的场所及其配套设施；而医院内职工住房占用耕地的，按照当地适用税额缴纳耕地占用税。

（4）为农业生产服务的农田水利设施用地，免征耕地占用税。水利工程占用耕地以发电、旅游为主的，不予免税。

以上纳税人改变原占地用途，不再属于免征或者减征耕地占用税情形的，应当按照当地适用税额补缴耕地占用税。

（二）对纳税困难户减免照顾

农村烈士遗属、因公牺牲军人遗属、残疾军人以及符合农村最低生活保障条件的农村居民，在规定用地标准以内新建自用住宅，免征耕地占用税。

根据实际需要，国务院财政、税务主管部门商国务院有关部门并报国务院批准后，可以对此规定的情形免征或者减征耕地占用税。

（三）对特殊建房用地免税

（1）农村居民在规定用地标准以内占用耕地新建自用住宅，按照当地适用税额减半征收耕地占用税。

（2）农村居民经批准搬迁，新建自用住宅占用耕地不超过原宅基地面积的部分，免征耕地占用税。

六、纳税管理

耕地占用税由税务机关负责征收。

纳税人必须在收到自然资源主管部门办理占用耕地手续的书面通知的当日起30日内一次性缴纳耕地占用税。自然资源主管部门凭耕地占用税完税凭证或者免税凭证和其他有关文件发放建设用地批准书。

纳税人因建设项目施工或者地质勘查临时占用耕地，应当依法缴纳耕地占用税。纳税人在批准临时占用耕地期满之日起一年内依法复垦，恢复种植条件的，应全额退还已经缴纳的耕地占用税。

税务机关发现纳税人的纳税申报数据资料异常或者纳税人未按照规定期限申报纳税的，可以提请相关部门进行复核，相关部门应当自收到税务机关复核申请之日起30日内向税务机关出具复核意见。

重要概念

资源税　　水资源税　　城镇土地使用税　　土地增值税　　房地产开发费用
耕地占用税

思考题

1. 对资源征税的主要目的是什么？
2. 我国资源税的特点有哪些？
3. 土地增值税的征税范围包括哪些？

4. 城镇土地使用税和耕地占用税有什么区别？

练习题

1. 某物流企业本年拥有面积为 10 000 平方米的土地使用权，其中 8 000 平方米为大宗商品仓储设施占地，该设施 80% 自用，20% 出租；2 000 平方米为该企业管理服务设施占地。当地城镇土地使用税税额标准为每平方米 12 元，计算该企业该年应缴纳的城镇土地使用税。

2. 位于县城的某国有工业企业（增值税一般纳税人）利用厂区空地建造写字楼，发生的相关业务如下：

（1）按照国家有关规定补交土地出让金 3 000 万元，缴纳相关税费 120 万元；

（2）写字楼开发成本 2 800 万元；

（3）写字楼开发费用中的利息支出为 300 万元（不能提供金融机构证明）；

（4）写字楼于该年 7 月底竣工验收。8 月 1 日将总建筑面积的 1/2 销售，签订销售合同，取得不含税收入 6 000 万元；同时将另外 1/2 的建筑面积出租，当年取得租金收入（不含增值税）15 万元；

（5）所在地政府规定的其他房地产开发费用计算扣除比例为 10%；

（6）增值税按简易计税方法 5% 征收。

要求：根据上述资料，按下列序号计算回答问题，每个问题需计算出合计数。

（1）企业计算土地增值税时应扣除的取得土地使用权所支付的金额；

（2）企业计算土地增值税时应扣除的开发成本的金额；

（3）企业计算土地增值税时应扣除的开发费用的金额；

（4）企业计算土地增值税时应扣除的有关税金；

（5）企业应缴纳的土地增值税。

第十二章
特定目的税和行为税种

我国现行税制中具有特定目的的税种有环境保护税、车辆购置税、城市维护建设税和教育费附加。而印花税和契税可以归类于行为税种。烟叶税也列入了本章。

导读

根据不同的分类标准,税种的分类方法有所不同。本书为方便读者阅读学习,采取了综合分类方法。首先,按主要和非主要税种分类,让增值税、消费税、企业所得税和个人所得税等涉及面广、数额大、内容较复杂的税种单独成章,对其他税种则另行分类分别成章;其次,对其他税种基本按征税对象来分类,分为财产税类、资源税类及行为税类等;最后,对特别强调征税动机又不太容易按其他标准分类的税种列为特定目的税类。

一般而言,消费税和所得税两类税种构成一国税制的主体架构,以达到取得财政收入和调节经济的一般征税目的。除此之外,往往还有一些特别强调其他征税目的的税种,例如环境保护税,征税目的是限制排放、保护环境,并不是为了取得财政收入,甚至会出现由于环境保护得越好而税征得越少的情况。

第一节 城市维护建设税

为了使城市维护和建设有稳定的资金来源,国务院决定从1986年征收城市维护建设税(简称城建税),专门用于城市维护与建设。同年,国务院决定征收教育费附加,专门用于发展地方教育事业。2018年10月,财政部和国家税务总局就《中华人民共和国城市维护建设税法(征求意见稿)》公开征求意见,城市维护建设税进入立法程序。

一、城市维护建设税的特点

城市维护建设税的特点有:

(1) 专门为城市维护和建设筹集资金,专款专用,属于特定目的税。

(2) 为了保证其取得收入的确定性,城市维护建设税以税额大、有保障的增值税和消费税的税额作为计税依据,随增值税和消费税的征收同时征收,实际上是一种附加税。

(3) 由于其以为城市维护和建设提供资金为目的,因此其税率按照纳税人所处的地域不同,分别市区、县镇和农村矿山等采用差别比例税率。

二、纳税义务人

城市维护建设税作为增值税和消费税的附加税,其纳税义务人就是负有缴纳增值税、消费税义务的单位和个人。单位包括各类企业单位、行政事业单位、军事单位、社会团体、其他单位;个人包括个体工商户以及其他个人。这些单位和个人只要缴纳了增值税和消费税,就应依法缴纳城市维护建设税。

三、税率

城市维护建设税作为一种附加税,其税率是纳税人应缴纳的城市维护建设税税额与纳税人实际缴纳的增值税和消费税两种税的税额之间的比率。计算公式为:

城市维护建设税的税率 = 城市维护建设税税额 ÷（增值税税额 + 消费税税额）× 100%

根据纳税人所在地域的不同,城市维护建设税设置了三档地区差别比例税率,即:

(1) 纳税人所在地为市区的,适用税率为7%。
(2) 纳税人所在地为县城、镇的,适用税率为5%,撤县建市后,城市建设维护税适用税率为7%。
(3) 纳税人所在地不在市区、县城或镇的,适用税率为1%。

城市维护建设税的适用税率,应当按纳税人所在地的规定税率执行。但是,对于下列两种情况,可按缴纳增值税所在地的规定税率就地缴纳城建税:

1) 由受托方代征代扣增值税、消费税的单位和个人,其代征代扣的城市维护建设税按受托方所在地适用的税率一并代征代缴。

2) 流动经营等无固定纳税地点的单位和个人,在经营地缴纳增值税的,其城市维护建设税按经营地的适用税率同时缴纳。

四、计税依据

城市维护建设税的计税依据,是纳税人实际缴纳的增值税和消费税的税额。对纳税人违反增值税和消费税而加收的滞纳金和罚款,是税务机关对纳税人违法行为的经济制裁,不计入城建税的计税依据;但在纳税人被查补增值税以及消费税以及被处以罚款时,应同时对城建税进行补征、征收滞纳金和罚款。

城市维护建设税以增值税和消费税税额为计税依据并同时征收,如果要免征或者减征"两税",就同时免征或者减征了城市维护建设税。但对出口产品退还增值税、消费税的,不退还已经缴纳的城市维护建设税。

五、纳税环节

城市维护建设税作为增值税和消费税的附加税,以增值税和消费税的纳税环节为纳税环节。纳税人只要发生增值税和消费税的纳税义务,就要在同样的环节同时计算缴纳城市维护建设税。

六、应纳税额的计算

城市维护建设税应纳税额的计算公式是:

应纳税额 = 实际缴纳的增值税和消费税税额 × 适用税率

七、税收优惠

城市维护建设税原则上不单独减免,但因其具有附加税的性质,当主税发生减免时,城建税也相应发生税收减免。其税收减免具体有以下几种情况：

（1）城市维护建设税按减免后实际缴纳的增值税和消费税税额计征，即随增值税和消费税的减免而减免。

（2）对于因减免税而需要进行增值税和消费税退库的，城市维护建设税也可以同时退库。

（3）海关对进口产品代征的增值税、消费税，不征收城市维护建设税。

（4）对增值税和消费税实行先征后返、先返后退、即征即退办法的，除另有规定外，对随其附征的城市维护建设税，一律不退（返）还。

（5）对国家重大水利工程建设基金免征城市维护建设税。

例 12-1 位于某市区的甲企业 9 月共缴纳增值税、关税、消费税合计 480 万元，其中关税 98 万元，进口环节缴纳的增值税和消费税 186 万元，请计算该企业 9 月应缴纳的城市建设维护税金额。

答案与解析 城市维护建设税以纳税人实际缴纳的增值税和消费税为计税依据，具有进口不征、出口不退的规则。则甲企业 9 月应缴纳的城市维护建设税 =（480 − 98 − 186）× 7% = 13.72（万元）。

八、纳税地点和纳税期限

城市维护建设税作为增值税和消费税的附加税，增值税和消费税的缴纳地点同时也是城建税的缴纳地点。下列情况的具体纳税地点为：

（1）代收代扣增值税或消费税的单位和个人，其城市维护建设税的纳税地点在增值税或消费税的代收代扣地。

（2）跨省开采的油田，下属生产单位与核算单位不在一个省内的，其生产的原油，在油井所在地缴纳增值税。所以，城市维护建设税也应随增值税在油井所在地一并缴纳。

（3）对流动经营等无固定纳税地点的单位和个人，应随同增值税或消费税在经营地按适用税率缴纳。

由于城市维护建设税是增值税和消费税的附加税，因此其纳税期限应与"两税"的纳税期限一致。增值税法和消费税法规定，增值税、消费税的纳税期限均分别为 1 日、3 日、5 日、10 日、15 日或者 1 个月；增值税和消费税的纳税人的具体纳税期限，由主管税务机关根据纳税人应纳税额大小分别核定，不能按照固定期限纳税的，可以按次纳税。城市维护建设税也是如此。

第二节 教育费附加及地方教育附加

1986 年，为贯彻《中共中央关于教育体制改革的决定》，扩大地方教育的资金来源，国务院颁布了征收教育费附加的暂行规定。2006 年施行的《中华人民共和国教育法》规定："税务机关依法足额征收教育费附加，由教育行政部门统筹管理，主要用于实施义务教育。省、自治区、直辖市人民政府根据国务院的有关规定，可以决定开征用于教育的地方附加费，专款专用。"2010 年财政部发文统一了地方教育附加。教育费附加不是一个独立的税种，一般教科书不对其单独表述，但本书从纳税人角度出发，考虑到几乎每个企业都要缴纳，为使读者阅读方便，故将其安排为一节。

一、征收范围及计征依据

教育费附加以各单位和个人实际缴纳的增值税和消费税的税额为计征依据，与增值税和消费税同时缴纳。

二、计征比率

现行教育费附加征收比率为3%。地方教育附加征收比率为2%。

三、计算公式

教育费附加和地方教育附加的计算公式为：

$$应交教育费附加 = 实际缴纳的增值税和消费税额 \times 征收比率3\%$$
$$应交地方教育附加 = 实际缴纳的增值税和消费税额 \times 征收比率2\%$$

例12-2 位于县城的甲企业10月销售货物缴纳的增值税和消费税共计60万元，被税务机关查补增值税12万元，被加收罚款4万元，请计算甲企业10月应缴纳的城市维护建设税、教育费附加、地方教育费附加。

答案与解析 城市维护建设税的计税依据包括实际缴纳的"两税"和补缴的"两税"，不包括有关的罚款和滞纳金。则甲企业10月应缴纳的城市维护建设税 = (60 + 12) × (5% + 3% + 2%) = 7.2（万元）。

四、教育费附加的减免规定

（1）对海关进口的产品征收的增值税、消费税，不征收教育费附加。

（2）对由于减免增值税、消费税而发生退税的，可同时退还已征收的教育费附加。但对出口产品退还增值税、消费税的，不退还已征的教育费附加。

（3）对国家重大水利工程建设基金免征教育费附加。

（4）对按月纳税的月销售额或营业额不超过10万元（按季度纳税的季度销售额或营业额不超过30万元）的缴纳义务人，免征教育费附加、地方教育附加。

第三节 车辆购置税

现行车辆购置税是对原来由公路管理部门征收的车辆购置附加费实行"费改税"而形成的一种税。1985年，为了给公路建设筹集专用资金，国务院决定征收车辆购置附加费。2001年，实施"费改税"，将公路管理部门征收的车辆购置附加费改为由税务机关征收的车辆购置税。2018年12月29日，第十三届全国人民代表大会常务委员会第七次会议通过《中国华人民共和国车辆购置税法》，2019年7月1日施行，《车辆购置税暂行条例》上升为法律。

一、纳税义务人

在我国境内购置汽车、有轨电车、汽车挂车、排气量超过150毫升的摩托车（以下统称应税车辆）的单位和个人，为车辆购置税的纳税人。

二、征收范围

车辆购置税的征收范围包括购置汽车、有轨电车、汽车挂车、摩托车（排气量超过150毫升）。

三、计税依据

车辆购置税采取从价计征的办法，根据应税车辆的计税价格征收。根据不同情况，车辆的计税价格按照下列规定确定：

（1）纳税人购买自用的应税车辆，计税价格为支付给销售者的全部价款，但不含增值税。计算公式为：

$$计税价格 = 全部价款 \div (1 + 增值税税率13\%)$$

（2）纳税人进口自用的应税车辆，计税价格为组成计税价格。计算公式为：

$$组成计税价格 = 关税完税价格 + 关税 + 消费税$$

（3）纳税人自产自用应税车辆，计税价格按照纳税人生产的同类应税车辆的销售价格确定，不包括增值税税款。

（4）纳税人以受赠、获奖或者其他方式取得自用的应税车辆，计税价格按照购置应税车辆时相关凭证载明的价格确定，不包括增值税款。

纳税人申报的车辆计税价格明显偏低，又无正当理由的，由税务机关依照税收征管法的规定来核定应纳税额。

四、税率及税额计算

车辆购置税采用比例税率，税率为10%。

车辆购置税按照不含增值税的计税价格和税率计算应纳税额。应纳税额的计算公式为：

$$应纳税额 = 计税价格 \times 税率10\%$$

例 12-3　2019年12月，李先生购买一辆轿车自用，支付含增值税的价款230 000元，请计算李先生应缴纳的车辆购置税税额。

答案与解析　应按照不含增值税的价格计算车辆购置税，即李先生应缴纳的车辆购置税 = 230 000 ÷ (1 + 13%) × 10% = 20 353.98（元）。

五、车辆购置税的免税优惠

（1）外国驻华使馆、领事馆和国际组织驻华机构及其外交人员自用的车辆免税。
（2）解放军和武警部队列入装备订货计划的车辆免税。
（3）悬挂应急救援专用号牌的国家综合性消防救援车辆免税。
（4）设有固定装置的非运输专用作业车辆免税。
（5）自2016年1月1日至2020年12月31日，城市公交企业购置的公共汽电车辆免税。
（6）防汛部门和森林消防部门用于指挥、检查、调度、报汛、联络的设有固定装置的指定型号车辆免税。
（7）回国服务留学人员用现汇购买1辆自用国产小汽车免税。
（8）长期来华定居专家进口1辆自用小汽车免税。
（9）农用三轮运输车免税。

六、征收与管理

（1）车辆购置税实行一次征收制度。购置已征车辆购置税的车辆，不再征收车辆购置税。
（2）车辆购置税由税务局征收。纳税人购置应税车辆，应当向车辆登记地的主管税务机关申报纳税；购置不需要办理车辆登记的应税车辆，应当向纳税人所在地的主管税务机关申报纳税。
（3）车辆购置税纳税义务发生时间为纳税人购置应税车辆的当日。纳税人应当自纳税义务之日起60日内申报缴纳车辆购置税。
（4）纳税人应当在向公安机关车辆管理机构办理车辆登记注册前，缴纳车辆购置税。

（5）车辆购置税税款应当一次缴清。纳税人以外汇结算应税车辆价款的，按照申报纳税之日的人民币汇率中间价折合成人民币计算应纳税款。

（6）免税、减税车辆因转让、改变用途等不再属于免税、减税范围的，应当在办理车辆转移登记或者变更登记前缴纳车辆购置税。计税价格以免税、减税车辆初次办理纳税申报时确定的计税价格为基准，每满一年扣减10%。

（7）纳税人将已征车辆购置税的车辆退回车辆生产企业或者销售企业的，可以向主管税务机关申请退还车辆购置税。退税额以已缴税款为基准，自缴纳税款之日至申请退税之日，每满一年扣减10%。

（8）纳税人、税务机关及其工作人员违反车辆购置税法，依照《中华人民共和国税收征收管理法》和相关法律法规追究责任。

> **小资料**
>
> **车辆购置税16年来共征税22 933亿元**
>
> 车辆购置税制度对于组织财政收入、促进交通基础设施建设和引导汽车产业发展都发挥了重要作用。《中华人民共和国车辆购置税暂行条例》规定，我国自2001年1月起对购置应税车辆的单位和个人征收车辆购置税，截至2016年底，全国累计征收车辆购置税22 933亿元，年均增长17%。
>
> 资料来源：经济日报，2017-08-08。

第四节　环境保护税

从1979年起，我国决定由环保部门对污染物的排放征收"排污费"，实施将近40年。2016年，根据税收法定原则，第十二届全国人大常委会第二十五次会议通过了《中华人民共和国环境保护税法》（简称《环境保护税法》），从2018年1月1日起施行，而《排污费征收使用管理条例》同时废止，完成了又一项"费改税"的改革任务。

一、环境保护税的概念

根据《环境保护税法》，为了保护和改善环境，减少污染物排放，我国决定开征环境保护税。

环境保护税是对在中华人民共和国领域排放应税污染物的单位和经营者征收的一种税。

二、环境保护税的特点

（1）开征环境保护税的目的是减少污染物的排放，具有"寓禁于征"的特点。

（2）由于污染物种类多，排污量的计量复杂，征管比较复杂，需要环保管理部门协作配合征收。

（3）环境保护税以污染当量为计税依据，该税发挥作用越好，污染当量就越小，则征得的税收收入越少。

（4）环境保护税属于地方税收，用于保护和改善地方环境。

三、纳税义务人

在中华人民共和国领域和中华人民共和国管辖的其他海域，直接向环境排放应税污染物的企业事业单位和其他生产经营者为环境保护税的纳税人，应当按照规定缴纳环境保护税。

本法所称应税污染物，是指本法所附《环境保护税税目税额表》（见表12-1），《应税污染物和当量值表》（见表12-2）规定的大气污染物、水污染物、固体废物和噪声。

有下列情形之一的，不属于直接向环境排放污染物，不缴纳相应污染物的环境保护税：

（1）企业单位、事业单位和其他生产经营者向依法设立的污水集中处理、生活垃圾集中处理场所排放应税污染物的；

（2）企业单位、事业单位和其他生产经营者在符合国家和地方环境保护标准的设施、场所贮存或者处置固体废物的。

依法设立的城乡污水集中处理、生活垃圾集中处理场所超过国家和地方规定的排放标准向环境排放应税污染物的，应当缴纳环境保护税。企业单位、事业单位和其他生产经营者贮存或者处置固体废物不符合国家和地方环境保护标准的，应当缴纳环境保护税。

四、税目和税率

（一）税目

环境保护税税目包括大气污染物、水污染物、固定废物和噪声四类。

（二）税率

环境保护税采用定额税率，其中，对应税大气污染物和水污染物规定了幅度定额税率。

环境保护税的税目、税额，依照本法所附《环境保护税税目税额表》执行。应税大气污染物和水污染物的具体适用税额的确定及调整，由省、自治区、直辖市人民政府统筹考虑本地区环境承载能力、污染物排放现状和经济社会生态发展目标要求，在本法所附《环境保护税税目税额表》规定的税额幅度内提出，报同级人民代表大会常务委员会决定，并报全国人民代表大会常务委员会和国务院备案。

五、计税依据

应税污染物的计税依据，按照下列方法确定：

（1）应税大气污染物按照污染物排放量折合的污染当量数确定；

（2）应税水污染物按照污染物排放量折合的污染当量数确定；

（3）应税固体废物按照固体废物的排放量确定；

（4）应税噪声按照超过国家规定标准的分贝数确定。

应税大气污染物、水污染物的污染当量数，以该污染物的排放量除以该污染物的污染当量值计算。每种应税大气污染物、水污染物的具体污染当量值，依照本法所附《应税污染物和当量值表》执行。

每一排放口或者没有排放口的应税大气污染物，按照污染当量数从大到小排序，对前三项污染物征收环境保护税。每一排放口的应税水污染物，按照本法所附《应税污染物和当量值表》，区分第一类水污染物和其他类水污染物，按照污染当量数从大到小排序，对第一类水污染物按照前五项征收环境保护税，对其他类水污染物按照前三项征收环境保护税。省、自治区、直辖市人民政府根据本地区污染物减排的特殊需要，可以增加同一排放口征收环境保护税的应税污染物项目数，报同级人民代表大会常务委员会决定，并报全国人民代表大会常务委员会和国务院备案。

关于应税大气污染物和水污染物排放量的监测计算问题，纳税人委托监测机构对应税大气污染物和水污染物排放量进行监测时，其当月同一个排放口排放的同一种污染物有多个监测数据的，应税大气污染物按照监测数据的平均值计算应税污染物的排放量；应税水污染物按照监测数据以流量为权的加权平均值计算应税污染物的排放量。在环境保护主管部门规定的监测时限内当月无监测数据的，可以跨月沿用最近一次的监测数据计算应税污染物排放量。纳入排污许可管理行业的纳税人，其应税污染物排放量的监测计算方法按照排污许可管理要求执行。因排放污染物种类多等不具备监测条件的，纳税人应当按照《关于发布计算污染物排放量的排污系数和物料衡算方法的公告》（原环境保护部公告〔2017〕第81号）的规定计算应税污染物排放量。其中，相关行业适用的排污系数方法中产排污系数为区间值的，纳税人结合实际情况确定具体适用的产排污系数值；纳入排污许可管理行业的纳税人按照排污许可证的规定确定。生态环境部尚未规定适用排污系数、物料衡算方法的，暂由纳税人参照缴纳排污费时依据的排污系数、物料衡算方法及抽样测算方法计算应税污染物的排放量。

关于应税水污染物污染当量数的计算问题，应税水污染物的污染当量数，以该污染物的排放量除以该污染物的污染当量值计算。其中，色度的污染当量数，以污水排放量乘以色度超标倍数再除以适用的污染当量值计算。畜禽养殖业水污染物的污染当量数，以该畜禽养殖场的月均存栏量除以适用的污染当量值计算。畜禽养殖场的月均存栏量按照月初存栏量和月末存栏量的平均数计算。

关于应税固体废物排放量计算，应税固体废物的排放量为当期应税固体废物的产生量减去当期应税固体废物贮存量、处置量、综合利用量的余额。纳税人应当准确计量应税固体废物的贮存量、处置量和综合利用量，未准确计量的，不得从其应税固体废物的产生量中减去。纳税人依法将应税固体废物转移至其他单位和个人进行贮存、处置或者综合利用的，固体废物的转移量相应计入其当期应税固体废物的贮存量、处置量或者综合利用量；纳税人接收的应税固体废物转移量，不计入其当期应税固体废物的产生量。纳税人对应税固体废物进行综合利用的，应当符合工业和信息化部制定的工业固体废物综合利用评价管理规范。

应税大气污染物、水污染物、固体废物的排放量和噪声的分贝数，按照下列方法和顺序计算：

（1）纳税人安装使用符合国家规定和监测规范的污染物自动监测设备的，按照污染物自动监测数据计算。

（2）纳税人未安装使用污染物自动监测设备的，按照监测机构出具的符合国家有关规定和监测规范的监测数据计算。

（3）由于排放污染物种类多等不具备监测条件的，按照国务院环境保护主管部门规定的排污系数、物料衡算方法计算。

（4）不能按照上述第（1）项至第（3）项规定的方法计算的，按照省、自治区、直辖市人民政府环境保护主管部门规定的抽样测算的方法核定计算。

污染当量，是指根据污染物或者污染排放活动对环境的有害程度以及处理的技术经济性，衡量不同污染物对环境污染的综合性指标或者计量单位。同一介质相同污染当量的不同污染物，其污染程度基本相当。

排污系数，是指在正常技术经济和管理条件下，生产单位产品所应排放的污染物量的统计平均值。

物料衡算，是指根据物质质量守恒原理对生产过程中使用的原料、生产的产品和产生的废物等进行测算的一种方法。

六、税额计算

环境保护税应纳税额按照下列方法计算：
（1）应税大气污染物的应纳税额为污染当量数乘以具体适用税额。
（2）应税水污染物的应纳税额为污染当量数乘以具体适用税额。
（3）应税固体废物的应纳税额为固体废物排放量乘以具体适用税额。

(4) 应税噪声的应纳税额为超过国家规定标准的分贝数对应的具体适用税额。噪声超标分贝数不是整数值的，按四舍五入取整。一个单位的同一监测点当月有多个监测数据超标的，以最高一次超标声级计算应纳税额。

例 12-4 甲企业 2018 年 8 月产生尾矿 800 吨，其中，符合国家相关规定综合利用尾矿 240 吨，在符合国家及地方环保标准的设施贮存 200 吨。尾矿环境保护税税率为每吨 15 元，请计算甲企业当月尾矿应缴纳的环境保护税税额。

答案与解析 尾矿排放量 = 800 – 240 – 200 = 360（吨），尾矿当月环境保护税应纳税额 = 360 × 15 = 5 400（元）。

例 12-5 甲化工厂 2018 年 8 月排放应税水污染物 80 吨，污染当量值为 0.1 千克，化工厂当地水污染物适用税率为每污染当量 2.8 元，请计算甲化工厂当月应缴纳的环境保护税税额。

答案与解析 水污染的当量数 = 80 × 1 000 ÷ 0.1 = 80 000（元），因为每污染当量的税额是 2.8 元，则甲化工厂当月应缴纳的环境保护税 = 80 000 × 2.8 = 224 000（元）。

例 12-6 甲企业 2019 年 8 月向大气直排废气二氧化硫 80 千克、一氧化碳 200 千克、氟化物 100 千克、氯化氢 100 千克，假设当地大气污染物每污染当量税额 1.5 元，甲企业只有一个排放口，请计算甲企业当月应缴纳环境保护税税额。

答案与解析
第一步：计算各污染物的污染当量数。
$$污染当量数 = 该污染物的排放量 ÷ 该污染物的污染当量值$$
二氧化硫污染当量数 = 80 ÷ 0.95 = 84.21
一氧化碳污染当量数 = 200 ÷ 16.7 = 11.98
氟化物污染当量数 = 100 ÷ 0.87 = 114.94
氯化氢污染当量数 = 100 ÷ 10.75 = 9.30

第二步：污染当量数排序。
氟化物污染当量数（114.94）二氧化硫污染当量数（84.21）＞一氧化碳污染当量数（11.98）＞氯化氢污染当量数（9.3）
因为该企业只有一个排放口，按前三项污染物纳税。
第三步：计算应纳税额。
应纳税额 =（114.94 + 84.21 + 11.98）× 1.5 = 316.70(元)

七、税收减免

下列情形，暂予免征环境保护税：
(1) 农业生产（不包括规模化养殖）排放应税污染物的。
(2) 机动车、铁路机车、非道路移动机械、船舶和航空器等流动污染源排放应税污染物的。
(3) 依法设立的城乡污水集中处理、生活垃圾集中处理场所排放相应应税污染物，不超过国家和地方规定的排放标准的。
(4) 纳税人综合利用的固体废物，符合国家和地方环境保护标准的。
(5) 国务院批准免税的其他情形。

纳税人排放应税大气污染物或者水污染物的浓度值低于国家和地方规定的污染物排放标准

30%的，减按75%征收环境保护税。纳税人排放应税大气污染物或者水污染物的浓度值低于国家和地方规定的污染物排放标准50%的，减按50%征收环境保护税。

（6）声源一个月内累计昼间超标不足15昼或者累计夜间超标不足15夜的，分别减半计算应纳税额。

八、征收管理

县级以上地方人民政府应当建立税务机关、环境保护主管部门和其他相关单位分工协作工作机制，加强环境保护税征收管理，保障税款及时足额入库。环境保护主管部门和税务机关应当建立涉税信息共享平台和工作配合机制。环境保护主管部门应当将排污单位的排污许可、污染物排放数据、环境违法和受行政处罚情况等环境保护相关信息，定期交送税务机关。税务机关应当将纳税人的纳税申报、税款入库、减免税额、欠缴税款以及风险疑点等环境保护税涉税信息，定期交送环境保护主管部门。

（一）纳税义务发生时间

纳税义务发生时间为纳税人排放应税污染物的当日。

（二）纳税地点

纳税人应当向应税污染物排放地的税务机关申报缴纳环境保护税。

（三）纳税期限

环境保护税按月计算，按季申报缴纳。不能按固定期限计算缴纳的，可以按次申报缴纳。纳税人申报缴纳时，应当向税务机关报送所排放应税污染物的种类、数量，大气污染物、水污染物的浓度值，以及税务机关根据实际需要要求纳税人报送的其他纳税资料。

纳税人按季申报缴纳的，应当自季度终了之日起15日内，向税务机关办理纳税申报并缴纳税款。纳税人按次申报缴纳的，应当自纳税义务发生之日起15日内，向税务机关办理纳税申报并缴纳税款。

纳税人应当依法如实办理纳税申报，对申报的真实性和完整性承担责任。税务机关应当将纳税人的纳税申报数据资料与环境保护主管部门交送的相关数据资料进行比对。税务机关发现纳税人的纳税申报数据资料异常或者纳税人未按照规定期限办理纳税申报的，可以提请环境保护主管部门进行复核，环境保护主管部门应当自收到税务机关的数据资料之日起15日内向税务机关出具复核意见。税务机关应当按照环境保护主管部门复核的数据资料调整纳税人的应纳税额。

关于应税固体废物排放量的纳税申报，应当向税务机关报送应税固体废物的产生量、贮存量、处置量和综合利用量，同时报送能够证明固体废物流向和数量的纳税资料，包括固体废物处置利用委托合同、受委托方资质证明、固体废物转移联单、危险废物管理台账复印件等。有关纳税资料已在环境保护税基础信息采集表中采集且未发生变化的，纳税人不再报送。纳税人应当参照危险废物台账管理要求，建立其他应税固体废物管理台账，如实记录产生固体废物的种类、数量、流向，以及贮存、处置、综合利用、接收转入等信息，并将应税固体废物管理台账和相关资料留存备查。

表12-1 环境保护税税目税额表

税目	计税单位	税额	备注
大气污染物	每污染当量	1.2元至12元	
水污染物	每污染当量	1.4元至14元	

(续)

税目		计税单位	税额	备注
固体废物	煤矸石	每吨	5 元	
	尾矿	每吨	15 元	
	危险废物	每吨	1 000 元	
	冶炼渣、粉煤灰、炉渣、其他固体废物（含半固态、液态废物）	每吨	25 元	
噪声	工业噪声	超标 1～3 分贝	每月 350 元	1. 一个单位边界上有多处噪声超标，根据最高一处超标声级计算应纳税额；当沿边界长度超过 100 米有两处以上的噪声超标，按照两个单位计算应纳税额 2. 一个单位有不同地点作业场所的，应当分别计算应纳税额，合并计征 3. 昼、夜均超标的环境噪声，昼、夜分别计算应纳税额，累计计征 4. 声源一个月内超标不足 15 天的，减半计算应纳税额 5. 夜间频繁突发和夜间偶然突发厂界超标噪声，按等效声级和峰值噪声两种指标中超标分贝值高的一项计算应纳税额
		超标 4～6 分贝	每月 700 元	
		超标 7～9 分贝	每月 1 400 元	
		超标 10～12 分贝	每月 2 800 元	
		超标 13～15 分贝	每月 5 600 元	
		超标 16 分贝以上	每月 11 200 元	

表 12-2　应税污染物和当量值表

一、第一类水污染物污染当量值

污染物	污染当量值（千克）	污染物	污染当量值（千克）
1. 总汞	0.000 5	6. 总铅	0.025
2. 总镉	0.005	7. 总镍	0.025
3. 总铬	0.04	8. 苯并（a）芘	0.000 000 3
4. 六价铬	0.02	9. 总铍	0.01
5. 总砷	0.02	10. 总银	0.02

二、第二类水污染物污染当量值

污染物	污染当量值（千克）	备注
11. 悬浮物（SS）	4	
12. 生化需氧量（BOD_5）	0.5	同一排放口中的化学需氧量、生化需氧量和总有机碳，只征收一项
13. 化学需氧量（COD_{cr}）	1	
14. 总有机碳（TOC）	0.49	
15. 石油类	0.1	
16. 动植物油	0.16	
17. 挥发酚	0.08	
18. 总氰化物	0.05	
19. 硫化物	0.125	
20. 氨氮	0.8	

(续)

污染物	污染当量值（千克）	备注
21. 氟化物	0.5	
22. 甲醛	0.125	
23. 苯胺类	0.2	
24. 硝基苯类	0.2	
25. 阴离子表面活性剂（LAS）	0.2	
26. 总铜	0.1	
27. 总锌	0.2	
28. 总锰	0.2	
29. 彩色显影剂（CD-2）	0.2	
30. 总磷	0.25	
31. 单质磷（以P计）	0.05	
32. 有机磷农药（以P计）	0.05	
33. 乐果	0.05	
34. 甲基对硫磷	0.05	
35. 马拉硫磷	0.05	
36. 对硫磷	0.05	
37. 五氯酚及五氯酚钠（以五氯酚计）	0.25	
38. 三氯甲烷	0.04	
39. 可吸附有机卤化物（AOX）（以Cl计）	0.25	
40. 四氯化碳	0.04	
41. 三氯乙烯	0.04	
42. 四氯乙烯	0.04	
43. 苯	0.02	
44. 甲苯	0.02	
45. 乙苯	0.02	
46. 邻-二甲苯	0.02	
47. 对-二甲苯	0.02	
48. 间-二甲苯	0.02	
49. 氯苯	0.02	
50. 邻二氯苯	0.02	
51. 对二氯苯	0.02	
52. 对硝基氯苯	0.02	
53. 2,4-二硝基氯苯	0.02	
54. 苯酚	0.02	
55. 间-甲酚	0.02	
56. 2,4-二氯酚	0.02	
57. 2,4,6-三氯酚	0.02	
58. 邻苯二甲酸二丁酯	0.02	
59. 邻苯二甲酸二辛酯	0.02	
60. 丙烯腈	0.125	
61. 总硒	0.02	

三、pH 值、色度、大肠菌群数、余氯量水污染物污染当量值

污染物		污染当量值	备注
1. pH 值	1. 0—1，13—14	0.06 吨污水	pH 值 5—6 指大于等于 5 小于 6；pH 值 9—10 指大于 9 小于等于 10，其余类推
	2. 1—2，12—13	0.125 吨污水	
	3. 2—3，11—12	0.25 吨污水	
	4. 3—4，10—11	0.5 吨污水	
	5. 4—5，9—10	1 吨污水	
	6. 5—6	5 吨污水	
2. 色度		5 吨水·倍	
3. 大肠菌群数（超标）		3.3 吨污水	大肠菌群数和总余氯只征收一项
4. 余氯量（用氯消毒的医院废水）		3.3 吨污水	

四、禽畜养殖业、小型企业和第三产业水污染物污染当量值

（本表仅适用于计算无法进行实际监测或者物料衡算的禽畜养殖业、小型企业和第三产业等小型排污者的水污染物污染当量数）

类型		污染当量值	备注
禽畜养殖场	1. 牛	0.1 头	仅对存栏规模大于 50 头牛、500 头猪、5 000 羽鸡、鸭等的禽畜养殖场征收
	2. 猪	1 头	
	3. 鸡、鸭等家禽	30 羽	
4. 小型企业		1.8 吨污水	
5. 饮食娱乐服务业		0.5 吨污水	
6. 医院	消毒	0.14 床	医院病床数大于 20 张的按本表计算污染当量
		2.8 吨污水	
	不消毒	0.07 床	
		1.4 吨污水	

五、大气污染物污染当量值

污染物	污染当量值（千克）	污染物	污染当量值（千克）	污染物	污染当量值（千克）
1. 二氧化硫	0.95	16. 镉及其化合物	0.03	31. 苯胺类	0.21
2. 氮氧化物	0.95	17. 铍及其化合物	0.000 4	32. 氯苯类	0.72
3. 一氧化碳	16.7	18. 镍及其化合物	0.13	33. 硝基苯	0.17
4. 氯气	0.34	19. 锡及其化合物	0.27	34. 丙烯腈	0.22
5. 氯化氢	10.75	20. 烟尘	2.18	35. 氯乙烯	0.55
6. 氟化物	0.87	21. 苯	0.05	36. 光气	0.04
7. 氰化氢	0.005	22. 甲苯	0.18	37. 硫化氢	0.29
8. 硫酸雾	0.6	23. 二甲苯	0.27	38. 氨	9.09
9. 铬酸雾	0.000 7	24. 苯并（a）芘	0.000 002	39. 三甲胺	0.32
10. 汞及其化合物	0.000 1	25. 甲醛	0.09	40. 甲硫醇	0.04
11. 一般性粉尘	4	26. 乙醛	0.45	41. 甲硫醚	0.28
12. 石棉尘	0.53	27. 丙烯醛	0.06	42. 二甲二硫	0.28
13. 玻璃棉尘	2.13	28. 甲醇	0.67	43. 苯乙烯	25
14. 炭黑尘	0.59	29. 酚类	0.35	44. 二硫化碳	20
15. 铅及其化合物	0.02	30. 沥青烟	0.19		

第五节　印花税

印花税始于1624年的荷兰，很快成为世界性税种。目前世界上有90多个国家和地区征收印花税。我国于清朝末年开始征收印花税。1988年，国务院颁布并实施《中华人民共和国印花税暂行条例》，对书立合同、领用证照、设立账簿等行为征收印花税。1992年，国家决定对证券交易征收印花税。2018年财政部对印花税法草案向社会征求意见。

一、印花税的概念

印花税是对在经济活动和经济交往中书立、使用、领受具有法律效力的凭证的单位和个人征收的一种税，因采用在凭证上粘贴印花税票的办法征税而得名。

二、印花税的特点和意义

（一）印花税的特点

（1）覆盖面广。印花税法规定的征税范围广泛，凡税法列举的合同或具有合同性质的凭证、产权转移书据、营业账簿，以及权利、许可证照等，都必须依法纳税，涉及经济活动的各个方面。

（2）税率低，税负轻。印花税最高税率为2‰，最低税率为0.05‰。按定额税率征税的，每件5元。这就是说，与其他税种相比，印花税税率确实要低得多。显然，纳税人的税收负担就要轻一些。

（3）纳税人自行完税。印花税与其他税种不同，实行"三自"的纳税办法，即纳税人在书立、使用、领受应税凭证发生纳税义务的同时，先根据凭证的计税金额和应使用的税目税率，自行计算其应纳税额；再由纳税人自行购买印花税票，并一次足额粘贴在应税凭证上；最后由纳税人按印花税法的规定对已粘贴的印花税票自行注销或者划销。至此，纳税人的纳税义务才算履行完毕。

（4）轻税重罚。印花税虽然税负较轻，但一旦纳税人违反了印花税法，采取各种手段少纳或不纳税，税法对纳税人的处罚是十分严厉的，可处以税额5倍的罚款。

（二）印花税的意义

（1）有利于增加财政收入。
（2）有利于提高纳税人的纳税意识。
（3）有利于促进纳税人各项经济行为的规范化、法制化。
（4）有利于在国际经济交往中维护国家主权。

三、纳税义务人

印花税的纳税义务人订立、领受在中华人民共和国境内具有法律效力的应税凭证，或者在中华人民共和国境内进行证券交易的单位和个人。

印花税法所称应税凭证，是指本法所附《印花税税目税率表》（见表12-3）规定的书面形式的合同，产权转移书据，营业账簿，权利、许可证照。印花税法所称证券交易，是指在依法设立的证券交易所上市交易或者在国务院批准的其他证券交易场所转让公司股票和以股票为基础发行的存托凭证。

表 12-3　印花税税目税率表

税目		税率	备注
合同	买卖合同	支付价款的 0.3‰	指动产买卖合同
	借款合同	借款金额的 0.05‰	指银行业金融机构和借款人（不包括银行同业拆借）订立的借款合同
	融资租赁合同	租金的 0.05‰	
	租赁合同	租金的 1‰	
	加工承揽合同	支付报酬的 0.3‰	
	建筑工程合同	支付价款的 0.3‰	
	货物运输合同	运输费用的 0.5‰	指货运合同和多式联运合同（不包括管道运输合同）
	技术合同	支付价款、报酬或者使用费的 0.3‰	
	保管合同	保管费的 1‰	
	仓储合同	仓储费的 1‰	
	财产保险合同	保险费的 1‰	不包括再保险合同
产权转移书据	土地使用权出让和转让书据；房屋等建筑物、构筑物所有权、股权（不包括上市和挂牌公司股票）、商标专用权、著作权、专利权、专有技术使用权转让书据	支付价款的 0.5‰	
权利、许可证照	不动产权证书、营业执照、商标注册证、专利证书	每件 5 元	
营业账簿		实收资本（股本）、资本公积合计金额的 0.25‰	
证券交易		成交金额的 1‰	对证券交易的出让方征收，不对证券交易的受让方征收

四、税目和税率

（一）税目

印花税的税目划定了印花税的征税范围。一般地说，列入税目的就要征税，未列入税目的就不征税。印花税的税目可分为五类：

（1）合同，包括买卖合同、借款合同、融资租赁合同、租赁合同、承揽合同、建设工程合同、运输合同、技术合同、保管合同、仓储合同、财产保险合同。

（2）产权转移书据，包括土地使用权出让和转让书据；房屋等建筑物、构筑物所有权、股权（不包括上市和挂牌公司股票）、商标专用权、著作权、专利权、专有技术使用权转让书据。

（3）权利、许可证照，包括不动产权证书、营业执照、商标注册证、专利证书。

（4）营业账簿。

（5）证券交易。

（二）税率

印花税的税率有两种形式，即比例税率和定额税率。

(1) 比例税率。在印花税的税目中，各类合同以及具有合同性质的凭证、产权转移书据、营业账簿，适用比例税率。

(2) 定额税率。在印花税的税目中，权利、许可证照适用定额税率，均为按件贴花，税额为每件5元。

五、印花税的计税依据

(1) 应税合同的计税依据，为合同列明的价款或者报酬，不包括增值税税款；合同中价款或者报酬与增值税税款未分开列明的，按照合计金额确定。

(2) 应税产权转移书据的计税依据，为产权转移书据列明的价款，不包括增值税税款；产权转移书据中价款与增值税税款未分开列明的，按照合计金额确定。

(3) 应税营业账簿的计税依据，为营业账簿记载的实收资本（股本）、资本公积合计金额。

(4) 应税权利、许可证照的计税依据，按件确定。

(5) 证券交易的计税依据，为成交金额。

(6) 应税合同、产权转移书据未列明价款或者报酬的，按照订立合同、产权转移书据时市场价格确定；依法应当执行政府定价的，按照其规定确定。不能按照这一方法确定的，按照实际结算的价款或者报酬确定。

(7) 以非集中交易方式转让证券时无转让价格的，按照办理过户登记手续前一个交易日收盘价计算确定计税依据；办理过户登记手续前一个交易日无收盘价的，按照证券面值计算确定计税依据。

六、应纳税额的计算

（一）计算公式

印花税的应纳税额，应根据应纳税证照或凭证的性质，对计税依据分别按比例税率或者定额税率计算。

1. 按比例税率的计算公式

$$应税合同应纳税额 = 价款或报酬 \times 适用税率$$
$$应纳产权转移书据应纳税额 = 价款 \times 适用税率$$
$$应税营业账簿的应纳税额 = 实收资本和资本公积合计金额 \times 适用税率$$
$$证券交易的应纳税额 = 成交金额 \times 适用税率$$

2. 按定额税率（固定税额）的计算公式

$$应税权利、许可证照的应纳税额 = 证照件数 \times 适用税额$$

如果同一应税凭证载有两个或者两个以上经济事项并分别列明价款或者报酬，按照各自适用税目税率计算应纳税额；未分别列明价款或者报酬的，应按税率高的计算应纳税额。同一应税凭证由两方或者两方以上当事人订立的，应当按照各自涉及的价款或者报酬分别计算应纳税额。

例12-7 甲、乙两家公司签订一份买卖合同，合同记载的买卖金额为400万元，印花税适用税率为0.3‰，请计算甲、乙两家公司应分别缴纳的印花税税额。

答案与解析 应纳税额 = 4 000 000 × 0.3‰ = 1 200（元）

例12-8 甲公司拥有记载不动产权证书3件、营业执照1件、商标注册证1件、专利证书6件，印花税适用定额税率每件5元，计算这些账簿、权利和许可证照应缴纳的印花税总额。

答案与解析 应纳税额 = (3 + 1 + 1 + 6) × 5 = 55（元）

七、免纳印花税事项

（1）应税凭证的副本或者抄本，免征印花税。

（2）农民、农民专业合作社、农村集体经济组织、村民委员会购买农业生产资料或者销售自产农产品订立的买卖合同和农业保险合同，免征印花税。

（3）无息或者贴息借款合同、国际金融组织向我国提供优惠贷款订立的借款合同、金融机构与小型微型企业订立的借款合同，免征印花税。

（4）财产所有权人将财产赠与政府、学校、社会福利机构订立的产权转移书据，免征印花税。

（5）军队、武警部队订立、领受的应税凭证，免征印花税。

（6）转让、租赁住房订立的应税凭证，免征个人（不包括个体工商户）应当缴纳的印花税。

（7）国务院规定免征或者减征印花税的其他情形。

八、征纳管理与纳税申报

（一）纳税方式

印花税采用贴花的纳税方式。证券交易印花税仍按现行规定，采取由证券登记结算机构代扣代缴方式。

（二）纳税期限

印花税按季、按年或者按次计征。实行按季、按年计征的，纳税人应当于季度、年度终了之日起15日内申报并缴纳税款。实行按次计征的，纳税人应当于纳税义务发生之日起15日内申报并缴纳税款。证券交易印花税按周解缴。证券登记结算机构为证券交易印花税的扣缴义务人。证券交易印花税的扣缴义务人应当于每周终了之日起5日内申报解缴税款及孳息。

（三）纳税义务发生时间

印花税纳税义务发生时间为纳税人订立、领受应税凭证或者完成证券交易的当日。证券交易印花税扣缴义务发生时间为证券交易完成的当日。

（四）纳税地点

单位纳税人应当向其机构所在地的主管税务机关申报缴纳印花税；个人纳税人应当向应税凭证订立、领受地或者居住地的税务机关申报缴纳印花税。纳税人出让或者转让不动产产权的，应当向不动产所在地的税务机关申报缴纳印花税。证券交易印花税的扣缴义务人应当向其机构所在地的主管税务机关申报缴纳扣缴的税款。

（五）税款补缴和退还

已缴纳印花税的凭证所载价款或者报酬增加的，纳税人应当补缴印花税；已缴纳印花税的凭证所载价款或者报酬减少的，纳税人可以向主管税务机关申请退还印花税税款。

（六）其他

证券交易印花税的纳税人或者税率调整，由国务院决定，并报全国人民代表大会常务委员会备案。纳税人、证券交易印花税的扣缴义务人和税务机关及其工作人员违反《中华人民共和国印花税法》规定的，依照《中华人民共和国税收征收管理法》和有关法律法规的规定追究法律责任。

第六节 契 税

我国契税起源于东晋的"估税"，当时规定买卖土地、奴隶、牛马，立有契券者，需向官府

"输估"。我国于 1950 年发布了《契税暂行条例》，规定土地和房屋买卖、典当、赠与或交换订立契约时，应纳契税。为适应我国的住房商品化和土地管理制度变革的情况，1997 年国务院重新颁布了《中华人民共和国契税暂行条例》。

一、契税的概念及沿革

契税是对我国境内转移土地使用权和房屋所有权时，依双方当事人所定契约向权属承受人征收的税种。

二、契税的特点和作用

契税具有对财产转移行为征税的性质，是由地方政府在办理验契过户手续时征收的，即只有契税征收机关确认权属过户手续合法时才准予纳税，完税后才颁发契证作为合法权属凭证，因此，契税的征收有利于保护不动产的合法权利和增加地方政府的财政收入。

三、征税对象及纳税义务人

（一）契税的征税对象

契税的征税对象是在我国境内转移土地、房屋权属的行为。具体包括以下五项内容：

1. 国有土地使用权出让

国有土地使用权出让是指土地使用者向国家交付土地使用权出让费用，国家将国有土地使用权在一定年限内让与土地使用者的行为。

2. 土地使用权的转让

土地使用权的转让是指土地使用者以出售、赠与、交换或者其他方式将土地使用权转移给其他单位和个人的行为。土地使用权的转让不包括农村集体土地承包经营权的转移。

3. 房屋买卖

房屋买卖是指房屋所有者将其房屋出售，由房屋承受者交付货币、实物、无形资产或者其他经济利益的行为。

以下几种特殊情况视同买卖房屋，应照章程缴纳契税：

（1）以房产抵债或实物交换房屋。
（2）以房产作投资或作股权转让。
（3）买房拆料或翻建新房。

4. 房屋赠与

房屋赠与是指房屋所有者将其房屋无偿转让给受赠者的行为。

5. 房屋交换

房屋交换是指房屋所有者之间互相交换房屋的行为。

（二）契税的纳税义务人

契税的纳税义务人是境内转移土地、房屋权属时，承受权属的单位和个人。

境内是指中华人民共和国实际税收行政管辖范围内。土地、房屋权属是指土地使用权和房屋所有权。单位是指企业单位、事业单位、国家机关、军事单位和社会团体以及其他组织。个人是指个体经营者及其他个人，包括中国公民和外籍公民。

四、税率及计税依据

（一）税率

契税实行有幅度的比例税率。

由于我国经济发展的不平衡，各地经济差别较大，契税实行 3%~5% 的幅度税率。各省、自治区、直辖市人民政府可以在幅度税率规定范围内，按照本地区的实际情况决定税率。

（二）计税依据

契税的计税依据为不动产的不含增值税价格。由于土地、房屋权属转移方式不同，定价方法不同，因而具体依据视不同情况而决定。

（1）对国有土地使用权的出让、土地使用权出售、房屋买卖，以成交价格为计税依据。成交价格是指土地、房屋权属转移合同确定的价格，包括承受者应交付的货币、实物、无形资产或者其他经济利益。

（2）对土地使用权赠与、房屋赠与，由征收机关参照土地使用权出售、房屋买卖的市场价格核定。

（3）对土地使用权交换、房屋交换，为所交换的土地使用权、房屋的价格的差额。也就是说，在交换价格不等时，由多交付货币、实物、无形资产或者其他经济利益的一方缴纳契税。

（4）对以划拨方式取得的土地使用权，经批准转让房地产时，由房地产转让者补交契税。计税依据为补交的土地使用权出让费用或者土地收益。

（5）房屋附属设施征收契税的依据：

1）不涉及土地使用权和房屋所有权转移变动的，不征收契税。

2）采取分期付款方式购买房屋附属设施土地使用权、房屋所有权的，应按合同规定的总价款缴纳契税。

3）承受的房屋附属设施权属如为单独计价，按照当地确定的适用税率缴纳契税；如与房屋统一计价，适用与房屋相同的契税税率。

（6）个人无偿赠与不动产行为（法定继承人除外），应由受赠人全额缴纳契税。

对成交价格明显低于市场价格并且无正当理由的，或者所交换土地使用权、房屋的价格的差额明显不合理并且无正当理由的，征收机关可以参照市场价格核定计税依据。计征契税的成交价格不含增值税。

五、应纳税额的计算

契税采用比例税率，当计税依据确定以后，应纳税额的计算比较简单，计算公式为：

$$应纳税额 = 计税依据 \times 适用税率$$

例 12-9 李先生是个人独资企业业主，本年 10 月，其以 400 万元的价格（不含增值税，下同）购入一处房屋作为办公场所，同时将其 2014 年购入的自有房屋作为企业的经营场所。适用契税税率为 4%，请计算李先生上述经济事项应缴纳的契税金额。

答案与解析 购入 400 万元的房屋应缴纳契税，自有房屋投入本人独资经营的企业不缴纳契税，则李先生应缴纳的契税 = 400 × 4% = 16（万元）。

六、税收优惠

契税相关法规对以下范围减免契税：

（1）国家机关、事业单位、社会团体、军事单位承受土地、房屋用于办公、教学、医疗、科研和军事设施的，免征契税。

（2）城镇职工按规定第一次购买公有住房，免征契税。此项规定仅限于第一次，并且是经县以上人民政府批准，在国家规定标准面积以内购买的公有住房。

（3）因不可抗力灭失住房而重新购买的，酌情减免。不可抗力是指自然灾害、战争等不能预见、不可避免，并且不能克服的客观情况。

（4）土地、房屋被县级以上人民政府征用、占用后，重新承受土地、房屋权属的，由省级人民政府确定是否减免。

（5）承受荒山、荒沟、荒丘、荒滩土地使用权，并用于农、林、牧、渔业生产的，免征契税。

（6）经外交部确认，依照我国有关法律规定以及我国缔结或参加的双边或多边条约、协定，应当予以免税的外国驻华使馆、领事馆、联合国驻华机构，以及外交代表、领事官员和其他外交人员承受土地、房屋权属的，免征契税。

（7）公租房经营单位购买住房作为公租房的，免征契税。

（8）对个人购买家庭唯一住房，面积为90平方米及以下的，减按1%的税率征收契税；面积为90平方米以上的，减按1.5%的税率征收契税。

（9）对个人购买家庭第二套改善性住房，面积为90平方米及以下的，减按1%的税率征收契税；面积为90平方米以上的，减按2%的税率征收契税。

（10）纳税人申请享受税收优惠的，根据纳税人的申请或授权，由购房所在地的房地产主管部门出具纳税人家庭住房情况书面查询结果，并将查询结果和相关住房信息及时传递给税务机关。暂不具备查询条件而不能提供家庭住房查询结果的，纳税人应向税务机关提交家庭住房实有套数书面诚信保证，诚信保证不实的，属于虚假纳税申报，不良诚信记录将被纳入个人征信系统。

（11）按照便民、高效原则，房地产主管部门应按规定及时出具纳税人家庭住房情况书面查询结果，税务机关应对纳税人提出的税收优惠申请限时办结。

（12）企业按照《中华人民共和国公司法》有关规定整体改制，包括非公司制企业改制为有限责任公司或股份有限公司，有限责任公司变更为股份有限公司，股份有限公司变更为有限责任公司，原企业投资主体存续并在改制（变更）后的公司中所持股权（股份）比例超过75%，且改制（变更）后公司承继原企业权利、义务的，对改制（变更）后公司承受原企业土地、房屋权属，免征契税。

（13）事业单位按照国家有关规定改制为企业，原投资主体存续并在改制后企业中出资（股权、股份）比例超过50%的，对改制后企业承受原事业单位土地、房屋权属，免征契税。

（14）两个或两个以上的公司合并为一个公司，且原投资主体存续的，对合并后公司承受原合并各方土地、房屋权属，免征契税。

（15）公司分立为两个或两个以上与原公司投资主体相同的公司，对分立后公司承受原公司土地、房屋权属，免征契税。

（16）企业依法实施破产，债权人（包括破产企业职工）承受破产企业抵偿债务的土地、房屋权属，免征契税；对非债权人承受破产企业土地、房屋权属，凡按照《中华人民共和国劳动法》等国家有关法律法规政策妥善安置原企业全部职工规定，与原企业全部职工签订服务年限不少于3年的劳动用工合同的，对其承受所购企业土地、房屋权属，免征契税；与原企业超过30%的职工签订服务年限不少于3年的劳动用工合同的，减半征收契税。

（17）对承受县级以上人民政府或国有资产管理部门按规定进行行政性调整、划转国有土地、房屋权属的单位，免征契税。

同一投资主体内部所属企业之间土地、房屋权属的划转，包括母公司与其全资子公司之间，同一公司所属全资子公司之间，同一自然人与其设立的个人独资企业、一人有限公司之间土地、房屋权属的划转，免征契税。母公司以土地、房屋权属向其全资子公司增资，视同划转，免征契税。

（18）经国务院批准实施债权转股权的企业，对债权转股权后新设立的公司承受原企业的土地、房屋权属，免征契税。

（19）在股权（股份）转让中，单位、个人承受公司股权（股份），公司土地、房屋权属不发生转移，不征收契税。

例 12-10　山东某市居民王先生一家于 2016 年以 60 万元的价格购买了一套 80 平方米的住房，2018 年 9 月，为改善居住条件，以 94.5 万元购买了第二套 100 平方米的住房，其中发票注明价款 90 万元，增值税 4.5 万元，请计算王先生一家两次共缴纳的契税税额。

答案与解析　第一套 90 平方米及以下的住房按 1% 征收契税；第二套改善性住房超过 90 平方米，按照 2% 征收契税。则张先生一家两次共缴纳的契税税额 = 60 × 1% + 90 × 2% = 2.4（万元）。

七、征收管理

纳税人在签订土地、房屋权属转移合同的当天，或者取得其他具有土地、房屋权属转移合同性质凭证的当天为纳税义务发生时间。

纳税人应当自纳税义务发生之日起 10 日内，向土地、房屋所在地的契税征收机关办理纳税申报，并在契税征收机关核定的期限内缴纳税款，索取完税凭证。

经批准减免税的纳税人改变有关土地、房屋的用途，不再属于减免税范围的，应当补交已经减免的税款。纳税义务发生时间为改变有关土地、房屋用途的当天。

符合减免税规定的纳税人，要在签订转移产权合同后 10 日内向土地、房屋所在地的征收机关办理减免税手续。

第七节　烟叶税

烟草行业是一个特殊行业，历史上就是财政收入的重要来源，也是饱受诟病的卷烟生产的原料来源。烟叶税是对特殊纳税人、特殊商品、为达到特殊目的而征收的特殊税种。

一、烟叶税的概念及沿革

烟叶税是以纳税人收购烟叶的收购金额为计税依据征收的一种税。

我国原来把烟叶作为一种农产品在农业税中列举征收，在 2006 年我国废除实行了 600 多年的农业税后，国务院公布实施了《中华人民共和国烟叶税暂行条例》，专门对烟叶征税。根据税收法定原则，2017 年全国人大常委会经过立法程序，通过了《中华人民共和国烟叶税法》，2018 年 7 月 1 日起实施，以税法替代了原来行政性的暂行条例。

二、烟叶税的特点

（1）纳税人特殊。纳税人仅限于有权收购烟叶的烟草公司。

（2）纳税环节单一。纳税人仅在收购环节缴纳烟叶税。

（3）烟叶税是地方税种。烟叶税作为县级财政完全独享的地方税，收入全部归于地方政府，为农村基层政府的运行提供了重要财源。此外，在全国约 500 多个种植烟叶的县中，有 185 个县属于国家扶贫开发重点县，烟叶税还对扶贫具有一定的作用。

三、烟叶税的主要征收制度

（一）纳税义务人

在中华人民共和国境内收购烟叶的单位为烟叶税的纳税人。

《中华人民共和国烟草专卖法》规定，"收购烟叶的单位"是指有权收购烟叶的烟草公司或者受其委托收购烟叶的单位。

（二）征税范围
烟叶税的征税范围是指晾晒烟叶、烤烟叶。

（三）计税依据
烟叶税的计税依据为纳税人收购烟叶实际支付的价款总额。

（四）税率
烟叶税实行比例税率，税率为20%。

（五）应纳税额的计算
烟叶税的应纳税额按照纳税人收购烟叶的收购金额和规定的税率计算。
应纳税额的计算公式为：

$$应纳税额 = 烟叶收购金额 \times 20\%$$

收购金额包括纳税人支付的烟叶收购价款和价外补贴。按照简化手续、方便征收的原则，对价外补贴统一暂按烟叶收购价款的10%计入收购金额征税。收购金额的计算公式为：

$$收购金额 = 收购价款 \times (1 + 10\%)$$

例 12-11 某烟草公司2018年9月支付烟叶收购价款90万元，另向烟农支付了价外补贴10万元，请计算该烟草公司9月收购烟叶应缴纳的烟叶税金额。

答案与解析 该业务应以实际支付的价款和价外补贴计税应纳税额。

$$收购金额 = 90 \times (1 + 10\%) = 99(万元)$$
$$应缴纳的烟叶税税额 = 99 \times 20\% = 19.8(万元)$$

（六）纳税义务发生时间
烟叶税的纳税义务发生时间为纳税人收购烟叶的当天。收购烟叶的当天是指纳税人向烟叶销售者收购付讫收购烟叶款项或者开具收购烟叶凭据的当天。

（七）纳税地点
纳税人收购烟叶，应当向烟叶收购地的主管税务机关申报纳税。按照税法的有关规定，烟叶收购地的主管税务机关是指烟叶收购地的县级地方税务局或者其所指定的税务分局、所。

（八）纳税期限
纳税人应当自纳税义务发生之日起30日内申报纳税。具体纳税期限由主管税务机关核定。

重要概念

城市维护建设税　　教育费附加　　地方教育附加　　车辆购置税　　环境保护税
印花税　　　　　　契税　　　　　烟叶税

思考题

1. 不同地区的纳税人为什么适用不同的城市维护建设税率？
2. 环境保护税的寓禁于征产生了哪些特点？
3. 印花税的应税项目包括哪些？
4. 车辆购置税有何特点？

练习题

1. 位于市区的甲企业为增值税一般纳税人，经营业务范围涵盖内销和出口，2019年8月实际向税务机关缴纳增值税48万元，出口货物抵免税额6万元，另外，进口应税消费品缴纳增值税17万元，缴纳消费税32万元。请计算甲企业8月应缴纳的城市维护建设税金额。

2. 甲公司和乙公司 9 月订立了两份合同：一份是以货易货合同，甲公司以价值 120 万元的货物换取乙公司价值 120 万元的货物；另一份是采购合同，甲公司购买乙公司 60 万元的货物，但该合同因故未能兑现。请计算甲公司应缴纳的印花税税额。

3. 居民甲因无力偿还拖欠居民乙的 300 万元款项，于 8 月以自有房产抵偿该笔债务，居民乙因此取得该房产产权并支付给居民甲差价 40 万元，当地政府规定的契税税率为 4%。请判断该笔契税应由谁缴纳，并计算应缴纳的契税税额。

4. 甲公司是汽车贸易企业，2018 年 9 月进口 12 辆小轿车，每辆小轿车的关税完税价格为 28 万元，当月销售 8 辆，取得含税销售收入 260 万元；2 辆公司自用，1 辆用于抵偿债务，合同约定的含税价格为 32 万元，小轿车关税税率为 28%，消费税税率为 9%，请计算该公司应缴纳的车辆购置税税额。

5. 甲企业为化工企业，该企业仅有一个排放口，经测量该企业 2018 年 11 月向大气直接排放一氧化碳 250 千克，二氧化硫 120 千克，氟化物 100 千克，氯化氢 90 千克，甲企业当地大气污染物每污染当量税额为 1.2 元，请计算甲企业当月应缴纳的环境保护税税额。

6. 某烟草公司 8 月支付烟叶收购价款 86 万元，另向烟农支付了价外补贴 9 万元，请计算该烟草公司 8 月收购烟叶应缴纳的烟叶税税额。

第十三章
跨国企业的国际税收

随着我国改革开放的发展，我国的外商投资企业不断增加，同时我国企业到外国投资建立的企业数也迅速增长，形成了一个中外投资你中有我、我中有你的局面。我国的跨国企业越来越多，与此相关的国际税收成为越来越重要的一个领域。我国与110个国家和地区签订了税收协定，就国家之间的税收关系做了非常丰富而具体的约定，成为国家之间的法律文件，需要跨国企业熟知。本书仅阐述国际税收的基本知识，为跨国企业理解和掌握各项国际税收协定提供支持。

导读

改革开放初期，国人的国际税收知识基本为零。例如，为了吸引外资，各经济特区、开发区和开放城市竞相对外资减免税收，但不知为什么外商不为所动。后来才明白，根据国际税收中税收抵免制度，我们减免的税收不能使外商受益，却流入其母国政府的口袋。只有和外国政府签订税收协定，并约定税收饶让的条款，才能使我们的税收优惠归属外商，产生对外商的吸引力。于是，我国与许多国家和地区签订了税收协定，促进了我国引进外资。

国际税收主要涉及由不同税收管辖权产生的国际双重征税及其避免问题。为了各自的税收利益，发达国家作为资本输出国一般采用属人主义的居民（公民）税收管辖权，而发展中国家作为资本输入国则注重实施属地主义的地域税收管辖权，两种不同税收管辖权对同一个跨国企业的征税就会产生国际双重征税。为了避免国际双重征税，OECD制定了适合发达国家之间的税收协定范本，联合国则制定了适合发达国家与发展中国家之间的协定范本。我国当时为了引进外资，是作为发展中国家采用了联合国范本与他国签订税收协定。

时过境迁，我国现在不但是引进外资的大国，也发展成为对外投资的大国。面对这样的局面，我国政府对外签订税收协定的立场与角度应该有所调整。更重要的是，我国对外投资的企业对国际税收尤其是如何避免国际双重征税是否具备了足够的知识和能力呢？

第一节 国际税收的内涵

很多人不了解国际税收，误将外国税收当作国际税收。理解国际税收的概念及其内涵，对跨国企业而言是最基本的常识。

一、国际税收的含义

国际税收是指在开放的经济条件下，由于纳税人的经济活动扩大到境外以及国与国之间的税制存在差异而带来的一些税收问题和税收现象。从本质上来说，国际税收是国家与国家之间的税收关系，也是作为纳税人的跨国企业的营商环境。国家之间的税收关系主要表现在以下两个方面：

(1) 国与国之间的税收分配关系。国与国之间的税收分配关系涉及对同一课税对象由哪国来征税，或征多少税的税收权益划分问题。当一国征税而导致另一国不能征税，或者当一国多征而另一国少征时，两国之间便会发生税收分配关系。

(2) 国与国之间的税收协调关系。征税是一个国家的主权，一个主权国家有权决定对什么征税及征多少税。对于征税问题，一国完全可以自行其是。然而，在现代的开放世界中，各国之间是相互依存、密不可分的。一个国家的税收制度会直接影响该国的国际贸易、国际投资、国际技术转让等。因此，在这种情况下，各国实际上并不能随意制定税收制度和行使自己的征税权，在许多问题上还必须考虑本国与其他国家之间的经济关系，这就要求国与国之间在税收制度和税收政策等方面进行一定的协调。这种国家之间协调的结果就形成了跨国企业必须面对的国际营商环境。

二、国际税收与国家税收的关系

国家税收是经过国家立法机关立法，随后由国家行政机关实施的，也被称为政府税收。国际税收是完全独立于主权国家之上的，二者是既有联系又有区别的两个概念。

国际税收与国家税收之间的联系表现在以下两个方面：一方面，国际税收不能脱离国家税收而单独存在。国家税收是国际税收的基础，没有国家税收，就不存在国与国之间的税法冲突和税制协调，国际税收也就无从谈起。另一方面，国家税收受到国际税收的影响。在国与国之间经济联系日益紧密的情况下，任何国家制定本国的税收制度都要考虑国际税收关系，一些国际税收的惯例和规范都应在本国的税收制度和税收征管过程中体现。

国际税收与国家税收的区别表现在两个方面：一方面，国家税收涉及在一个国家内部的国家和纳税人之间的利益分配关系，而国际税收是在国与国之间的税收分配关系和税收协调关系。另一方面，国家税收是靠国家的政治权力强制课税的形式，而国际税收是在国家之间产生税收矛盾的时候，按照国际规范调整矛盾而导致的国家间税收的重新分配和协调，不是凭借政治权力进行的强制课税形式。

三、国际税收的研究范围和研究内容

(一) 国际税收的研究范围

国际税收活动是由对跨国纳税人的征税矛盾引起的。国际税收的研究范围是由以下两个问题引出的：第一，对跨国纳税人的什么进行征税？第二，征哪种税会引起国家间税收权益变化、产生国际税收活动呢？对以上两个问题的回答就构成了国际税收的研究范围。关于第一个问题主要是从征收的税种方面进行考虑；第二个问题主要从国际税收准则和规范方面考虑。下面从两个方面来说明国际税收的研究范围。

第一个方面为税种方面。税收按征收对象的性质分类，大致可以分成所得税、商品税和财产税三大类。狭义的国际税收研究范围主要是在所得税和营业财产税上，对于商品税和营业财产税之外的其他财产税的国际影响和协调问题很少研究。广义的国际税收研究范围包括会产生的国际影响和需要协调的所有税种等，实际上包括了所得税、商品税和财产税三大类。

第二个方面为国际税收准则和规范方面。狭义的国际税收研究的国际税收协定主要是关于对所得和财产避免双重征税的协定。广义的国际税收研究的范围还包括其他的一些税种，如对遗产的继承和赠与避免双重征税的协定。此外，还包括其他的含有涉及国际税收问题条款和内容的国际规范。

(二) 国际税收的研究内容

国际税收的研究内容是根据确定的国际税收研究范围，需要具体、深入研究的有关国际税收问题。总的来说，国际税收的研究内容包括：国家间税收分配关系的形成、有关税收活动的出现及处理、协调国际税收问题的准则和规范。具体来说，国际税收的研究内容主要包括以下几个方面。

1. 税收管辖权问题

税收管辖权问题是国际税收中的一个根本性问题。重复征税的发生、国家间税收分配关系的协调，都同税收管辖权有密切关系。所以，国际税收学首先要研究的就是税收管辖权。

税收管辖权是一个国家的税收主权。税收管辖权有来源地税收管辖权、居民税收管辖权和公民税收管辖权之分，每个主权国家都有自己的税收管辖权。如果有关国家对同一笔跨国收入实行不同的税收管辖权，就会造成国际重复征税。因此，如何确定税收管辖权的原则、一国如何选择最有利的税收管辖权、如何协调各国税收管辖权的行使范围等，都是国际税收要研究的内容。

2. 国际重复征税问题

国际重复征税是指两个或两个以上国家，对从事跨国经济活动的同一纳税人所发生的同一征税对象同时征收相同或相似的税收，即发生重叠征税。国际重复征税产生的主要原因，是各国所行使的税收管辖权存在着重叠与交叉现象。国际重复征税问题主要研究国际重复征税的原因、减除国际重复征税的方式和方法等。

3. 跨国企业的征税问题

跨国企业是指跨国开展经营活动并在资本、财务、管理上相互关联的企业，其基本形式是以母子公司或总分公司关系构成的跨国公司集团。跨国公司经营形式的多样性及其与多个国家存在税收关系，使得对跨国企业的征税成为各个国家共同关注的问题。国际税收在这方面主要研究关联企业转移定价，以及如何处理、协调跨国企业的收入和费用在国家间的分配等问题。

4. 国际避税与反避税

国际避税是指纳税人以不违法的手段跨越国境，通过人或物的流动或不流动来达到减少或免除纳税的目的。国际避税并不是一种违法行为，而是利用了各国在税法衔接上的漏洞和规定上的缺陷。由于国际避税影响各国政府的财政收入，因此各国都采取积极的措施对国际避税加以防范和制止。这种活动被称为反避税。国际避税和反避税是国际税收研究的一项非常重要的内容。

5. 国际税收协定

国际税收协定是指两个或以上的主权国家，为了协调相互之间在处理跨国纳税人征税和其他方面的税收事务，依据国际关系准则所签订的一种协议或条约。一般而言，各国政府需要通过签订双边或多边的税收协定来规范国家间的税收分配关系，消除由于税收问题而引起的矛盾和冲突。

第二节 税收管辖权与国际重复征税

国际重复征税是跨国公司最为担心的问题之一，而产生国际重复征税的主要原因是各国所行使的税收管辖权存在重叠与交叉现象。

一、税收管辖权

国际税收中的诸多问题都直接或间接地与各国实行的税收管辖权有关，税收管辖权及其约束和规范问题是研究国际税收的出发点。

(一) 税收管辖权的含义

税收管辖权是指国家政治权力中对人和物征税的权力,是国家主权在税收领域中的体现,表现为一国政府在税收方面所行使的立法权和征税管理权。税收管辖权是国家政治权力的一部分。

税收管辖权不是在国际税收产生之后才出现的,而是在其产生之前就已经存在了。随着国际往来的频繁,国家之间税收管辖权的矛盾和冲突也越来越明显。随着这种冲突的日益严重,税收管辖权问题也引起了人们的重视,人们开始对各国间税收管辖权矛盾和冲突问题及其解决办法展开研究。

(二) 税收管辖权所依据的原则

税收管辖权是国家主权的重要组成部分,一个主权国家的政治权力所能达到的范围,包括地域范围和人的范围。地域范围是指一国可以对本国界内所有领土的全部空间行使政治权力;人的范围是指一国可以对与本国存在隶属关系的公民和居民行使政治权力。对这两种不同的范围,作为一国行使税收管辖权征税权力所遵循的理念,分别被称为属地原则和属人原则,也被称为属地主义和属人主义。

与税收管辖权类似,属地原则和属人原则也早在国际税收产生之前就已经存在了,只是随着国际交往的频繁,各国税收管辖权发生了矛盾冲突,属地原则和属人原则被人们所重视,并且又被赋予了新的含义。

1. 属地原则

税收管辖权的属地原则是指属地主权原则,也称为领域原则,是指一国以其地域范围作为行使征税权力所遵循的理念。按照属地原则,一国在行使征税权力时,只对来源于或存在于本国领土的征税对象征税,而不论纳税人是否为本国的公民或居民。

2. 属人原则

税收管辖权的属人原则又称国籍原则,是指一国以人员范围作为其行使征税权力所遵循的理念。税收管辖权的属人原则,涉及该国政治权力管辖的公民和居民。按照属人原则,一国在行使征税权力时,只对本国公民或居民征税,而对外国居民或公民则不征税。

上述的属地原则和属人原则是税收管辖权的最主要的两项原则,除此之外,还有保护性原则和普遍性原则,这两项原则对属地原则和属人原则具有辅助作用。由于税收管辖权是一种征税权,因此,任何一个主权国家,在不违背国际法和国际公约的情况下,都有权选择对本国最有利的税收管辖权。当然,税收管辖权的选择也不是单一的。

(三) 税收管辖权的类型

上述的属地原则和属人原则是两种不同的理念,在税收上分别表现为地域税收管辖权、公民税收管辖权和居民税收管辖权。这就是国际税收中的三种基本的税收管辖权类型。

1. 地域税收管辖权

地域税收管辖权是按照属地原则确立的一种税收管辖权。国家仅对产生于本国境内的征税对象征税。国家在行使地域管辖权时,不考虑与征税对象相联系的纳税人是哪一个国家的公民或居民,而是以征税对象在本国境内发生的事实为依据。纳税人若有来源或存在于该国境内的所得或财产,这个国家就可以对其征税,即使这个纳税人是一个外国的公民或居民也不例外;相反,一个纳税人如果没有来源于或存在于该领土范围内的所得或财产,这个国家就不能对其征税。

行使地域税收管辖权的前提条件是纳税人的所得或财产与征税国之间存在经济上的源泉关系。这些渊源联系的联结标志主要有:不动产所在地;常设机构所在地;投资产生的股息、利息、特许权使用费、租金的发生地;债务人或支付人所在地,等等。

2. 公民税收管辖权

公民税收管辖权是按照属人原则确立的一种税收管辖权。国家对具有本国国籍的公民在世界范围内的全部所得和财产行使征税权力，而不考虑该公民是否为本国居民。公民税收管辖权是以国籍为联结要素的，其行使依据是纳税人与本国之间存在人身隶属关系，而不考虑征税对象的发生地点，即使这个公民的所得和财产来源于或存在于其他国家的领土范围内也是一样的。依一国法律而设立的企业，也被视同于该国公民。

3. 居民税收管辖权

居民税收管辖权也是按照属人原则确定的税收管辖权。国家对本国法律规定的居民在世界范围内的全部所得和财产行使征税权力，而不考虑该项所得是否来源于境内。在一个实行居民税收管辖权的国家，只对居民征税，对非居民不征税，即使这个非居民的所得或财产来源于该国也同样如此。

实行居民管辖权的理论依据是：国家对居民提供了公共服务和法律保护，那么居民就应该对国家履行纳税义务，这是一种权利与义务的对等关系。因此，对居民来源于境外的收入而言，收入来源国不能独占税收管辖权，税收收益应该在收入来源国和居住国之间进行分配。

（四）税收管辖权的实施

一个国家对税收管辖权类型的选择，是一种经过深思熟虑做出的决定，这种决定反映了该国的经济地位及维护本国利益的态度。税收管辖权的实施是落实在不同税种上的，往往因税种不同而异。

1. 商品税的税收管辖权

商品税是以商品流转额为征税对象的，而商品流转额的发生有明确的地域性，这样就决定了各国只能按照属地原则行使地域税收管辖权，只对发生在本国境内的征税对象征税。

2. 所得税的税收管辖权

实行综合所得税制的国家一般是按属人原则实施税收管辖权。其原因是，综合所得税制在征收方式上是对纳税人的各种来源所得综合征税，其征收的依据是与本国存在特定法律关系的人。

实行分类所得税制的国家按属地原则实施税收管辖权。因为分类所得税制的征税依据是产生于本国境内的应税所得，一般不考虑所得人在本国的法律地位，只要是从本国境内取得了某项应税所得，即为本国的纳税人，所以实行分类所得税制的国家一般选择地域税收管辖权。

各国通过行使主权来维护本国的利益。如果一个国家只是单一地行使一种类型的税收管辖权，就会丧失本国的一部分税收利益。因此，很多国家为了维护自己的利益，可能会对所得税同时行使两种类型的税收管辖权。

3. 财产税的税收管辖权

综合财产税和转移财产税的征收是依据与本国存在特定法律关系的人，其征收依据一般是兼按属地原则和属人原则。各国都同时选择两种税收管辖权类型，有的国家甚至同时选择三种。

个别财产税的征收依据是具体存在的某项财产，征收对象是一些不动产及有形资产。这种税具有鲜明的地域性，所以各国政府均按属地原则实施地域管辖权，只对存在于本国境内的应税财产征税。

一般来说，考虑国际避税的纳税人会避免选择同时实施三种税收管辖权的国家，而要选择实施单一税收管辖权的国家。

二、国际重复征税

（一）国际重复征税的概念及产生

国际重复征税是指两个或两个以上的国家，在相同的会计期间，对同一纳税人的同一征税对象征收相同税种的现象。从征税对象来看，国际重复征税是不同国家对某一项收益、所得或财产同时进行了两次以上的征税；从纳税人而言，国际重复征税是指不同国家对同一纳税人的同一项目征收了两次以上的税收。

国际重复征税出现的原因有以下几个。

1. 出现跨国纳税人和跨国征税对象

跨国纳税人和跨国征税对象的出现是发生国际重复征税的前提条件，对于只在居住国或国籍国境内从事生产、投资或经营活动的自然人和法人，其所得只需向居住国或国籍国政府纳税，这样就不存在国际重复征税的问题。

2. 所得税的普及

国际重复税收基本是由国际税收所涉及的所得税引起的，即在世界各国还没有开征所得税时，不存在国际双重征税问题。只是在发达国家普遍建立了以所得税为主体的纳税体系，加上跨国纳税人的经营活动范围不断扩大之后，国际双重征税的问题才日益突出。

3. 不同的税收管辖权

当各国行使不同的税收管辖权时，就会产生税收管辖权的冲突，导致国际双重征税的产生。

（二）国际重复征税的分类

国际重复征税分别是由法律、税制和经济制度方面的差异引起的，因此将其分为税制性、法律性和经济性国际重复征税三种类型。

1. 税制性国际重复征税

税制性国际重复征税是指由于税收制度所引起的重复征税。实行复税制的国家，往往对同一纳税人的同一税源，既征收流转税，又征收所得税，还可能征收财产税，形成了重复征税。

2. 法律性国际重复征税

法律性国际重复征税是由于在法律上采取不同的税收管辖权原则或同一原则下采用的具体标准不同而造成的重复征税。其典型的情况是，两个不同的国家采取不同的税收管辖权。比如，A国采取居民税收管辖权，B国采取地域税收管辖权，那么对在B国取得收益的A国居民而言，将承担两国的纳税义务。再如，A国和B国虽均采取属人原则，但由于A国采用居民税收管辖权，B国采用公民税收管辖权，那么对在A国居住的B国公民来说，也须承担两国的纳税义务，出现重复征税的现象。

3. 经济性国际重复征税

经济性国际重复征税是对同一经济渊源的不同纳税人的重复征税。经济性国际重复征税的产生有经济上的原因，也有税制上的原因。一方面，经济的国际化使股份公司的控股关系超越了国界，会使同一笔所得在不同纳税人手中被多次征税。另一方面，许多国家的税法规定，公司要向所在国就其利润缴纳公司所得税，然后公司将税后利润以股息、红利等形式分配给在不同国家的股东时，股东还要缴纳个人所得税，如此，已交过公司所得税的利润再次承担了股东的纳税义务。这种对股份公司收益的征税和对股东个人收益的征税，是经济性国际双重征税的典型例子。

（三）国际重复征税对经济的影响

国际重复征税的影响是消极的影响，具体表现在以下几个方面。

（1）违背了税收公平负担的原则。具有相等纳税能力的纳税人，在税收方面应该一律平等，即税收待遇平等，但在国际重复征税存在的情况下，一个跨国纳税人所负担的纳税义务要比仅在一国内从事经济活动所承担的纳税义务要重得多。

（2）加重了跨国纳税人的税收负担，影响了投资者对外投资的积极性。国际重复征税造成跨国纳税人要向两个甚至两个以上国家纳税，不合理地加重了跨国纳税人的税收负担。这种加重的税收负担会加大跨国纳税人的成本和投资的风险，削弱其在国际竞争中的地位，从而严重影响到投资者对外投资的积极性。

（3）阻碍了国际经济的发展。国际经济在当今世界的发展中起着重要的作用。国际经济能使各种资源要素在全世界范围内得到更合理的利用，促进国际性专业化分工，加速各国经济的发展。但是，国际重复征税加重了跨国纳税人的税收负担，阻碍了国家间资金、技术、人才等的流动，从而阻碍了国际经济的发展。

（4）会引起国家之间的税收权利和利益的冲突。当两个或两个以上国家同时对同一笔跨国所得征税时，一国认为自己有权对某纳税人的所得征税，而另一国则认为对方国家的征税是对自己权利和利益的侵犯，当两国互不相让、无法协调时，利益冲突便不可避免。

减少、避免和消除国际重复征税是各国政府和从事国际经济活动的人们的共同要求，也成为国际税收领域中所要解决的主要问题之一。

三、国际重复征税的避免

由于不同税收管辖权的重叠造成了国际重复征税，国际重复征税不仅直接影响纳税人的利益，还会影响到国际经济的正常发展。因此，国际上有一系列的对税收管辖权的规定和限制，试图在各国之间建立一种公平合理的税收分配关系，避免双重征税的发生。

国际上避免国际重复征税有单边、双边和多边三种方式。单边方式是指居住国（或国籍国）在其国内税法中，单方面做出一些规定来减轻或消除对本国居民（或公民）来源于境外所得或财产的重复征税，以鼓励本国居民或公民对外投资和从事其他国际经济活动；双边或多边方式是指两个或两个以上国家通过双边或多边谈判，签订双边或多边的避免国际重复征税的税收协定，以协调国家间的税收关系。税收协定是在各国平等互利的基础上对税收权利分配所达成的一种妥协，这种税收协定的达成关乎各国的经济利益。

在各国税法和国际税收协定中通常采用的减除国际重复征税的方法主要有免税法、扣除法和抵免法三种方法。

（一）免税法

1. 免税法的概念及限制条件

免税法是指实行居民管辖权的国家，对本国居民来源于国外的所得免税，只对来源于国内的所得征税。免税法的指导原则是承认所得来源国独占征税权，对本国居民来源于境外并已由其他国家征税的所得，免予征收国内所得税。显然，在免税法的情况下，跨国纳税人的跨国所得只受到来源国的一种税收管辖权的管辖，这就从根本上消除了因税收管辖权重叠而导致的国际重复征税。

居住国如果采用免税法减除国际重复征税，会减少本国的税收收入，所以，采用这种方法的国家通常都会有一系列的限制条件：首先，给予免税的国外所得必须来自与本国相似的所得税制的国家，而对于来自不征所得税或所得税税率极低的国际避税地的所得不给予免税；其次，享受免税的国外所得一般应为本国纳税人在国外从事直接投资所得，当本国纳税人在国外企业的股份达到一定比例以上，从而直接参与该企业的经营管理时，其从国外企业分得的股息和红利才可以享受免税。

2. 免税法的种类及计算方法

免税法的具体形式包括全额免税法和累进免税法两种。

全额免税法是指居住国政府对本国居民纳税义务人征税时，允许其从应纳税额中扣除其来源于国外并已向来源国纳税的那部分所得，即将境外收入排除在外，只考虑境内收入。全额免税法的计算公式如下：

$$居住国应征所得税额 = 居民的国内所得 \times 本国适用税率$$

例 13-1 甲国 M 公司在某一纳税年度内,国内国外总所得为 100 万元,其中来自国内的所得 70 万元,来自乙国分公司的所得 30 万元。甲国实行超额累进税率。税率如下:

年所得额(单位:万元)	税率
60 以下	30%
61~80	35%
81~100	40%

乙国实行 30% 的比例税率。计算甲国 M 公司应纳所得税额。

答案与解析

(1) 甲国不实行免税法时应征所得税:

　　M 公司在甲国的应纳税额 = 60×30% + 20×35% + 20×40% = 33(万元)

　　M 公司在乙国应纳税额 = 30×30% = 9(万元)

　　M 公司的应纳税总额 = 33 + 9 = 42(万元)

(2) 如果甲国实行全额免税法,则 M 公司的应纳税额计算过程如下:

　　M 公司在甲国的应纳税额 = 60×30% + 10×35% = 21.5(万元)

　　M 公司在乙国的应纳税额 = 30×30% = 9(万元)

　　M 公司的应纳税总额 = 21.5 + 9 = 30.5(万元)

从本例可知,由于居住国甲国实行了全额免税法,M 公司在此纳税年度内少缴纳所得税:42 − 30.5 = 11.5(万元)。

累进免税法是指居住国政府对居民纳税人来源于国外的所得或财产虽然免征税,但在确定应在本国纳税的所得或财产适用的税率时,仍需将免予征税的国外所得或财产考虑在内,即以国内外总所得确定适用税率。

累进免税法的计算公式如下:

　　居住国应征所得税额 = 居民总所得 × 适用税率 × 国内所得 / 总所得

例 13-2 根据例 13-1,假设居住国甲国采用累进免税法,计算 M 公司应纳税额。

答案与解析

M 公司在甲国的应纳税额 = (60×30% + 20×35% + 20×40%)×70/100 = 23.1(万元)

M 公司在乙国的应纳税额 = 30×30% = 9(万元)

　　M 公司应纳税总额 = 23.1 + 9 = 32.1(万元)

比较例 13-1 与例 13-2 可知:居住国甲国实行累进免税法下,M 公司的应纳税额为 32.1 万元;居住国实行全额免税法下,M 公司的应纳税额为 30.5 万元,累进免税法比全额免税法要多缴纳 1.6 万元的税。

无论是全额免税法还是累进免税法,都可以避免国际重复征税;同时,免税法的计算比较简便。但由于全额免税法不仅不对本国居民的国外所得征税,而且还要减弱对本国居民纳税人征税的累进性,因此为了税负公平,实行免税法的国家一般都采取累进免税法。

(二) 扣除法

1. 扣除法的概念

扣除法是指一国政府对本国居民的国外所得征税时,允许其将该所得负担的外国税款作为费用从应税国外所得中扣除,只对扣除后的余额征税。根据扣除法,一国政府对本国居民已负担国外税收的跨国所得仍要按本国税率征税,只是应税所得可被外国税款冲减一部分,因此,扣除法只能减轻而不能免除所得的国际重复征税。

2. 扣除法的计算方法

扣除法的计算方法是:将跨国纳税人国内外的全部所得进行汇总,减去来源于国外所得的

已纳税额,其余额乘以本国适用税率,即为应向居住国缴纳的税额。其计算公式如下:
$$在居住国应纳税额 = (国内外所得总额 - 国外已纳所得税额) \times 适用税率$$

例 13-3 在例 13-1 中,其他条件不变,居住国甲国采用扣除法,计算 M 公司应纳税额。

答案与解析

M 公司在乙国的应纳税额 = 30 × 30% = 9(万元)

国内外所得总额 - 国外已纳所得税额 = 100 - 9 = 91(万元)

M 公司在居住国甲国的应纳税额 = 60 × 30% + 20 × 35% + 11 × 40% = 29.4(万元)

M 公司的国内外纳税总额 = 9 + 29.4 = 38.4(万元)

与例 13-1 和例 13-2 做比较,38.4 大于 30.5 和 32.1,即居住国实行扣除法的情况下,M 公司的应纳税额要大于居住国实行免税法情况下的应纳税额。

由上面的分析可知,居住国实行扣除法,不能完全减除由于税收管辖权重叠而造成的国际重复征税,其给予跨国纳税人扣除的一部分税款,只能对国际重复征税起一定的缓解作用。

(三) 抵免法

1. 抵免法的概念

抵免法是指实行居民管辖权的国家,对其居民来自世界各国的所得征税时,允许居民把已经缴纳的外国纳税额从其应向本国缴纳的税额中扣除。抵免法既承认来源地税收管辖权的优先地位,同时又坚持了居民税收管辖权,兼顾了纳税人居住国和来源国两方的权益。其计算公式如下:

$$居住国应征所得税额 = 国内外总所得额 \times 居住国税率 - 允许抵免的已缴来源国税额$$

根据上述公式中"允许抵免的已缴来源国税额"的计算方法不同,可以把抵免法分为全额抵免和限额抵免两种类型。下面分别计算两种类型及计算方法。

2. 抵免法的类型及计算方法

第一种类型为全额抵免。全额抵免是指对纳税人在国外实际缴纳的税款,不加任何限制条件地全部从本国税款中扣除。其计算公式为:

$$居住国应征所得税额 = 国内外总所得 \times 居住国税率 - 已缴来源国全部税额$$

例 13-4 在例 13-1 中,其他条件不变,居住国甲国采用全额抵免法,计算 M 公司的应纳税额。

答案与解析

M 公司在乙国应纳税额 = 30 × 30% = 9(万元)

M 公司在甲国的应纳税额 = (60 × 30% + 20 × 35% + 20 × 40%) - 9 = 24(万元)

M 公司的国内外纳税总额 = 24 + 9 = 33(万元)

本例计算表明,M 公司在乙国缴纳的税款 9 万元,在向居住国甲国纳税时,全部得到了抵免。

第二种类型为限额抵免。限额抵免是指居住国政府对跨国纳税人在国外直接缴纳的所得税给予抵免时,不能超过最高抵免限额,这个最高抵免限额是国外所得额按本国税率计算的应纳税额。这里所称的限额,为外国税款抵免的最高限额。计算公式如下:

$$居住国应征所得税额 = 国内外总所得 \times 居住国税率 - 已缴来源国全部税额$$
$$抵免限额 = 收入来源国的所得 \times 居住国税率$$

例 13-5 在例 13-1 中,其他条件不变,居住国甲国采用限额抵免法,计算 M 公司的应纳税额。

答案与解析

$$抵免限额 = 10 \times 35\% + 20 \times 40\% = 11.5(万元)$$

由于在乙国的所得 30 万元按乙国 30% 税率纳税 9 万元，小于抵免限额（11.5 万元），故可全部得到抵免。

M 公司在甲国的应纳税额 = (60 × 30% + 20 × 35% + 20 × 40%) - 9 = 24(万元)

M 公司的国内外纳税总额 = 24 + 9 = 33(万元)

如果收入来源国的税率与居住国的税率相同，抵免限额就与纳税人已缴收入来源国的税额相等，那么本国居民向来源国已纳税额可以得到全部抵免；如果收入来源国的税率低于居住国税率，抵免限额就大于纳税人已向收入来源国缴纳的税额，这样该居民在计算应缴居住国税额时，抵免来源国已纳税额后，还要向居住国补齐税款差额；如果收入来源国的税率高于居住国税率，抵免限额就小于纳税人已向收入来源国缴纳的税额，该居民的允许抵免税额不能超过其境外所得按居住国税率计算的应纳税额，即不能超过抵免限额。

四、税收饶让

1. 税收饶让的概念

税收饶让是指一国政府对本国居民在国外得到的减免的那部分所得税，视同已经缴纳，并允许其用这部分被减免的外国税款抵免在本国应缴纳的税款。税收饶让不是一种消除国际重复征税的方法，而是居住国对从事国际经济活动的本国居民采取的一种税收优惠措施。但税收饶让是在税收抵免的基础上进行的，与税收抵免有密切的联系。

各国是否实行税收饶让抵免，需要有关国家签订国际税收协定加以规定。税收协定中规定的饶让抵免方式，既可以是缔约国双方均对本国居民从对方国家取得的所得实行饶让抵免，也可以是仅由缔约国一方对本国居民从另一方取得的所得实行饶让抵免，另一方则无须承担同样的义务。

2. 税收饶让的计算

例 13-6 在例 13-1 中，其他条件不变，居住国甲国采用税收饶让法，乙国为了给予境外投资者税收优惠，将所得税率由 30% 降至 10%，计算 M 公司的应纳税额。

答案与解析

M 公司在乙国的应纳税额 = 30 × 10% = 3(万元)

M 公司在甲国的应纳税额 = (60 × 30% + 20 × 35% + 20 × 40%) - 30 × 30% = 24(万元)

M 公司的国内外纳税总额 = 24 + 3 = 27(万元)

上述计算中，因为乙国有税收优惠，M 公司在乙国实际缴纳的税款为 3 万元，由于居住国甲国实行税收饶让抵免优惠政策，视同 M 公司在乙国已缴纳税款为按乙国优惠前税率 30% 计算的 9 万元为允许扣除额。这样，M 公司的纳税总额为 27 万元，大大降低了税收负担。

目前，许多发达国家出于鼓励本国资本输出的考虑，同意对发展中国家实行税收饶让。这些国家中，有的在国内税法中就规定对发展中国家给予税收饶让，如德国；有的则是通过签订税收协定同意给予发展中国家税收饶让待遇，如日本、比利时等国。

第三节 国际避税与反避税

一、国际避税的概念

国际避税是指跨国纳税人利用国与国之间的税制差异以及各国涉外税收法规中的漏洞，在从事跨国经营活动中，通过合法手段，规避或减轻其全球总纳税义务的行为。

国际避税的出现有着主观和客观两方面的原因。从主观来看，是因为跨国纳税人具有减轻税收负担、实现自身经济利益最大化的强烈愿望。从客观来看，国与国之间的税制差异以及国际税收关系中的法律漏洞为跨国纳税人的国际避税活动创造了条件。

国际避税产生的客观原因能够为企业进行国际避税提供一个指导性的参考，帮助企业更好地理解各种避税方法和手段。概括起来，国际避税产生的客观原因主要有以下几个方面：

（1）有关国家的税收管辖权的差异可以为跨国纳税人提供税收管辖权的真空，从而使跨国纳税人有可能躲避开任何国家的纳税义务。

（2）税收负担的差异。各国之间的税收负担差异很大，有的税负较高，有的税负较低，甚至有的国家不征税，这样就为纳税人将所得从高税负国转移到低税负国进行避税提供了可能。

（3）国际税收协定的大量存在。为了避免国际重复纳税，目前世界上存在大量的国际税收协定。然而，税收协定中的有关规定很容易被跨国纳税人利用来进行国际避税。国际税收协定的大量存在，为跨国纳税人进行国际避税提供了便利条件。

（4）涉外税收法规中的漏洞。税收法规中的漏洞是指各国的税法或大多数双边税收协定都有而某国税法或某个双边税收协定里遗漏或不完善的规定。这些漏洞可以为纳税人进行国际避税创造有利的条件。

二、国际避税常用方法

（一）迁移法

在税收的实施过程中，税收主体、税收客体、税收的权利和义务三者是缺一不可的；缺乏其中任何一种要素，税收都不能够付诸实施。国际避税就是从税收主体和税收客体两方面出发来逃避有关国家的税收管辖，规避对有关国家的纳税义务的。迁移法是对上述原理的一个基本应用。

一般来说，高税国的纳税人所担负的纳税义务，要比低税国的纳税人所承担的纳税义务重，纳税人的迁移可以使一个高税国的纳税人成为一个低税国的纳税人。实际操作中，迁移法可以有以下几种方式：

1. 迁移成为低税国居民

作为一个跨国纳税人，可以通过把居所长期迁往低税国，用成为低税国居民或低税国居民企业的方式来规避税收。这种方法一般有永久迁移法、短期迁移法、部分迁移法三种形式。永久迁移法是指纳税人把其住所永久性地迁往低税国的国际税务筹划方法；短期迁移法是指跨国纳税人把其住所非永久性地迁往低税国的国际税务筹划方法；部分迁移法是指纳税人把法律规定构成住所的部分迁往低税国的国际税务筹划方法。三种方法的本质都可规避成为高税国的纳税主体。一个总部设在高税国的跨国公司，把其总部迁到一个投资环境良好的低税国，就是一个典型的迁移成为低税国居民的例子。

由于世界各国税法和各国税收协定对不同组织形式、不同规模、不同资本结构等的企业税收待遇是不同的，因此，企业合并或分立迁移很容易被跨国纳税人利用来进行国际避税。合并迁移和分立迁移是企业常采用的两种方法。

合并迁移法是指一些企业在合并或联合后迁往其他国家的国际避税方法。例如，一些国家为了鼓励大的跨国公司到他们那里投资，制定了一些对跨国大公司有利的税法，所以，一些公司在迁往那里前，为了取得这些税收利益往往进行合并，建立联合公司或组成集团公司。

分立迁移法是指一些企业把一个企业分立成几个企业后迁往其他国家的国际避税法。一些国家对小企业有诸多税收优惠，如较低的税率、较多的扣除、较松的财务制度等，那么，跨国公司就可以把一个企业分立成几个满足该国小企业条件的企业后迁往该国。

合并迁移法和分立迁移法的共同特点是：它们都取决于有关国家的税法和有关国家间的税收协定。大公司也好，小企业也罢，对一个国际避税者来说，都不是关键性的问题，是否能避税才是关键问题。

现实生活中利用迁移法来进行国际避税，要比上面介绍的复杂得多。有时候，对纳税人的这种国际迁移很难判断其真正动机，不能说都是由于税收动机，但确实有很多纳税人是为了避税而进行国际迁移。

2. 纳税人居所的名义迁移和不迁移

一般来说，一个纳税人要真正把居所从高税国迁往低税国，其付出的代价是很大的。对于一个企业，其国际搬迁要付出的经济代价往往很大：他们要支付各种由于搬迁而发生的费用，而且很有可能还要就营业动产和不动产的资本利得向高税国缴纳一大笔资本利得税。这里要介绍的是，利用有关国家税法与各国间税收协定的漏洞和缺陷，如何能做到纳税人居所虚假迁移或不迁移而达到避税的目的。

（1）纳税人居所的名义迁移。纳税人居所的名义迁移是指纳税人利用税法的缺陷和漏洞，从名义上已迁移出居住国，但实际上纳税人仍然留在居住国的一种国际避税方法。如果一个高税国的纳税人有足够的证据证明他不是这个国家的居民，尽管实际上他并没有在其他任何国家取得居所，那么他的纳税义务还是可以减轻，甚至消除的。例如，一个公司所在的高税国以实际管理机构作为判定居民法人的标准，而法律规定实际管理机构是根据公司的董事会、公司总账、股息分配、利润表、营业报告来判定的，那么，该公司要想通过名义迁移变成非居民公司以达到避税的目的，就可以通过下列做法来实现：

①改由另一国居民担任常务董事，使高税国居民不再参与直接管理，董事会和股东大会迁至另一国召开，经营决策在另一国制定。

②公司总账迁至另一国记录和保存。

③公司的股息分配在另一国进行。

④公司利润表在另一国公布和编制。

⑤公司营业报告在另一国公布。

（2）纳税人居所的不迁移。通过纳税人居所不迁移来达到避税目的有两种方式：一是成为低税国非居民纳税人；二是采用信托方式。

成为低税国非居民纳税人是指纳税人不迁移出高税国，但成为低税国非居民纳税人的国际避税方法。如果一个高税国的跨国自然人成为一个低税国的非居民纳税人，而这个低税国与这个纳税人所在的高税国又签订了对低税国非居民有利的税收协定，那么这个跨国自然人就可以享受这个协定的好处，从而达到避税的目的。

采用信托的方式是指通过建立信托财产或者其他信托关系来达到避税目的的国际避税方法。信托一般是指委托人把信托财产委托给受托人，让受托人成为信托财产的独立所有人，并用自己的名义管理和使用信托财产。信托可以从法律上改变资产或权益的所有人，让受托人成为该资产或权益的所有人，这意味着纳税主体也会改变，这为纳税人提供了一种避税的可能：一是可能改变纳税主体，使高税国的纳税主体变为低税国的纳税主体；二是可能分割所得和财产，降低累进税的适用税率。

（二）选择有利的企业组织形式避税

企业尤其是跨国企业在进行投资时，既可以设立分公司，也可以设立子公司，还可以设立常设机构。由于各种组织形式有各自的不同特点，各国的法律制度的规定也不同，因此跨国公司在具体选择的时候，要根据具体情况分别考虑，从而达到避税目的。

1. 常设机构

常设机构是指企业进行全部或部分经营活动的固定场所。各国对常设机构的定义不同，对常设机构规定了一些不同的减免税项目。于是，纳税人就可以利用常设机构的减免规定，来进行国际避税活动。利用常设机构来避税主要从以下几个方面入手：

（1）利用常设机构转移货物和劳务。税收协定的经合组织范本列举了常设机构的货物储存、货物的购买、广告、信息或其他辅助活动不在纳税之列。一些双边税收协定依据经合组织范本，给纳税人提供了可以在各国建立常设机构实施避税的渠道。

利用常设机构转移劳务，是指总机构向常设机构或常设机构之间相互提供的，属于按规定不予扣除的劳务支出。这些转移的劳务支出由于不准许在转入机构作为费用在其所得内扣除，从而有可能被设在高税国的转出机构加以利用，达到避税目的。例如，一个常设机构可以代表其总机构提供某些技术上的或管理性的服务、广告等活动，这一常设机构作为转出机构，可以作为费用抵减一部分利润，如果这一常设机构处在高税国，则达到了一个很好的避税效果。

（2）利用常设机构转移利润。企业如果将总机构和所有在外的常设机构作为一个法律实体，并将该法律实体发生的全部费用和利润分摊到每一个常设机构上，那么，企业就可以利用处在不同国家的常设机构的税率不同，将利润转移，从而达到避税的目的。

（3）利用常设机构转移成本费用。驻外常设机构为总机构承担的成本，应由常设机构承担，并允许常设机构作为费用扣除，这样总机构可以通过将成本多摊入常设机构的方法，增加常设机构的成本费用，利用常设机构所在国的一些税收优惠，成功地躲避一部分税收；对于管理费用，总机构为各常设机构提供的各种管理服务所产生的管理费用，按照国际惯例，允许各常设机构分摊，这样总机构可以用抬高或压低分配管理费用的方法来实现避税。

2. 分公司与子公司

世界各国对子公司和分公司在税收待遇等方面有许多不同的规定，这为企业设立附属企业的组织形式提供了选择空间。一般而言，分公司最大的优点是其亏损可以冲抵总机构的全球利润，但在转让定价问题上会遇到较多麻烦，因为分公司与总公司是作为一个法人实体出现的，它们之间在转让产品、货物及劳务时，更容易引起各国税务部门的怀疑，常常被作为税务部门的清查对象；子公司由于在国外具有独立的法人地位，一般也是一个独立的纳税实体，它的亏损不能直接记在母公司的账上，但它的最大优点在于便于转让定价。

在比较了子公司和分公司各自的利弊之后，在具体进行组织形式的选择时，还要考虑企业的发展阶段。在开办初期，下属企业可能发生亏损，设立分公司可以与总公司合并报表冲减总公司的利润，减少应纳税所得，少缴所得税，而设立子公司就得不到这项好处。如果下属企业在开设后不长时间内就可能赢利，那么设立子公司就比较适宜，既可以享受作为独立法人经营的便利，又可以享受未分配利润递延纳税的好处。除了在开办期要对下属企业的组织形式精心选择外，在企业的经营、运作过程中，随着整个集团或下属企业的业务发展、赢利情况的变化，总公司仍有必要通过资产的转移、兼并等方式，对下属分支机构进行调整，以获得更多的税收利益。

（三）利用转让定价

1. 转让定价的概念

转让定价又称转让价格，是国际避税中的又一主要避税方法。在国际经济活动中，由于总公司与分公司、母公司与子公司、总机构与驻外机构之间等关联企业的相对独立形式，以及彼此之间的业务和财务联系，使得跨国纳税人有较大的空间在产品、半成品、原材料、专利权、秘密配方、资金信贷等转让过程中，实现转让定价，并利用国家与国家之间税收上的差别进行国际避税。

例如，某适用增值税高税率的外商企业，在向其低税率国家的关联企业购进原材料时，有意抬高进货价格，将利润转移给关联企业，这样既可以增加本企业的增值税进项扣除税额，减轻增值税负担，又可以减轻企业所得税负，还可以从关联企业多分得利润。

又如，在高销售税率国家的外商企业，为了减轻销售税的负担，将自制半成品低价卖给低销售税率国家的关联企业。该外商企业虽然减少了销售收入，但关联企业因低价购进半成品增加了利润，该外商企业不仅合法地实现了国际避税，而且还可从关联企业多分得利润。

2. 转让定价的税务动机

（1）减少或规避所得税。跨国公司的子公司遍布世界各地，各子公司要向东道国上交所得税。各国和各地区的税法及税率不同，同样的利润在不同的所得税条件下所缴纳的税额不等。公司可以选择税率较低的国家和地区上交所得税，此时上交的所得税最少，从而减少或规避公司整体的所得税税负。高税国一方的子公司对低税国一方的子公司降低售价和收费标准，反过来，低税国一方的子公司对高税国一方的子公司提供高售价和收费标准，把一部分应该在高税国实现并缴纳的利润，转移到低税国。高税国减少的税收收入一部分转移为低税国的税收收入，另一部分直接增加了整个公司的税后所得，达到了减轻税负的目的。

在实际过程中，如果是两个税率相近（特别是高税）的国家的子公司或母子公司之间的交易，通常是通过一个避税地或低税国迂回进行。跨国公司在避税地内设立"基地公司"是这种途径的典型形式。所谓"基地公司"，是指它不从事任何生产活动，而是作为中间过程提供相互发货清单的方式（并不一定是货物的实际转移），在跨国公司的子公司、母子公司之间进行活动。它在某种程度上成为跨国公司海外利润的"存储器"，跨国公司把利润存放在这里，以待日后进一步调整，这样既可以减轻在东道国的税负，又可以绕过母国对跨国公司补征的差额。

避税地在跨国公司利用转让定价避税中发挥着重要作用。充分利用避税地的税收优惠，跨国公司纷纷在避税地设立象征性的分支机构，有计划地利用转让定价，将各子公司的利润收入转移至避税地，以逃避东道国课税。

（2）降低或躲避预提税。按照国际惯例，世界各国对跨国公司在本国境内取得的收入如股息、利息、租金等要征收预提税。跨国公司可以把这些所得利用转让定价加以转化，来回避预提税。可以采取子公司以低价提供产品的办法将利润转移到母公司，代替利息、租金股息或特许权使用费的支付或调整子公司分摊的总管理成本费用支付，从而达到躲避预提税的目的。但同时，这种方式的转让定价又有可能使公司的营业税有所增加，公司应权衡利弊合理运用。

（3）减轻或消除关税负担。关税是流转税中的特殊形式，征收关税会提高商品销售价格。但因为关税多数采用以价计征和比例税率，即以进口价值额为基础，这就为跨国公司利用转让定价来避税提供了方便，通过降低进口价值来避税。当然，海关有权对价格与价值不符的产品价格进行调整，一般是根据国际市场上同类物品的年均零售价来决定进境物品的完税价格，3年以内仍可追征关税。

通过转让定价也可多得退税，减轻公司的纳税总额。许多国家为鼓励出口，增强本国产品在国际市场上的竞争能力，减少别国的经济优势，一般都减轻本国产品的国内税务负担，也是为了避免双重课税，往往对出口产品进行补贴和退税。补贴一般要受到制约，但出口退税是常规做法。退税额以出口货物的价值为基础，抬高出口商品的价值可以获得较多的退税。

3. 转让定价避税的基本形式

（1）货物购销中的转让定价。在跨国关联企业的内部交易往来中，货物购销占有重要地位。这里的货物购销包括原材料、商品、产品等有形货物的买卖。企业集团往往通过内部购销活动，利用转让定价策略，通过提高或压低价格的方法，来增加或减少有关企业的收入和费用，从而实现利润的转让和资金的流动。

（2）贷款往来中的转让定价。由于借款利息可以在税前支付，而股息只能在税后支付，所以很多企业集团的内部投资都划作借款，以达到避税目的。关联企业还可以通过贷款利率的高低来影响对方企业的费用成本。如果母公司想减少子公司的收入来达到避税的目的，可以采用提高利率的办法来增加子公司的利息支出。

（3）提供劳务中的转让定价。跨国公司内部之间相互提供劳务，通过提高或压低劳务收费标准额办法，来影响企业之间的收入和费用，转移利润，逃避税收。例如，母公司甲处于高税国，而该母公司的子公司乙处于低税国，则甲向乙提供劳务的时候采用低收费标准，就可以减少母公司的利润、增加子公司的利润，由于母公司所在国的税率高于子公司所在国的税率，这样，整个跨国公司就达到了一个很好的避税效果。

（4）固定资产购置中的转让定价。母公司对子公司以固定资产投资，作价的高低，既影响到母公司对子公司的股权份额，也影响到子公司每年折旧费的多少。如果想增加子公司的利润、减少母公司的成本，母公司可以较低价格向子公司提供设备；如果想减少子公司的利润、增加母公司的成本，母公司可用较高的价格向子公司提供设备。至于选择低价提供还是高价提供，要视母公司和子公司各自的税率高低而定。

（5）无形资产使用与转让中的转让定价。通过对转让专利权、非专利技术、商标权、著作权等无形资产的使用和转让收取特许权使用费的高低，对关联企业之间的成本和利润实施影响。例如，如果想增加子公司的利润、减少母公司的成本，母公司收取的特许权使用费要低；如果想减少子公司的利润、增加母公司的成本，母公司收取的特许权使用费要高。同样，至于选择低价提供还是高价提供，要视母子公司各自的税率高低而定。

三、国际避税地

国际避税地是跨国纳税人从事国际避税活动的重要舞台，它对国际上的资本流动、跨国公司收入和费用的分配情况以及各国的财政收入都有着重要的影响。

按照跨国纳税人的观点，一般认为国际避税地为：不课征某些所得税和财产税，或者课征的所得税和财产税的税率较低，或者向非居民提供税收优惠，从而形成国际避税活动中心的国家和地区。

（一）国际避税地的类型

1. 免征所得税和一般财产税的国家和地区

这些国家和地区税收法律制度简易，税种较少，仅课征少量的间接税，不课征包括个人所得税、公司所得税、资本利得税、遗产继承税及财产赠与税等在内的所得税和一般财产税。这就意味着，任何企业和个人的经营所得或其他所得，均不用向当地政府缴纳税收。属于这一模式的国家和地区目前主要有巴哈马、百慕大、开曼群岛、瑙鲁等。其中以巴哈马和百慕大最为典型。

巴哈马位于美洲西印度群岛最北端的巴哈马群岛，其财政收入主要来源于旅游业、以国际汇兑为对象的金融服务业和石油转口业等。巴哈马税制简单、税种较少，以印花税、劳务费、离境税和赌博税等间接税为主，在财政收入中所占的比重不大。巴哈马不征所得税、遗产税、继承税和不动产税，不征股息、利息、特许权使用费的预提所得税，甚至免缴营业税、入港税等。凡在其境内设立制造业公司，均可享受15年的免税待遇。在大巴哈马岛自由港区（无税区）领取执照的所有公司和企业，更能获得2054年前不开征国内消费税、印花税和大多数关税的保证。

百慕大位于北大西洋西部，实行低税的简单税制，不课征直接税，仅征收关税、印花税、工资税、社会保障税、土地税、旅客税、外汇购置税等少量税种，其中关税构成了财政收入的主要来源。根据公司法规定，境内所设公司可以通过注册合并，不必向政府当局提交财务报表。政府不过问公司的股东或经理人的国籍。如果是在境内设立的公司，在国外发生营业活动，也属合法行为。在百慕大设立的各类公司，多为境外人士所设，其目的就是利用低税的法律环境进行逃避税收活动。

2. 免征境外所得税的国家和地区

免征境外所得税的国家和地区放弃了居民税收管辖权，仅行使所得来源地税收管辖权，即只对来源于境内的所得行使征税权，而放弃对来源于国外或境外所得的征税权。这类国家和地区主要有埃塞俄比亚、利比里亚、巴拿马、委内瑞拉、阿根廷、巴西、玻利维亚、危地马拉、尼加拉瓜、厄瓜多尔、多米尼加、巴拉圭、泽西岛、马来西亚、文莱、新加坡、中国香港和中国澳门等。其中新加坡和中国香港具有典型性。

新加坡是个著名的自由港，法定税种主要有所得税、遗产税、财产税、印花税和关税等，且仅对来源于境内的所得征税。税制具有税种少、结构简单、税率低等特点。中国香港长期奉行所得来源地管辖权，只对在香港境内取得的所得行使税收管辖权，对于在香港境外取得的所得，无论是否汇款到香港均无须缴纳税款。

3. 所得税及一般财产税适用低税率的国家和地区

所得税及一般财产税适用低税率的国家和地区是指虽然征收所得税、一般财产税，但税率较低、税负较轻。属于这一类型的国家和地区主要有阿尔德尼岛、安道尔、安圭拉、巴林、英属马恩岛、坎彭、塞浦路斯、直布罗陀、根西岛、以色列、牙买加、泽西岛、黎巴嫩、利比里亚、埃塞俄比亚、列支敦士登、圣赫勒拿、圣文森特、萨克岛、斯瓦尔巴群岛、瑞士、汤加、阿根廷、哥斯达黎加、委内瑞拉、海地、巴拿马、马来西亚等。其中以列支敦士登、塞浦路斯为典型。

列支敦士登是位于奥地利和瑞士之间的微型山国，其税制简明，税率较低。所有居民和非居民都有义务缴纳个人所得税和公司税。但公司所得税的课税对象为公司的净所得，实行 7.5% ~ 15% 的累进税率，对股息征收 4% 的预提税。

塞浦路斯实行以间接税为主体的简单税制结构。公司所得税系针对居民公司和外国公司的本地分公司的净收益征收，税率为 12.5%。对在塞浦路斯设立的公司，依其国内外收入计征税额。非居民在塞浦路斯所得特许权费收入按总额的 10% 纳税；利息按公司税率征收，特定情况下可以免征。股东的红利收入各自纳税，此税额仅可在预缴税额中冲减。非居民可申请退还其全部预缴税，海外公司的股东红利无须纳税。个人所得税实行 0% ~ 30% 的超额累进税率。公司和个人处理不动产或出售含有不动产的公司的股份，课征 20% 的资本收益税。不动产买卖须按其售价或市价 5% ~ 8% 的税率计算其应税额。

（二）国际避税地的功能

优惠的税收政策是国际避税地所具有的最主要的特征之一。除此之外，稳定的政局、并不沉重的财政支出负担、优越的地理位置、良好的自然环境和政府对经济的较少干预都是国际避税地吸引跨国投资者的原因。对于从事跨国经营活动的纳税人来说，避税地的功能主要体现在以下几个方面：

1. 避税地的避税功能

对于跨国纳税人来说，避税功能是避税地最重要的功能，它可以为跨国纳税人减轻税负。例如，跨国纳税人可以在避税地建立一个法人实体，通过该法人实体代表居住在高税国中的跨国纳税人处理境外的所得和财产，合法地利用避税地来减轻自己的税负。

2. 避税地对经营活动和财产的保密

为了获得最大的避税效果，投资者希望所在国当局对其经营活动和财产状况不加过问，并对外严守秘密。较好的保密制度是避税地的特征之一，避税地一般都以不同方式提供了这类便利。例如，避税地允许高税负国的纳税人在保密的情况下，可以委托避税地的法律事务所或信托机构的成员建立避税地实体，这些人以股东、受益人、常务董事等身份出现在避税地的公司注册中，而身居高税国的真正投资人则充当后台老板在幕后控制。

3. 避税地对财产的保护及税收保证

投资者都会对自身的资本和财产的安全性加以考虑，避税地为了迎合投资者的这种心理，制定了特别法律来保证投资者的资本和财产安全。例如，一些避税地的公司法规定，在出现紧急情况时，公司可以自动转移法人的地点；可以在别处建立实体来自动转移资产；可以自动或按某人指示更换信托受托人或公司管理者；可以同时设立两套办公机构和账目，等等。这样，投资者的财产或资本就可以免受政治动乱的侵害。

（三）利用国际避税地避税的方法

1. 设置基地公司

跨国公司通过建立基地公司，开展中介业务，借助转移定价手段，向避税地转移营业利润和所得，以逃避居住国的高税负。所谓基地公司是指以避税地为基地，建立受控于高税负国家的外国股东、从事转移与积累某类所得的公司。它是具有法人资格的公司。跨国纳税人在避税地建立起各种实体后，通过这些公司从事中介业务，但从事中介业务大多不是出于真实的商业经营要求，而是为了谋求公司集团的避税需要进行的。基地公司并不真正插手实际的交易活动，只是利用合同、账簿等手段将母公司所得的一部分或全部留在避税地，以逃避高税国的税负。

当然，跨国的纳税人为了获得最大的避税效果，必然在中介业务中辅以转移定价的手段。在中介业务中，若严格按市场正常价格，会使中介业务作用减弱。虽然避税地公司的介入会使一些利润向避税地转移，但是毕竟有限。基地公司只有通过低进高出的手段，才能充分发挥避税地基地公司的避税功能。跨国纳税人可以根据不同的避税需要，在避税地建立不同形式的基地公司，以分别处理不同的中介业务和收入。

（1）在避税地建立贸易公司。贸易公司的主要活动是转销业务，将位于高税国公司的销售利润和其他所得转移到避税地。这一过程中，贸易公司大量采用转移定价的手段，使整个跨国公司的利润转移到基地公司的账上，在避税地积聚，享受低税率或不纳税的待遇，从而减轻全公司的税负。

（2）在避税地建立控股公司。控股公司是指为了控制而非投资目的在一个或多个公司控制大量的股份，拥有重要表决权的公司。这种公司的主要收入是股息和出售股份的资本利得。由于避税地通常对股息和出售股份资本利得不征税或只征很低的税，跨国公司在避税地设立控股公司则有利可图。另外，在跨国公司的兼并或解散中处理有关股份时，控股公司还可取得免缴或少缴资本利得税的好处。

（3）在避税地设立财务公司。财务公司是为了跨国公司集团内部的借贷，充当中介或向第三方筹措资金的机构。公司集团内进行投资，暂时需要大量的资金，通常由设在避税地的财务公司解决，更为关键的是通过财务公司避税。财务公司的利息收入在避税地可以不纳税或少纳税，高税负国家的公司支付给财务公司的利息可作为费用扣除，在利息支付国的预提税也可能因有关的税收协定而得以减免或免除，从而减轻跨国公司集团的税负。

（4）在避税地设立投资公司。投资公司是指专门进行股票、公司债券或其他证券投资的公司。这些证券通常是在证券交易所进行的，它们只构成公司很少或极少的股份，并不能形成任何有影响力的表决权。这类投资公司在避税地建立的目的是逃避或减轻对股息、利息、租金等所得征收的所得税和资本利得税。

（5）在避税地设立知识产权公司。知识产权公司是指专门从事专利权、商标权、版权等的获得、利用及发放使用许可等各项活动的专业公司。其目的是减轻或消除对特许权使用费征收的预提税。

（6）在避税地设立航运公司。由于从事国际海运的航运公司的所有权和经营权可以分离，总管理机构可设在第三国，其船舶可在别处重新注册，许多国家都以船舶公司的实际管理机构作为其居民公司身份的标准,因此从减轻税负的角度来考虑,航运公司会到避税地办理船舶注册,并设法将管理机构设在避税地或对航运公司提供税收优惠的国家。

(7) 受控保险公司。受控保险公司是指公司集团所拥有的主要为本集团成员提供保险和分保的一种公司组织。由于在企业的经营活动中,每年都要发生大量的保险支出,因此,自20世纪60年代以来,一些大的跨国公司集团开始利用避税地的便利条件,纷纷组建自己的受控保险公司。建立受控保险公司,首先,可以减少支付给第三方公司的保险费;其次,可以承担第三方保险公司不能承担的风险;最后,可以发挥利润中心的作用,在无税或低税的条件下积累资金。

(8) 在避税地设立服务公司。服务公司是指从事部门管理、基金管理以及其他类似劳务的服务单位,它可以起到一个企业总机构或控股公司的作用。在国际避税地建立服务公司,可以通过服务公司向它支付劳务费用等来转移资金,以逃避高税国的公司所得税。

2. 建立避税地财产信托

信托是委托人将财产权转移给受托人,受托人有义务对委托人所委托的财产加以保管使用,从中取得的利益不是给受托人,而是给包括委托人在内的受益人。在纳税人的精心安排下,信托可作为避税的手段。由于委托人被作为一个单独的纳税实体对待,所以建立信托可以使委托人合法地与其财产所有权分离。在一般情况下,委托人对信托财产及所得不再负有纳税义务,利用信托进行避税的基本机制正是源于这种所有权的合法分离。高税国的跨国纳税人,通过建立避税地信托,在法律上实现了与信托财产所有权的分离,使这部分财产摆脱了高税国居民管辖权的直接控制,从而只要委托信托公司在避税地管理其所得和财产,就能够避税。

(1) 建立信托合同逃避税收。为了逃避高税国的税收,跨国纳税人可以不迁出高税国而用订立其他形式的信托合同的方式来逃避税收。例如,跨国纳税人可通过与设在避税地的银行订立合同的形式来建立类似的信托关系。建立在避税地的银行作为受托人,可以代信托人收取利息,利用这种信托关系就可以逃避一部分的税收。

(2) 以信托掩盖股东的股权。建立信托财产不仅可以从事消极投资的所得避税活动,还可用来隐瞒股东的股权,从事积极的避税活动。其手段是跨国纳税人通过信托的方式将自己的公司委托给避税地的信托机构进行管理,这时信托机构成为该公司事实上的所有人,从而有效地隐藏了该公司的真实所有权。另外,一些跨国公司还将信托与控股结合起来,即首先在避税地建立信托公司,然后将控股公司的股票交给信托公司拥有,由其管理控股公司,信托的受益人为跨国公司本身。以此方式,跨国公司可隐瞒其对各地受控子公司的真实所有权,并以此进行避税活动。

四、国际反避税

为了维护国际税收的秩序和各国政府的税收利益,各国政府普遍开展了反国际避税工作。在国际经济交往中,世界各国都把避税防范和反避税作为维护国家主权及经济利益的重要工作。避税防范和反避税的方法和手段很多,世界各国因国情不同而异,但就一般情况来说,大致有以下方面:

(一) 通过完善税收法规反避税

完善税收法规、堵塞漏洞、增强税法的防护能力,是目前世界各国在反避税过程中的主要着眼点。在强化和完善税收立法方面各国采取的措施主要可归纳为以下几类:

1. 在税法中制定反避税条款

在税法中制定反避税条款,首先就是在一般的条款中,注意使用文字,设法堵住漏洞;其次,许多国家增加了特殊的反避税条款,这些特殊的反避税条款是针对特定的避税和逃税行为制定的,主要是一些税源大或容易避税的项目,美国、英国、法国等国税法中的许多条款都是以这种方法制定的；再次，有一些国家制定综合反避税条款，其主要内容是明确纳税人的各种法律义务和责任，扩大税务机关的处理权；最后，还有一些国家制定针对国际避税中的习惯做法的反避税条款，例如，对关联企业转让定价做出特殊规定的条款等。

2. 加强税收的征管工作

为了加强反避税，大部分国家加强了国际税收中的征管工作。加强税收的征管工作，首先是提高了涉外税务人员的素质；其次是各国纷纷加强税务调查，通过对纳税人的经营活动情况进行调查，充分掌握第一手资料；再次是加强了税务的审计，例如，美国的《银行存款法》就是参照银行账户的存款，对跨国纳税人的实际和估计的收支进行比较，以检查是否少报应税所得；最后是在加强税收征管的同时，各国纷纷加强与银行的合作，因为银行在某种程度上相当于企业的出纳，企业的许多经济活动情况都反映在银行账户中。

（二）开展国际合作

由于国际避税至少涉及两个或两个以上的国家，因此，世界各国越来越明确地认识到：单靠一个国家的力量是不够的，必须依靠国家间的合作。其途径有两种：一是通过签订"双边税收协定"或"多边税收协定"进行国家间的相互合作，如我国与日本、美国、英国、巴西等许多国家签订税收协定；二是通过缔约国共同签订的"国际税收协定"进行国际合作，例如，1977年欧洲经济合作组织发布的《OECD协定范本》、1979年联合国专家小组审查通过的《UN协定范本》。这两个国际税收协定范本，已成为协调国际税收关系和各国政府间合作反国际避税的重要工具。

第四节 国际税收协定

一、国际税收协定的概念

国际税收协定是指两个或两个以上的主权国家，为了协调相互间的税收分配关系，本着相互尊重主权和平等互利的原则，经对等协商和谈判所签订的一种书面协议。这种协议一般须经缔约国立法机构批准，并通过外交途径交换批准文件后方能生效。

国际税收协定按涉及的主体多少划分，可分为双边税收协定和多边税收协定。双边税收协定是指两个主权国家之间经对等协商缔结的税收协定；多边税收协定是指两个以上国家经过对等协商所缔结的税收协定。多边税收协定还不多，典型的有《北欧公约》和《安第斯税收条约》两个。多边税收协定由于涉及多个国家，谈判和缔结较为困难。

国际税收协定按照涉及的内容划分，可分为一般税收协定和专项税收协定。一般税收协定是指缔约国各方所签订的广泛涉及各种税收关系的协定。这些税收协定包含了国家间的大部分税收问题，都是以《经合组织协定范本》或《联合国协定范本》为基础缔结的。专项税收协定是指缔约各方对某一项税收业务或特定的税种所签订的协定。与一般税收协定相比，这类协定涉及面窄、条款少、问题单一，有时被包容在国家之间的经济贸易协定之中，不独立作为一项税收协定存在。

国际税收协定与国内法律二者都属于法律范畴，体现国家意志，并且相互依存、相互渗透。但国内法协调的是一国内部的税收关系，国际税收协定协调的是一个国家与另一个国家的税收关系，并且二者法律强制力的程度和表现形式是不同的。在处理有关国际税务关系时，如果税收协定与国内税法发生矛盾和冲突，大多数国家采取的是税收协定优先的做法，也有一些国家将国际法和国内法放在同等地位，按时间的先后顺序确定是优先还是服从。

二、国际税收协定的基本内容

国际税收协定在很大程度上受《经合组织协定范本》和《联合国协定范本》的影响及制

约。从各国所签订的一系列双边税收协定来看，其结构及内容基本上与两个范本一致，都包括7个主要内容：

（一）协定适应的范围

（1）人的范围。所谓人的范围，是指税收协定适用于哪些人，具体包括人的属性的选择、人的身份的界定，以及对特殊人归属的确认。经合组织和联合国的两个范本都把适用的纳税人限制在缔约国一方或同时成为缔约国双方的居民的范围。这就意味着，即使是缔约国一方或同时为缔约国双方国民的跨国纳税人，只要他们不属于一方或双方的居住者，不具备一方或双方居民的身份，就不是协定适用的范围，不能享受协定所赋予的税收优惠权。

（2）税种的范围。所谓税种的范围，是指税收协定适用于哪些税种。在两个税收协定的范本中，均规定协定仅适用于对所得和财产征收的各种直接税。考虑到各国税收制度总是处于不断的调整与完善之中，协定中专门列出一款，明确协定也适用于签订之日后，缔约国任何一方增加或者代替协定中所列税种的税收。

（二）协定基本用语的定义

（1）一般用语的定义解释。一般用语是指在协定中反复出现，需要加以明确解释的用语。一般用语的定义解释主要包括"人""缔约国""缔约国另一方""缔约国一方"等。

（2）特定用语的定义解释。特定用语是指在协定中具有特定含义和作用的用语。特定用语对协定的签订和执行具有直接的制约作用，必须对特定用语的内涵和外延做出解释和限定，如"居民""常设机构"等。

（3）专项用语的定义解释。专项用语是指一些只涉及专门条文的用语。国际税收协定中有一些只涉及专门条文的用语解释，一般放在相关的条款中附带定义或说明。

（三）税收管辖权的划分

对各种所得征税权的划分是税收协定中一项主要内容。各国对所得的征税有不同的内容，涉及的所得范围各不一样，但总的来看，可分为四大项：

（1）对营业所得的征税。营业所得一般由三个部分组成，即一般企业的营业所得、关联企业的营业所得和国际运输企业的营业所得。对缔约国一方企业的营业所得，双边税收协定奉行居住国独占征税的原则；对常设机构的营业利润，一般规定适用来源地国优先征税的原则。

（2）对投资所得的征税。投资所得包括股息、利息和特许权使用费等。国际税收协定一般适用来源地国与居住国分享收入的原则。

（3）对劳务所得的征税。大多数国际税收协定所涉及的劳务所得通常包括独立个人劳务所得、非独立个人劳务所得、董事费、艺术家和运动员所得、退休金、为政府服务的报酬、学生收入等项目。区分不同情况，对居住国、来源地国的征税权实施不同的规范和限制。

（4）对财产所得的征税。财产所得主要指不动产所得和财产收益两个项目。对于不动产所得，协定的解释是原则上以财产所在地的缔约国法律为准；对于财产收益，由转让财产的居民所在国征税。

（四）避免双重征税的方法

国际税收协定的核心内容是避免重复征税，确定减除重复征税的方法也是国际税收协定中的重要内容。一般来说，国内税法中未规定减除重复征税方法的国家，必须在协定中列入选择的减除重复征税的方法；国内税法中已有规定方法的，应在协定中加以确认。采用什么样的方法来避免对优先行使征税权而已征税的那部分所得的重复征税，如何在免税法、抵免法和扣除法中选择方法以避免国际重复征税，如何确定给予对方跨国纳税人的全部或部分优惠饶让，这些都应在协定中明确说明。

（五）税收无差别待遇原则

无差别待遇是指缔约国一方国民在缔约国另一方负担的税收或者有关条件，不应与缔约国另一方国民在相同情况下的税收负担不同。税收无差别原则在国际税收协定条款规定中具体表现为以下四个方面：

（1）国籍无差别条款。即缔约国一方国民在缔约国另一方负担的税收或者有关条件，不应与缔约国另一方国民在相同情况下负担或可能负担的税收或有关条件不同，禁止缔约国基于国籍原因实行税收歧视。

（2）常设机构无差别条款。即缔约国一方企业设在缔约国另一方的常设机构的税收负担，不应高于缔约国另一方进行同样业务活动的企业。

（3）费用扣除无差别条款。缔约国一方企业支付给缔约国另一方居民的利息、特许权使用费和其他款项，应与在同样情况下支付给本国居民一样，准予列为支出。

（4）资本无差别条款。这是指缔约国双方相互给予对方企业设立在本国的子公司以本国企业待遇，不因企业资本所有权构成不同而加以区别。

（六）交换税务情报

交换税务情报，是加强国家之间税务管理合作和防止国际偷漏税行为的重要措施。关于情报交换，两个范本都明确了具体规定：一是缔约国双方主管当局应交换为实施本协定的规定所需要的情报；二是缔约国双方交换与税收协定有关的各种国内法律的情报，如税制结构、征收方式、管理层次等。

（七）相互协商程序

协定中列入该条款，其目的是通过缔约国双方税务当局的行政协助解决协定在执行中出现的问题，从而避免或消除重复征税，防止或减少国际逃税行为的发生。该程序是各税务主管当局之间的一个讨论程序，旨在尽可能找到为各方所能接受的解决相关问题的方法。

三、《经合组织协定范本》和《联合国协定范本》的比较

目前国际上最重要、影响力最大的两个国际税收协定范本是：《经济合作与发展组织关于对所得和财产避免双重征税的协定范本》，即《OECD 协定范本》；《联合国关于发达国家与发展中国家间避免双重征税的协定范本》，即《UN 协定范本》。这两个范本是两个国际组织为了协调和指导各国签订双边税收协定或多边税收协定而制定并颁布的示范性文本。各国在签订协定的活动中，不仅参照两个税收协定范本的结构和内容来缔结各自的税收协定，而且在协定大多数的税收规范上都遵循两个协定范本所提出的一些基本原则和要求。

国际税收协定范本的主要作用在于为各国签订相互间税收协定树立一个规范性样本，保证各国签订双边或多边税收协定程序的规范化和内容的标准化，并为解决各国在税收协定谈判和签订中遇到的一些技术性困难提供有效的帮助，为各国在处理税收协定谈判和签订中出现的矛盾及问题提供协调性意见。国际税收协定范本有两个特征：一是规范化，这种规范性主要表现在格式的规范、内容的规范等方面；二是内容弹性化，国际税收协定范本适用的范围是所有的国家，它的内容具有弹性，规定和列举了具有一般性和原则性的条款，具体内容则由各谈判国家自己去明确规定。

（一）《OECD 协定范本》和《UN 协定范本》的联系

两个范本在结构上大体相似，都有开头语（协定名称和协定序言）、协定条款、结束语三部分。在协定条款中，两个范本都分为七章，各章题目均一样，只是在具体条款多少上有所差异。两个范本的基本内容相同，各章内容如下：

第一章，协定范围，包括第一条和第二条，说明协定所适用的纳税人、税种的范围。

第二章，协定基本用语的定义，包括第三、四、五条，对协定涉及的概念给出明确的定义。

第三章，对所得征税，即对各种所得的征税权给予确定。

第四章，对财产的征税，是缔约国双方对财产征税的管辖权的划分。

第五章，避免双重征税的方法。两个范本都指出缔约国双方对对方已征税款，为了避免重复征税，可以选择免税法和抵免法，并对如何使用这两种方法做了说明。

第六章，特别规定。该部分对税收协定的一些相关方面和技术性问题做了特别规定。

第七章，最后规定，即关于协定生效和终止的规定。

（二）《OECD 协定范本》和《UN 协定范本》的主要区别

尽管两个范本在结构和内容上大体一致，但由于角度不同，反映国家的利益不同，在一些问题的看法和处理上有些分歧。《OECD 协定范本》尽力维护发达国家利益，偏重居民税收管辖权；而《UN 协定范本》则尽力主张发展中国家利益，强调收入来源国优先征税的原则。二者的不同之处主要表现如下：

（1）总标题不同。《OECD 协定范本》的总标题是《经济合作与发展组织关于对所得和财产避免双重征税的协定范本》，主要用于指导经合组织成员签订相互间的税收协定；《UN 协定范本》总标题是《联合国关于发达国家与发展中国家间避免双重征税的协定范本》，主要指导发展中国家与发达国家签订双边税收协定，处理好发展中国家与发达国家的税收分配关系。

（2）协定适用范围的区别。在适用的税种方面，对财产税是否作为协定适用的税种，《OECD 协定范本》比较肯定，而《UN 协定范本》则采取了灵活的方法。

（3）关于常设机构理解的区别。在常设机构范围大小方面，两个范本有些区别。《UN 协定范本》规定的范围更大一些，如对一些机构在一国经营活动时间的缩短和对一些活动范围的扩大等。

（4）关于营业利润征税的区别。两个范本除对常设机构营业利润是采用"引力原则"还是"利润归属原则"有区别外，在计算法人缴税利润中各种费用的扣除上也有所区别。《UN 协定范本》明确了常设机构由于使用专利或其他权利而支付的特许权使用费、手续费、某些利息等，不允许从总利润中扣除，相应地也不考虑取得的这些收入。另外，对于常设机构为企业采购货物或商品取得的利润是否归属到常设机构利润中，《OECD 协定范本》持否定态度，而《UN 协定范本》则认为由双方谈判去解决。

（5）关于预提所得税税率限定的区别。在预提所得税税率高低限制方面，两个范本有所不同。《OECD 协定范本》对各项预提所得税税率都做了严格限制，目的是限制收入来源国行使管辖权。《UN 协定范本》则确定由缔约国双方协商解决，总的原则是，收入来源国对各种投资税收都有权行使税收管辖权。

（6）关于对独立个人劳务所得征税的区别。在独立劳务所得方面，《OECD 协定范本》采用了有关常设机构的做法，认为对个人在收入来源国所提供的专业性和其他独立劳务所得课税，以在收入来源国设有固定基地为限。发展中国家认为这种固定基地的限制不合理，因此，《UN 协定范本》提出几条可选的条件，如对非独立劳务所得征税。

（7）关于交换情报条款的区别。在情报交换范围方面，两个范本有所不同。《UN 协定范本》强调缔约国双方应交换防止欺诈和偷漏税的情报，并指出双方主管部门应通过协商确定有关情报交换事宜的适当条件、方法和技术，包括适当交换有关逃税的情报。《OECD 协定范本》则没有强调这一点。

四、滥用税收协定避税

采用滥用税收协定（treaty shopping）方式避税，是跨国企业普遍存在的做法，各国也纷纷采取措施加以限制。

（一）滥用税收协定的概念

滥用税收协定，一般是指第三国的跨国纳税人利用其他两个国家间签订的国际税收协定，通过设立在税收协定国的公司开展投资或经营活动，以利用协定优惠条款，谋取降低税负以至免税，达到避税目的。

一般来说，滥用税收协定主要有以下三个特点：

（1）行为主体主要是跨国公司，即法人居民。这是因为法人与自然人相比，具有更大的易变性，很容易通过精心策划，巧妙地装扮成缔约国的居民公司，从而谋取协定待遇。

（2）行为对象主要是针对间接性的投资收益，如股息、利息、特许权使用费及财产租赁收入等，目的是减轻预提税的课征。

（3）行为方式主要是通过在协定国组建中介公司来谋求不应得的税收利益，如在缔约国组建各种控股公司、传输公司、信托公司等。

（二）滥用税收协定的常用方式

在实践中，滥用税收协定的通常做法是第三国的跨国纳税人通过在某个签订税收协定国家设立中介公司，然后以该公司名义到与该国有税收协定的国家从事经济活动，从而享受到直接投资不能享受到的协定优惠。因此可以说，滥用税收协定进行避税的手法是以设置中介体为主要特征的。具体可以归纳为以下三类：

1. 设置直接导管公司

直接导管公司是指为获取某一特定税收协定的好处而在某一缔约国中建立的一种具有居民身份的中介公司。

下面举例说明如何通过建立直接导管公司获得税收优惠。甲国 A 公司原来打算在乙国建立一子公司 B，但是乙国要对本国公司汇往甲国的股息征收较高的预提税。乙丙两国缔结有相互对股息预提税给予减征或免征优惠待遇的税收协定，甲丙两国也有类似的税收协定。此时，甲国的 A 公司可在丙国建立一个控股公司，通过丙国控股公司来收取来自 B 公司的股息。这样，甲国的 A 公司就可以减少股息所得的纳税义务。由于 A 公司通过丙国的控股公司能够得到甲国与丙国、乙国与丙国签订税收协定的税收优惠，丙国的控股公司犹如一条直接吸取缔约国公司所得的导管，因此被形象地称为直接导管公司。

2. 设置脚踏石导管公司

在设立直接导管公司不能直接奏效的情况下，设置脚踏石导管公司是一种更间接、更迂回的避税方式。设置脚踏石导管公司涉及在两个以上的国家设立子公司来利用有关国家所签订的两个税收协定。它实际上是一种直接导管公司与转让定价、避税港相结合的避税手段，属于一种高级避税形式。其结果是使当事人不仅获得了其本来没有资格享有的税收协定待遇，而且还可能获得缔约国国内的税收优惠。

例如，甲国公司计划在乙国设立一子公司，但乙国对本国的居民公司汇往甲国的股息征收较多的预提税，而乙国与丙国、甲国与丁国均缔结有相互按低税率征收股息预提税的税收协定，丙国与丁国则有相互对控股公司免征股息预提税的税收协定。此时，甲国公司可在丁国建立一个控股公司，通过丁国的控股公司在丙国建立一个控股公司，再通过丙国控股公司在乙国建立一个子公司。这样，甲国公司便可以减少其股息所得的总纳税义务。由于甲国公司一定要通过建立丁国控股公司和丙国控股公司才能取得乙国公司的股息并规避税负，丁国控股公司和丙国控股公司在其中犹如两块为达到目的所必需的脚踏石，因此被形象地称为脚踏石导管公司。

3. 直接利用双边关系避税

直接利用双边关系进行避税有两种做法：一种叫作设立同一国控股公司，另一种方法是设置低股权控股公司。

设立同一国控股公司，即利用两国之间签订的税收协定中给予某些特殊优惠进行避税。例如，甲国和乙国之间签订的税收协定中，乙国规定如果股息是由同一国内公司收到，则可对股息课以较低税率的税收。这样一来，甲国投资者 A 公司便可在乙国先组建一个完全控股公司 B，由公司 B 向乙国国内其他公司（如 C 公司）进行投资参股，这样甲国投资者便可获得税收优惠。

设置低股权控股公司并不需要通过第三国迂回，而是将中介公司设在缔约国的某一方。由于一些国家对外签订的税收协定中有明确规定，缔约国一方居民向缔约国另一方居民公司支付股息、利息或特许权使用费享受协定优惠的必要条件是：该公司由同一外国投资者控制的股权不得超过一定比例（比如，全部股权的 25% 以上）。针对这种要求，外国投资者可以精心组建外国低股权的控股公司，以谋求税收利益。例如，F 国对外签订税收协定有一个惯例，即如果股息的受益者是一个外国公司，而该公司持有分配股息的 F 国公司 25% 以上的股份，那么，F 国的税收协定通常对这一 F 国公司分配的股息不给予税收优惠。假设甲国与 F 国签订有税收协定，针对这一规定，持有 F 国 N 公司 100% 股份的甲国 M 公司为了获取税收协定的优惠，可以依本国法律在本国境内先组建 5 个子公司，然后由这 5 个子公司分别持有 F 国 N 公司的股份，使每个子公司持有 F 国 N 公司的股份低于 25%，从而受惠于甲国与 F 国之间的税收协定。

（三）对滥用国际税收协定避税的评价

国际税收协定范本中没有对滥用国际税收协定做出明确规定，联合国、经合组织和大多数国家对其持否定态度。比较一致的批评意见有：

（1）国际税收协定是缔约方国家为各自居民的利益而签订的，缔约国之间一般相互给予了一定的税收优惠。而未参加缔约国家的企业从中获取利益，不但使跨国纳税人得到了不该获得的税收优惠，其所在的国家也得到了不应有的好处。

（2）跨国纳税人采用滥用国际税收协定避税，比较容易躲过各国反避税的努力，从而获得额外的利益，这使国际税收负担失去平衡，不符合税收公平的基本原则。

（3）滥用国际税收协定使得非缔约国的跨国纳税人获得缔约国的税收优惠，如果此种做法可以随意存在与发展，使其所在的国家没有必要参加国际税收协定的缔约谈判，就会破坏国际税收协定的机制，扰乱国际税收秩序。

所以，在各国已经签署的国际税收协定中，一般会有相应的条款，对滥用国际税收协定的行为加以限制。

需要指出的是，也有些学者不反对滥用国际税收协定，认为这是"纳税人的自助行为"，可以使双边税收协定"形成事实上的多边税收协定"，有利于国际税收关系在更大范围协调。

在不同的评价观点一直存在的同时，跨国纳税人滥用国际税收协定来谋求减轻税负的避税活动在全世界也进行着。

第五节 未来国际税收环境

国际税收环境正日益发生变化，不仅社会政治经济状况比以往更快地演变，而且一场技术变革也正在进行，这将对税制运行的某些传统方式提出挑战。分析未来税收环境的变化、追踪税收环境变化的趋势，对于跨国经营的企业来说，有非常重要的意义。

一、国际税收环境的影响因素

考察税制的发展、精确地描绘出未来税制的可能发展是困难的，在这一领域中，分析国际税收环境影响因素的公认方法就是"STEP"分析法。此方法包括对相应的社会（S）、技术（T）、经济（E）和政治（P）的因素进行分析。

（一）社会因素

社会因素包括人口统计、社会人口流动性、收入分配与教育水平。在许多国家，这三个因素往往是导致税制日益复杂化的主要因素。

首先看人口统计因素。在众多人群的人口统计中的一个主要趋势就是平均年龄的持续增长，在繁荣经济中的老年人比年轻人显得有着更复杂的经济事务，他们更多的是通过储蓄与养老金方式来积累与消费。

其次看社会人口流动性因素。在很多国家，家庭变得缺乏稳定性，并且离婚的一个后果是个人所得来源的数目和种类在增加，这也会引起社会的、地理的流动。

最后看收入分配与教育水平。随着收入的增加，人们受教育的水平也在提高，这可能会促进人们更有兴趣采取积极有效的方式对待自己的涉税事务。

这些类似于社会学意义上的变化将迫使把日益变化的社会环境考虑进去的税制变得更加复杂。

（二）技术因素

就技术而言，技术革新的发生和技术变化节奏的日益加快，尤其是网络的发展，将牵涉税收。网络给税务部门带来难度，因为资本和劳务能在网上自由流动而税务当局却防不胜防。

技术进步给税收带来了一系列的影响，简单列举如下：

(1) 最明显的是税收部门对网络征税技术的引进，以及网络缴税。

(2) 原有的物理国界已不再具有实质意义，而不同的国家可能会采用不一致的税收管辖权，这将导致税收的不确定和不一致问题。

(3) 随着电子商务的发展，网上电子结算将非常普遍并且这一切都可在网络空间完成，因而弄清楚电子结算方式如何与传统的收入源泉、居民地、原产地和最终环节原则相适应，以及税制和国际税收安排将在多大程度上适应这种高技术变化是目前国际社会考虑的主要问题。

(4) 依据收入的源泉课税将会变得很难实施，重点将会转移到按居民地课税上，这将涉及居民企业在国家之间的迁移和税收竞争。

(5) 由于对电子商务很难进行跟踪，因此无法保证纳税人依法纳税，而且认定各经济事项的参与者及确认电子交易的记录也会面临困难。

（三）经济因素

经济力量通常都是不可预测的，平均收入时升时降，但在世界上的许多地区平均收入的长期趋势是上升的。这造成了金融工具的多样性和复杂性，也造成了税收的复杂化。

日益激烈的市场竞争是影响国际税收环境的重要经济因素。随着技术的发展，空间距离在市场中变得越来越不重要，顾客也比从前拥有更多的信息，价格也竞争得更加厉害，所以许多商品和劳务的价格越来越像股市的价格一样，对供求变化极为敏感并经常波动。所有这些都意味着企业必须面对更激烈的竞争，这进一步导致国家间税收竞争的日益激烈。

（四）政治因素

关于政治因素，在这里不可能讨论所有问题，但各国政府及税务当局在可预见的将来可能采取的政策是应该考虑的。最常见的便是关税之争，影响国际贸易发展。

随着税收竞争的加剧，不同的税收管理者为鼓励个人和企业到自己的管辖范围，还会制定一些特别有吸引力的税收措施，比如给予税收优惠、降低税率等，这些都会改变国际税收的环境。

二、国际税收的发展趋势

在国家之间经济不断融合的世界经济大潮中,一方面,国际税收的发展大大推动了全球经济向一体化的方向迈进;另一方面,商品、资本、人员跨国流动的自由化使税基范围扩大到全球,不再固定于某个国家,这又给国际税收提出了新的要求,带来了新的挑战。在全球化进程中,国际税收的发展将呈现以下趋势:

(一) 各国税收制度趋同化

当前,众多的区域经济一体化组织以及国际税收协调和合作组织,为达到其组织目标均制定了各种指令,要求参加该组织的成员国在国内立法,对现有法律进行修改和协调,在一定时期内达到该组织的指令或建议所规定的目标,由此引起了各国税收制度的趋同化。

经过 20 世纪 80 年代、90 年代的世界性税制改革浪潮,发达国家普遍降低了所得税的税率,提高了流转税的比重,双向措施的结果是形成了世界性的复合税制结构。复合税制结构在不断完善中成为 21 世纪税制结构的主体。

(二) 税收的国际协调和合作进一步发展

在经济全球化的影响下,税收政策的协调包括三个层次:一是一国政府对本国国内税收制度的主动调整,并在双边基础上进行必要的合作与协调;二是在区域经济一体化的背景下,区域经济一体化成员国对本国税收主权的部分出让;三是在国际组织的协调下,各成员国税收主权的出让与共享。

上述的三个层次又可以体现为三个模式:一是税收协定模式,这是指有关国家通过签订国际税收协定,寻求解决各国税收制度之间相互冲突引起的国际双重征税和国际避税和逃税等问题;二是区域协调模式,是指在区域国家内部,通过多方努力,逐步消除各国税制差异,使有关国家的某一税制乃至整个税制大体相同;三是国际协调模式,是指通过建立权威性的国际组织,对各国税收政策进行协调。

(三) 国际税收协定网络不断发展

自从 20 世纪《OECD 协定范本》和《UN 协定范本》诞生以来,双边税收协定在税收的国际协调与合作过程中发挥了重要作用。各国之间缔结税收协定十分普遍。在经济全球化进程中,各国为了解决由经济全球化带来的国际税收问题,将更加重视利用税收协定这一合作模式。特别是 20 世纪 80 年代以来,国际税收协定网络不断发展,具体表现为:签订税收协定的国家不断增多,协定网络进一步扩大;老协定的修订和新协定的缔结持续不断;协定的内容日渐丰富和扩大。

(四) 区域性税收一体化进程加快

在经济全球化进程中,各国经济互相渗透、互相依存,各国难以单纯依靠既有的单边性的国内法规和双边性的国际法规来解决此类新问题,必须制定新的建立在多边性基础上的国际税法规则。当前,已有如欧盟、北美自由贸易区等区域一体化的组织存在,在这些区域性经济一体化组织中,多边税收国际协调与合作措施和规则已有相当程度的发展。

(五) 税收管理措施革新

现有的税收管理措施是建立在传统的生产、销售和经营管理的模式之上,面对经济全球化所引起的新的税收问题,尤其是电子商务活动所带来的新的税收问题,此类管理措施出现失灵的现象。因此,税收管理措施的革新是国际税法发展的新动向,各国将在遵循税收管理的中性、效率、简便等原则的基础上,充分利用科技进步带来的机遇,发展新的税收管理措施。

重要概念

国际税收　　　　税收管辖权　　　　国际双重征税　　属人原则　　属地原则
公民税收管辖权　居民税收管辖权　　地域税收管辖权　税收抵免　　税收饶让
国际避税　　　　国际避税地　　　　转让定价　　　　国际反避税　国际税收协定
OECD 协定范本　联合国协定范本

思考题

1. 国际税收与外国税收有什么区别？
2. 为什么对跨国企业容易发生国际双重征税？
3. 什么样的国家喜欢采取属人原则征税？为什么？
4. 各国税收协定一般怎样避免国际双重征税？
5. 税收抵免与税收饶让有什么区别？对跨国企业的影响有何不同？
6. 跨国企业一般如何运用转让定价来实现国际避税？
7. 各国如何实施国际反避税措施？

第十四章
企业纳税筹划

无论在哪个国家，依法纳税都是纳税人义不容辞的义务。但是，对于作为营利性组织的企业而言，税收作为一种支出，毫无疑问会影响利润和现金流。为了增加收益，像努力降低成本费用那样试图减少纳税，是企业的正常行为倾向。于是，纳税筹划成为企业关注的一个重要的管理内容。

导读

在我国，税收筹划是一个比较尴尬的题目。很多企业对税收筹划趋之若鹜，但它们把税收筹划简单地误解为如何少交税；有些政府机构则将税收筹划视为不良品德而排斥，甚至禁止学校开设此课程。这与我国在经济理论、税收理念、纳税意识以及税收机制等方面水平较低、普及面较窄有关。

税收涉及国家财政的需求和纳税人的负税能力之间的关系，此关系形成税收负担问题。从理论而言，应该存在一个最佳税收负担率，但在实践中是无法计算出这个比率的。实际上，最佳税收负担率是通过征纳双方的博弈而形成，而税收筹划则是博弈中的一个机制。

纳税是企业的义务。从法学角度，涉及的计税范围、纳税数额、纳税时间等具体义务是由税法规定的。从经济学角度，社会资源的配置应尽量有效率，而税法并不一定完善，征税引起资源配置的状况未必有效率。作为一种机制，纳税人在不违反税法的前提下谋求少交税，在一定程度上缓释过重的税收负担。

此外，企业作为纳税人在法律范围内维护自己的利益，也是纳税人的权利。

总之，学习税收知识，掌握税收筹划方法，做好税收筹划工作，不但有利于企业自身的利益，也有助于全社会税收负担水平趋于合理。

第一节　纳税筹划概述

由于我国税制建设较晚，人们的税收意识和税收知识较差，因此掌握一些基本概念，有利于企业的纳税筹划。

一、逃税

逃税是指纳税人采用非法手段，例如伪造、涂改票据和账册、虚列费用、隐瞒收入和利润、转移资产等，以逃避纳税义务、减少纳税的行为。世界各国对逃税行为都采取严禁和严厉惩处的措施。

二、避税

一般而言，避税是指纳税人合法地减少纳税的行为。由于避税行为合法，许多企业热衷于对避税的探索，如关联企业间的转让定价。面对政府的反避税措施，企业产生了许多困惑与尴尬。因此，应正确认识避税。

荷兰国际财政文献局（BFD）于1988年出版的《国际税收词汇》中对避税的定义是："避税是指用合法手段以减少税收负担，通常表示纳税人通过个人或企业活动的精心安排，利用税法的漏洞和缺陷，以谋取少纳税的利益。"著名经济学家萨缪尔森在《经济学》一书中指出："比逃税更加重要的是合法地规避赋税，原因在于议会制定的税法有许多漏洞，听任大量的收入不纳税或者以较低的税率纳税。"

通过对以上两个比较权威的定义进行分析，避税一方面是合法的，但另一方面具有贬义。纳税人利用法律的漏洞，把将要发生的应税行为变为非税行为，或将发生的重税行为转变为轻税行为，不符合国家的立法意图，虽然不会受到法律制裁，但政府会采取反避税措施。

三、节税

节税是指在税法规定的范围内，当存在多种纳税方案的选择时，纳税人选择税收负担较低的方案来从事投资、经营、交易和财务等活动，以达到减轻税负目的的行为。例如，将企业选址为税率较低的经济特区或经济开发区。与避税相比，节税不但合乎法律，还符合政府的政策导向，因而受到政府的认可。

四、纳税筹划

对纳税筹划的概念，目前尚难以从词典和教科书中找出很权威或者很全面的解释，但我们可以从专家学者们的论述中加以概括。荷兰国际财政文献局《国际税收词汇》中是这样定义的："纳税筹划是指纳税人通过经营活动或个人事务活动的安排，实现缴纳最低的税收。"印度税务专家 N. J. 雅萨斯威在《个人投资和税收筹划》一书中说，纳税筹划是"纳税人通过财务活动的安排，以充分利用税收法规所提供的包括减免税在内的一切优惠，从而获得最大的税收利益"。美国的 W. B. 梅格斯博士在《会计学》一书中说："人们合理而又合法地安排自己的经营活动，使之缴纳可能最低的税收。他们使用的方法可称之为税收筹划……少缴税和递延缴纳税收是纳税筹划的目标所在。"另外他还说，"在纳税发生之前，有系统地对企业经营或投资行为做出事先安排，以尽量地少缴所得税，这个过程就是纳税筹划。"

综合以上表述，我们可以看出，纳税筹划是指在法律规定许可的范围内，为减少纳税而对经营活动和财务活动进行谋划、设计和安排的过程。与避税和节税相比较，纳税筹划的内涵与前两者相似；区别在于避税和节税的概念强调的是目的，而纳税筹划的概念着眼于过程。

纳税筹划的概念有广义和狭义之分。广义的纳税筹划包括避税筹划和节税筹划，狭义的纳税筹划只是指节税筹划。由于避税不符合国家立法意图，因此被政府所反对；而节税符合税法精神，符合政府政策，为政府所鼓励。本书采用狭义的纳税筹划概念，即节税筹划。

第二节　企业纳税筹划的动因

一、企业的营利性质是纳税筹划的基本动因

利润是每个企业生产经营的基本目标，而税收是影响企业利润的因素之一。税收的无偿性

决定了纳税是企业资金的净流出，没有与之配比的收入。在收入和费用一定的条件下，企业的税后利润与纳税金额互为消长关系。虽然依法纳税是企业作为纳税人应尽的义务，但对于企业来说，纳税是经济利益的一种损失，因此，企业在履行纳税义务的同时，为了利润的最大化，对纳税进行筹划，尽量减轻纳税负担，这是无可厚非的正常行为倾向。纳税筹划是企业的营利性质所决定的。

二、激烈的竞争促进企业的纳税筹划

市场经济的特征之一是竞争。企业要在激烈的市场竞争中立于不败之地，必须对企业的生产经营进行全方位、多层次的运筹。税收筹划对企业生产经营成果的影响举足轻重，甚至关系到市场经济大潮下企业的生死存亡。竞争加强了企业纳税筹划的紧迫感。

三、沉重的税收负担刺激纳税筹划

各国政府为了取得充足的财政收入，需要向社会征收大量的税收。企业往往成为主要的税负承担者，沉重的税收负担刺激了企业进行纳税筹划的欲望，这成为促使企业加强纳税筹划的一个因素。一般而言，税负越重，纳税筹划的要求越强烈。

四、法律缺陷和政策导向给纳税筹划提供了可能

任何法律法规都有一定的缺陷，税法也是如此。一个国家的税收制度无论如何健全、严密，税收负担在不同纳税人、不同纳税期、不同行业和不同地区之间总是存在差别。这种差别的存在为纳税人进行税收筹划、选择最优纳税方案提供了一定的机会。

此外，政府将税收作为宏观调控的经济杠杆，通过设置税种、确定税率、选择课税对象和课税环节等体现政府宏观调控政策，如提供某种税收优惠。在税法规定的范围内，企业对某一税种的应纳税款往往有两个或两个以上纳税方案备选。

税制的缺陷和政府的政策导向为企业实施纳税筹划提供了可能性。

五、纳税意识淡薄

社会道德水准低、人们的纳税意识淡薄或者错误，都会促使逃税、避税和节税之风盛行，纳税筹划活动也会相应增加。

六、税收征管不力

税收征管不科学、征纳道德水准低、处罚不公、随意性大，甚至征纳勾结、人情逃税、化公为私等，都会强化企业的节税、避税甚至逃税行为。

第三节　商品与服务税的筹划

各税种的纳税筹划都是非常具有挑战性的。不同税种、不同地点、不同情况，可以派生出种种筹划方案。我国的商品与服务税制比较复杂，给纳税筹划留下了广阔的空间。这里只是对部分筹划的思路加以介绍，更精彩的方法和案例存在于浩瀚的纳税活动之中。

一、增值税纳税人税负的比较

在我国，缴纳增值税的纳税义务人按其经营规模及会计核算是否健全划分为一般纳税人和小规模纳税人。一般纳税人和小规模纳税人实行完全不同的增值税征收管理。经税务机关审核认定的一般纳税人，可按增值税的规定抵扣进项税额，并使用增值税专用发票，一般纳税人增

值税额是按"应纳税额＝销项税额－进项税额"的原理来计算和缴纳。增值税小规模纳税人增值税额是按"应纳税额＝不含税销售额×征收率"来计算和缴纳。

作为增值税纳税人，一般纳税人和小规模纳税人的增值税税负孰轻孰重？在允许的前提下，纳税人应该如何选择增值税的纳税人身份？

现在介绍一种"增值率临界点税收筹划法"。"增值率临界点税收筹划法"也可以称为"税收无差别平衡点筹划法"。由于一般纳税人、小规模纳税人计算增值税的原理和税率并不相同，我们很难一下就判别出哪种纳税人身份承担更多的税负。我们假设存在某一个增值率，实现了两种纳税人的增值税负完全相等的临界状态，下面我们求出这个临界点的增值率。

假设增值税业务中不含税销售额为 X，不含税采购额为 Y，我们可以把 $(X-Y)\div X$ 理解为经济业务的增值率。

由于要考查两种纳税人的税负相等的临界点，所以：

$$增值税率 \cdot X - 增值税率 \cdot Y = 小规模征收率 \cdot X$$
$$(X-Y)\div X = 小规模征收率 \div 增值税率(\%)$$

此处的"$(X-Y)\div X$"正是使两种纳税人税负相等的临界点增值率，即可得一般公式：

$$临界点增值率 = 小规模征收率 \div 增值税率$$

这意味着，当经济业务中的增值率等于小规模征收率除以增值税率的商的时候，一般纳税人和小规模纳税人的增值税税负完全相等。

例如，增值税一般纳税人的税率为13%，小规模纳税人的征收率为3%，则临界点增值率＝3%÷13%＝23.08%。

当经济业务中的增值率为23.08%时，一般纳税人和小规模纳税人应缴纳的增值税完全相等。当经济业务增值率高于23.08%时，做小规模纳税人有利；当经济业务增值率低于23.08%时，做一般纳税人有利。

同理，当我们把增值税率13%、9%、6%，小规模征收率3%、5%代入公式时，可以算出不同行业的增值率临界值。

两种纳税人增值率临界值如表14-1所示。

表14-1 两种纳税人增值率临界值表（%）

一般纳税人税率	小规模纳税人征收率	临界点增值率
13	3	23.08
9	3	33.33
9	5	55.56
6	3	50

我们可以得出一般结论：当企业经济业务的增值率等于临界点增值率时，一般纳税人和小规模纳税增值税的税负相等；当企业业务中增值率高于临界点增值率时，作为小规模纳税人缴纳增值税有利；当企业经济业务中增值率低于临界点增值率时，作为一般纳税人缴纳增值税有利。

今后，我国的增值税随着经济的发展，可能会继续调整一般纳税人税率和小规模纳税人征收率，我们仍然可以根据上述模型和公式来重新计算临界点增值率，来选择增值税纳税中更有利的纳税人身份。

二、选择供应商考虑增值税的节税

企业的供应商有一般纳税人和小规模纳税人，其适用的税率各有不同，对其税款抵扣的规定也不同。因此，从不同供应商进货，将直接影响到企业的增值税税负。在价格及质量一定的条件下，是从一般纳税人那里购进，还是从小规模企业及个体工商户购进，应做出正确判断。如果购货企业是增值税一般纳税人，应选择从一般纳税人处购进。因为现行增值税是凭合法凭证进行抵扣的，这样可获得13%或9%的税款抵扣。若从小规模纳税人处进货，通过其到税务局代开增值税专用发票，最多可获得按3%的征收率来抵扣税款；而从个体工商户处购进则不能获得抵扣。例如，用1万元从一般纳税人处购进货物，可抵扣1 150.44元的增值税进项税额（10 000÷1.13×13%）；从小规模纳税人处购进，只能抵扣291.26元的进项税额（10 000÷

$1.03 \times 3\%$）；而向个体工商户购进，由于不能抵扣，会比从一般纳税人企业进货多交增值税 1 150.44 元。因而，企业在购进可享受进项税抵扣的货物时，不但要看价格的高低，还要考虑到进项税抵扣问题。

三、小规模纳税人价格折扣临界点

一般纳税人企业是不是不能选择小规模纳税人作为进货供应商了？不一定。

企业在选择进货供应商时，由于一般纳税人的增值税专用发票可以抵扣，小规模纳税人即使能提供发票也是按征收率来抵扣，因此一般纳税人供应商会有很大的竞争优势。迫于竞争的压力，小规模纳税人在洽谈生意时，往往会在商品价格上主动降价打折，以增强竞争力。那么，对于一般纳税人企业，面对小规模纳税人供应商，对方要对商品价格打多大折扣才能有吸引力？

要回答这个问题，同样可以运用"价格折扣临界点"的分析方法来解决。

假设某企业从一般纳税人供应商处购进货物的含税价格为 P，从小规模纳税人处的购进货物含税价格为 P_1，对企业来说，无论在何处进货，只要最后企业的利润相等就可以考虑合作。

假设某企业所在地城市维护建议税为 7%，教育费附加为 3%，所得税为 25%，计算公式为：

$$企业净利润 = 销售额 - 购货成本 - 城建税及教育费附加 - 所得税$$

1. 企业从一般纳税人处进货

$$净利润 = 销售额 - \frac{P}{(1+增值税税率)} - \left[销售额 \times 增值税率 - \frac{P}{(1+增值税税率)} \times 增值税率\right] \times$$
$$(城建税率 + 教育费附加率) \times (1-25\%) \tag{14-1}$$

2. 企业从小规模纳税人处进货

$$净利润 = 销售额 - \frac{P_1}{(1+征收率)} - \left[销售额 \times 增值税率 - \frac{P_1}{(1+征收率)} \times 征收率\right] \times$$
$$(城建税率 + 教育费附加率) \times (1-25\%) \tag{14-2}$$

令式（14-1）和式（14-2）相等，则：

$$销售额 - \frac{P}{(1+增值税税率)} - \left[销售额 \times 增值税率 - \frac{P}{(1+增值税税率)} \times 增值税率\right] \times$$
$$(城建税率 + 教育费附加率) \times (1-25\%)$$
$$= 销售额 - \frac{P_1}{(1+征收率)} - \left[销售额 \times 增值税率 - \frac{P_1}{(1+征收率)} \times 征收率\right] \times$$
$$(城建税率 + 教育费附加率) \times (1-25\%)$$

合并整理该等式，可推得一般结论：

$$P_1 = (1+征收率) \times \frac{[1-增值税税率 \times (城建税率 + 教育费附加率)]}{[1-征收率 \times (城建税率 + 教育费附加率)]} \times (1+增值税税率) \times P$$

这个关于 P_1 的表达式，就是小规模纳税人价格折扣的临界点。

假设该行业的一般纳税人增值税率为 13%，小规模纳税人征收率为 3%，城建税率为 7%，教育费附加率 3%，代入该式可得：

$$P_1 = (1+3\%) \times (1-13\% \times 10\%) \div (1-3\% \times 10\%) \times (1+13\%) \times P$$
$$P_1 = 90.24\% \times P$$

当小规模纳税人含税价格 P_1 打折到一般纳税人含税价的 90.24% 时，无论是从一般纳税人还是从小规模纳税人处进货，该企业获得的利润完全相等。90.24% 即为小规模纳税人的价格折扣率临界点。

我们可以扩展到不同行业和多种开票情况。当供应商提供不了发票时，抵扣率即为零。价格折扣率临界点如表14-2所示。

表14-2　两种纳税人价格折扣临界点（%）

一般纳税人增值税率	小规模纳税人抵扣率	价格折扣率临界点
13	3	90.24
13	0	87.34
9	3	93.92
9	0	90.92
9	5	95.94
6	3	96.88
6	0	93.77

当小规模纳税人给予的价格折扣率正好等于价格折扣率临界点时，从两类供应商进货完全一样；当小规模纳税人给予的价格折扣率高于价格折扣率临界点时，应该从小规模纳税人处进货；当小规模纳税人给予的价格折扣率低于价格折扣率临界点时，应从一般纳税人处进货。

第四节　企业所得税的筹划

所得税在各税种中是比较复杂的，税额的计算受多种因素的影响，政府也经常用所得税发挥调节作用，因而企业所得税也是纳税筹划中最有作为的税种。与上一节相同，我们在本节只介绍企业所得税的筹划思路。

一、企业组织形态选择的纳税筹划

（一）通过分公司和子公司转换节税

企业所得税通常对新企业有减免优惠，但新企业往往会有亏损，享受不到优惠政策带来的好处。如果新企业先按分公司的方式设立，则出现的亏损可以抵减总公司的利润，减少交纳的所得税；待新企业开始盈利后，再将分公司分离出来，按子公司的方式设立，又可以开始享受新企业的减免优惠。

（二）选择合伙制企业节税

公司的企业组织形式存在"经济性重叠征税"，即公司的利润要重叠课征公司和个人两个层次的所得税。为了减轻双重税负，进行投资时除了要考虑各国税制中对"经济性重叠征税"是否采取"两税合一"等"整体化"措施，以及税负减轻的程度外，还可以从企业形式的选择入手，如不搞公司制企业，而搞合伙制或单人业主制企业。

合伙制企业是由数位合伙人组建和经营的企业。它不同于某个个人开办的单人业主制企业，也不同于所有权和经营权分离的公司。合伙制企业中每一合伙人对整个合伙制企业的债务具有无限的责任，这同公司制中股东对公司债务只负有限责任是明显不同的。合伙制企业由于有一定的规模效益，向外筹资要比单人业主制便利一些，但比起公司制企业则大大逊色。世界上大多数国家都认为合伙制企业不具有独立的法人地位，只有少数国家将合伙制企业区别对待，比如把从事生产经营的合伙制企业认为是法人，其他的不认为是法人。

各国政府对合伙制企业性质认定的差异，导致了在税收待遇上的差异。有的国家或地区把合伙制企业当作一个纳税实体，甚至当作公司法人进行征税，例如韩国、中国香港等。比较多的国家对合伙制企业的利润不征所得税，只就各个合伙人从合伙企业分得的所得征个人所得税，如澳大利亚、奥地利、美国、德国、丹麦、荷兰、瑞士、南非等。

我国的个人独资企业和合伙企业不征收企业所得税，其生产经营所得按照个人所得税法的生产经营所得项目来征收个人所得税。

综上所述，涉及合伙制的税收筹划应关注如下方面：

（1）要认真分析各国对合伙制企业的法律界定和税收规定，并从其法律地位、经营和筹资便利、税基、税率、税收待遇（如是否可以享受协定的条款规定）等综合因素上进行分析和比较，因为综合税负是各种因素作用的结果，不能只考虑一种因素。

（2）从多数国家来看，合伙制企业税负一般要低于公司制企业税负，这是合伙制企业的税收利益所在；但如果合伙制企业也按照公司制企业对待，这个优势将失去。

（3）在比较税收利益时，不能仅看名义上的差别，更要看实际税负的差别，比如对重叠课税是否采取"整体化"措施、"整体化"制度下重复征税消除的程度如何等。因为完全整体化，意味着重叠课征彻底消除，公司制企业税负与合伙制企业税负便相互接近。

二、居民企业与非居民企业资格选择的纳税筹划

企业所得税法将纳税义务人分为居民企业和非居民企业。

居民企业，是指依法在中国境内成立，或者依照外国（地区）法律成立但实际管理机构在中国境内的企业。其中，实际管理机构是指对企业的生产经营、人员、账务、财产等实施实质性全面管理和控制的机构。居民企业应就来源于中国境内、境外的全球所得作为征税对象缴纳所得税，履行全面的纳税义务。

非居民企业，是指依照外国（地区）法律成立，且实际管理机构不在中国境内，但在中国境内设立机构、场所的，或者在中国境内未设立机构、场所但有来源于中国境内所得的企业。非居民企业仅就来源于中国境内的收入缴纳企业所得税，履行有限纳税义务。

可见，不同纳税人资格的企业在向我国政府缴纳企业所得税时，纳税义务不同。新《企业所得税法》对居民企业的判定标准由过去唯一的"登记注册地标准"改为"登记注册地标准"和"实际管理机构地标准"相结合，即依法在中国境内成立，或者依照外国（地区）法律成立但实际管理机构在中国境内的企业，都将成为中国的居民企业。这一新变化对现有企业影响非常大。假如一个外国企业不想成为中国的居民企业，就不能像过去仅在境外注册即可，还必须保证"实际管理机构"不在中国。

税法中所规定的实际管理机构所在地是根据公司的董事会、公司总账、股息分配、利润表、营业报告来判定的，具体是指企业的董事会所在地或董事会重大经营决策会议的召集地，不同于企业的日常经营业务管理机构所在地。如果M公司为登记注册在某避税地的企业，想要通过成为中国非居民企业以达到避税的目的，就可以通过下列做法来实现：

（1）改由另一国居民担任常务董事，中国居民不再参与直接管理，董事会和股东大会迁至另一国召开，经营决策在另一国制定。

（2）公司总账迁至另一国编制和保存。

（3）公司的股息分配在另一国进行。

（4）公司利润表在另一国公布和编制。

（5）公司营业报告在另一国公布。

M公司作为非居民企业在中国发展业务，利用了避税地企业的税收优惠。

三、投资决策的税收筹划

投资是企业永恒的主题，它既是企业诞生的唯一方式，也是企业得以存续和发展的最重要手段。对投资主体来说，投资的基本目的就是盈利。由于现代税收制度的发展，对盈利的关注

应充分考虑各种税收因素。在投资决策中，税收筹划日益成为重要的内容。

投资在方式上可分为两大类，即直接投资和间接投资。直接投资是指投资主体设立企业开展生产、经营活动，并从经营活动中取得盈利；间接投资是指投资主体购买各种有价证券，以期从持有和转让中获取投资收益和转让增值。企业的生产经营成果要征收商品与服务税，如增值税；其纯收益还要征收企业所得税。间接投资的交易须征收印花税，其收益则征收企业所得税。

对直接投资的综合评估主要考虑投资回收期、投资的现金流出和现金流入的净现值、项目的内部报酬率等财务指标。我们需要考虑的税收因素主要是指影响这些指标的税收政策。

我国企业所得税制度规定了很多税收优惠待遇，包括税率优惠和税额扣除等方面的优惠。比如，对特定项目的农、林、牧、渔业所得可以免征或减半征收企业所得税；符合条件的小型微利企业，减按20%的税率征收企业所得税；国家需要重点扶持的高新技术企业，减按15%的税率征收企业所得税。其他诸如企业从事符合条件的环境保护、节能节水项目（包括公共污水处理、公共垃圾处理、沼气综合开发利用、节能减排技术改造、海水淡化等）的所得，都存在企业所得税的优惠待遇问题。投资者应该在综合考虑投资项目的各种税收待遇的基础上，进行项目评估和选择，以期获得最大的投资税后收益。

让我们以另一个简化了的案例来说明企业所得税筹划的重要性。

某企业存在C、D两个投资项目可供投资者选择，两个项目投资建设期均为两年，每年投资额为1 000万元。

项目C：第一年投资1 000万元，第二年投资1 000万元。经过两年的投产建设，从第三年到第六年，项目C获得的投资收益分别为1 600万元、1 400万元、1 200万元、800万元。

项目D：第一年投资1 000万元，第二年投资1 000万元。经过两年的投产建设，从第三年到第六年，项目D获得的投资收益分别为1 300万元、1 200万元、1 000万元和650万元。

假设C、D项目的报废残值、年折旧额、投资回收期大体一致。银行利率为5%，C项目企业所得税税率为25%，D项目的企业所得税税率为15%。请问：该企业应该选择投资哪个项目？

由于其他情况基本一致，我们只要比较C、D项目二者的税后收益净现值即可。

分析如下：

项目C投资额现值 = $1\,000 + 1\,000/(1+5\%) = 1\,952$（万元）

项目C投资收益现值 = $1\,600/(1+5\%)^3 + 1\,400/(1+5\%)^4 + 1\,200/(1+5\%)^5 + 800/(1+5\%)^6 \times (1-25\%) = 3\,053$（万元）

项目C投资净现值 = $3\,053 - 1\,952 = 1\,101$（万元）

项目C投资净回报率 = $(1\,101/1\,952) \times 100\% = 56\%$

项目D投资额现值 = $1\,000 + 1\,000/(1+5\%) = 1\,952$（万元）

项目D投资收益现值 = $1\,300/(1+5\%)^3 + 1\,200/(1+5\%)^4 + 1\,000/(1+5\%)^5 + 650/(1+5\%)^6 \times (1-15\%) = 2\,872$（万元）

项目D投资净现值 = $2\,872 - 1\,952 = 920$（万元）

项目D投资净回报率 = $(920/1\,952) \times 100\% = 47\%$

通过计算比较可见，项目C投资净现值和投资回报率都高于项目D，因此，应该选择项目C。

四、选择投资性质的纳税筹划

企业的间接投资相对说来要简单一些。由于我国国债利息免征企业所得税，故企业在间接投资时要充分考虑税后收益。比如有两种长期债券，一种是国家重点建设债券，其利率为4.2%；另一种为国债，利率为3.4%。企业应该投资于哪一种债券呢？表面看起来国家重点建设债券的利率要高于国债利率,但是由于前者要被征收 25% 的企业所得税,而后者不用缴纳企业所得税,实际的税后收益应该通过计算来评价和比较:

$$4.2\% \times (1 - 25\%) = 3.15\% < 3.4\%$$

也就是说,国家重点建设债券税后利率要低于国债利率,故购买国债要更合算些。

事实上,只有当其他债券利率大于 4.533%(= 3.4%/75%)时,其税后收益才大于利率为 3.4% 的国债。

第五节 综合筹划

在企业的实际经济活动中,一项纳税筹划可能会涉及多个税种,筹划活动多是综合筹划。

一、让利促销节税

商业企业目前较常见的让利促销活动主要有打折、赠送,其中赠送又可分为赠送实物(或购物券)和返还现金。下面通过一案例具体分析以上三种方式所涉及的税种及承担的税负,以供商业企业选择让利促销方式时加以参考。

某商场商品销售利润率为 40%,销售 100 元商品,其成本为 60 元。商场是增值税一般纳税人,增值税率为 13%。购货均能取得增值税专用发票。为促销,该商场欲采用三种方式:

一是商品 7 折销售;

二是购物满 100 元者赠送价值 30 元的商品(成本 18 元,均为含税价);

三是购物满 100 元者返还 30 元现金。

假定消费者同样是购买一件价值 100 元的商品,对于商家来说,以上三种方式的应纳税情况及利润情况如下(由于城建税和教育费附加对结果影响较小,因此计算时未考虑)。

(注:从税理而言,增值税不是由卖方负担的,但会影响卖方的现金流,故也应在筹划中予以考虑。)

(一) 7 折销售,价值 100 元的商品售价 70 元

1. 增值税

$$应纳增值税 = 70 \div (1 + 13\%) \times 13\% - 60 \div (1 + 13\%) \times 13\% = 1.15(元)$$

2. 企业所得税

$$利润额 = 70 \div (1 + 13\%) - 60 \div (1 + 13\%) = 8.85(元)$$

$$应纳所得税额 = 8.85 \times 25\% = 2.21(元)$$

$$税后净利润 = 8.85 - 2.21 = 6.64(元)$$

(二) 购物满 100 元,赠送价值 30 元的商品

1. 增值税

销售 100 元商品时:

$$应纳增值税 = 100 \div (1 + 13\%) \times 13\% - 60 \div (1 + 13\%) \times 13\% = 4.6(元)$$

赠送 30 元商品视同销售:

$$应纳增值税 = 30 \div (1 + 13\%) \times 13\% - 18 \div (1 + 13\%) \times 13\% = 1.38(元)$$

$$合计应交增值税 = 4.6 + 1.38 = 5.98(元)$$

2. 个人所得税

根据有关规定,为其他单位和部门的有关人员发放现金、实物等应按规定代扣代缴个人所得税,税款由支付单位代扣代缴。为保证让利顾客 30 元,商场赠送的价值 30 元的商品不含个人所得税额,该税由商场承担,因此,赠送该商品时商场需代顾客就偶然所得缴纳的个人所得税额为:

$$30 \div (1 - 20\%) \times 20\% = 7.5(元)$$

3. 企业所得税

利润额 $= 100 \div (1 + 13\%) - 60 \div (1 + 13\%) - 18 \div (1 + 13\%) - 7.5 = 11.97(元)$

由于赠送的商品成本及代顾客缴纳的个人所得税款不允许税前扣除，因此：

$$应纳企业所得税额 = [100 \div (1 + 13\%) - 60 \div (1 + 13\%)] \times 25\% = 8.85(元)$$

$$税后净利润 = 11.97 - 8.85 = 3.12(元)$$

（三）购物满 100 元返还现金 30 元

1. 增值税

$$应纳增值税 = [100 \div (1 + 13\%) - 60 \div (1 + 13\%)] \times 13\% = 4.6(元)$$

2. 个人所得税

应代顾客缴纳个人所得税 7.5 元（同上）。

3. 企业所得税

$$利润额 = 100 \div (1 + 13\%) - 60 \div (1 + 13\%) - 30 - 7.5 = -2.1(元)$$

应纳所得税额 = 8.85 元（同上）。

税后利润 = -2.1 - 8.85 = -10.95（元）。

上述三个方案中，方案一最优，方案二次之，方案三最差。但如果前提条件发生变化，则方案的优劣就会随之改变。

从以上分析可以看出，顾客购买价值 100 元的商品，商家同样是让利 30 元，但对于商家来说，不同方式下的税负和利润大不相同。因此，当你在制定每一项经营决策时，不要忘记首先要进行相关的税务问题筹划，以便降低税收成本，获取最大的经济效益。

二、信托节税

信托制起源于中世纪。有钱人想让自己的财产不断增值，而自己又不善于理财，或者不想让自己死后的巨额财产在养尊处优的下一代手中挥霍光，于是就把自己的财产通过签订合同等方式委托给既可靠又善于理财的人经营管理，其经营管理的目的必须是有利于该有钱人，这就是信托。

随着经济的发展，大量公司形态的"营业信托"（也称商事信托）等信托形式逐渐在许多国家出现。目前信托公司、信托投资公司已如雨后春笋蓬蓬勃勃发展起来。从国际上看，利用信托进行税收筹划也是纳税人常用的手段之一。

信托反映人们之间财产权利责任的法律关系。在这种关系中包含三类当事人：一是信托者，即财产的所有人；二是受托者，即接受信托者授权而管理信托财产的人；三是受益者，即依据设定的信托契约（合同）享有信托财产利益的人。信托财产的种类不断扩大，最早是以土地为主体，现今除了土地之外，几乎包罗动产、不动产、股票、债券、现金、储蓄、专利、特许权等一切具有确定价值的财产。

（一）对信托的课税

（1）对收益的课税，即对信托财产租赁所得、投资所得、经营所得、财产转让增益等收益征税。

（2）对流转的课税，即对信托财产交易额课征的销售税、对信托劳务收入课征的销售税（或增值税）。

（3）对契约、合同、文书、凭证课征的印花税。

（二）在信托制下进行的税收筹划

（1）从信托关系来看，信托所得由受益人取得，信托单位只起中转的作用，本身不是信托所得的纳税义务人。这样，累积在信托组织的所得，有可能享有税收递延的好处。

（2）信托单位把信托所得支付给受益人，而什么时间支付是税收筹划需要加以考虑的。因为受益人如果是一个自然人，假定其居民所在国实行的是按综合收入的超额累进税率课征，那么年度之间的税率是有差别的。同样是一笔信托收益，列在 2019 年的账上，加上其他收入，计算的税率可能达到 30%；而列在 2020 年的账上，因总收入较低，税负可能降低到 20%。假定税收上有盈亏结转的待遇，信托收益冲销其他损失后，甚至可免缴所得税。

（3）把信托公司建在国际避税地，如开曼群岛、列支敦士登、泽西岛、马恩岛、直布罗陀等。由于这些地区对信托业实行比较优惠的税收规定，因此这些地区信托业相当发达。例如，直布罗陀规定，信托所得只要直接归受益人所有，将免征所得税，不论其受托人是否为本国居民，也不论其所得究竟来源于境内还是境外。又如，在泽西岛，境内的受托人如取得信托财产的境外所得，而受益人又不是泽西岛的居民，这一信托单位不必缴纳所得税。假定一个居住在境外的英国人，他把 100 万英镑①的财产授予泽西岛的受托人（信托组织）管理，每年取得 12 万英镑的利息支付给居住在第三国的受益人，可免征所得税和利息预提税。

（4）除所得税外，信托财产还涉及财产税、遗产税及赠与税、印花税等。这些税种也须考虑在总税负中，不能只核算一个税种的负担率，还要核算综合负担率。

三、跨国控股公司纳税筹划

控股公司是指通过持有其他公司一定数量的股票而形成控制的公司，其收入主要是从子公司取得股息和资本利得。那么设立控股公司能获得哪些税收利益呢？

首先是预提税方面的利益。获得少缴预提税利益的条件有两个：一是子公司支付股息给控股公司只负担税率较低的预提税；二是控股公司支付给母公司的股息同样只负担税率较低的预提税。

由于国际税收协定对缔结国采取限制的低税率，因此控股公司一般应设在税收协定网络比较发达，而且限定税率比较低的国家或地区，例如荷兰、瑞士、塞浦路斯等国。这些国家同世界许多国家签订有双边税收协定，并对协定国均实施低税率的预提税，如荷兰对丹麦、意大利、挪威和瑞典的股息预提税限定税率为零。因此，这些国家成为跨国公司设立控股公司的好场所。

例如，假定母公司 P 设在墨西哥（X 国），子公司 SA 设在丹麦（A 国），那么子公司 SA 支付给母公司的股息要课征 30% 的预提税。现在 P 公司在子公司之上设一控股公司 H（地点在荷兰），那么子公司 SA 支付股息给控股公司 H，只要缴纳 0～15% 的预提税；H 公司以后如果再支付母公司 P 的股息，也只要缴纳 25% 的预提税，而且还可以全额抵免子公司 SA 已缴纳的预提税。这样预提税至少减轻 5 个百分点。

这里还要提到，国际控股公司如果设立在全面免征股息预提税的国家和地区（如美国、新加坡、中国香港等）或者设立在虽有税收协定关系，但不实行预提税低税率优惠的国家和地区，上述所说的利用税收协定的好处将不复存在。因为前者不分是否有协定关系而全面免征股息预提税；后者虽有协定关系，但没有减征优惠，所以税收协定对于是否可得到预提税利益就成为可有可无的东西。这时，跨国公司的着眼点不在于税收协定网络，而在于是否实施低税模式，因此避税港成为跨国公司设立控股公司的首选，如卢森堡、列支敦士登、马恩岛等。

四、电子商务纳税筹划

电子商务作为一种最新的商务贸易形态，正在全面走入人们的经济活动和社会生活中。中国目前的电子商务主要包括网络销售、信息交换、售前售后服务、电子支付、运输、组成虚拟企业等内容。由于电子商务的商品交易方式、流转程序、支付方式等与传统的营销方式有很大

---

① 1 英镑 = 8.554 5 人民币。

的不同，目前税法对其规定有许多不明确的地方，为开展税收筹划提供了广阔的余地。对电子商务进行税收筹划的切入点主要有以下几方面：

（一）税收管辖权

目前，大多数国家综合行使居民税收管辖权和所得来源地税收管辖权。当两种税收管辖权发生冲突时，通常按照税收协定的规定来解决。我国税法就中国居民的全球所得以及非居民来源于我国的所得征税。对不同类型的所得，税法对收入来源的判断标准不一。比如，对销售商品的征税主要取决于商品所有权在何地转移；对劳务的征税则取决于劳务的实际提供地；特许权使用费则通常采用受益人所在地为标准。

然而，由于电子商务的虚拟化、数字化、匿名化、无国界和支付方式电子化等特点，其交易情况大多被转换为"数据流"在网络中传送，使税务机关难以根据传统的税收原则判断交易对象、交易场所、制造商所在地、交货地点、服务提供地、使用地等。随着电子商务的发展，公司容易根据需要选择交易的发生地、劳务提供地、使用地，从而达到税收优化的目的。

（二）电子商务企业的性质

大多数从事电子商务的企业注册地位于各地的高新技术园区，拥有高新技术企业证书，且其营业执照上限定的营业范围并没有明确提及电子商务业务。有些企业的营业执照上注明从事系统集成和软件开发销售、出口，但实际上主要从事电子商务业务。这类企业到底是属于所得税意义上的先进技术企业和出口型企业，还是属于生产制造企业、商业企业或是服务企业，因其判定性质不同，将导致企业享受的税收待遇也有所不同。

从事电子商务服务的电信企业与普通企业执行的增值税税率不一，从事电子商务服务的电信企业按6%或9%的税率缴纳增值税，而从事电子商务服务的普通企业则需缴纳13%的增值税。那么，被定性为什么样的企业就成为关键问题。

（三）收入性质的确认

电子商务将原先以有形财产形式提供的商品转变为数字形式提供，使得网上商品购销和服务的界限变得模糊。对这种以数字形式提供的数据和信息应视为提供服务所得还是销售商品所得，目前税法还没有明确的规定。

对来源于中国的特许权使用费收入，须缴纳所得税；而在境外提供劳务有可能在中国免缴税。那么，纳税人就可以通过税收筹划，以享受适当的税收待遇。

（四）常设机构的判断

电子商务使得非居民能够通过设在中国服务器上的网址销售货物到境内或提供服务给境内用户。但我国与外国签订的税收协定并未对非居民互联网网址是否构成常设机构等涉及电子商务的问题做出任何规定。

按照协定的有关规定，"专为本企业进行其他准备性或辅助性活动为目的而设的固定营业场所"不应视为常设机构，相应地，亦无须在中国缴纳企业所得税。服务器或网站的活动是否属于"准备性或辅助性"，而不构成税收协定意义上的常设机构，给税收协定的解释和执行提出了新课题。

此外，即使固定通过网络服务供应商的基础设施在国内商议和签发订单，该网络服务供应商是属于独立代理人还是已构成常设机构的非独立代理人也不明确。

（五）制定转让定价政策

由于电子商务改变了公司进行商务活动的方式，原来由人完成的增值活动现在越来越多地依赖于机器和软件来完成。网络传输的快捷性使关联企业在特定商品和劳务的生产与销售上有更广泛的运作空间。它们可快速地在彼此之间有目的地调整成本费用及收入的分摊，制定以谋求整个公司利益最大化为目标的转让定价政策。

电子商务信息加密系统、匿名式电子付款工具、无纸化操作及其流动性等特点，使税务机关难以掌握交易双方的具体交易事实，相应地给税务机关确定合理的关联交易价格和做出税务调整增添了相当的难度。

（六）印花税的缴纳

电子商务实现了无纸化操作，而且交易双方常常"隐蔽"进行。网上订单是否具有纸质合同的性质和作用，是否需要缴纳印花税，目前也不明确。

从上述内容可以看出，现行制度对于网络经济的发展已相对滞后，有许多不明确的地方，这对税收筹划是一把"双刃剑"，它既可以给企业带来利益，又因为难以把握而制约了电子商务的迅猛发展。例如增值税进项税的抵扣和固定资产的抵扣两个问题就非常突出。

电子商务中经常出现资金流和物流不一致的情况。例如，电子商城和电子超市网上交易是通过虚拟的货物入库和出库的手续实现的，真正的物流并没有到电子商城或电子超市；而资金流则是从采购方到电子商城或电子超市，再到供应方。

按照目前有关增值税的规定，纳税人购进货物或应税劳务、支付运费，所支付款项的单位必须与开具抵扣凭证的销货单位、提供劳务的单位一致，才能够申报抵扣进项税额，否则不予抵扣。这项规定确定了一个进项税额抵扣的前提，即资金流和物流的方式须一致。

如果提供电子商务平台的企业采用的虚拟出、入库的处理方式使购进货物的企业无法抵扣利用电子商务采购的原材料或商品的进项税额，将加大企业的税负，使电子商务发展受到很大的限制。

重要概念

逃税　　避税　　节税　　纳税筹划　　综合筹划　　信托节税　　电子商务

思考题

1. 节税和避税的区别是什么？
2. 如何理解税收筹划狭义的概念和广义的概念？
3. 税收筹划的动因是什么？

参考文献

[1] 威廉·配第. 赋税论 [M]. 邱霞, 译. 北京: 华夏出版社, 2006.
[2] 亚当·斯密. 国富论 [M]. 杨敬年, 译. 西安陕西人民出版社, 2001.
[3] 小川乡太郎. 租税总论 [M]. 上海: 商务印书馆, 1935.
[4] 萨拉尼耶. 税收经济学 [M]. 陈新平, 译. 北京: 中国人民大学出版社, 2005.
[5] 安福仁. 现代税收理论 [M]. 大连: 东北财经大学出版社, 1995.
[6] 袁振宇, 等. 税收经济学 [M]. 北京: 中国人民大学出版社, 1995.
[7] 詹姆斯, 诺布斯. 税收经济学 [M]. 罗晓林, 译. 北京: 中国财政经济出版社, 1988.
[8] 高培勇. 西方税收: 理论与政策 [M]. 北京: 中国财政经济出版社, 1993.
[9] 陈共. 税收基础 [M]. 天津: 天津人民出版社, 1987.
[10] 陈共. 财政学 [M]. 北京: 中国人民大学出版社, 2004.
[11] 刘宇飞. 当代西方财政学 [M]. 北京: 北京大学出版社, 2003.
[12] 邓子基. 税种结构研究 [M]. 北京: 中国税务出版社, 2000.
[13] 安体富, 等. 税收负担研究 [M]. 北京: 中国财政经济出版社, 1999.
[14] 胡怡建. 税收学 [M]. 上海: 上海财经大学出版社, 1999.
[15] 杨秀琴, 钱晟. 中国税制教程 [M]. 北京: 中国人民大学出版社, 1999.
[16] 王陆进. 发展税收研究 [M]. 北京: 中国财政经济出版社, 1998.
[17] 林江, 等. 税收原理 [M]. 北京: 中国财政经济出版社, 2004.
[18] 王传纶, 高培勇. 当代西方财政经济理论 [M]. 北京: 商务印书馆, 1995.
[19] 高培勇. 中国税费改革问题研究 [M]. 北京: 经济科学出版社, 2004.
[20] 伯德. 税收政策与经济发展 [M]. 萧承龄, 译. 北京: 中国财政经济出版社, 1996.
[21] 项怀诚. 中国财政体制改革 [M]. 北京: 中国财政经济出版社, 1994.
[22] 钱晟. 税收负担的经济分析 [M]. 北京: 中国人民大学出版社, 2000.
[23] 岳树民, 张松. 纳税人的权利与义务 [M]. 北京: 中国人民大学出版社, 2000.
[24] 王全喜. 国际税收 [M]. 北京: 中国对外经济贸易出版社, 1991.
[25] 张晓农. 现代企业税务管理 [M]. 天津: 南开大学出版社, 2010.
[26] 王全喜. 企业税务管理 [M]. 天津: 天津社会科学院出版社, 2001.
[27] 斯科尔斯, 等. 税收与企业战略 [M]. 张雁翎, 译. 北京: 中国财政经济出版社, 2004.
[28] 王乔, 等. 比较税制 [M]. 上海: 复旦大学出版社, 2004.
[29] 岳树民. 中国税制优化的理论分析 [M]. 北京: 中国人民大学出版社, 2003.
[30] 杨斌. 比较税收制度: 兼论我国现行税制的完善 [M]. 福州: 福建人民出版社, 1993.
[31] 于海峰. 中国现行税制税收运行成本分析 [M]. 北京: 中国财政经济出版社, 2003.
[32] 杨震. 中国增值税转型经济影响的实证研究 [M]. 北京: 中国财政经济出版社, 2005.
[33] 中国注册会计师协会. 税法 [M]. 北京: 经济科学出版社, 2009.
[34] 宋献中, 等. 税收筹划与企业财务管理 [M]. 广州: 暨南大学出版社, 2002.
[35] 谈多娇. 税收筹划的经济效应研究 [M]. 北京: 中国财政经济出版社, 2004.
[36] 王延明. 中国公司所得税负担研究 [M]. 上海: 上海财经大学出版社, 2004.
[37] 盖地. 企业税务筹划理论与实务 [M]. 大连: 东北财经大学出版社, 2005.
[38] 翟继光. 企业纳税筹划优化设计方案 [M]. 北京: 电子工业出版社, 2009.
[39] 琼斯, 等. 税收筹划原理 [M]. 梁云凤, 译. 北京: 中国人民大学出版社, 2008.
[40] 蔡昌. 最优纳税方案设计: 税收筹划思想与实践 [M]. 北京: 中国财政经济出版社, 2007.